工程项目管理

主　编　徐　霞　叶彩霞　杨会东
副主编　吴翔华　徐冬梅　王丹净

清华大学出版社
北京

内 容 简 介

本书依据现行法律、法规、规章，在理论与实践相结合的基础上，全面、系统地阐述了项目管理的思想、理论、方法，主要内容包括：工程项目管理概论、工程项目组织、流水施工方法、网络计划技术、施工组织设计、工程项目进度控制、工程项目质量管理、工程项目施工成本管理、工程项目职业健康安全与环境管理、建设工程合同管理、建设工程项目信息管理、工程项目风险管理。

本书内容丰富，系统性和实用性强，适合作为高等院校工程管理、房地产管理、土木工程、给排水和暖通等专业的教材，可作为建造师、监理工程师、咨询工程师（投资）等培训考试的辅导材料，也可作为工程技术人员和管理人员学习有关知识的参考用书。

版权所有，侵权必究。举报：010-62782989，beiqinquan@tup.tsinghua.edu.cn。

图书在版编目(CIP)数据

工程项目管理/徐霞，叶彩霞，杨会东主编. —北京：清华大学出版社，2021.5(2025.1 重印)
ISBN 978-7-302-56444-7

Ⅰ. ①工… Ⅱ. ①徐… ②叶… ③杨… Ⅲ. ①工程项目管理 Ⅳ. ①F284

中国版本图书馆 CIP 数据核字(2020)第 178270 号

责任编辑：张占奎
封面设计：陈国熙
责任校对：刘玉霞
责任印制：刘海龙

出版发行：清华大学出版社
    网　　址：https://www.tup.com.cn，https://www.wqxuetang.com
    地　　址：北京清华大学学研大厦 A 座　　　　邮　编：100084
    社 总 机：010-83470000　　　　　　　　　　邮　购：010-62786544
    投稿与读者服务：010-62776969，c-service@tup.tsinghua.edu.cn
    质量反馈：010-62772015，zhiliang@tup.tsinghua.edu.cn
印 装 者：三河市天利华印刷装订有限公司
经　　销：全国新华书店
开　　本：185mm×260mm　　印　张：22.25　　字　数：537 千字
版　　次：2021 年 5 月第 1 版　　　　　　　　　印　次：2025 年 1 月第 9 次印刷
定　　价：69.80 元

产品编号：087273-01

前言

近年来，随着建设体制改革的深入发展以及国家方针、政策、法规的不断完善，建设领域对工程项目管理的要求越来越高，工程项目当事人能否对工程项目建设全过程实现现代化的管理已显得越来越重要。许多高校都在土木工程、工程管理、房地产管理等专业开设了"工程项目管理"课程，以完善学生的专业知识结构。为了适应教育、教学与生产实践相结合的要求，本书在内容安排上强调知识性与实用性相结合，力求将项目管理的基本原理、项目管理的基本方法和项目管理的实际相结合，使读者通过对本书的学习，能够成为适应现代化建设工程需要，具备工程项目管理基本知识、基本能力和素质，具有较强实践能力、创新能力、组织管理能力的复合型应用工程项目管理人才，能够对工程项目管理基本流程、工程项目管理实践的认识和理解得到加强，学会进行全方位、全过程的科学管理和合理协调，建立管理项目的知识体系，掌握运用管理知识解决实际问题的技能，提高工程项目管理的水平。

本书共12章，第1章和第2章对工程项目管理和工程项目组织的概念及相关知识进行讲解。第3章和第4章分别讲述流水施工和网络计划技术，为第5章的施工组织设计打好基础，第6~12章都是围绕工程项目管理的核心任务讲述的，包括工程项目的进度、质量、施工成本、职业健康安全与环境、合同、信息、风险管理等系列的工程建设项目管理理论与实践成果内容。本书添加二维码资源，作为读者的扩展练习资料，并在章末配备习题，供读者更好的学习。

参加本书编写的单位有南京工业大学、南京工业大学浦江学院、东南大学成贤学院、南京工程学院、南京国图信息产业有限公司、南京江北新区产业投资集团有限公司、南京历史城区保护建设集团有限责任公司等。本书由徐霞、叶彩霞、杨会东担任主编，吴翔华、徐冬梅、王丹净担任副主编，参编人员有徐楚楚、何智韬、徐钰、黄瑞、崔未合、李辉、赵泰翔、宋雅嵚、戴超辰、尚超、周婷婷、钱坤等。除此之外，全书由徐霞、杨会东和叶彩霞拟订编写提纲，并负责统稿工作。在此对编写单位的大力支持及编者的辛苦付出，表示衷心的感谢。

编写过程中，参考了部分相关文献，在此向文献作者表示衷心的感谢。虽经编者反复推敲核证，但由于水平所限，书中难免存在不足之处，诚望专家、同行、广大读者提出宝贵意见。

编 者

2021年1月

目 录

第1章 工程项目管理概论 ... 1

1.1 项目与项目管理 ... 1
- 1.1.1 项目的概念、分类与特征 ... 1
- 1.1.2 工程项目的概念、特征与分解 ... 2
- 1.1.3 项目管理的概念与特征 ... 4
- 1.1.4 工程项目管理的概念、特征与分类 ... 5

1.2 工程项目管理的内容和方法 ... 8
- 1.2.1 工程项目管理的内容 ... 8
- 1.2.2 工程项目管理的基本方法 ... 13

1.3 工程项目建设模式 ... 15
- 1.3.1 传统项目管理模式 ... 15
- 1.3.2 工程项目总承包模式 ... 17
- 1.3.3 由专业化机构进行项目管理的模式 ... 19
- 1.3.4 公共设施及服务的私营化模式 ... 23

1.4 建设工程监理 ... 24
- 1.4.1 建设工程监理的概念 ... 24
- 1.4.2 工程项目监理的范围 ... 24
- 1.4.3 工程监理的工作性质 ... 25
- 1.4.4 工程监理的主要工作内容 ... 26
- 1.4.5 各阶段工程监理工作任务 ... 27
- 1.4.6 工程监理的工作方法 ... 29

第2章 工程项目组织 ... 31

2.1 概述 ... 31
- 2.1.1 组织及其职能 ... 31
- 2.1.2 组织结构的概念 ... 32
- 2.1.3 组织的构成因素 ... 32
- 2.1.4 组织的设计原则 ... 33
- 2.1.5 组织的基本原理 ... 34
- 2.1.6 工程项目组织的概念及特点 ... 34

2.2 工程项目组织结构形式···35
　　2.2.1 直线型组织结构···36
　　2.2.2 职能型组织结构···37
　　2.2.3 直线-职能型组织结构··38
　　2.2.4 矩阵型组织结构···39
2.3 工程项目管理组织···40
　　2.3.1 概述···40
　　2.3.2 工程项目经理部···42
　　2.3.3 工程项目经理··43
　　2.3.4 施工企业项目经理的责任···45

第3章 流水施工方法···47

3.1 流水施工简介···47
　　3.1.1 流水施工的基本概念···47
　　3.1.2 组织流水施工的条件···50
　　3.1.3 组织流水施工的基本要求···51
3.2 流水施工的参数··51
　　3.2.1 工艺参数··51
　　3.2.2 空间参数··52
　　3.2.3 时间参数··53
3.3 流水施工的组织方法··55
　　3.3.1 流水施工的分类···55
　　3.3.2 有节奏流水施工的组织方法··56
　　3.3.3 无节奏流水施工的组织方法··61

第4章 网络计划技术···65

4.1 概述··65
　　4.1.1 网络计划技术的起源···65
　　4.1.2 网络图与网络计划··65
4.2 网络图的绘制···70
　　4.2.1 双代号网络图的绘制···70
　　4.2.2 单代号网络图的绘制···75
4.3 网络计划时间参数的计算··76
　　4.3.1 网络计划时间参数概念··76
　　4.3.2 双代号网络计划时间参数的计算··78
　　4.3.3 单代号网络计划时间参数的计算··82
4.4 双代号时标网络计划··86
　　4.4.1 时标网络计划的特点与应用··86
　　4.4.2 时标网络计划的编制···86

4.4.3　时标网络计划时间参数的确定 ……………………………………………… 89
　4.5　单代号搭接网络计划 …………………………………………………………………… 91
　　　4.5.1　搭接网络计划的表达方式 …………………………………………………… 91
　　　4.5.2　搭接网络计划时间参数的确定 ……………………………………………… 93
　4.6　网络计划的优化 ………………………………………………………………………… 96
　　　4.6.1　优化的意义及内容 …………………………………………………………… 96
　　　4.6.2　工期优化 ……………………………………………………………………… 97
　　　4.6.3　费用优化 ……………………………………………………………………… 97
　　　4.6.4　资源优化 ……………………………………………………………………… 100

第 5 章　施工组织设计 ……………………………………………………………………… 103

　5.1　概述 ……………………………………………………………………………………… 103
　　　5.1.1　施工组织设计的概念 ………………………………………………………… 103
　　　5.1.2　施工组织设计的作用 ………………………………………………………… 103
　　　5.1.3　施工组织设计的分类 ………………………………………………………… 104
　　　5.1.4　施工组织设计编制的基本原则 ……………………………………………… 105
　　　5.1.5　施工组织设计的编制依据 …………………………………………………… 105
　　　5.1.6　施工组织设计的管理 ………………………………………………………… 106
　5.2　施工组织总设计的编制 ………………………………………………………………… 107
　　　5.2.1　施工组织总设计的编制程序 ………………………………………………… 107
　　　5.2.2　施工组织总设计的编制内容 ………………………………………………… 108
　5.3　单位工程施工组织设计的编制 ………………………………………………………… 116
　　　5.3.1　单位工程施工组织设计的编制依据 ………………………………………… 117
　　　5.3.2　单位工程施工组织设计的编制程序 ………………………………………… 117
　　　5.3.3　单位工程施工组织设计的内容 ……………………………………………… 117
　　　5.3.4　单位工程施工组织设计的技术经济分析 …………………………………… 118
　5.4　施工方案的编制 ………………………………………………………………………… 119
　　　5.4.1　施工方案编制原则及对象 …………………………………………………… 120
　　　5.4.2　施工方案编制的内容 ………………………………………………………… 120
　　　5.4.3　专项方案编制与论证要求 …………………………………………………… 121

第 6 章　工程项目进度控制 ………………………………………………………………… 126

　6.1　概述 ……………………………………………………………………………………… 126
　　　6.1.1　工程项目进度的相关概念 …………………………………………………… 126
　　　6.1.2　工程项目进度控制与进度管理 ……………………………………………… 127
　　　6.1.3　工程项目进度管理的特点 …………………………………………………… 127
　　　6.1.4　工程项目进度控制的任务 …………………………………………………… 128
　　　6.1.5　工程项目进度控制的措施 …………………………………………………… 128
　6.2　工程项目进度计划的编制与实施 ……………………………………………………… 129

    6.2.1　工程项目进度计划的分类 129
    6.2.2　工程项目进度计划的编制要求 130
    6.2.3　工程项目进度计划的编制方法 130
    6.2.4　工程项目进度计划的实施 132
  6.3　工程项目进度检查 133
    6.3.1　利用横道图进行检查 133
    6.3.2　利用前锋线进行检查 135
    6.3.3　利用 S 形曲线进行检查 136
    6.3.4　利用"香蕉"形曲线进行检查 137
    6.3.5　利用列表进行检查 139
  6.4　进度拖延原因分析及解决措施 140
    6.4.1　进度拖延原因分析 140
    6.4.2　进度偏差对后续工作及总工期的影响分析 141
    6.4.3　进度拖延的解决措施 142

第 7 章　工程项目质量管理 145

  7.1　概述 145
    7.1.1　质量和工程项目质量 145
    7.1.2　质量管理和工程项目质量管理 146
    7.1.3　质量控制和工程项目质量控制 147
    7.1.4　影响工程质量的因素 147
    7.1.5　工程项目质量管理原理 149
  7.2　质量管理体系 152
    7.2.1　质量管理原则 152
    7.2.2　企业质量管理体系文件的构成 153
    7.2.3　工程质量管理体系的建立和运行 154
    7.2.4　质量管理体系的认证与监督 154
  7.3　工程项目施工质量控制 155
    7.3.1　施工质量的基本要求 155
    7.3.2　施工质量控制的依据 155
    7.3.3　施工生产要素的质量控制 156
    7.3.4　施工过程的作业质量控制 158
    7.3.5　施工作业质量的监控 160
  7.4　工程质量事故的分析与处理 162
    7.4.1　工程质量事故的概念 162
    7.4.2　工程质量事故的分类 163
    7.4.3　常见工程质量事故分析 164
    7.4.4　工程质量预防的具体措施 165
    7.4.5　工程质量事故的处理 166

7.5 工程质量控制的数理统计分析方法 …………………………………………… 170
　　7.5.1 排列图法 ………………………………………………………………… 170
　　7.5.2 因果分析图法 …………………………………………………………… 171
　　7.5.3 直方图法 ………………………………………………………………… 173
　　7.5.4 控制图法 ………………………………………………………………… 174
　　7.5.5 相关图法 ………………………………………………………………… 175
7.6 工程项目质量验收 ……………………………………………………………… 176
　　7.6.1 工程项目施工过程质量验收 …………………………………………… 176
　　7.6.2 工程项目竣工质量验收 ………………………………………………… 179

第8章 工程项目施工成本管理 …………………………………………………… 182

8.1 概述 ……………………………………………………………………………… 182
　　8.1.1 工程项目施工成本的概念 ……………………………………………… 182
　　8.1.2 工程项目施工成本管理的概念 ………………………………………… 186
　　8.1.3 工程项目施工成本管理的环节 ………………………………………… 186
　　8.1.4 工程项目施工成本管理的措施 ………………………………………… 188
8.2 工程项目施工成本计划 ………………………………………………………… 190
　　8.2.1 工程项目施工成本计划的类型 ………………………………………… 190
　　8.2.2 工程项目施工成本计划的编制程序 …………………………………… 191
　　8.2.3 工程项目施工成本计划的编制方法 …………………………………… 192
8.3 工程项目施工成本控制 ………………………………………………………… 195
　　8.3.1 工程项目施工成本控制的依据 ………………………………………… 195
　　8.3.2 工程项目施工成本控制的步骤 ………………………………………… 196
　　8.3.3 工程项目施工成本控制的方法 ………………………………………… 196
　　8.3.4 费用偏差分析 …………………………………………………………… 199
　　8.3.5 未完工程费用预测 ……………………………………………………… 202
　　8.3.6 纠偏措施 ………………………………………………………………… 202
8.4 工程项目施工成本分析 ………………………………………………………… 203
　　8.4.1 工程项目施工成本分析的依据 ………………………………………… 203
　　8.4.2 工程项目施工成本分析的内容和步骤 ………………………………… 204
　　8.4.3 工程项目施工成本分析的方法 ………………………………………… 204

第9章 工程项目职业健康安全与环境管理 ……………………………………… 209

9.1 概述 ……………………………………………………………………………… 209
　　9.1.1 职业健康安全与环境管理的概念 ……………………………………… 209
　　9.1.2 职业健康安全与环境管理的特点 ……………………………………… 210
　　9.1.3 职业健康安全与环境管理的任务 ……………………………………… 211
　　9.1.4 职业健康安全与环境管理体系的建立与运行 ………………………… 213
9.2 施工安全生产管理 ……………………………………………………………… 216

  9.2.1 施工安全生产管理的概念与内容 ··· 216
  9.2.2 施工安全生产管理的基本原则 ·· 217
  9.2.3 施工安全生产管理的基本要求 ·· 218
  9.2.4 施工安全生产管理的程序 ·· 218
  9.2.5 施工项目安全技术措施计划及实施 ····································· 219
  9.2.6 施工安全隐患的处理 ··· 222
 9.3 安全生产管理制度 ·· 224
  9.3.1 安全生产责任制 ·· 224
  9.3.2 安全生产许可证制度 ··· 225
  9.3.3 政府安全生产监督检查制度 ·· 226
  9.3.4 安全生产教育培训制度 ··· 226
  9.3.5 安全措施计划制度 ·· 229
  9.3.6 特种作业人员持证上岗制度 ·· 230
  9.3.7 专项施工方案专家论证制度 ·· 230
  9.3.8 危及施工安全工艺、设备、材料淘汰制度 ························· 230
  9.3.9 施工起重机械使用登记制度 ·· 231
  9.3.10 安全检查制度 ·· 231
  9.3.11 生产安全事故报告和调查处理制度 ··································· 232
  9.3.12 "三同时"制度 ··· 232
  9.3.13 安全预评价制度 ·· 233
  9.3.14 意外伤害保险制度 ··· 233
 9.4 建设工程职业健康安全事故应急预案和事故处理 ····················· 233
  9.4.1 生产安全事故应急预案 ··· 233
  9.4.2 建设工程职业健康安全事故的分类和处理 ························· 236
 9.5 现场文明施工与环境管理 ··· 241
  9.5.1 文明施工和环境保护概述 ··· 241
  9.5.2 文明施工的基本要求 ··· 242
  9.5.3 文明施工的组织与管理 ··· 242
  9.5.4 施工现场环境保护的措施 ··· 244

第 10 章 建设工程合同管理 ··· 248
 10.1 建设工程合同概述 ·· 248
  10.1.1 建设工程合同的概念及特征 ·· 248
  10.1.2 建设工程合同的作用 ··· 249
  10.1.3 建设工程合同的主要内容 ··· 250
  10.1.4 无效建设工程合同的界定 ··· 252
 10.2 建设工程合同分类 ·· 253
 10.3 建设工程施工合同及管理 ·· 258
  10.3.1 建设工程施工合同的概念和特点 ······································ 258

10.3.2 建设工程施工合同示范文本 ····································· 259
10.3.3 建设工程施工合同双方的权利和义务 ··························· 261
10.3.4 建设工程施工合同的订立与解除 ································· 263
10.3.5 建设工程施工合同争议解决 ······································ 264
10.4 工程变更与工程索赔 ··· 265
10.4.1 合同变更管理 ·· 265
10.4.2 合同索赔概述 ·· 267
10.4.3 工程中常见的索赔问题及索赔成立的前提条件 ·············· 271
10.4.4 工程索赔的依据和证据 ··· 273
10.4.5 工期索赔值的计算 ·· 275

第 11 章 建设工程项目信息管理 287

11.1 概述 ·· 287
11.1.1 信息的内涵及特征 ·· 287
11.1.2 项目信息的分类 ··· 288
11.1.3 项目信息处理的方法 ··· 288
11.2 建设工程项目信息管理 ·· 289
11.2.1 建设工程项目信息管理的内涵 ·································· 289
11.2.2 建设工程项目信息管理的原则 ·································· 290
11.2.3 建设工程项目信息管理的任务 ·································· 290
11.2.4 建设工程项目信息管理的主要内容 ···························· 291
11.2.5 建设工程项目信息管理的过程 ·································· 292
11.3 建设工程项目文件档案资料管理 ····································· 293
11.3.1 文件档案资料概念与特征 ······································ 293
11.3.2 建设工程档案资料管理职责 ··································· 294
11.3.3 建设工程项目档案资料编制质量要求与组卷方法 ········· 296
11.3.4 建设工程项目档案资料验收与移交 ··························· 297
11.3.5 建设工程项目档案资料分类 ··································· 298
11.4 工程项目管理信息系统 ·· 298
11.4.1 工程项目管理信息系统的概念 ·································· 298
11.4.2 工程项目管理信息系统的结构 ·································· 299
11.4.3 工程项目管理信息系统的功能 ·································· 300
11.5 BIM 技术及其在工程项目管理中的应用 ··························· 301
11.5.1 概述 ·· 301
11.5.2 BIM 在工程项目管理目标控制中的应用 ····················· 303
11.5.3 BIM 在工程项目管理中的其他应用 ··························· 307

第 12 章 工程项目风险管理 312

12.1 概述 ·· 312

12.1.1 风险概述 …………………………………………………………… 312
12.1.2 工程项目风险种类 …………………………………………………… 315
12.1.3 工程项目风险管理 …………………………………………………… 317
12.2 工程项目风险识别 ………………………………………………………… 321
12.2.1 风险识别过程 ………………………………………………………… 321
12.2.2 风险识别方法 ………………………………………………………… 322
12.3 工程项目风险评估 ………………………………………………………… 325
12.3.1 风险评估的主要内容 ………………………………………………… 325
12.3.2 风险评估的方法 ……………………………………………………… 327
12.4 工程项目风险对策与监控 ………………………………………………… 328
12.4.1 风险对策 ……………………………………………………………… 328
12.4.2 风险监控 ……………………………………………………………… 331
12.5 工程保险与工程担保 ……………………………………………………… 332
12.5.1 工程保险概述 ………………………………………………………… 333
12.5.2 工程担保概述 ………………………………………………………… 336

参考文献 …………………………………………………………………………… 341

第1章 工程项目管理概论

1.1 项目与项目管理

1.1.1 项目的概念、分类与特征

1. 项目

项目是由一组有起止时间、相互协调的受控活动所组成的特定过程,该过程要达到符合规定要求的目标,包括质量、时间、成本和资源的约束条件。项目也指为创造独特的产品、服务或成果而进行的临时性工作。

2. 项目的分类

在现代经济活动中,存在着不同类型的项目,常见的有以下几类。

(1) 各种建设工程项目(又称工程项目),如工业与民用建筑工程、城市基础设施工程、道路桥梁及隧道工程、铁路工程、水利工程、机场工程、港口工程等。

(2) 各种开发项目,如资源开发项目、地区经济开发项目、新产品开发项目等。

(3) 各种科学研究项目,如基础科学研究项目、应用研究项目、科技攻关项目、人文科学研究项目等。

(4) 各种投资项目,如银行的贷款项目、政府及企业的各种投资和合资项目。

(5) 各种国防项目,如新型武器的研制、"两弹一星"工程、航空母舰的制造、航天飞机计划、国防工程等。

(6) 各种社会项目,如希望工程、人口普查、社会调查、各种体育运动会、展览会、洽谈会、交流会、演唱会等。

3. 项目的特征

虽然这些项目大小不一,题材各异,但所有的项目都具有一些共同的特征。

1) 项目的一次性和特定性

这也是项目最主要的特征。每个项目都有其特定内容、目标、过程与时间期限，只能单件生产，不具有批量生产的特性。

2) 目标明确性

项目目标可分为成果性目标与约束性目标。成果性目标指项目所希望达到的预期成果，比如质量；约束性目标指项目的约束条件，包括时间、成本、资源等。项目只有满足约束条件才能成功，因而约束条件是项目预期成果实现的前提。

3) 生命周期性

项目工程的一次性决定了每个项目都具有自己的生命周期，任何项目都有其产生、发展与结束时间，在不同的阶段都有其特定的任务、程序和工作内容。概括地说，项目的生命周期包括：决策阶段、实施阶段和运营（使用）阶段。掌握和了解项目的生命周期，可以有效地对项目实施科学的管理和控制。

4) 项目的整体性

项目是由完成一系列任务的活动构成的，所以项目管理又是过程管理。这些活动不是孤立的，而是相互联系、相互影响的，具有整体性，它们共同组成项目的行为系统。

5) 项目的特殊性

项目的一次性决定了项目的不可逆性和特殊性，由于项目是按一定的程序进行的，其过程不可逆，必须一次成功。对于项目组织，项目的一次性又决定了其临时性与开放性。在项目的开展中，项目的人员、职责都是不断变化的，项目组织是多变的，不稳定的。而参与项目的单位往往又不止一个，它们根据各自不同的工作划分，在项目的不同阶段以不同的程度介入项目活动，所以说项目组织不存在严格的边界，是临时的、开放的。

1.1.2 工程项目的概念、特征与分解

1. 工程项目的概念

工程项目又称土木工程项目或建设工程项目，是最为常见和最为典型的项目类型，以建筑物、构筑物或道路、桥梁、铁路等为目标产出物，有开工时间和竣工时间，是由一系列相互关联的活动所组成的特定过程。该过程要达到的最终目标应符合预定的使用要求，并满足标准（或业主）要求的质量、工期、造价和资源等约束条件。

2. 工程项目的特征

工程项目除具有一次性、明确的目标和约束条件等一般项目的共同特征外，还具有以下特点：

1) 空间上的固定性

每一个工程项目的最终产品均有特定的功能和用途，并且建设地点固定，项目建成后不可移动，这种可交付成果的固定性，决定了建筑生产的特点和工程项目管理的特点，如建设过程的不可逆性、设计的单一性、生产的单件性等。此外，建筑产品是固定的，工程项目的实施阶段主要是在露天进行的，因此受自然条件的影响大，活动条件艰难，变更多，组织管理工作任务繁重且复杂，目标控制和协调活动难度大。

2）生产的露天性

因为工程项目大多露天建设,受水文、气象等因素影响较大,工程项目建设地点的选择常受到地形、地貌、地质等多种复杂因素的制约。

3）建设周期的长期性

工程项目一般建设周期长,从项目构思和策划到项目结束,少为数月,多则数年,甚至十几年,而且工程项目的投资回收期长,使用寿命也很长,项目建设过程的质量对将来使用阶段的影响也非常大。

4）工程项目投资的风险性

由于工程项目建设周期长,投资巨大,建设过程中各种不确定因素多,因此工程项目的投资风险很大。特别是一些大型、特大型工程项目,工程量大,技术复杂,需要加强对项目的风险管理。

5）管理的复杂性

工程项目组织复杂,一个项目中往往有数家、数十家甚至上百家不同单位的参与,通过合同进行分工与协作,项目组织之间沟通和协调的难度很大。新技术、新材料和新工艺的不断涌现,使得现代建筑的技术要求越来越高,技术难度越来越大,增加了项目的技术复杂性。加之工程项目的资源投入大、约束条件多、建设周期长、投资风险大等,使得工程项目管理工作非常复杂。

3. 工程项目的分解

工程项目的分解(project decomposition)是工程项目管理的一项重要内容,一个工程项目一般可分解为单项工程、单位工程、分部工程和分项工程。

(1) 单项工程是指具有独立的设计文件,可以独立施工,建成后能够独立发挥生产能力或效益的工程。一个建设项目可由一个单项工程组成,也可以由多个单项工程组成。生产性工程项目的单项工程一般指独立的生产车间、设计规定的主要生产线等;非生产性工程项目的单项工程一般指能够发挥设计规定的主要效益的各个单位工程,如办公楼、旅馆、幼儿园等。单项工程由若干个单位工程组成。

(2) 单位工程是指具有独立的设计文件,可以独立施工,但建成后不能独立发挥生产能力或工程效益的工程。如某生产车间是一个单项工程,则该车间的建筑工程、设备安装、电器照明、工业管道工程都分别是一个单位工程;民用建筑中如学校的教学楼、食堂、图书馆等,都可以称为一个单位工程。

单位工程的施工条件具有相对的独立性,一般要单独组织施工和竣工验收。单位工程体现了工程项目的主要建设内容,是新增生产能力或工程效益的基础。

(3) 分部工程是按单位工程的工程部位、设备安装工程的种类或施工使用的材料和工程项目管理种类的不同来划分的,是单位工程的进一步分解。一般工业与民用建筑可划分为地基与基础工程、主体结构工程、装饰装修工程、屋面工程,其相应的建筑设备安装工程由给排水及采暖工程、建筑电气工程、通风与空调工程、电梯安装工程、建筑节能工程、智能建筑工程等组成。

分部工程较大或较复杂时,可按材料种类、施工特点、施工程序、专业系统及类别等划分为若干子分部工程,如主体结构又可分为混凝土结构、砌体结构、钢结构、木结构等子分部工程。

（4）分项工程也称施工工程，是分部工程的组成部分，一般是按主要工种、材料、施工工艺、设备类别等进行划分，是建设工程中最基本的单位内容，即通常所指的各种实物工程量。例如，地基与基础工程的土方分部工程可以分为人工平整场地、人工挖土方、人工挖地槽等分项工程；主体结构工程可以分为模板工程、钢筋工程、混凝土工程、砖砌体工程等；安装工程的情况比较特殊，通常只能将分部分项工程合并成一个概念来表达工程实物量。分项工程是建筑施工生产活动的基础，也是计量工程用工用料和机械台班消耗的基本单元。分项工程既有其作业活动的独立性，又有相互联系、相互制约的整体性。

1.1.3 项目管理的概念与特征

项目管理的发展历史悠久，如今的项目管理是一种新的管理方式和管理学科的代名词，已渗透到社会生活的各个方面。一方面，项目管理是指管理活动，即有意识地按照项目的特点和规律，对项目进行组织管理的活动；另一方面，项目管理也可以指管理学科，即以项目管理活动为研究对象的一门学科，目的是探索科学组织管理项目活动的理论与方法。

项目管理是以项目为对象的系统管理方法，是指在一定的约束条件下，为了实现项目的预定目标，通过一个专门性的临时组织，对项目实施所需资源进行的全过程、全方位的策划、组织、控制、协调与监督。项目管理的目的就是保证项目目标的实现，因此项目管理的正常活动通常是围绕项目计划与组织、项目的质量管理、费用控制和进度控制等内容展开的。

项目管理是为使项目取得成功（实现所要求的质量、所规定的时限、所批准的费用预算）所进行的全过程、全方位的规划、组织、控制和协调等专业化活动。

项目管理有以下几方面特征：

1）项目管理的客体是项目

项目管理是针对项目的特点而形成的一种管理方式，因而其适用对象是项目。

2）项目管理的主体是柔性化组织

项目组织是项目实施运作的核心实体，对项目管理的影响很大，并且其具有和项目一样的生命周期，要经历建立、运营、解散的过程。因此项目组织是临时的，并且随着项目的发展有所变化。项目这种机动灵活的组织形式称之为柔性。

3）项目管理的最基本职能是计划、组织和控制

项目计划就是根据项目目标的要求，对项目范围内的各项活动作出合理安排。任何项目的管理都要从制订项目计划开始，项目计划是确定项目协调、控制方法和程序的基础和依据。项目管理的组织是指为实现项目管理的组织职能而进行的项目组织机构的建立、组织运行与组织调整等相关活动。项目组织是实现项目计划、完成项目的目标的基础条件。项目控制是指在项目作业中根据项目计划的要求对项目的进展情况进行评价，发现并识别偏差，对存在的偏差采取相应的纠正措施，以求实现项目目标的管理活动。计划、组织和控制是项目管理的最基本职能，其中计划是控制的前提和依据，组织是前提条件和保证，控制是实现项目目标的必要手段。

此外，项目管理还具有决策、激励、指挥、协调和教育等职能。

1.1.4 工程项目管理的概念、特征与分类

鲁布革水电站

1. 工程项目管理的概念

工程项目管理(project management,PM)以工程项目为对象,是项目管理的重要组成部分,是一门实践性很强的综合学科。在既定的约束条件下,根据工程项目的内在规律,应用项目管理的理论、观点、方法,对工程建设项目的决策和实施的全过程进行计划、组织、协调和控制,旨在最优化地实现工程项目目标。工程项目管理的预期目标是指费用、质量、进度和安全四大目标。

工程项目管理从项目的开始到项目的完成,通过项目策划(project planning,PP)和项目控制(project control,PC)以达到项目的费用目标(投资、成本目标)、质量目标和进度目标,即 PM= PP+PC。在整个工程项目全寿命中,决策阶段的管理是项目前期的开发管理(development management,DM),实施阶段的管理是项目管理(project management,PM),使用阶段(或称运营阶段)的管理是设施管理(facility management,FM)。工程项目管理的各阶段如图 1-1 所示。全寿命周期的管理称为工程管理,工程管理与工程项目管理关系为

工程管理 = 项目前期的开发管理 + 项目管理 + 设施管理 = DM + PM + FM

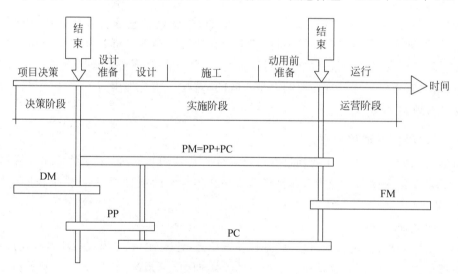

图 1-1 工程项目管理的阶段

2. 工程项目管理的特征

1)普遍性

项目作为一次性的任务和创新活动普遍存在于社会生产活动之中,现有的各种文化物质成果最初都是通过项目的方式实现的,现有的各种持续重复活动都是项目活动的延伸和延续,对于各种有价值的想法或建议,人们迟早都会通过项目的方式去实现。项目的这种普遍性使得项目管理也具有了普遍性。

2)目的性

一切项目管理活动都是为了实现"满足或超越项目有关各方对项目的要求与期望"。项

目管理的目的性不但表现在要通过项目管理活动去保证项目有关各方已经明确提出的项目目标得以满足或超越,还表现在要满足和超越那些尚未识别和明确的潜在需要。例如,建筑设计项目中对建筑美学很难定量和明确地提出一些要求,项目设计者要努力运用自己的专业知识和技能去找出这些期望的内容,并设法满足甚至超越这些期望。

3) 独特性

项目管理既不同于一般的生产运营管理,也不同于常规的行政管理,它有自己独特的管理对象和活动,有自己独特的管理方法和工具。虽然项目管理也会应用一般管理的原理和方法,但是项目管理活动有其特殊的规律性,这正是项目管理存在的前提。

4) 集成性

项目管理的集成性是指把项目系统的各要素,如管理信息、技术、方法、目标等,有机地集合起来,形成综合优势,使项目系统总体上达到相当完备的程度。相对于一般管理而言,项目管理的集成性更为突出。一般管理的对象是一个组织持续稳定的日常性管理工作,由于工作任务的重复性和确定性,其专业化分工较为明显。但项目管理的对象是一次性工作,项目相关利益者对于项目的要求和期望又不同,如何将项目的各个方面集合起来,在多个相互冲突的目标和方案中权衡,保证项目整体最优化是项目管理集成性的本质所在。

5) 创新性

项目管理没有一成不变的模式和方法,必须通过管理创新去有效地管理具体的项目。现实生活中,即使以前有过类似的项目,但由于新项目在内容、时间、环境等方面的改变,仍然需要各种各样的管理创新。尽管项目管理有许多特性,但项目管理毕竟是管理科学的一个分支,项目管理与一般管理在原则上是一致的,它与一般管理也有一些共性,只是在内容和方法上有所差异。

3. 工程项目管理的分类

根据工程项目的类型,工程项目管理可以分为建设项目管理、工程设计项目管理、工程监理(咨询)项目管理和工程施工项目管理。与其相对应的项目管理者分别是建设单位、设计单位、监理(咨询)单位与施工单位。

1) 建设项目管理

建设项目管理(业主方项目管理)是从建设单位(业主)的观点出发对项目建设进行的综合性管理工作。具体而言就是在建设项目的实施期内,用系统工程的理论、观点和方法,进行有效的规划、决策、组织、协调、控制等系统的、科学的管理活动,从而按项目既定的质量要求、控制工期、投资总额、资源限制和环境条件,圆满地实现建设项目目标。广义的建设项目管理包括投资决策的有关管理工作,狭义的建设项目管理只包括项目的立项(决策)以后至交付使用的全过程的管理。

2) 工程设计项目管理

工程设计项目管理(设计方项目管理)是由设计单位自身对参建项目在工程设计阶段进行自我管理。设计单位的项目管理主要服务于项目的整体利益和设计方自身的利益,其管理涉及设计前准备、设计、施工、动工前准备和保修期阶段。其主要目标是设计的成本、进度、质量三大目标与整个项目的投资目标。以下是其主要的七大任务:①与设计有关的安全管理;②设计成本控制、与设计有关的工程造价控制;③设计进度控制;④设计质量控制；⑤设计合同管理；⑥设计信息管理；⑦与设计有关的组织协调。

3）工程监理(咨询)项目管理(也归类为业主方的项目管理)

工程监理项目是由监理企业进行建设项目管理。一般是监理企业受建设单位的委托、签订监理委托合同，为建设单位进行建设项目管理。监理企业也是中介组织，是依法成立的专业化、高智能型的组织，按照有关法规对项目进行投资、进度、质量、安全、合同、信息与组织协调等多方面的管理。

工程咨询项目是由咨询单位进行中介服务的工程项目。作为中介组织，工程项目咨询单位具有专业的知识与能力，可以接受建设单位的委托经行项目管理，也就是进行智力服务。在市场经济体制中，由咨询单位进行工程项目管理已经形成了一种国际惯例。

4）工程施工项目管理

工程施工项目管理(施工方的项目管理)就是指施工单位在完成所承揽的工程建设施工项目过程中，运用系统的观点和理论以及现代科学技术手段对施工项目进行计划、组织、安排、指挥、管理、监督、控制、协调等全过程的管理。其主要发生在施工阶段(含施工准备阶段)和竣工验收阶段，包括施工准备、施工、竣工验收和保修等施工全过程。

工程施工项目管理具有以下特征：

（1）工程施工项目的管理主体是工程施工企业。由建设单位或监理单位进行的施工阶段中的管理不能算作工程施工管理。

（2）工程施工项目管理的对象是工程施工项目。工程施工项目的特点给工程施工项目管理带来了特殊性，主要是生产活动与市场交易活动同时进行；买卖双方都投入生产管理，生产活动和交易活动很难分开。所以工程施工项目管理是对特殊的生产活动、在特殊的市场上进行的特殊交易活动的管理，其复杂性和艰难性都是一般生产管理难以比拟的。

（3）工程施工项目管理要求强化组织协调工作。工程施工项目具有以下特点：工程施工项目的生产活动具有单件性；对生产的问题难以补救；参与施工人员不断流动；施工在露天进行，工期长，需要资金多；施工活动涉及的各种关系复杂多变。这就造成工程施工项目管理的协调工作变复杂，必须要强化组织协调工作才能保证施工的顺利进行。主要强化方法就是优选项目经理，建立调度机构，配备称职的调度人员，努力使调度工作科学化、信息化，建立起动态的控制体系。

（4）工程施工项目管理与建设项目管理(业主方项目管理)在管理主体、管理任务、管理内容和管理范围方面都是不同的。第一，建设项目的管理主体是建设单位或受其委托的建设工程项目管理企业；工程施工项目管理的主体是施工企业。第二，建设项目管理的结果是取得符合要求的、能发挥应有效益的固定资产；工程施工项目管理的结果是把项目施工搞好并取得利润。第三，建设项目管理的内容是涉及投资周转和建设的全过程管理；而工程施工项目管理的内容涉及从投标开始到回访保修为止的全部生产组织管理。第四，建设项目管理的范围是一个建设项目，是由可行性研究报告确定的所有工程；而工程施工项目管理的范围是由工程施工合同约定的承包范围，是建设项目或单项工程或单位工程施工过程的管理。

1.2 工程项目管理的内容和方法

工程项目按照建设程序运行是社会技术经济规律的要求,也是由工程项目的复杂性决定的,这是工程建设过程客观规律的反映,是工程项目科学决策和顺利进行的重要保证。工程项目的建设程序(project processes)是指一个建设项目从策划、选址、评估、决策、设计、施工到竣工验收、投入生产或交付使用的整个建设过程中,各项工作必须遵循的先后顺序和相互关系。

目前,我国建设项目的全寿命周期分为三大阶段:项目决策阶段、项目实施阶段和项目使用阶段。各个阶段工作内容如图 1-2 所示。

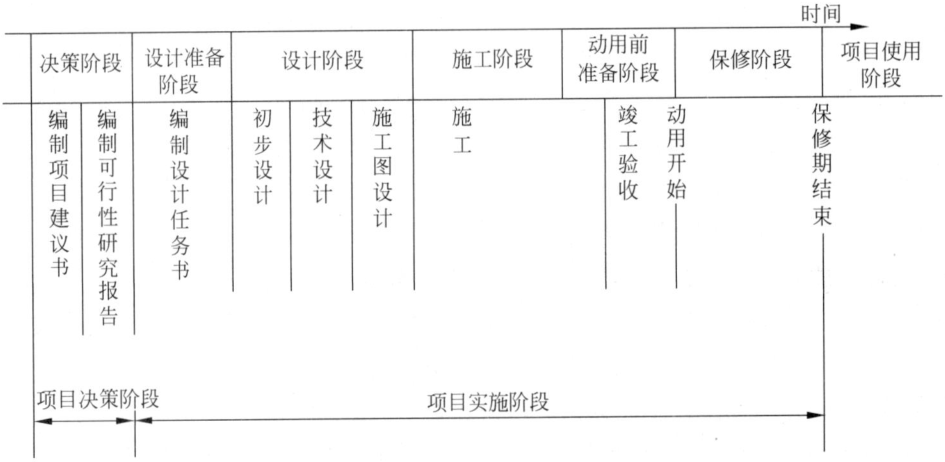

决策阶段	设计准备阶段	设计阶段		施工阶段	动用前准备阶段	保修阶段	项目使用阶段
编制项目建议书	编制可行性研究报告	编制设计任务书	初步设计 / 技术设计 / 施工图设计	施工	竣工验收	动用开始	保修期结束
项目决策阶段	项目实施阶段						

图 1-2 建设工程项目全寿命周期的组成

1.2.1 工程项目管理的内容

工程项目管理包括:建立工程项目管理组织、编制工程项目管理规划、工程项目目标控制(包括项目投资控制、项目进度控制、项目质量控制、工程项目职业健康安全与管理目标控制)、工程项目资源管理、工程项目合同管理、工程项目信息管理、工程项目组织与协调管理、工程项目风险管理等。

1. 建立工程项目管理组织

(1) 根据需要确定工程项目管理组织,并选聘称职的项目负责人。
(2) 选用恰当的组织方式,监理管理机构,明确权、责、利。
(3) 根据项目的需要建立管理制度。

2. 编制工程项目管理规划

工程项目管理规划是对工程项目管理的各项工作进行的综合性的、完整的、全面的总体计划。工程项目管理规划包括工程项目管理规划大纲和工程项目管理实施规划两大类。

(1) 工程项目管理规划大纲应由项目管理层依据招标文件及发包人对招标文件的解释、企业管理层对招标文件的分析研究结果、工程现场情况、发包人提供的信息和资料、有关市场信息以及企业法定代表人的投标决策意见编写。工程项目管理规划大纲内容包括：①工程项目概况；②工程项目实施条件分析；③工程项目投标活动及签订施工合同的策略；④工程项目管理目标；⑤工程项目组织结构；⑥质量目标和施工方案；⑦工期目标和施工总进度计划；⑧成本目标；⑨工程项目风险预测和安全目标；⑩工程项目现场管理和施工平面图；⑪投标和签订施工合同；⑫文明施工及环境保护。

(2) 工程项目管理实施规划必须由项目经理根据工程项目管理规划大纲、工程项目管理目标责任书、施工合同在工程开工之前组织项目经理部编制完成。工程项目管理实施规划的内容包括：①工程概况；②施工部署；③施工方案；④施工进度计划；⑤资源供应计划；⑥施工准备工作计划；⑦施工平面图；⑧技术组织措施计划；⑨工程项目风险管理；⑩信息管理；⑪技术经济指标分析。

3．工程项目目标控制

1）项目投资控制

投资有多种含义，建设项目总投资包括项目从酝酿、决策、建设实施到竣工投产的全过程和投资的筹集、运用及其相关工作。投资工作量是以货币形式表现的"投资额"，如图1-3所示。

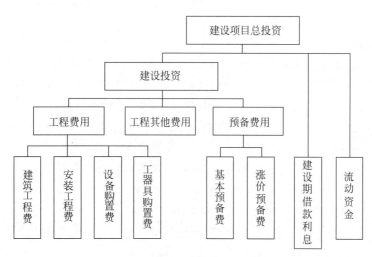

图1-3 建设项目总投资构成

建设项目总投资中包括建设投资、建设期借款利息及流动资金。其中建设投资是指用于拟建项目的建筑工程费、安装工程费、设备购置费、工器具购置费、预备费用和工程其他费用。

(1) 可行性研究阶段的投资控制。在可行性研究阶段，主要是在项目建议书获得批准后，对项目进行评估，为项目决策提供主要依据。其任务虽然涉及市场、工艺技术和经济等多方面，但投资控制却是最主要的。这个阶段要在完成市场需求预测、厂址选择、工艺技术方案选择等可行性研究的基础上，对拟建项目的各种经济因素进行调查、研究、预测、计算及论证，运用定量分析与定性分析相结合、动态分析与静态分析相结合的方法，计算内部收益率、净现值率、投资利润率等指标,完成财务评价;大中型项目还利用影子价格、影子汇率、社会折现率等经济参数进行国民经济评价,从而考察投资行为的宏观经济合理性。可行性研究报告是进行投资决策的主要依据。

(2) 编制设计文件阶段的投资控制。初步设计根据批准的可行性研究报告和有关设计基础资料,拟订工程建设实施的初步方案,从技术上、经济上作出合理安排,通过初步设计概算具体确定建设投资。技术设计是对复杂工程的重大技术问题进一步深化设计,作为施工图设计的依据,编制修正概算,修正投资控制额。施工图设计则根据初步设计或技术设计进行编制。通过施工图预算,确定建设项目的造价。

因此,整个设计阶段是实施投资控制的关键阶段,建设项目具体投资多少,是在这个阶段确定的。在设计中,必须始终具有经济观念,不浪费投资,根据功能的要求进行设计,使资金用在实处。

(3) 工程施工招标阶段的投资控制。在工程施工招标阶段,项目法定代表人要通过编制招标文件、工程量清单和标底,发布招标文件,合理评标与决标来进行投资控制。标底或招标控制价是评标与决标的依据,中标价是签订合同时确定合同价的依据,合同价又是施工阶段投资控制的最高限价。

(4) 施工阶段的投资控制。施工阶段是投资活动的物化过程,是真正的大量投资支出阶段。这个阶段投资控制的任务是,按设计要求实施,使实际支出控制在合同价之内,合同价控制在初步设计概算之内。因此,要减少设计变更,努力降低造价,做好索赔和工程进度款结算,竣工后搞好结算和决算。

2) 项目进度控制

项目进度控制是指对建设项目各个阶段的工作顺序和持续时间进行规划、实施、检查、协调及信息反馈等一系列活动的总称。建设项目进度控制的最终目的是确保实现项目动用的时间目标。建设项目进度控制的总目标是建设工期。建设项目进度控制的意义在于:第一,保证建设项目按预定的时间交付使用,及时发挥投资效益;第二,维护国家良好的建设秩序和经济秩序;第三,提高建筑施工企业的经济效益。

进度控制是一个动态设定的管理过程,包括进度目标的分析和论证,其目的是论证进度目标是否合理,进度目标是否可能实现。如果经过科学的论证,目标不可能实现,则必须调整目标;在收集资料和调查研究的基础上编制进度计划。

进度计划的跟踪检查与调整,包括定期跟踪检查所编制进度计划的执行情况,若其执行有偏差,则应采取纠偏措施,并视必要情况调整进度计划。

(1) 工程项目进度控制的相关因素。工程项目进度控制影响因素多,风险大,应当进行认真的分析总结,以便采取措施,适应变化,使不平衡变为相对平衡,在动态中实现进度控制目标。

进度控制的影响因素首先来自建设单位,包括建设单位提出的项目动用目标,资金、材料和设备的供应进度,各项准备工作的进度,以及建设单位管理的有效性等。其次,进度控制的影响因素来自勘察设计单位,包括勘察设计进度目标的编定、可投入的勘察设计力量及其工作效率、各设计专业的配合状况、设计的速度、审查设计文件的进展速度,以及建设单位与设计单位的协作状况等。再次,进度控制的影响因素来自施工单位,包括施工进度目标的确定、施工项目管理规划的编制、施工企业的生产能力和管理素质、投入的人力及装备规模,以及分包施工单位的进度保证能力等。还有环境因素和风险因素的影响,包括上级领导部门的指令和指导意见、建筑市场和物资供应市场的状况、国家财政状况、政治和气候的影响、使用要求及建设目标变更的可能性、偶发性不可抗力等的影响。

以上诸多的影响因素是客观存在的,但有些影响因素又是人为的,可以被预测和控制。工程监理单位参与进度控制,既构成了影响进度的重要因素,又可以通过签订合同,接受建设单位的委托,采用有效的方法和手段,对各种进度控制的影响因素实施干预,确保进度控制目标的实现。

(2) 工程项目进度控制的全过程。工程项目的各个阶段,都与进度控制有密切联系。各阶段的工作进度固然需要控制,而前期工作阶段所进行的进度决策工作,又给实施阶段的进度控制以重大影响,表1-1就是建设全过程与进度控制全过程的关系。这里必须强调,进度控制的重点阶段是项目的建设准备和施工阶段。

表1-1 工程项目进度控制的全过程

建设过程	项目建议书	可行性研究报告	项目设计	建设准备	建设施工	竣工验收交付使用
进度控制阶段		进度决策阶段			进度实施阶段	
进度控制描述	进度建议	进度预测,建议规划	设计进度控制,施工进度预测	编制施工进度计划	实施进度控制,实现工期目标	收尾进度控制,及时交工动用

① 在项目建议书的内容中,按规定有进度建议,是对项目进度的轮廓设想,是有关主管部门对项目建议书进行审批的重要依据;

② 在可行性研究报告中,按规定有"进度预测,建议规划",是对项目建议书中项目进度建议的具体化,是对建设项目进行评估的时间依据,是对项目进度进行决策的依据;

③ 在项目设计的过程中,必须进行设计进度控制,并对设计方案的施工进度作出预测,与可行性研究报告中的建设工期进行对比,从而对设计文件作出评价;

④ 在建设准备阶段,编制施工进度计划,进行进度决策,为施工中的进度控制提供依据;

⑤ 在建设施工阶段,严格按计划进度实施,是进度控制的"操作过程",必须对造成计划偏离目标的各种干扰因素予以排除,保证进度目标的实现;

⑥ 在竣工验收交付使用阶段,要加快收尾进度控制,尽量缩短验收进程,竣工后的工程要及早交付使用。

(3) 项目参建各方进度控制的任务。①建设方(业主)进度控制的任务是控制整个项目实施阶段的进度,包括控制设计准备阶段的工作进度、设计工作进度、施工进度(包括物资采购工作进度)以及项目动用前准备阶段的工作进度。②设计方进度控制的任务是依据设计任务委托合同对设计工作进度的要求控制设计工作进度,这是设计方履行合同的义务。在国际上,设计进度计划主要是出图计划。③施工方进度控制的任务是依据施工任务委托合同按施工进度的要求控制施工进度,这是施工方履行合同的义务。施工方应根据需要编制不同功能的控制性、指导性和实施性施工的进度计划,以及按不同计划周期(年度、季度、月度和旬)的施工计划等。④供货方进度控制的任务是依据供货合同对供货的要求控制供货进度,这是供货方履行合同的义务。

3) 项目质量控制

项目质量控制是指为保证和提高工程质量,运用一整套质量管理体系、手段和方法所进行的系统管理活动。工程质量好与坏,是一个根本性的问题。工程项目建设的特点是投资大、建成及使用时期长,只有合乎质量标准,才能投入生产和交付使用。若发挥投资效益,则应结合专业技术、经营管理和数理统计方法,满足社会需要。世界上许多国家对工程质量的要求,都有一套严密的监督检查办法。

4) 工程项目职业健康安全与环境管理目标控制

工程项目职业健康安全与环境管理是指建筑生产组织(企业)为达到建筑工程职业健康安全与环境管理目的而指挥和控制组织的协调活动,包括制定、实施、实现、评审和保持职业健康安全与环境方针所需的组织机构、计划活动、职责、惯例、程序、过程和资源。

4. 工程项目资源管理

工程项目资源管理主要针对项目的人力、机械设备、材料、技术、资金进行管理。

5. 工程项目合同管理

工程合同是业主和参与项目实施各主体之间明确责任、权利和义务关系的,具有法律效力的协议文件,也是运用市场经济体制、组织项目实施的基本手段。从某种意义上讲,项目的实施过程就是各类建设工程合同订立和履行的过程。工程项目合同管理主要是指对各类合同的依法订立过程和履行过程的管理,包括合同文本的选择,合同条件的协商、谈判,合同书的签署;合同履行、检查、变更和违约、纠纷的处理;总结评价等。

6. 工程项目信息管理

信息指的是用口头的方式、书面的方式或电子的方式传输(传达、传递)的知识、新闻,或可靠的或不可靠的情报。声音、文字、数字和图像等都是信息表达的形式。

工程项目信息管理是工程项目管理的基础工作,是实现项目目标控制的保证。工程项目信息管理主要是指对有关工程项目的各类信息的收集、储存、加工整理、传递与使用等一系列工作的总称。工程项目信息管理的主要任务是及时、准确地向项目管理各级领导、各参加单位及各类人员提供所需的综合程度不同的信息,以便在项目进展的全过程中,动态地进行项目规划,迅速正确地进行各种决策,并及时检查决策执行结果,反映工程实施中暴露的各类问题,为项目总目标服务。工程项目信息管理的目的旨在通过有效的项目信息传输组织和控制,为项目建设提供增值服务。工程项目信息管理的核心手段是基于互联网的信息处理平台。

7. 工程项目组织与协调管理

协调就是联结、联合、调和所有的活动及力量。组织协调是管理技能和艺术,也是实现项目目标必不可少的方法和手段。在项目实施过程,各个项目参与单位需要处理和调整众多复杂的业务组织关系。组织协调包括外部环境协调、项目参与单位之间的协调以及项目参与单位内部的协调三个层次。

8. 工程项目风险管理

随着工程项目规模越来越大和技术越来越复杂,工程项目也面临越来越大的风险。工程项目风险管理是一个确定和度量项目风险,以及制定、选择和管理风险处理方案的过程。工程项目风险管理的目的是通过风险分析减少项目决策的不确定性,以便更加科学地决策,以及在项目实施阶段,保证目标控制的顺利进行,更好地实现项目质量、进度和费用目标。

1.2.2 工程项目管理的基本方法

工程项目管理有一套适用的方法体系,工程项目管理的主要方法是项目目标系统管理方法。项目管理除了目标系统管理方法外,其他管理方法有很多,各种方法有很强的专业适宜性。质量管理的适用方法是全面质量管理法;进度管理的适用方法是网络计划方法;费用管理的适用方法是预算法和挣值法,成本目标控制的适用方法是可控成本控制方法,安全目标控制的适用方法是安全责任制法;范围管理的适用方法是计划方法和工作分解结构(work breakdown structure,WBS)方法;人力资源管理的适用方法是组织结构图和责任分配矩阵;风险管理的适用方法是SWOT分析法和风险评估矩阵;采购管理的适用方法是计划方法和库存计算法;合同管理的适用方法是合同选型与谈判;沟通管理的适用方法是信息技术;综合管理的适用方法是计划方法和协调方法。在工程项目管理中,所有方法的应用都体现了鲜明的专业特点。下面介绍几种主要的方法。

1. 目标系统管理方法

目标的系统管理就是把整个项目的工作任务和目标作为一个完整的系统加以统筹、控制。目标的系统管理包括两个方面:一方面是确定工程项目总目标后,采用WBS方法,将总目标层层分解成若干个子目标和可执行目标,将它们落实到工程项目建设周期的各个阶段和各个责任人,并建立由上而下、由整体到局部的目标控制系统;另一方面,要做好整个系统中各类目标(如质量目标、进度目标和费用目标)的协调平衡和各分项目标的衔接和协作工作,使整个系统步调一致、有序进行,从而保证总目标的实现。

1) 工程项目目标的确定

工程项目目标必须明确、可行、具体和可以度量,并须在投资方与业主、承包商之间达成一致。通常不允许在工程项目实施中仍存在不确定的目标和对目标做过多、过大的修改。如果必须改动项目目标,则工程项目的各个参与方必须就项目的全部变动内容达成一致意见。因此,项目的投资者和执行者都必须重视并加强对工程项目目标的探索和目标系统的建立。

2) 工程项目目标确定应满足的条件

(1) 目标应是具体的,具有可评估性和可量化性,不应含混模糊。

(2) 目标应与上级组织目标一致(一致性)。

(3) 在可能时,以可交付成果的形式对目标进行说明,如评估报告、设计图纸等。

(4) 目标是可理解、可操作的,即必须让其他人知道你正努力去达到什么效果(可操作性)。

(5) 目标是现实的,即你应该去做的事情是现实存在的。

(6) 目标应具有时间性,如果目标没有时间限制,可能永远无法达成(时效性)。

(7) 目标是可达到的,但需要努力和承担一定的风险(风险性)。

(8) 目标的可授权性,即每个目标都可授权给具体的人来负责(责任明确)。

3）工程项目管理的目标系统

工程项目是一个多目标系统，即可表现为时间（工期）、费用（投资）、质量、环保、安全等，但工程项目的最主要目标是进度、质量、费用等三个方面。

4）投资目标、进度目标和质量目标的关系

工程项目的质量、投资和进度这三大目标共同构成项目管理的目标系统，三者间互相联系、互相影响，既对立又统一。

（1）三大目标的对立关系：如果工程项目的功能和质量要求较高，则需要较好的工程设备和材料，还需要精工细作，需要较长的建设周期，投入较多的资金；如果要加快进度、缩短工期，则需要增加作业班次，增加人力和设备，导致施工效率下降，增加单位产品费用，最终增加工程总投资；如果要降低投资，则须考虑降低功能和质量要求，需要按费用最低的原则安排进度计划，则整个工程的建设周期将较长。

（2）三大目标的统一关系：通常情况下，为保证质量目标的实现，尽管增加了一次性建设费用，但能够降低使用阶段的运营费和维修费，使得生命周期的经济效益更好；尽管加快进度、缩短工期需要增加一定的投资，但由于整个工程提前投产使用，可提早收回投资，提早产生收益，当提前投产得到的收益高于因工期缩短而增加的投资时，则加快进度就是正确的决策。

因此，在制订工程项目目标时，需要充分认识到工程项目三大目标之间的对立统一关系，注意统筹兼顾，反复协调和平衡，合理确定三大目标，避免和防止为片面追求单一目标而冲击或干扰其他目标的现象，力求以资源的最优配置实现工程项目目标。

2. 网络计划方法

网络计划方法是指用于工程项目的计划与控制的一项管理方法。

1）网络计划方法的优点

（1）通过网络图，可使整个项目及其各组成部分一目了然。

（2）可足够准确地估计项目的完成时间，并指明哪些活动一定要按期完成。

（3）使参加项目的各单位和有关人员了解他们各自的工作及其在项目中的地位和作用。

（4）便于跟踪项目进度，抓住关键环节。

（5）可简化管理，使领导者的注意力集中到可能出问题的活动上。

2）应用网络计划方法的步骤

（1）项目分解。

（2）确定各种活动之间的先后关系，绘制网络图。项目分解成活动之后，要确定各种活动之间的先后次序，即一项活动的进行是否取决于其他活动的完成，它的紧前活动或紧后活动是什么。

（3）估计活动所需的时间。

（4）计算网络参数，确定关键路线。

（5）优化，包括时间优化、时间-资源优化和时间-费用优化。

（6）监控，利用网络计划对项目进行监控和控制，以保证项目按期完成。

（7）调整，按实际发生的情况对网络计划进行必要的调整。

3. 全面质量管理方法

具体地说，全面质量管理就是以质量为中心，项目参与各方和有关部门积极参与，把专业技术、经济管理、数理统计和思想教育结合起来,建立起产品的研究、设计、生产、服务等全过程的质量体系,从而有效地利用人力、物力、财力和信息等资源,以最经济的手段生产出顾客满意、组织及其全体成员以及社会都受益的产品,从而使组织获得长期的成功和发展。

全面质量管理思想主要集中体现在 PDCA 循环上,具体如下。

(1) 计划(plan)。计划即完成项目目标而编制一个可操作的运转程序和作业计划。其主要工作内容有:①明确工作目标并按工作分解结构(WBS)原理将工作层层分解,确立每项作业的具体目标;②明确实现目标的具体操作过程;③确定过程顺序和相互作用;④为运行和控制过程确定准则和方法;⑤明确保证必需的资源和信息,以有效支持过程运行;⑥在以上工作的基础上制订详细工作计划;⑦对工程项目计划进行评审、批准。

(2) 实施(do)。实施过程就是从资源投入到成果实现的过程,主要就是协调人力和其他资源,以执行工程项目计划。对工程项目中的各种技术和组织界面进行管理,并做好记录,包括人力和其他资源的投入、活动过程、成果的评审、确认等的记录。

(3) 检查(check)。检查就是通过对进展情况进行不断的监测和分析,以预防质量不合格、工期延误、费用超支,确保工程项目目标的实现。

(4) 处理(action)。处理措施包括两个方面,一方面是客观情况变化,必须采取必要的措施调整计划,特别是变化影响到费用、进度、质量、风险等方面,必须进行相应的变更;另一方面,通过分析发现管理工作有缺陷,就应提出改进管理的措施,使管理工作持续进行。

4. 可控成本控制方法

可控成本控制方法是通过明确项目实施过程中每个责任单元的责任人的可控责任成本目标,控制每项生产要素的量与价的成本控制方法。

5. 安全生产责任制法

安全生产责任制是根据我国的安全生产方针"安全第一,预防为主,综合治理"和安全生产法规建立的各级领导、职能部门、工程技术人员、岗位操作人员在劳动生产过程中对安全生产层层负责的制度。安全生产责任制是企业岗位责任制的一个组成部分,是企业中最基本的一项安全制度,也是企业安全生产、劳动保护管理制度的核心。

1.3 工程项目建设模式

工程项目建设模式是指项目决策后,组织实施工程项目的设计、招标、施工安装及采购等各项建设活动的方式。一个工程项目选择何种建设模式,对工程项目具有根本性的影响。首先,工程项目建设模式决定了工程项目的组织方式和组织行为,即组织模式;其次,工程项目建设模式决定了工程项目的承发包方式和模式;再次,工程项目建设模式、组织模式和承发包模式决定了工程项目管理模式。

1.3.1 传统项目管理模式

传统项目管理模式是指工程项目的建设采用设计和施工相分离,按照设计、招标、施工的顺序进行,只有一个阶段结束后另一个阶段才能开始。采用这种模式时,业主先与设计单位签订设计合同,设计完成后,进行施工招标,然后施工。传统项目管理模式又称设计-招标-建造方式(design-bid-build method,DBB 模式)。在施工过程中,业主通常委托工程师或监理进行项目管理,为业主提供项目管理服务。

(1) 传统项目管理模式的优点:应用广泛,管理方法成熟,参与各方都对有关的运作程序熟悉;业主可以自由选择咨询单位、设计单位,对设计的要求可进行控制;可自由选择监理单位对工程监理;设计完成后进行招标,有利于获得有竞争力的报价,使评标及以后的合同签订、施工管理都有准确可靠的依据;可选用标准化的合同条件,有利于合同管理和风险管理。

(2) 传统项目管理模式的缺点:由于设计和施工分离,容易造成设计方案与施工的实际条件脱节,忽视施工的可能性与经济性,使工程变更和索赔的费用较高;项目按顺序依次实施,整个项目的建设期较长;由于设计与施工单位分别与业主签订合同,他们之间相互独立,容易出现不协调,需要业主委托咨询工程师或监理进行组织协调和管理,业主管理费用较高。

长期以来,我国工程项目建设采用的主要方式就是传统模式。在实践中,根据业主发包合同数量的不同,传统项目管理模式又可分为平行承发包模式和设计-施工总分包模式。

1. 平行承发包模式

平行承发包模式是业主将工程项目的设计、施工和材料设备采购任务分解后分别发包给若干个设计单位、施工单位和材料设备供应单位,并分别与各方签订合同。各个承包商之间的相互关系是独立的、平行的。在委托监理单位的项目中,监理单位与业主是合同关系,与施工承包商及供应商是监理与被监理的关系。由于我国目前尚未开展设计阶段的监理单位,故监理单位与设计单位不存在监理关系。平行承发包模式组织关系如图 1-4 所示。

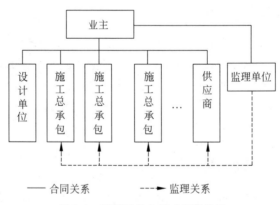

图 1-4 平行承发包模式组织关系

(1) 平行承发包模式的优点:由于将工程建设任务分解后分别发包,各承建单位可以同时平行地开展建设活动,这对于规模较大的工程项目有利于缩短建设工期。同时,由于分解后的合同内容比较单一、合同价值小、风险小,大中小型承建单位都有机会参与竞争,有利于业主择优选择承建单位。

(2) 平行承发包模式的缺点:合同数量多,合同关系复杂,又没有一个总承包单位,因此需要业主协调的工作量大,合同管理困难;工程招标任务量大,总合同价不易事先确定,需要控制多项合同价格,投资控制难度大。

2. 设计-施工总分包模式

设计-施工总分包模式是指业主将全部设计-施工任务发包给一个设计单位/施工单位作为总包单位,总包单位可以将其部分任务再分包给其他承包单位,形成一个设计总包合同或一个施工总包合同,以及若干个分包合同的结构模式。设计-施工总分包模式的组织关系如图 1-5 所示。

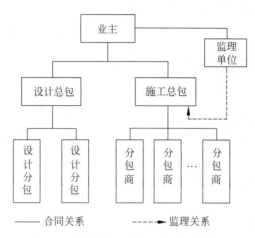

图 1-5 设计-施工总分包模式组织关系

(1) 设计-施工总分包模式的优点:由于业主只与一个设计总包单位或一个施工总包单位签订合同,工程合同数量比平行承发包模式要少很多,有利于业主的合同管理,也使业主协调工作量减少,可发挥总监理工程师与总包单位多层次协调的积极性。

(2) 设计-施工总分包模式的缺点:在设计和施工均采用总分包模式时,由于设计图纸全部完成后才能进行施工总包的招标,所以建设周期较长。此外,对于规模较大的工程,通常只有大型承建单位才具有总包的资格和能力,竞争相对不甚激烈,而且对于分包出去的工程内容,总包单位都要在分包报价的基础上加收管理费向业主报价,所以总包的报价可能较高。

1.3.2 工程项目总承包模式

工程项目总承包模式是指业主在项目立项后,将工程项目的设计、施工、材料和设备采购任务一次性地发包给一个工程项目总承包单位,由其负责工程设计、施工和采购的全部工作,最后向业主提交一个达到动用条件的工程项目。业主和工程项目总承包商签订一份承包合同,称为"交钥匙"或"一揽子"合同。按这种模式发包的工程也称为"交钥匙工程",其合同关系如图 1-6 所示。

根据国际建筑市场的实践,工程项目总承包模式主要包括:设计-施工总承包(design-build)模式和项目总承包(engineering-procurement-construction,EPC)模式。

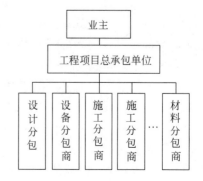

图 1-6 工程项目总承包模式合同关系

1. 设计-施工总承包模式

设计-施工总承包模式也称 D+B 模式或者 DB 模式，是指业主在提出拟建项目的原则和基本要求以后，将项目的全部设计和施工任务委托给设计-建造承包商，由其按照合同约定对承包工程的质量、工期和造价等全面负责。

（1）设计-施工总承包模式的优点：发包人和承包人密切合作，完成项目规划至验收工作，减少了协调费用和时间；承包人可在参与初期将其材料、施工方法、结构、价格和市场等知识和经验融入设计中；在设计-施工总承包模式下，造价的不确定因素减少，发包人能更早地确定和更好地控制造价；有利于进度控制，缩短工期。一般来说，设计-施工总承包模式承包人可以应用快速路径法（fast track），即承包人可先将已完成的部分设计图纸送交发包人审核，待审核通过以后即可先进行该部分的施工工作，而不需等到所有的设计工作完成。这样有利于缩短工期，使工程较早投入使用。

（2）设计-施工总承包模式的缺点：发包人对最终设计和细节控制能力较低；承包人的设计对工程经济性有很大影响，在设计-施工总承包模式下承包人承担了更大的风险；建筑质量控制主要取决于发包人招标时功能描述书的质量；出现时间较短，缺乏特定的法律、法规约束，没有专门的险种。

因此，设计-施工总承包模式对发包人的管理水平及协调能力要求极高，需要发包人有极强的项目监督能力；同时也要求建造商经济技术力量雄厚，抗风险能力强，并能提供综合设计和施工管理与实施工作。

2. EPC 模式

EPC 模式也称项目总承包模式，又称工程总承包模式，总承包企业按照合同约定承担工程项目的设计、材料设备采购、施工、试运行服务等工作。项目总承包（EPC）是最典型、最全面的工程项目总承包方式，业主仅面对一家承包商，由该承包商负责一个完整的工程项目的设计、施工、设备供应等工作，EPC 承包商还可以将承包范围内部分设计、施工和设备供应等工作分包给相应的分包商去完成，自己负责相应的管理工作。EPC 模式组织结构如图 1-7 所示。

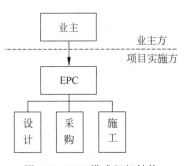

图 1-7　EPC 模式组织结构

1）EPC 模式的优点

（1）EPC 承包商负责整个项目的实施过程，不再以单独的分包商身份建设项目，有利于整个项目的统筹规划和协同运作，可以有效解决设计与施工的衔接问题、减少采购与施工的中间环节，顺利解决施工方案中的实用性、技术性、安全性之间的矛盾。

（2）工作范围和责任界限清晰，建设期间的责任和风险可以最大程度地转移到总承包商。

（3）合同总价和工期固定，业主的投资和工程建设期相对明确，利于费用和进度控制。

（4）能够最大限度地发挥工程项目管理各方的优势，实现工程项目管理的各项目标。

（5）可以将业主从具体事务中解放出来，关注影响项目的重大因素，确保项目管理的大方向。

2) EPC模式的缺点

(1) 业主主要是通过EPC合同对EPC承包商进行监管，对工程实施过程参与程度低，控制力度较低。

(2) 业主将项目建设风险转移给EPC承包商，因此对承包商的选择至关重要，一旦承包商的管理或财务出现重大问题，项目也将面临巨大风险。

(3) EPC承包商责任大，风险高，因此承包商在承接总包工程时会考虑管理投入成本、利润和风险等因素，所以EPC总包合同的工程造价水平一般偏高。

(4) 与传统的建设模式区别较大，传统行业的业主比较难以理解和配合承包商的工作。

项目总承包模式还可采用设计-采购总承包(E-P)、采购-施工总承包(P-C)等方式。

1.3.3 由专业化机构进行项目管理的模式

1. 项目管理模式

项目管理(project management，PM)模式是指从事工程项目管理的企业受业主委托，按照合同约定，代表业主对工程项目的组织实施进行全过程或若干阶段的管理和服务。

项目管理企业按照合同约定，在工程项目决策阶段，为业主编制可行性研究报告，进行可行性分析和项目策划；在工程项目的准备和实施阶段，为业主提供招标代理、设计管理、采购管理、施工管理和试运行(竣工验收)等服务，代表业主对工程项目进行质量、安全、进度、费用、合同、信息等的管理和控制。项目管理企业不直接与该工程项目的总承包企业或勘察、设计、供货、施工等企业签订合同。项目管理企业一般应按照合同约定承担相应的管理责任。

对于业主而言，使用PM模式能够利用专业项目管理单位的管理经验，缩短项目工期，其对总成本、进度和质量控制比传统的施工合同更有效。但增加了业主的额外费用；业主与设计单位之间通过项目管理单位进行沟通，不利于提高沟通质量；项目管理单位的职责不易明确。因而，其主要用于大型项目或大型复杂项目，特别是用于业主的管理能力不强的情况。

2. 项目管理承包模式

项目管理承包(project management contracting，PMC)模式是指工程项目管理企业按照合同约定，除完成项目管理服务(PM)的全部工作内容外，还可以负责完成合同约定的工程初步设计(基础工程设计)等工作。项目管理承包企业一般应当按照合同约定承担一定的管理风险和经济责任。

采用PMC模式可充分发挥管理承包商在项目管理方面的专业技能，统一协调和管理项目的设计与施工，减少矛盾；管理承包商负责管理施工前阶段和施工阶段，有利于减少设计变更；可方便地采用阶段发包，有利于缩短工期；有利于激励其在项目管理中的积极性和主观能动性，充分发挥其专业特长。但是由于PMC模式下业主与施工承包商没有合同关系，因而控制施工难度较大；与传统模式相比，增加了一个管理层，也就增加了一笔管理费。管理承包模式的组织结构如图1-8所示。

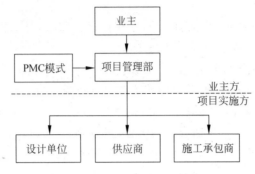

图 1-8 PMC 模式组织结构

3. 建筑工程管理模式

建筑工程管理(construction management,CM)承包模式是指业主委托 CM 单位,以一个承包商的身份,采取设计与施工搭接的方式进行施工管理,直接承担或组织分包商施工,在一定程度上影响或参与设计,与业主的合同通常采用"成本＋利润"方式的一种工程承包模式。

建筑工程管理模式又称阶段发包方式(phased constmetion method)或快速路径方式(fast track method),这种模式采用的是阶段性发包方式,与设计图纸全部完成之后才进行招标的传统的连续建设模式(sequential construction of proach)不同,其特点如下。

由业主委托的 CM 方式项目负责人(construction manager,CM 经理)与设计单位、咨询工程师组成一个联合小组,共同负责组织和管理工程的规划、设计和施工。在总体规划、布局和设计项目时,要考虑到控制项目的总投资,在主体设计方案确定后,完成一部分工程的设计,即对这一部分工程进行招标,发包给一家承包商施工,由业主直接与承包商签订施工承包合同。传统的连续建设模式的招标发包方式与阶段发包方式的比较如图 1-9 所示。图 1-9(a)为传统的连续建设发包方式模式。

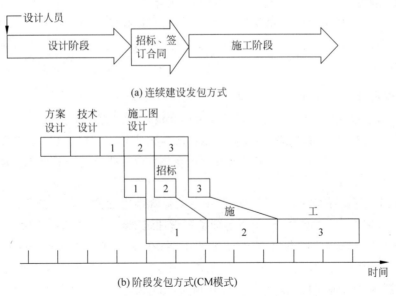

图 1-9 连续建设发包方式和阶段发包方式对比

CM 模式采用快速路径法组织方式来协调设计和进行施工管理。CM 模式的出发点是为了缩短工程建设工期。它的基本思想是通过采用快速路径法的生产组织方式,即设计-部分、招标-部分、施工-部分的方式,实现设计与施工的充分搭接,以缩短整个建设工期。快速路径法的基本特征是将设计工作分为若干阶段(如基础工程、上部结构工程、装修工程、安装工程)完成,每一阶段设计工作完成后,就组织相应工程内容的施工招标,随后开始相应的施工。与此同时,下一阶段的设计工作继续进行。其建设实施过程如图 1-9(b)所示。

CM 模式是指在采用快速路径法时,从建设工程的设计阶段就委托具有施工经验的 CM 单位(或 CM 经理)参与到项目中来,以便为设计人员提供施工方面的建议,并随后负责管理施工过程。这种安排的目的是将建设工程的实施作为一个完整的过程来对待,并同时考虑设计和施工的因素,更好地实现工程项目的建设目标。

CM 单位受业主的委托,介入项目的时间较早,一般在初步设计阶段就为设计工作提出更有利施工的合理化建议。CM 单位不同于施工总承包和项目总承包单位,通常 CM 单位不从事具体的设计和施工工作,只是为业主提供相应的 CM 服务(项目管理服务)。

根据 CM 单位合同关系的不同,CM 模式分为两种类型:代理型 CM 模式和非代理型 CM 模式。

1) 代理型 CM 模式

采用代理型 CM 模式(CM/agency)时,CM 单位仅与业主签订咨询服务合同,以业主的咨询和代理身份进行工作,CM 单位与各施工/供应单位之间没有合同关系,但是负责对他们进行施工阶段的管理和协调。CM 单位与设计单位也是相互协调的关系,但是 CM 单位对设计单位没有指令权,只能向其提供一些合理化建议。

代理型 CM 模式中的 CM 单位可以由具有施工经验的专业 CM 单位或者咨询单位担任。由于 CM 单位只是相当于业主的咨询和代理,不对项目的进度和成本做出保证,因此 CM 单位的风险很小。代理型 CM 模式的组织关系如图 1-10 所示。

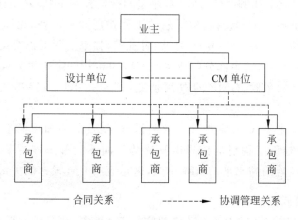

图 1-10 代理型 CM 模式

2) 非代理型 CM 模式

非代理型 CM 模式(CM/non-agency)又称为风险型 CM 模式(at-risk CM),采用该模式时,业主一般不与施工单位签订合同,但是对某些专业性很强的工程内容和特殊材料设备,业主可能会与少数施工单位和材料设备供应单位签订合同,业主与 CM 单位签订的合同既包括CM服务的内容,也包括工程施工承包的内容,而CM单位则与施工单位和材料设备供应单位签订合同。采用该模式时,CM单位不再是业主的咨询单位和代理单位身份,而是以承包商身份直接进行分包和发包。一般情况CM单位不是自行施工而是分包,但有时也可以自行完成部分工程的施工任务。

图1-11中,CM单位与施工单位似乎是总包和分包的关系,但实际上CM模式与总分包模式有本质的不同：①CM单位介入项目的时间较早,协调和影响设计,而施工总包单位是在设计完成后负责按图施工;②CM单位与各个分包商签订的合同对业主都是公开的,并经过业主的确认才有效。各合同价之和就是工程本身的费用,这部分费用由业主承担。CM单位只按合同约定获得CM费,不再另外收取分包的管理费。由此可见,CM合同价由以上两部分组成,但在签订CM合同时,该合同价尚不是一个确定的数据,所以CM合同价格本质上属于成本加酬金的方式。

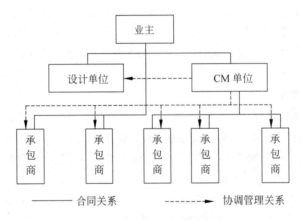

图1-11 非代理型CM模式

CM合同价采用成本加酬金的方式,对业主的投资控制不利,业主往往要求CM单位在投标时提出一个保证最大工程价格,包括总的工程费用和CM费,也即CM合同的最高价,简称GMP(guaranteed maximum price)。同时规定,如果实际工程费用超过GMP,超出部分由CM单位承担；反之,结余部分归业主和CM单位按一定比例分成。GMP的实行使得CM单位要承担一定的风险,GMP的数额越低,则CM单位风险越大,反之,业主的风险较大。

从实际应用情况来看,CM模式对于工期紧迫、项目范围和规模不确定、设计变更可能性较大、技术复杂的建设工程更能体现出其优势。而不论哪一种情况,应用CM模式都需要有具备丰富施工经验的高水平的CM单位,这是应用CM模式的关键和前提条件。

4. "代建制"模式

1993年开始,我国部分城市针对政府投资项目"投资、建设、管理、使用"四位一体的弊端,以及由此导致的各方行为主体责任不明确、过程无法有效控制等问题,通过采用招标或直接委托等方式,将一些基础设施和社会公益性的政府投资项目委托给一些有实力的专业公司,由这些公司代替业主对项目实施建设,并在改革中不断对这种方法加以完善,逐步发展成为现在的项目代建制度。

2004年7月16日,国务院正式批准的《关于投资体制改革的决定》中指出：对非经营性政府投资项目加快推行"代建制"模式，即通过招标等方式，选择专业化的项目管理单位负责建设实施，严格控制项目投资、质量和工期，竣工验收后移交给使用单位。

"代建制"模式（agent construction）是指投资方经过规定的程序，委托相应资质的工程管理公司或具备相应工程管理能力的其他企业，代理投资人或建设单位组织和管理项目建设的模式。"代建制"模式是一种特殊的项目管理方式。"代建制"模式除项目管理的内容外，还包括项目策划、报批，以及办理规划、土地、环评、消防、市政、人防、绿化、开工等手续，采购施工承包商和监理服务单位等内容。

从工程项目的代建阶段来分，"代建制"模式的实施方式分为全过程代建（从项目的可研报告开始介入，负责可研报告、初步设计、建设实施乃至竣工验收的管理）和两阶段代建（即项目前期工作阶段代建和项目建设实施阶段代建）。

1.3.4 公共设施及服务的私营化模式

1. BOT 模式

近 20 多年来，国际上，利用私人资本或由私营企业融资来提供传统上由政府提供的公共设施和社会公益服务的项目日益增多，可称为"公共设施及服务私营化模式"。这类项目在实施方式上不断创新，在理念上也在不断总结、完善与提高。

自 1984 年土耳其总理 Targnt Ozal 提出了建造-运营-移交（build-operate-transfer，BOT）模式，并在许多国家和地区应用以来，BOT 模式发展很快，已演变出多种引申方式。BOT 模式一般适用于道路、桥梁、交通隧道、供水、港口、水电站、电信等基础设施建设。

BOT 也称为"特许经营权"（concession）方式，是指某一财团或若干投资人作为项目的发起人，从一个国家的中央或地方政府获得某项基础设施的特许建造经营权，然后由此类发起人联合其他各方组建股份制的项目公司，负责整个项目的融资、设计、建造和运营。在整个特许期内，项目公司通过项目的运营获得利润，有时地方政府考虑到运营收费（如过桥费）不能太高，可能给项目公司一些优惠条件（如将一片土地给项目公司开发经营），以便项目公司降低其运营收费标准。项目公司以运营和经营所得利润偿还债务以及向股东分红。在特许期届满时，整个项目由项目公司无偿或以极低的名义价格移交给主办国地方政府。BOT 模式中的各参与方还包括地方政府、各类金融机构、运营公司、保险公司等，它们都为项目的成功实施承担各自的职责。

BOT 是一种有限追索权的项目融资（limited-recourse project financing）方式，贷款人只承担有限的责任和义务，债权人只能对项目发起人（项目公司）在一个规定的范围、时间和金额上实现追索，即只能以项目自身的资产和运行时的现金流作为偿还贷款的来源，而不能追索到项目以外或相关担保以外的资产，如项目发起人所在的母公司的资产。

目前，世界上许多国家都在研究和采用 BOT 模式，各国在 BOT 模式实践的基础上，又发展了多种引申的模式，如 BOOT（build-own-operate-transfer，建造-拥有-运营-移交）、BOO（build-own-operate，建造-拥有-运营）、BLT（build-lease-transfer，建造-租赁-移交）、BT（build-transfer，建造-移交）等十余种。

2. PPP 模式

PPP（public private partnership）模式，即公共部门与私人企业合作模式，是公共基础设施的一种项目融资模式。它是指政府与私人组织之间,为提供某种公共物品和服务,以特许权协议为基础,彼此之间形成一种共同开发、投资建设,并维护运营公共事业的合作模式,并通过签署合同来明确双方的权利和义务,以确保合作的顺利完成。

PPP模式的实质是:政府通过给予私营公司长期的特许经营权和收益权来换取基础设施加快建设及有效运营。

2015年3月10日中华人民共和国国家发展和改革委员会(简称发改委)、国家开发银行联合印发《关于推进开发性金融支持政府和社会资本合作有关工作的通知》,对发挥开发性金融积极作用、推进PPP项目顺利实施等工作提出具体要求。2015年6月1日,我国发改委等六部委颁布实施的《基础设施和公用事业特许经营管理办法》,明确了在能源、交通、水利、环保、市政等基础设施和公用事业领域开展特许经营,境内外法人或其他组织均可通过公开竞争,在一定期限与范围内,参与投资、建设和运营基础设施及公用事业并获得收益。

1.4 建设工程监理

1.4.1 建设工程监理的概念

建设工程监理(又称工程项目监理,简称工程监理)是指监理单位受项目法人的委托,依据国家批准的工程项目建设文件、有关工程建设的法律、法规和工程建设监理合同及其他建设合同,对工程项目实施的监督管理。

工程项目监理的主体是监理单位;客体是工程项目;其依据包括国家批准的工程项目建设文件、有关工程建设的法律和法规、建设监理合同、其他合同(如承包单位与项目业主签订的工程承包合同)等。从事工程监理活动,应当遵守国家有关法律、法规和规范性文件,严格执行工程建设程序、国家工程建设强制性标准,遵循守法、诚信、公平、科学的原则,认真履行监理职责。

实行工程项目监理已经成为我国的一项重要制度。我国的工程项目监理制指的是国家把工程项目监理作为建设领域的一项新制度提出来。这项新制度把原来工程管理由项目法人和承建单位承担的体制,变为项目法人、监理单位和承建单位三家共同承担的管理体制。在一个工程项目上,投资的使用和建设的重大问题实行项目法人责任制。监理单位实行总监理工程师负责制,工程施工实行项目经理责任制。工程监理的作用表现为以下几个方面。

(1) 有利于提高建设工程投资决策科学化水平。
(2) 有利于规范工程建设参与各方的建设行为。
(3) 有利于促使承建单位保证建设工程质量和使用安全。
(4) 有利于实现建设工程投资效益最大化。

1.4.2 工程项目监理的范围

1) 国家重点建设工程

依据《国家重点建设项目管理办法》所确定的对国民经济和社会发展有重大影响的骨干项目。

2）大中型公用事业项目

大中型公用事业项目指项目总投资在3000万元以上的下列工程项目。

（1）供水、供电、供气、供热等市政工程项目。

（2）科技、教育、文化等项目。

（3）体育、旅游、商业等项目。

（4）卫生、社会福利等项目。

（5）其他公用事业项目。

3）住宅小区工程监理

成片开发建设的住宅小区工程、建筑面积在5万平方米以上的小区必须强制监理；小于5万平方米的小区可以实行监理，具体范围和规模标准由各省自治区、直辖市人民政府建设行政主管部门规定。为保证住宅质量，对于高层住宅及地基、结构复杂的多层住宅应当实施监理。

4）利用外国政府或者国际组织贷款、援助资金的项目

（1）使用世界银行、亚洲开发银行等国际组织贷款资金的项目。

（2）使用国外政府及其机构贷款资金的项目。

（3）使用国际组织或者国外政府援助资金的项目。

5）国家规定必须实行监理的其他工程项目

（1）国家规定必须实行监理的其他工程项目是指总投资在3000万元以上的关系公共利益和安全的基础设施项目，主要有以下项目：①煤炭、石油、化工、电力、新能源项目；②铁路、公路等交通运输业项目；③邮政、电信、信息网等项目；④防洪等水利项目；⑤道路、轻轨、污水、垃圾、公共停车场等城市基础设施项目；⑥生态保护项目；⑦其他基础设施项目。

（2）学校、影剧院、体育场项目。

1.4.3 工程监理的工作性质

1）服务性

工程监理单位受业主的委托进行工程建设的监理活动，它提供的是服务，工程监理单位将尽一切努力进行项目的目标控制，但它不可能保证项目的目标一定实现，它也不可能承担由于不是它的责任而导致项目目标的失控责任。

2）科学性

工程监理单位拥有从事工程监理工作的专业人士：监理工程师（监理人），它将应用所掌握的工程监理的思想、组织、方法和手段从事工程监理活动。

3）独立性

独立性指的是不依附性，它在组织上和经济上不能依附于监理工作的对象（如承包商、材料和设备的供货商等），否则它就不可能自主地履行其义务。

4）公平性

工程监理单位受业主的委托进行工程建设的监理活动，当业主方和承包商发生利益冲

突或矛盾时,工程监理机构应以事实为依据,以法律和有关合同为准绳,在维护业主的合法权益时,不损害承包商的合法权益,这体现了工程监理的公平性。

1.4.4 工程监理的主要工作内容

《工程建设监理规范》第三条明确提出:建设工程监理是指监理单位受项目法人的委托,依据国家批准的工程项目建设文件、有关工程建设的法律、法规和工程建设监理合同及其他工程建设合同,对工程建设实施的监督管理。

工程监理的主要工作可概括为:三控制、三管理、一协调。三控制包括的内容有:投资控制、进度控制、质量控制。三管理是指合同管理、安全管理、信息管理。一协调是指组织协调。

1) 投资控制

投资控制主要是在建设前期进行可行性研究,协助业主正确地进行投资决策,控制好估算投资总额;在设计阶段对设计方案、设计标准、总概算(或修正总概算)和概(预)算进行审查;在建设准备阶段协助确定标底和合同造价;在施工阶段审核设计变更,核实已完成工程量,进行工程进度款签证和控制索赔;在工程竣工阶段审核工程结算。

2) 进度控制

进度控制首先要在建设前期通过周密分析研究确定合理的工期目标,并在施工前将工期要求纳入承包合同;在建设实施期通过运筹学、网络计划技术等科学手段,审查、修改施工组织设计和进度计划,并在计划实施中紧密跟踪,进行协调与监督,排除干扰,使单项工程及其分阶段目标工期逐步实现,最终保证建设项目总工期的实现。

3) 质量控制

质置控制要贯穿在项目建设的全过程,从可行性研究、设计、建设准备、施工、竣工动用到用后维修。主要包括组织设计方案竞赛与评比,进行设计方案磋商及图纸审核,控制设计变更;在施工前通过审查承包人资质,检查建筑物所用材料、构配件、设备质量和审查施工组织设计等实施质量预控;在施工中通过重要技术复核,工序操作检查,隐蔽工程验收和工序成果检查,认证监督标准、规范的贯彻,以及通过阶段验收和竣工验收,做好质量控制。

4) 合同管理

合同管理是进行投资控制、工期控制和质量控制的手段。因为合同是监理单位站在公正立场上,采取各种控制、协调与监督措施,履行纠纷调解职责的依据,也是实施目标控制的出发点和归宿。合同是工程监理中最重要的法律文件。订立合同是为了证明一方向另一方提供货品或者劳务,它是订立双方责、权、利的证明文件。施工合同的管理是项目监理机构的一项重要工作,整个工程项目的监理工作即可视为施工合同管理的全过程。

5) 安全管理

安全管理包括两层含义:①工程建筑物本身的安全,即工程建筑物的质量是否达到合同的要求;②施工过程中人员的安全,特别是与工程项目建设有关各方施工人员在施工现场的生命安全。监理单位应建立安全监理管理体制,确定安全监理规章制度,检查指导项目监理机构的安全监理工作。

6) 信息管理

信息管理是指对信息的收集、加工、整理、存储、传递与应用等一系列工作的总称。信息管理的目的是通过有组织的信息流通,决策者能及时、准确地获得相应信息。建设工程项目信息管理是对各个系统、各项工作和各种数据的管理,能方便和有效地获取、存储、存档、处理和交流建设工程项目信息。建设项目信息管理的目的旨在以信息传输的有效组织管理和控制为手段对项目建设提供增值服务。

7) 组织协调

组织协调指监理单位在监理过程中,协调相关单位的协作关系,使相互之间加强合作,减少矛盾,共同完成项目目标。这些单位主要是建设单位、施工单位、设计单位、供应单位。另外,还有政府部门、金融部门、相关管理部门等。

1.4.5 各阶段工程监理工作任务

"建筑工程监理应当依照法律、行政法规及有关的技术标准、设计文件和建筑工程承包合同,对承包单位在施工质量、建设工期和建设资金使用等方面,代表建设单位实施监督"(引自《中华人民共和国建筑法》)。

1) 在《建设工程质量管理条例》中的有关规定

(1) 工程监理单位应当依照法律、法规以及有关技术标准、设计文件和建设工程承包合同,代表建设单位对施工质量实施监理,并对施工质量承担监理责任。

(2) 工程监理单位应当选派具备相应资格的总监理工程师和监理工程师进驻施工现场。未经监理工程师签字,建筑材料、建筑构配件和设备不得在工程上使用或者安装,施工单位不得进行下一道工序的施工。未经总监理工程师签字,建设单位不拨付工程款,不进行竣工验收。

(3) 监理工程师应当按照工程监理规范的要求,采取旁站、巡视和平行检验等形式,对建设工程实施监理。

(4) 工程监理单位应当审查施工组织设计中的安全技术措施或者专项施工方案是否符合工程建设强制性标准。工程监理单位在实施监理过程中,发现存在安全事故隐患的,应当要求施工单位整改;情况严重的,应当要求施工单位暂时停止施工,并及时报告建设单位。施工单位拒不整改或者不停止施工的,工程监理单位应当及时向有关主管部门报告。工程监理单位和监理工程师应当按照法律、法规和工程建设强制性标准实施监理,并对建设工程安全生产承担监理责任。

2) 在建设工程项目实施的几个主要阶段建设监理工作的主要任务(参考《建设工程监理规范》(GB/T 50319—2013))

(1) 设计阶段建设监理工作的主要任务(以下工作内容视业主的需求而定,国家并没有给出统一的规定):①编写设计要求文件;②组织建设工程设计方案竞赛或设计招标,协助业主选择勘察设计单位;③拟订和商谈设计委托合同;④配合设计单位开展技术经济分析,参与设计方案的比选;⑤参与设计协调工作;⑥参与主要材料和设备的选型(视业主的需求而定);⑦审核或参与审核工程估算、概算和施工图预算;⑧审核或参与审核主要材料和设备的清单;⑨参与检查设计文件是否满足施工需求;⑩设计进度控制;⑪参与组织设计文件的报批。

（2）施工招标阶段建设监理工作的主要任务(以下工作内容视业主的需求而定,国家并没有给出统一的规定)：①拟订或参与拟订建设工程施工招标方案；②准备建设工程施工招标条件；③协助业主办理招标申请；④参与或协助编写施工招标文件；⑤参与建设工程施工招标的组织工作；⑥参与施工合同的商签。

（3）材料和设备采购供应阶段建设监理工作的主要任务。对于业主负责采购的材料和设备物资,监理工程师应负责制订计划,监督合同的执行。具体内容包括：①制订(或参与制订)材料和设备供应计划和相应的资金需求计划；②对材料和设备的质量、价格、供货期和售后服务等条件进行分析和比选,协助业主确定材料和设备等物资的供应单位；③起草并参与材料和设备的订货合同；④监督合同的实施。

（4）施工准备阶段建设监理工作的主要任务：①审查施工单位提交的施工组织设计中的质量安全技术措施、专项施工方案与工程建设强制性标准的符合性；②参与设计单位向施工单位的设计交底；③检查施工单位工程质量、安全生产管理制度及组织机构和人员资格；④检查施工单位专职安全生产管理人员的配备情况；⑤审核分包单位资质条件；⑥检查施工单位的实验室；⑦查验施工单位的施工测量放线成果；⑧审查工程开工条件,签发开工令。

（5）工程施工阶段建设监理工作的主要任务：①施工阶段的质量控制主要任务：核验施工测量放线、验收隐蔽工程、分部分项工程,签署分项、分部工程和单位工程质量评定表；进行巡视、旁站和平行检验,对发现的质量问题应及时通知施工单位整改,并进行监理记录；审查施工单位报送的工程材料、构配件、设备的质量证明资料,抽检进场的工程材料、构配件的质量；审查施工单位提交的采用新材料、新工艺、新技术、新设备的论证材料及相关验收标准；检查施工单位的测量、检测仪器设备、度量衡定期检验的证明文件；监督施工单位对各类土木和混凝土试件按规定进行检查和抽查；监督施工单位认真处理施工中发生的一般质量事故,并认真记录；将大和重大质量事故以及其他紧急情况报告业主。②施工阶段的进度控制主要任务：监督施工单位严格按照施工合同规定的工期组织施工；审查施工单位提交的施工进度计划,核查施工单位对施工进度计划的调整；建立工程进度台账,核对工程形象进度,按月、季和年度向业主报告工程执行情况、工程进度以及存在的问题。③施工阶段的投资控制主要任务：审核施工单位提交的工程款支付申请,签发或出具工程款支付证书,并报业主审核、批准；建立计量支付签证台账,定期与施工单位核对清算；审查施工单位提交的工程变更申请,协调处理施工费用索赔、合同争议等事项；审查施工单位提交的竣工结算申请。④施工阶段的安全生产管理：依照法律法规和工程建设强制性标准,对施工单位安全生产管理进行监督；编制安全生产事故的监理应急预案,并参加业主组织的应急预案的演练；审查施工单位的工程项目安全生产规章制度、组织机构的建立及专职安全生产管理人员的配备情况；督促施工单位进行安全自查工作,巡视检查施工现场安全生产情况,对实施监理过程中存在安全事故隐患的,应签发监理工程师通知单,要求施工单位整改；情况严重的,总监理工程师应及时下达工程暂停指令,要求施工单位暂时停止施工,并及时报告业主,施工单位拒不整改或者不停止施工的,应通过业主及时向有关主管部门报告。

（6）竣工验收阶段建设监理工作的主要任务：①督促和检查施工单位并及时整理竣工文件和验收资料,并提出意见；②审查施工单位提交的竣工验收申请,编写工程质量评估报告；③组织工程预验收，参加业主组织的竣工验收工作，并签署竣工验收意见；④编制、整理工程监理归档文件并提交给业主。

（7）施工合同管理方面的工作：①拟订合同结构和合同管理制度，包括合同草案的拟订、会签、协商、修改、审批、签署和保管等工作制度及流程；②协助业主拟订工程的各类合同条款，并参与各类合同的商谈；③合同执行情况的分析和跟踪管理；④协助业主处理与工程有关的索赔事宜及合同争议事宜。

1.4.6 工程监理的工作方法

实施建筑工程监理前，建设单位应当将委托的工程监理单位、监理的内容及监理权限，书面通知被监理的建筑施工企业(引自《中华人民共和国建筑法》)。

工程监理人员认为工程施工不符合工程设计要求、施工技术标准和合同约定的，有权要求建筑施工企业改正。工程监理人员发现工程设计不符合建筑工程质量标准或者合同约定的质量要求的，应当报告建设单位要求设计单位改正(引自《中华人民共和国建筑法》)。

1）工程建设监理的工作程序

工程建设监理一般应按下列程序进行：

（1）组成项目监理机构，配备满足项目监理工作的监理人员与设施。

（2）编制工程建设监理规划，根据需要编制监理实施细则。

（3）实施监理服务。

（4）组织工程竣工预验收，出具监理评估报告。

（5）参与工程竣工验收，签署建设监理意见。

（6）建设监理业务完成后，向业主提交监理工作报告及工程监理档案文件。

2）工程建设监理规划（参考《建设工程监理规范》（GB/T 50319—2013））

工程建设监理规划的编制应针对项目的实际情况，明确项目监理机构的工作目标，确定具体的监理工作制度、内容、程序、方法和措施，并应具有可操作性。工程建设监理规划的程序和依据应符合下列规定：

必须经监理单位技术负责人审核批准，并应在召开第一次工地会议前报送业主。

（1）应由总监理工程师主持，专业监理工程师参加编制。

（2）编制工程建设监理规划的依据有：①建设工程项目的相关法律、法规及项目审批文件。②与建设工程项目有关的标准、设计文件和技术资料。③监理大纲、委托监理合同文件以及与建设项目相关的合同文件。工程建设监理规划一般包括以下内容：建设工程概况、监理工作范围、监理工作内容、监理工作目标、监理工作依据、项目监理机构的组织形式、项目监理机构的人员配备计划、项目监理机构的人员岗位职责、监理工作程序、监理工作方法及措施、监理工作制度、监理设施。

3）工程建设监理实施细则（参考《建设工程监理规范》（GB/T 50319—2013））

对中型及中型以上或专业性较强的工程项目，项目监理机构应编制工程建设监理实施细则。它应符合工程建设监理规划的要求，并应结合工程项目的专业特点，详细具体，并具有可操作性。在监理工作实施过程中，工程建设监理实施细则应根据实际情况进行补充、修改和完善。

工程建设监理实施细则的编制程序和依据应符合下列规定：

（1）工程建设监理实施细则应在工程施工开始前编制完成，并必须经总监理工程师批准。

（2）工程建设监理实施细则应由各有关专业的专业工程师参与编制。

（3）编制工程建设监理实施细则的依据。①已批准的工程建设监理规划；②相关的专业工程的标准、设计文件和有关的技术资料；③施工组织设计。

工程建设监理实施细则应包括下列内容：

(1) 专业工程的特点。

(2) 监理工作的流程。

(3) 监理工作的控制要点及目标值。

(4) 监理工作的方法和措施。

第 1 章习题

第2章 工程项目组织

2.1 概述

2.1.1 组织及其职能

1. 组织的基本概念

组织这个词非常普遍,广义上说,组织是指由诸多要素按照一定方式相互联系起来的系统。狭义上说,组织就是指人们为实现一定的目标,互相协作结合而成的集体或团体,如党团组织、工会组织、企业、军事组织等。在现代社会生活中,组织是人们按照一定的目的、任务和形式编制起来的社会集团,组织不仅是社会的细胞、社会的基本单元,而且还是社会的基础。

组织一词还可以分为动词与名词来解释,当作为名词时,是指一个有效的工作集体,组织是为达到某种共同的目标形式而联合起来的人群。作为动词来说,是指将众多的人组织起来,协调其行为,以实现某个共同目标。

2. 组织的必要条件

组织是指人们为了使系统达到它的特定目标,使全体参加者经过分工与协作以及设立不同层次的权力和责任制度,而构成的能够一体化运行的人的组合体。

(1) 目标是组织存在的前提。
(2) 没有分工与协作就不是组织。
(3) 没有不同层次的权力与责任制度就不能实现组织活动和组织目标。

此外,组织是系统的组织,组织是掌握知识、技术、技能的群体人的组织;组织的内部与外部之间必然需要信息沟通;组织是既具有结构性整体、又是一体化运行的活动。

3. 组织的基本内容

组织是项目管理的基本职能,其基本内容如下。

1) 组织设计

包括选定一个合理的组织系统,划分各部门的权利和职责,建立各种基本规章和制度。

2) 组织运行

规定组织中各部门之间的相互联系,明确信息流通和信息反馈渠道,以及各部门之间的协调原则。

3) 组织调整

根据工作需要和客观条件的变化,分析现有组织系统的适应性、有效性和存在的缺陷,对现有组织进行调整和重新组合,包括组织形式的变化、人员的变动、规章制度的修订和废止。

2.1.2 组织结构的概念

组织结构即组织的实体,是指表现组织内部各部门、各层级排列顺序、空间位置、聚集状态、联系方式及各要素之间相互关系的一种模式。组织结构是组织的全体成员为实现组织目标,在管理工作中进行分工协作,在职务范围、责任、权利方面所形成的结构体系。

组织结构一般分为职能结构、层次结构、部门结构、职权结构四个方面。

1) 职能结构

职能结构是指实现组织目标所需的各项业务工作以及比例和关系。

2) 层次结构

层次结构是指管理层次的构成及管理者所管理的人数(纵向结构)。

3) 部门结构

部门结构是指各管理部门的构成(横向结构)。从组织总体形态,各部门一、二级结构进行分析。

4) 职权结构

职权结构是指各层次、各部门在权力和责任方面的分工及相互关系,主要考量部门、岗位之间权责关系是否对等。

2.1.3 组织的构成因素

组织构成一般是上小下大的形式,由管理层次、管理跨度、管理部门、管理职能四大因素组成。各因素是密切相关、相互制约的。

1) 管理层次

管理层次是指从组织的最高管理者到最基层的实际工作人员之间的等级层次的数量。从最高管理者到最基层的实际工作人员权责逐层递减,而人数却逐层递增。

管理层次可分为四个层次,即决策层、协调层、执行层和操作层。在监理机构中,管理层次划分也一样。①决策层的任务是确定管理组织的目标和大政方针以及实施计划,必须精干、高效,由总监理工程师及其助手组成;②协调层的任务主要是参谋、咨询职能,其人员应有较高的业务工作能力;③执行层的任务是直接协调和组织人财物等具体活动内容,其人员应有实干精神并能坚决贯彻管理指令,由专业监理工程师组成,属承上启下管理层次;④操作层的任务是从事操作和完成具体任务,其人员应有熟练的作业技能,由监理员组成。

2) 管理跨度

管理跨度是指一名上级管理人员所直接管理的下级人数。某级管理人员管理跨度的大小直接取决于这一级管理人员所需协调的工作量。管理跨度越大，领导者需要协调的工作量越大，管理的难度也越大。

管理跨度的大小与管理人员的性格、才能、个人精力、授权程度以及被管理者的素质有关。此外，还与职能的难易程度、工作的相似程度、工作制度和程序等客观因素有关。

管理跨度与管理层次成反比关系。组织机构的人数一定时，管理跨度大，管理层次就少；反之，管理跨度小，管理层次就大，因此增加管理成本，降低工作效率。管理跨度受领导者职能、精力和时间的限制。管理幅度过宽，会导致领导者负担过重或出现管理混乱。组织设计时，应该通盘考虑各种因素，使管理跨度与层次之间关系达到组织管理的最合理要求。

3) 管理部门

管理部门又称组织部门化，是指按照职能相似性、任务活动相似性或关系紧密性的原则把组织中的专业技能人员分类集合在各个部门内，然后配以专职的管理人员来协调领导，统一指挥。

组织设计中如果管理部门划分不合理，会造成控制、协调困难，浪费人力、物力、财力等。管理部门的划分要根据组织目标与工作内容确定，形成既有相互分工又有相互配合的组织结构。

4) 管理职能

管理职能是管理过程中各项行为的内容概括，是人们对管理工作应有的一般过程和基本内容所作的理论概括。组织结构设计中应确定各部门职能，在纵向层级中指挥灵活，使指令传递和信息反馈及时、准确；在横向幅度中各部门相互联系，协调一致，使各部门职责分明、尽职尽责。

2.1.4 组织的设计原则

项目组织结构的设计，关系到建设工程项目的成败，在组织结构设计中需考虑一些基本原则。

1) 目的性原则

项目组织结构设置的根本目的是为了产生组织功能和实现管理总目标。从这一根本目标出发，就要求因目标设事，因事设岗，按编制设定岗位人员，以职责定制度和授予权力。

2) 高效精干的原则

组织结构的人员设置，以能实现管理所要求的工作任务为原则，尽量简化机构，使之高效精干。配备人员要严格控制二、三线人员，力求一专多能，一人多职。

3) 管理跨度和分层统一的原则

应根据领导者的能力和建设项目规模大小、复杂程度等因素去综合考虑，确定适当的管理跨度和管理层次。

4) 专业分工与协作统一的原则

分工就是按照提高管理专业化程度和工作效率的要求，把管理总目标和任务分解成各级、各部门、各人的目标和任务。当然，在组织中有分工也必须有协作，应明确各级、各部门、各人之间的协调关系与配合办法。

5）弹性和流动的原则

建设项目的单一性、流动性、阶段性是其生产活动的特点，这必然会导致生产对象数量、质量和地点上的变化，带来资源配置上品种和数量的变化。这就要求管理工作和管理组织结构随之进行相应调整，以使组织结构适应生产的变化，即要求按弹性和流动的原则来建立组织机构。

6）权责一致的原则

在组织管理中明确划分职责、权利范围，同等的岗位职务赋予同等的权力，权责一致。权大于责，会出现滥用权力；责大于权，会影响积极性。

7）才职相称的原则

使每个人的才能与其职务上的要求相适应，才职相称，即人尽其才、才得其用、用得其所。

8）经济效益原则

组织结构中的每个部门、每个人为了统一的目标，应组合成最适宜的结构形式，实行最有效的内部协调，使事情办得简洁而正确，减少重复和扯皮。

2.1.5 组织的基本原理

设计、建立和维持合理高效的组织结构，需要一流的智慧，同时也是风险的决策过程。尊重客观规律，有效整合组织的各要素，人尽其才、物尽其用，以使整体功能大于局部功能之和，下列具体原理可资借鉴。

1）要素有用性原理

一个组织中的基本要素有人力、财力、物力、信息、时间等。在组织活动中应根据各要素作用的大小、主次、好坏进行合理安排和使用，充分发挥各要素的作用，"人尽其才、财尽其力、物尽其用"，尽最大可能提高各要素的利用率。

2）主观能动性原理

人是有感情、有思想、有创造力的。组织管理者的重要任务就是把人的主观能动性发挥出来，以取得较好的管理效果。

3）动态相关性原理

事物在组合过程中，由于相关因子的作用，可以发生质变。整体效应不等于其各局部效应的简单相加，使得 $1+1>2$。组织系统处在静态状态是相对的，处在动态是绝对的。系统内各要素之间既相互联系，又相互制约；既相互依存，又相互排斥，这种作用可以推动组织的进度与发展。充分发挥组织各要素之间的相互作用，以提高组织管理效应的有效途径。

4）规律效应性原理

规律是指客观事物本质的、必然的联系。组织管理者在管理过程中要掌握规律，按规律办事，以达到预期的目标和良好的效应。

2.1.6 工程项目组织的概念及特点

工程项目组织不同于一般的企业组织、社团组织和军队组织，它具有自身的特殊性。这个特殊性是由工程项目的特点决定的。工程项目组织的特点决定了项目组织设置和运行的要求,在很大程度上决定了人们的组织行为,决定了项目沟通、协调和项目信息系统设计。工程项目的特点决定了工程项目组织具有如下特点。

1) 目的性

工程项目组织的建立是为了完成项目目标和任务,所以具有目的性。项目目标和任务是决定组织结构和组织运行的重要因素。

2) 临时性

每一个具体的项目都是一次性的、暂时的,所以工程项目组织也是一次性的、暂时的,具有临时性的特点。也是项目组织与企业组织的重要区别之一。项目组织随项目的产生而组建,当项目结束或相应项目任务完成后,项目组织就会解散或重新构建其他项目组织。

3) 可变性

企业组织刚性大,结构不易变动,运行稳定,而工程项目组织具有高度的弹性和可变性,这是工程项目组织和企业组织的另一重要区别。工程项目组织的成员会随项目任务的承接和完成,以及工程项目的实施过程而进入或退出项目组织,或承担不同的角色,项目组织策略和项目实施计划不同,项目组织形式也会有所区别。一般工程项目组织在早期比较简单,而在项目实施阶段,组织会更为复杂。

4) 协调性

工程项目组织内应专业分工明确,专业化可使成员提高工作效率,但分工和专业化产生了协调问题,项目组织内人员必须协调一致,整合组织内个体行为,以求最大效率,因此工程项目组织具有协调性的特点。

5) 统一指挥性

工程项目组织具有临时组合性,项目目标的约束性较强,且项目的不确定性较大,工程项目组织领导的权威和统一指挥有助于贯彻命令和形成组织凝聚力,有利于项目目标的实现和项目成功。

6) 多方参与性

工程项目是由多方主体共同参与完成整个项目的建设实施过程,例如,一个房地产开发项目可能涉及的参与方包括投资方、开发方、设计单位、监理单位、施工单位、供货单位、分包单位、政府部门等多方组织。不同项目的组织方式虽各有不同,但工程项目多参与方的特点决定了工程项目组织大多也具有多方参与性的特点。

7) 与企业组织之间关系复杂性

在很多情况下项目组织是企业组建的,是企业组织的一部分。企业组织对项目组织的影响很大,从企业的经营目标、企业文化到企业资源、利益的分配都影响项目组织效率。项目组织和企业的责、权、利关系,项目人员和其他资源分配、信息交流等方面有复杂的关系。

2.2 工程项目组织结构形式

组织形式是组织结构形式的简称,是指一个组织以什么样的结构方式去处理层次、跨度、部门设置和上下级关系。参与工程建设项目管理的各方应根据具体工程建设项目的特点,结合企业自身的情况,选择合适的项目组织结构形式。由于组织目标、资源和环境的差异,为所有的组织找出一个理想的结构是非常困难的。实际上,甚至不可能存在一个理想结构,不存在最佳或最差组织结构,而只有适合或不适合的组织结构,关键是选择的组织结构应有利于处理层次、跨度、部门和上下层组织之间的关系。工程项目的组织形式要根据项目的管理主体、项目的承包形式、组织的自身情况等来确定,常用的工程项目组织形式有以下几种。

2.2.1 直线型组织结构

直线型组织结构是最简单和最基础的组织形式。直线型组织是早期采用的一种线性项目管理形式,来源于十分严密的军事组织系统。它的特点是各工作部门从上到下实行垂直领导,呈金字塔结构。直线型组织结构中,下属部门只接受一个上级的指令,各级主管负责人对所属单位的一切问题负责。如图 2-1 所示,在直线型组织结构中,每一个工作部门只能对其直接的下属部门下达工作指令,每一个工作部门也只有一个直接的上级部门,因此每一个工作部门只有唯一的指令源,避免了由于矛盾的指令而影响组织系统的运行。

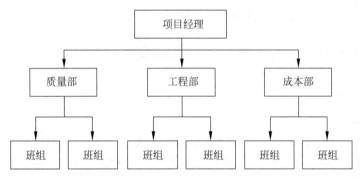

图 2-1 直线型组织结构

1. 直线型组织结构的优点

(1)结构比较简单,权力集中,职权和职责分明,命令统一,便于统一指挥,集中管理。

(2)上下级关系简明清晰,层级制度严格明确,决策与执行工作的效率高。

(3)管理沟通的信息来源与基本流向固定,管理沟通的速度和准确性在客观上有一定保证。

(4)项目经理有指令权,能够直接控制资源,对业主负责。

2. 直线型组织结构的缺点

(1)专业分工较差,每个子项目都需要对应一个完整的组织结构,使得资源难以充分合理利用。

(2)在较大的组织系统中,由于指令路径过长,有可能会造成组织系统在一定程度上运行的困难。

(3)缺乏横向的协调关系,不能保证组织成员之间的有效沟通,权利争执会使得组织内各部门之间的合作困难。

（4）一个企业通常有多个项目，而每个项目都有自己的组织，这就使人员、设施技术和设备重复设置，从而增加了成本。

3. 直线型组织结构的适用条件

直线型组织结构一般适用于规模较小、技术要求比较简单的项目。为了加快命令传递的过程，直线型组织结构就要求组织结构的层次不要过多，否则会妨碍信息的有效沟通。因此，合理地减少层次是直线型组织结构的一个前提。这种组织结构用于企业，适用于企业规模不大，职工人数不多，生产和管理工作比较简单的情况或现场作业管理。

2.2.2 职能型组织结构

职能部门是指项目上或企业内设置的对人、财、物和产、供、销管理的职能部门。我国多数的企业、事业单位及工程项目中目前还沿用这种传统的组织结构形式。例如企业中，虽然生产车间和后勤保障机构并不一定是职能部门的直接下属部门，但是职能管理部门可以在其管理的职能范围内对生产车间和后勤保障机构下达工作指令，这是典型的职能型组织结构。

这种组织形式是在项目管理组织中设置若干职能部门，并且各个职能部门在其职能范围内有权直接指挥下级，如图 2-2 所示。

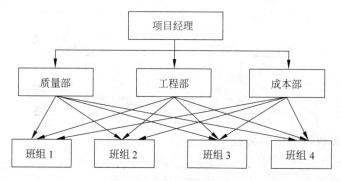

图 2-2 职能型组织结构

1. 职能型组织结构的优点

（1）职责明确，有利于发挥专业人才的作用，有利于专业技术问题的解决和管理效率的提高。

（2）专业技术人员能够灵活地调配使用，技术专家可同时服务不同的项目。

（3）资源利用具有较大的灵活性。关系容易协调，工作效率高。

2. 职能型组织结构的缺点

（1）存在指令系统多元化，有多个指令源，有碍于指令的统一性，形成多头领导，容易产生职能的重复或遗漏，降低管理效率。责任不明，协调困难，由于各职能部门只负责项目的一部分，没有一个人承担项目的全部责任，各职能部门内部人员责任也比较淡化，而且各部门常从其局部利益出发，难以协调部门之间的冲突。

（2）各个工作部门职责界限也不易分清，各部门之间因利益不同而存在协调困难或冲突，尤其是技术复杂、需要多个职能部门共同协作的项目较难适应。

3. 职能型组织结构的适用条件

职能型组织结构适用于规模较小、工期较短、专业技术较强的工程项目,并且不需要涉及较多部门。我国多数的企业、学校、事业单位目前仍沿用这种模式。

2.2.3 直线-职能型组织结构

这种组织系统吸收了直线型和职能型的优点,并形成了它自身的特点。它把管理机构和管理人员分为两类:一类是直线主管,即直线型的指挥机构和主管人员,他们只接受一个上级主管的命令和指挥,并对下级组织发布命令和进行指挥,而且对该单位的工作全面负责。另一类是职能参谋,即职能型的职能机构和参谋人员。他们只能给同级主管充当参谋、助手,提出建议或提供咨询。直线-职能型组织形式如图 2-3 所示。图中实线为领导关系,虚线为指导关系。

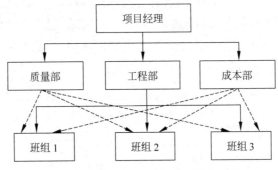

图 2-3 直线-职能型组织结构

1. 直线-职能型组织结构特征

(1) 既能保持指挥统一、命令一致,又能发挥专业人员的作用。
(2) 管理组织结构系统比较完整,隶属关系分明。
(3) 重大的问题研究和设计有专人负责,能发挥专业人员的积极性,提高管理水平。
(4) 职能部门与指挥部门易产生矛盾,信息传递路线长,不利于互通情报。
(5) 管理人员多,管理费用大。

2. 直线-职能型组织结构优点

直线-职能型组织结构快速、灵活、维持成本低且责任清晰。它既保持了直线型组织结构实行直线领导、统一指挥、职责分明的优点,又保持了职能型组织结构目标管理专业化的优点,吸收了职能型组织结构分工细密的长处,管理组织系统比较完整,隶属关系分明;重大方案的设计等有专人负责;能在一定程度上发挥专长,从而有助于提高管理工作的效率。

3. 直线-职能型组织结构缺点

(1) 属于典型的"集权式"结构,权力集中于最高管理层,下级缺乏必要的自主权。
(2) 各职能部门之间的横向联系较差,容易产生脱节和矛盾。
(3) 直线-职能型组织结构建立在高度的"职权分裂"基础上,各职能部门与直线部门之间如果目标不统一,则容易产生矛盾。特别是对于需要多部门合作的事项,往往难以确定责任的归属。

(4) 管理人员多而导致管理费用大。

(5) 信息传递路线长,不利于互通信息。

2.2.4 矩阵型组织结构

矩阵型组织结构是美国在20世纪50年代创立的一种新的管理组织式。从系统论的观点来看,解决质量控制和成本控制等问题都不能只靠某一部门的力量,需要集中各方面的人员共同协作。因此,该组织结构是在直线-职能型组织结构中,为完成某种特定的工程项目,从各部门抽调专业人员组织专门项目组织,同有关部门进行平行联系,协调各有关部门活动并指挥参与工作的人员。

按矩阵型组织结构设立的组织结构由两套管理系统组成,一套是横向的职能机构系统,另一套为纵向的子项目系统,如图2-4所示。

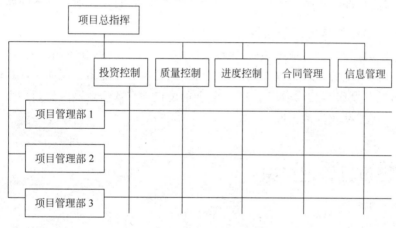

图2-4 矩阵型组织结构

按照职能原则和项目原则结合起来建立的项目管理组织,既能发挥职能部门的纵向优势又能发挥项目组织的横向优势,多个项目组织的横向系统与职能部门的纵向系统形成了矩阵结构。

企业专业职能部门是相对长期稳定的,项目管理组织是临时性的。职能部门负责人对项目组织中本单位人员负有组织调配、业务指导、业绩考察的责任。项目经理在各职能部门的支持下,将参与本项目组织的人员在横向上有效地组织在一起,为实现项目目标的协同工作,项目经理对其有权控制和使用,在必要时可对其进行调换或辞退。矩阵中的成员接受原单位负责人和项目经理的双重领导,可根据需要和可能为一个或多个项目服务,并可在项目之间调配,充分发挥专业人员的作用。

1. 矩阵型组织结构的优点

(1) 将职能原则和项目原则结合融为一体,而实现企业长期例行性管理和项目一次性管理的一致。

(2) 项目组织具有较好的弹性和应变能力,通过职能部门的协调,实现人才资源的有效配置。

(3) 具有不同知识背景的技术人员在一个项目上合作,可以使他们在知识结构上取长补短,拓宽知识面,提高解决问题的能力。

(4) 能通过对人员的及时调配,实现多个项目的高效管理,可以平衡资源以保证各个项目都能完成其各自的进度、费用及质量要求。

2. 矩阵型组织结构的缺点

(1) 项目管理权力平衡困难。矩阵型组织结构中项目管理的权力需要在项目经理与职能部门之间平衡,这种平衡在实际工作中是不易实现的。

(2) 信息回路比较复杂。在这种模式下,信息回路比较多,既要在项目团队中进行,还要在相应的部门中进行,必要时还要在部门之间进行,所以容易出现交流、沟通不够的问题。

(3) 项目成员处于多头领导状态。项目成员正常情况下至少要接受两个方向的领导,即项目经理和所在部门的负责人,这就容易造成指令矛盾、行动无所适从的问题。

3. 矩阵型组织结构的适用条件

大型复杂的建设项目要求多部门、多技术、多专业配合实施,在不同阶段,对不同人员有不同数量和不同搭配的要求,显然,此时直线型组织结构和职能型组织结构就难以满足这种要求。因此,矩阵型组织结构适用于大型、复杂的建设项目或企业同时管理多个建设项目且对财力资源利用效率较高的情况。

2.3 工程项目管理组织

2.3.1 概述

工程项目管理组织是指为实施工程项目管理建立的组织机构,以及该机构为实现施工项目管理目标所进行的各项组织工作的简称。

工程项目管理组织作为组织机构,它是根据项目管理目标通过科学设计而建立的组织实体。该机构是由有一定的领导体制、部门设置、层次划分、职责分工、规章制度、信息管理系统等构成的有机整体。一个以合理有效的组织机构为框架所形成的权力系统、责任系统、利益系统、信息系统是实施施工项目管理及实现最终目标的组织保证。工程项目管理组织作为组织工作时,它则是通过该机构所赋予的权力,利用其组织力、影响力,在施工项目管理中,合理配置生产要素,协调内外部及人员间关系,发挥各项业务职能的能动作用,确保信息畅通,推进施工项目目标的优化来实现全部管理活动。工程项目管理组织机构及其所进行的管理活动的有机结合才能充分发挥工程项目管理的职能。

1. 工程项目管理组织的内容

工程项目管理组织的内容包括组织设计、组织运行、组织调整等 3 个环节,具体内容见表 2-1。

表 2-1　工程项目管理组织的内容

管理组织本环节	依　　据	内　　　容
组织设计	1. 管理目标及任务 2. 管理幅度及层次 3. 责权对等原则 4. 分工协作原则 5. 信息管理原理	1. 设计、选定合理的组织系统(含生产指挥系统、职能部门等) 2. 科学确定管理跨度、管理层次、合理设置部门、岗位 3. 明确各层次、各单位、各岗位的职责和权限 4. 规定组织机构中各部门之间的相互联系、协调原则和方法 5. 建立必要的规章制度 6. 建立各种信息流通、反馈的渠道,形成信息网络
组织运行	1. 激励原理 2. 业务性质 3. 分工协作	1. 做好人员配置、业务衔接,职责、权力、利益明确 2. 各部门、各层次、各岗位人员各司其职、各负其责、协同工作 3. 保证信息沟通的准确性、及时性,达到信息共享 4. 经常对在岗人员进行培训、考核和激励,以提高其素质和士气
组织调整	1. 动态管理原理 2. 工作需要 3. 环境条件变化	1. 分析组织体系的适应性、运行效率,及时发现不足与缺陷 2. 对原组织设计进行改革、调整或重新组合 3. 对原组织运行进行调整或重新安排

2. 工程项目管理组织机构的作用

1) 组织机构是施工项目管理的组织保证

项目经理在启动项目实施之前,首先要进行组织准备,建立一个能完成管理任务、使项目经理指挥灵便、运转自如、效率很高的项目组织机构——项目经理部,其目的就是为了提供进行施工项目管理的组织保证。一个好的组织机构,可以有效地完成施工项目管理目标,有效地应付环境的变化,有效地供给组织成员生理、心理和社会需要,形成组织力,使组织系统正常运转,产生集体思想和集体意识,完成项目管理任务。

2) 形成一定的权力系统以便进行集中统一指挥

权力由法定和拥戴产生。法定来自于授权,拥戴来自于信赖。法定或拥戴都会产生权力和组织力。组织机构的建立首先是以法定的形式产生权力。权力是工作的需要,是管理地位形成的前提,是组织活动的反映。没有组织机构,便没有权力,也没有权力的运用。权力取决于组织机构内部是否团结一致,越团结,组织就越有权力、越有组织力,所以施工项目组织机构的建立要伴随着授权,以便使权力的使用能够实现施工项目管理的目标。要合理分层,层次多,权力分散;层次少,权力集中。所以要在规章制度中把施工项目管理组织的权力阐述明白,固定下来。

3) 形成责任制和信息沟通体系

责任制是施工项目组织中的核心问题。没有责任也就不能称其为项目管理机构,也就不存在项目管理。一个项目组织能否有效地运转,取决于是否有健全的岗位责任制。施工项目组织的每个成员都应肩负一定责任,责任是项目组织对每个成员规定的一部分管理活动和生产活动的具体内容。

信息沟通是组织力形成的重要因素。信息产生的根源在组织活动之中,下级(下层)以报告的形式或其他形式向上级(上层)传递信息;同级不同部门之间为了相互协作而横向传递信息。越是高层领导,越需要信息,越要深入下层获得信息。原因就是领导离不开信息,有了充分的信息才能进行有效决策。

综上所述,可以看出组织机构的建立非常重要,是项目管理中的一个重要环节。项目经理建立了理想有效的组织系统,项目管理就成功了一半。

3. 工程项目管理组织的设计程序

(1) 确定工程项目管理目标。
(2) 确定工程项目管理模式,选择工程项目管理组织形式。
(3) 确定工程项目管理工作任务、责任权力。
(4) 详细分析工程项目管理组织所完成的管理工作,确定工程项目管理工作流程、操作程序、工作逻辑关系。
(5) 确定详细的各项工程项目职能管理工作任务,并将工作任务落实到人员和部门。
(6) 建立工程项目管理组织各个职能部门的管理行为规范和沟通准则,形成工程项目管理规范,作为工程项目管理组织内部的规章制度。
(7) 选择和任命工程项目管理人员。
(8) 在上述工作基础上设计工程项目管理信息系统。

4. 工程项目管理组织的运行管理

(1) 成立项目经理部。
(2) 确定项目经理的工作目标。
(3) 明确和商定项目经理部门中的人员安排,宣布对项目经理部成员的授权,明确职权使用的限制和有关问题,制订工程项目管理工作任务分配表。
(4) 项目经理积极参与解决工程项目管理的具体问题,建立并维持积极、有利的工作环境和工作作风。
(5) 建立有效的沟通系统和成员之间的相互依赖和相互协作关系。
(6) 维持相对稳定的工程项目管理组织机构。
(7) 建立完整的工程项目管理人员的招聘、安置、报酬和福利、培训、提升、绩效评价的计划制订。

2.3.2 工程项目经理部

工程项目经理部(简称项目经理部)是由项目经理在施工企业的支持下组建并领导进行项目管理的组织机构。它是施工项目现场管理一次性的施工生产组织机构,负责施工项目从开工到竣工的全过程中的施工生产经营的管理工作。

1. 项目经理部的定位

项目经理部是由项目经理在企业的支持下组建并领导、进行项目管理的组织机构。因此,项目经理部可定位如下。

(1) 项目经理部是企业进行项目管理的组织机构。

(2) 项目经理部是由项目经理组建并领导的。

(3) 项目经理组建和领导项目经理部需要企业的支持；项目经理部应接受企业职能部门的指导、监督、检查和考核。

(4) 一个项目的项目经理是一次性的，故其项目经理部也是一次性的。所谓一次性是指项目经理部随项目管理的需要而建立，随项目管理任务的完成而解体。

2. 项目经理部的作用

(1) 作为企业在项目上的管理层，负责施工项目从开工准备至竣工验收的项目管理，对作业层负有管理和服务的双重职能。

(2) 作为项目经理的办事机构，为项目经理的决策提供信息和依据，当好参谋，并执行其决策。

(3) 凝聚管理人员，形成组织力，代表企业履行工程施工合同，对发包人和项目产品负责。

(4) 形成项目管理责任制和信息沟通系统，使项目经理部成为项目管理的载体，为实现项目目标而进行有效运转。

3. 项目经理部的设立

(1) 根据企业批准的"项目管理规划大纲"，确定项目经理部的管理任务和组织形式。

(2) 确定项目经理部的层次，设立职能部门与工作岗位。

(3) 确定人员、职责、权限。

(4) 由项目经理根据"项目管理目标责任书"进行目标分解。

(5) 组织有关人员制定规章制度和目标责任考核、奖惩制度。

4. 项目经理部的职责

(1) 项目经理部在公司直接领导下，加强思想政治工作，遵守当地法律、法规，科学地组织项目的实施。

(2) 制定项目经理部的各项规章制度，明确各部门的职责范围、各级管理人员的分工，加强协调和分工协作。

(3) 编制设计、施工技术方案，细化完善施工设计，编制实施性施工组织设计，编制年度、季度、月度计划，建立项目管理信息化系统，实行办公自动化。

(4) 负责与业主、公司的信息沟通，按要求上报材料。

(5) 负责材料和所需设备的采购、租赁，协助办理进出口报关、清关手续，协助制定大宗材料和大型设备采购的招、投标制度。

(6) 严格筛选引进劳务队伍，加强劳务队伍管理。

2.3.3 工程项目经理

1. 工程项目经理与建造师

对于建筑施工企业工程项目经理就是施工项目经理，2003年2月27日《国务院关于取消第二批行政审批项目和改变一批行政审批项目管理方式的决定》（国发【2003】5号）规定："取消建筑施工企业项目经理资质核准，由注册建造师代替，并设立过渡期。"过渡期为五年，过渡期内，凡持有项目经理资质证书或者建造师注册证书的人员，经其所在企业聘用后均可担任工程项目施工的项目经理。过渡期满后，大、中型工程项目施工的项目经理必须由取得建造师注册证书的人员担任；但取得建造师注册证书的人员是否担任工程项目施工的项目经理，由企业自主决定。

工程项目经理（简称项目经理）是指由建筑施工企业法定代表人委托，在建设工程项目中担任项目经理职务，直接负责施工项目的组织实施，对建设工程项目实施全过程全面负责的项目管理者。项目经理是建设工程施工项目的责任主体，是建筑施工企业法定代表人在建设工程项目中的委托代表人。

建造师是一种专业人员的名称，而项目经理是一个工作岗位的名称，应注意两者概念的区别与关系。取得建造师执业资格的人员表示其知识和能力符合建造师执业的要求，但其在企业中的工作岗位则由企业根据工作需要和安排而定。

2．项目经理的作用

1）负责合同履约

项目经理是企业法定代表人在施工项目上负责管理和合同履约的一次性授权代理人，是项目管理的第一责任人。项目经理代表公司处理执行合同中的一切重大事宜，包括执行合同条款、变更合同内容、处理合同纠纷且对合同负主要责任。

2）制订项目计划，保证项目目标的实现

为了做好项目工作，达到预定的目标，项目经理需要事前制订周全且符合实际情况的计划，包括工作的目标、原则、程序和方法。使项目组全体成员围绕共同的目标、执行统一的原则、遵循规范的程序、按照科学的方法协调一致地工作，取得最好的效果。在项目进行中，项目经理要根据项目进度及具体情况，及时与项目客户或委托方进行沟通，调整项目的方向、工作重点和工作进度等，确保项目的实施成果满足客户或委托方的需求，保证项目目标的实现。

3）项目责、权、利的主体，对项目施工过程全面负责

项目经理首先必须是项目实施阶段的责任主体，是项目目标的最高责任者；其次，项目经理必须是项目权力的主体，权力是确保项目经理能够承担起责任的条件与手段；项目经理还应是项目利益的主体，利益是项目经理工作的动力。项目管理涉及众多的项目相关方，是一项庞大的系统工程。为了提高项目管理的工作效率并节省项目的管理费用，项目经理应明确责任、权利和利益分配关系，进行良好的组织和分工，对项目组人员提出明确的目标和要求，充分发挥每个成员的作用，同时，在项目工作中要加强对成员的指导，对项目运行中可能出现的问题进行准确的预测与判断。项目经理是项目的具体决策者与指挥者，对于项目运行中出现的矛盾，项目经理要及时处理，进行决策，必要时还要请示上级决策者。

4）协调各方关系使之相互协作、紧密配合

一个工程项目的组织实施涉及多个部门和单位，工程项目管理又是一个动态的管理过程，在工程实施过程中，有众多的结合部、复杂的人际关系，项目经理就是工程项目有关各方协调配合的桥梁和纽带，是组织工作的协调中心。项目经理处在上下各方的核心位置，是负责沟通、协商、解决各种矛盾、冲突、纠纷的关键人物，应该充分考虑各方面合理的潜在的利

益,建立良好的关系。因此,项目经理是协调各方面关系并使之相互协作、紧密配合的桥梁与纽带。

5) 项目信息的集散中心和控制中心

为了有效地进行信息沟通,实施对工程项目的控制,项目经理既是信息中心,又是控制中心,他是工程项目实施过程中各种重要信息、指令、目标、计划、办法的发起者和控制者,在工程项目实施过程中,对于工程项目外部,如业主、政府、承包商、当地社会环境、国内外市场等有关重要信息,均要通过项目经理汇总、沟通,项目经理又通过报告、指令、计划和协议等形式,对上反馈信息,对下、对外发布信息。同时项目经理又要通过各方的信息收集和运用,不断地对工程项目过程进行调整与控制,使项目取得成功。

2.3.4 施工企业项目经理的责任

施工企业项目经理的责任相关内容参考《建设工程项目管理规范》(GB/T 50326—2017)。

1. 项目管理目标责任书

项目管理目标责任书应在项目实施之前,由组织法定代表人或其授权人与项目管理机构负责人协商制定。项目管理目标责任书应属于组织内部明确责任的系统性管理文件,其内容应符合组织制度要求和项目自身特点。

编制项目管理目标责任书应依据如下:

(1) 项目合同文件。

(2) 组织管理制度。

(3) 项目管理规划大纲。

(4) 组织经营方针和目标。

(5) 项目特点和实施条件与环境。

项目管理目标责任书一般包括下列内容:①项目管理实施目标;②组织和项目管理机构职责、权限和利益的划分;③项目现场质量、安全、环保、文明、职业健康和社会责任目标;④项目设计、采购、施工、试运行管理的内容和要求;⑤项目所需资源的获取和核算办法;⑥法定代表人向项目管理机构负责人委托的相关事项;⑦项目经理的职责和项目管理机构应承担的风险;⑧项目应急事项和突发事件处理的原则和方法;⑨项目管理效果和目标实现的评价原则、内容和方法;⑩项目实施过程中相关责任和问题的认定和处理原则;⑪项目完成后对项目管理机构负责人的奖惩依据、标准和办法;⑫项目经理解职和项目管理机构解体的条件及办法;⑬缺陷责任期、质量保修期及之后对项目管理机构负责人的相关要求。

组织应对项目管理目标责任书的完成情况进行考核和认定,并依据考核结果和项目管理目标责任书的奖惩规定,对项目管理机构负责人和项目管理机构进行奖励或处罚。项目管理目标责任书应根据项目实施变化进行补充和完善。

2. 项目经理的职责

(1) 项目管理目标责任书中规定的职责。

(2) 工程质量安全责任承诺书中应履行的职责。

(3) 组织或参与编制项目管理规划大纲、项目管理实施规划,对项目目标进行系统管理。

(4) 主持制定并落实质量、安全技术措施和专项方案,负责相关的组织协调工作。
(5) 对各类资源进行质量监控和动态管理。
(6) 对进场的机械、设备、工器具的安全、质量和使用进行监控。
(7) 建立各类专业管理制度并组织实施。
(8) 制定有效的安全、文明和环境保护措施并组织实施。
(9) 组织或参与评价项目管理绩效。
(10) 进行授权范围内的任务分解和利益分配。
(11) 按规定完善工程资料,规范工程档案文件,准备工程结算和竣工资料,参与工程竣工验收。
(12) 接受审计,处理项目管理机构解体的善后工作。
(13) 协助和配合组织进行项目检查、鉴定和评奖申报。
(14) 配合组织完善缺陷责任期的相关工作。

3. 项目经理的权限

(1) 参与项目招标、投标和合同签订。
(2) 参与组建项目管理机构。
(3) 参与组织对项目各阶段的重大决策。
(4) 主持项目管理机构工作。
(5) 决定授权范围内的项目资源使用。
(6) 在组织制度的框架下制定项目管理机构管理制度。
(7) 参与选择并直接管理具有相应资质的分包人。
(8) 参与选择大宗资源的供应单位。

第 2 章习题

(9) 在授权范围内与项目相关方进行直接沟通。
(10) 法定代表人和组织授予的其他权利。
项目经理应接受法定代表人和组织机构的业务管理,组织有权对项目管理机构负责人(项目经理)给予奖励和处罚。

第3章 流水施工方法

3.1 流水施工简介

流水施工是一种诞生较早,在建筑施工中广泛使用、行之有效的科学组织施工的组织方法。它建立在分工协作和大批量生产的基础上,其实质就是连续作业,组织均衡施工。它可以充分利用工作时间和操作空间,减少非生产性劳动消耗,提高劳动生产率,保证工程施工连续、均衡、有节奏地进行,从而对提高工程质量、降低工程造价、缩短工期有着显著的作用。它是工程施工进度控制的有效方法。

3.1.1 流水施工的基本概念

任何一个工程项目,都可以分解为许多个施工过程,每一个施工过程可以组织一个或多个施工班组进行施工。劳动组织安排的不同便构成不同的施工方式。考虑工程项目的施工特点、工艺流程、资源利用、平面或空间布置等要求,其施工可以采用依次、平行、流水等组织方式。为说明三种施工方式及其特点,现设某住宅区拟建四栋结构相同的房屋建筑物,以这个工程实例的基础施工分别来分析这三种组织施工方式。

例 3.1 四栋房屋基础,其每栋基础的施工过程及工程量等如表 3-1 所示。

表 3-1 施工过程及工程量

施工过程	工程量/m³	产量定额/(m³/工日)	劳动量/工日	班组人数	延续时间	工种
基础挖土	210	7	30	30	1	普工
浇筑混凝土垫层	30	1.5	20	20	1	混凝土工
砌筑砖基础	40	1	40	40	1	瓦工
回填土	140	7	20	20	1	灰土工

答：针对上述工程实例的四栋房屋基础施工安排分别进行依次施工、平行施工和流水施工的组织。

1) 依次施工

依次施工是按施工段（或施工过程）的顺序依次开始施工，并依次完成的一种施工组织方式。如果按依次施工（顺序施工）的方式组织施工，将一栋栋地进行，工期 $T=16$ 天，施工进度及所对应的劳动力动态曲线如图 3-1 所示。

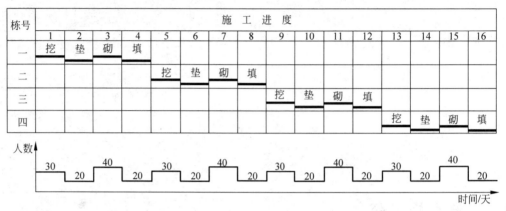

图 3-1 依次施工的施工进度及所对应的劳动力动态曲线

依次施工方式具有以下特点：

(1) 没有充分地利用工作面进行施工，工期长。

(2) 如果按专业成立工作队，则各专业队不能连续作业，有时间间歇，劳动力及施工机具等资源无法均衡使用。

(3) 如果由一个工作队完成全部施工任务，则不能实现专业化施工，不利于提高劳动生产率和工程质量。

(4) 单位时间内投入的劳动力、施工机具、材料等资源量较少，有利于资源供应的组织。

(5) 施工现场的组织、管理比较简单。

2) 平行施工

平行施工是全部工作任务的各施工段同时开工、同时完成的一种施工组织方式。如果按平行施工方式组织施工，施工进度如图 3-2 所示，对应的劳动力关系曲线如图 3-3 所示，工期 $T=4$ 天。

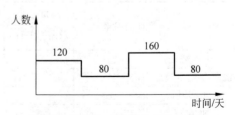

图 3-2 平行施工的施工进度图　　　　图 3-3 平行施工的劳动力关系曲线

平行施工方式具有以下特点：

(1) 充分地利用工作面进行施工,工期短。

(2) 如果每一个施工对象均按专业成立工作队,则各专业队不能连续作业,劳动力及施工机具等资源无法均衡使用。

(3) 如果由一个工作队完成一个施工对象的全部施工任务,则不能实现专业化施工,不利于提高劳动生产率和工程质量。

(4) 单位时间内投入的劳动力、施工机具、材料等资源量成倍增加,不利于资源供应的组织。

(5) 施工现场的组织、管理比较复杂。

3) 流水施工

流水施工是把一个工程项目分成若干段,把施工队伍按不同工种、不同作业方式分成若干组,根据工艺要求让每个段上都有施工队作业,且每个施工队都有工作可干,各施工队在不同的施工段上进行流水作业,保证了施工进度,提高了施工效率,节约了项目投资,是一种有效的施工方式。

如果按流水施工方式来组织施工,施工进度如图 3-4 所示,对应的劳动力关系曲线如图 3-5 所示,工期 $T=7$ 天。

栋号	施工进度						
	1	2	3	4	5	6	7
一	挖	垫	砌	填			
二		挖	垫	砌	填		
三			挖	垫	砌	填	
四				挖	垫	砌	填

图 3-4 流水施工的施工进度图

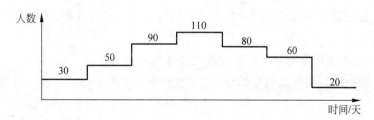

图 3-5 流水施工的劳动力关系曲线

流水施工方式具有以下特点：

(1) 尽可能地利用工作面进行施工,工期比较短。

(2) 各工作队实现了专业化施工,有利于提高技术水平和劳动生产率,也有利于提高工程质量。

（3）专业工作队能够连续施工，同时使相邻专业队的开工时间能够最大限度地搭接。

（4）单位时间内投入的劳动力、施工机具、材料等资源量较为均衡，有利于资源供应的组织。

（5）为施工现场的文明施工和科学管理创造有利条件。

流水施工的优势包括：

（1）工作队及工人实现了专业化生产，有利于提高技术水平，有利于技术革新，从而有利于保证施工质量，减少返工浪费和维修费用。

（2）工人实现了连续性单一作业，便于改善劳动组织、操作技术和施工机具，增加熟练技巧，有利于提高劳动生产率，加快施工进度，节省工作时间。

（3）由于资源消耗均衡，避免了高峰现象，有利于资源的供应与充分利用，减少现场暂设，从而可有效地降低工程成本。

（4）施工具有节奏性、均衡性和连续性，减少了施工间歇，从而可缩短工期，尽早发挥工程项目的投资效益。工人按一定的时间要求投入施工，在每段上的工作时间也可以尽量地安排得有规律。综合各专业队的工作，便可以形成均衡、有节奏的特征。"均衡"是指不同时间段的资源数量变化较小，它对组织施工十分有利，可以达到节约使用资源的目的；"有节奏"是指工人作业时间有一定规律性，这种规律性可以带来良好的施工秩序，和谐的施工气氛，可观的经济效果。

（5）施工机械、设备和劳动力得到合理、充分地利用，减少了浪费，有利于提高承包单位的经济效益。

（6）可以提高劳动生产率。这是因为，组织流水施工以后，使工人的工作连续，工作面充分利用，资源的利用均衡，管理的效果好，必然会产生在一定时间内生产成果增加的效果，即提高了劳动生产率。

3.1.2 组织流水施工的条件

组织建筑施工流水作业，必须具备5个方面的条件。

1）把整栋建筑物建造过程分解成若干个施工过程

施工过程划分的目的是为了对施工对象的建造过程进行分解，以明确具体工作任务，便于操作实施。

2）把建筑物尽可能地分成劳动量或工作量大致相等的施工段

这样可以把建筑物分成批量的施工段，为形成流水作业提供前提。比如一栋楼的基础施工称为一个施工段，它分为：基础挖土、浇混凝土垫层、砌筑砖基础和回填土四个施工过程。

3）确定各施工专业队在各施工段内的工作持续时间

这个持续时间就是"流水节拍"，代表施工的节奏性。

4）各工作队依次地、连续地反复完成同类工作

各工作队按一定的施工工艺，配备必要的机具，依次地、连续地由一个施工段转移到另一个施工段，反复完成同类工作。建筑产品是固定的，所以只能由一个专业工作队进行"流

水",连续地逐个对施工段进行专业生产。

5) 将不同工作队完成各施工过程的时间适当地搭接起来

不同专业工作队之间的关系表现在工作空间上的交接和工作时间上的搭接。搭接的目的是节省时间,也是连续作业或工艺上的要求。

3.1.3 组织流水施工的基本要求

1) 施工过程的连续性

在施工过程中各阶段、各部位的人流、物流始终处于不停的运动状态之中,避免不必要的中断、停顿和等待现象,且使流程尽可能短。增加生产过程的连续性,可以缩短产品的生产周期、降低库存、提高资源利用率。

2) 施工过程的比例性

在施工过程中基本施工过程和辅助施工过程之间、各道工序之间以及各种机械设备之间在生产能力上要保持适当数量和质量要求的比例关系。工程管理工作的任务之一就是协调和平衡施工生产能力,保证生产效率的持续增长。

3) 施工过程的均衡性

在工程施工的各个阶段,力求保持相同的工作节奏,避免忙闲不均、前松后紧、突击加班等不正常现象。均衡性有利于最充分地利用企业及各个环节的生产能力,减少窝工。

4) 施工过程的平行性

各项施工活动在时间上实行平行交叉作业,尽可能加快速度,缩短工期。

5) 施工过程的适应性

在工程施工过程中对由于各项内部和外部因素影响引起的变动情况具有较强的应变能力。实践经验告诉我们计划变更是绝对的,不变是相对的。适应性要求建立信息迅速反馈机制,注意施工全过程的控制和监督,并及时进行调整。

3.2 流水施工的参数

流水施工参数是指组织流水施工时,为了表示流水施工在工艺程序、空间布置和时间安排等方面的相互依存关系,引入的一些描述施工进度计划特征和各种数量关系的参数。

流水施工参数按其性质不同,一般可分为工艺参数、空间参数和时间参数。只有对这些参数进行认真的、有预见的研究或计算,才可能成功地组织流水施工。

3.2.1 工艺参数

工艺参数主要是用以表达流水施工在施工工艺方面进展状态的参数,通常包括施工过程数和流水强度两个参数。

1) 施工过程数

根据施工组织及计划安排需要将计划任务划分成的子项称为施工过程。施工过程划分的粗细程度由实际需要而定。当编制控制性施工进度计划时,组织流水施工的施工过程可以划分得粗略一些,施工过程可以是单位工程,也可以是分部工程。当编制实施性施工进度计划时,施工过程可以划分得细一些,施工过程可以是分项工程,甚至可将分项工程按照专业工种不同分解成施工工序。施工过程的数目一般用 n 表示,它是流水施工的主要参数之一。由于建造类施工过程占有施工对象的空间,直接影响工期的长短,大多作为主导的施工过程或关键工作必须列入流水施工进度计划。运输类与制备类(如砂浆、混凝土、各类制品、门窗等的制备过程和混凝土构件的预制过程)施工过程一般不占有施工对象的工作面,故一般不列入流水施工进度计划之中。只有当其占有施工对象的工作面,影响工期时,才列入施工进度计划之中。例如,对于采用装配式钢筋混凝土结构的建设工程,钢筋混凝土构件的现场制作过程就需要列入施工进度计划之中。同样,结构安装中的构件吊运施工过程也需要列入施工进度计划之中。

2) 流水强度

流水强度是指流水施工的某施工过程(专业工作队)在单位时间内所完成的工程量,也称流水能力或生产能力。例如,浇筑混凝土施工过程的流水强度是指每工作班浇筑的混凝土立方数。

3.2.2 空间参数

空间参数是表达流水施工在空间布置上开展状态的参数,通常包括工作面和施工段。

1. 工作面

工作面是指供某专业工种的工人或某种施工机械进行施工的活动空间。工作面的大小能反映安排施工人数或机械台数的多少。每个作业的工人或每台施工机械所需工作面的大小,取决于单位时间内其完成的工程量和安全施工的要求。工作面确定的合理性,直接影响专业工作队的生产效率。因此,必须合理确定工作面。

2. 施工段

将施工对象在平面或空间上划分成若干个劳动量大致相等的施工段落,称为施工段或流水段。施工段的数目一般用 m 表示,它是流水施工的主要参数之一。

1) 划分施工段的目的

划分施工段的目的就是组织流水施工。由于建设工程体形庞大,可以将其划分成若干个施工段,从而为组织流水施工提供足够的空间。在组织流水施工时,专业工作队完成一个施工段上的任务后,遵循施工组织顺序及工艺要求又到另一个施工段上作业,产生连续流动施工的效果。组织流水施工时,可以划分足够数量的施工段,充分利用工作面,避免窝工,尽可能缩短工期。

2) 划分施工段的原则

由于施工段内的施工任务由专业工作队依次完成,因而在两个施工段之间容易形成一个施工缝。同时,施工段的数量将直接影响流水施工的效果。为使施工段划分得合理,一般应遵循下列原则。

(1) 施工段的分界尽量同施工对象的结构界限(温度缝、沉降缝)和建筑特征(单元、楼层)等取得一致,为保证拟建工程项目的结构完整性,施工段的分界线应尽可能与结构的自然界线一致；如果必须将分界线设在墙体中间时，应将其设在对结构整体性影响少的门窗洞口等部位，以减少留槎，便于修复。

（2）主要施工过程在各施工段上所消耗的劳动量和机械台班量尽可能相近，其相差幅度不宜超过15%，便于组织流水施工。

（3）施工段的数目要满足合理组织流水施工的要求。施工段数目过多，会降低施工速度，延长工期；施工段过少，不利于充分利用工作面，可能造成窝工。

（4）对施工过程要有足够的工作面和适当的作业量，既要保证相应数量的工人，主要施工机械的生产效率，满足合理劳动组织的要求，又要避免施工队伍移动过于频繁，降低施工效率。

（5）当房屋有层高关系，分段又分层时，应尽量使各层段数相等。各段工程量基本相等，以使各施工过程能够连续施工。即每层段数（m）应大于或等于施工过程数（n），以保证施工队能及时向另一层转移。

3.2.3 时间参数

时间参数是表达流水施工在时间安排上所处状态的参数，主要包括流水节拍、流水步距和流水施工工期等。

1. 流水节拍

流水节拍指在组织流水施工时，某个专业工作队在一个施工段上的施工时间，计算时可用 t 表示。

1）定额计算法

计算公式如下

$$t_i = \frac{P_i}{R_i \cdot N_i} \tag{3-1}$$

式中 t_i——某专业工作队在第 i 施工段的流水节拍；

R_i——某专业工作队投入的工作人数或机械台数；

N_i——某专业工作队的工作班次；

P_i——某专业工作队在第 i 施工段的劳动量（单位：工日）或机械台班量（单位：台班）。

当工期确定后，节拍基本确定，则可根据式(3-1)计算出资源量。根据工作面的大小确定作业队人数的多少，如因受工作面限制而又不允许节拍（t）延长时，可以考虑增加工作班次。

2）工期计算法

对已经确定了工期的工程项目，往往采用倒排进度法。其流水节拍的确定步骤如下：

（1）根据工期要求，按经验或有关资料确定各施工过程的工作持续时间。

（2）根据每一施工过程的工作持续时间及施工段数确定流水节拍。当该施工过程在各段上的工程量大致相等时，其流水节拍可按下式计算

$$t = \frac{T}{m} \tag{3-2}$$

式中 t——流水节拍；

T——某施工过程的工作延续时间;

m——某施工过程划分的施工段数。

3) 经验估算法

如果没有定额可查,可使用三时估计法计算流水节拍,其公式如下

$$t = \frac{a + 4c + b}{6} \tag{3-3}$$

式中 t——某施工过程在某施工段上的流水节拍;

a——某施工过程在某施工段上的乐观估算时间;

b——某施工过程在某施工段上的悲观估算时间;

c——某施工过程在某施工段上的最可能时间。

例 3.2 某工程基础施工,包括挖土、浇筑混凝土垫层、砌筑砖基础和回填土四个施工过程。施工期在 5 月,若一切顺利(如天气晴朗,没有周边环境干扰,挖土施工过程需要 10 天;若出现最不利的天气条件,同时发生一些周边环境的干扰,挖土需要 20 天;按照过去的气象统计资料以及现场可能的情况分析,最大可能的挖土时间为 12 天。求挖土施工过程的节拍。

答

$$t = \frac{a + 4c + b}{6} = [(10 + 4 \times 12 + 20)/6] \text{天} = 13 \text{天}$$

无论采用上述哪种方法,在确定流水节拍时均应注意以下问题:

(1) 确定专业队人数时,应尽可能不改变原有的劳动组织状况,以便于领导;且应符合劳动组合要求,使其具备集体协作的能力;还应考虑工作面的限制。

(2) 确定机械数量时,应考虑机械设备的供应情况和工作效率,及其对场地的要求。

(3) 受技术操作或安全质量等方面限制的施工过程(如砌墙受每日施工高度的限制),在确定其流水节拍时,应当满足其作业时间长度、间歇性或连续性等限制的要求。

(4) 必须考虑材料和构配件供应能力和储存条件对施工进度的影响和限制。

(5) 为便于组织施工、避免工作队转移时浪费工时,流水节拍值最好是半天的整数倍。

2. 流水步距(K)

在组织流水施工时,相邻两个专业工作队在符合施工顺序、满足连续施工、不发生工作面冲突的条件下,相邻两个专业工作队相继开始施工的最小间隔时间称为流水步距。计算时可用 K 表示。流水步距的数目取决于参加流水的施工过程数。如果施工过程数为 n 个,则流水步距的总数为 $n-1$ 个。

流水步距的长度要根据需要及流水方式的类型通过计算得到,一般应满足以下基本要求:

(1) 每个专业队连续施工的需要。流水步距的最小长度必须满足专业队进场以后,不发生停工、窝工的现象。

(2) 技术间歇的需要。有些施工过程完成后,后续施工过程不能立即投入作业,必须有足够的时间间歇,这个间歇时间应尽量安排在专业队进场之前,否则不能保证专业队工作的连续。

（3）流水步距的长度应保证每个施工段的施工作业程序不乱,不发生前一施工过程尚未全部完成,而后一施工过程便开始施工的现象。有时为了缩短时间,某些次要的专业队可以提前插入,但必须在技术上可行,而且不影响前一个专业队的正常工作。提前插入的现象越少越好,多了会打乱节奏,影响均衡施工。

3. 流水施工工期（T）

工期是指从第一个专业队投入流水作业开始,到最后一个专业队完成最后一个施工过程的最后一段工作,退出流水作业为止的整个持续时间。由于一项工程往往由许多流水组组成,所以我们这里说的是流水组的工期,而不是整个工程的总工期,可用符号"T"表示。

在安排流水施工之前,应有一个基本的工期目标,以便在总体上约束流水作业组织。在进行流水作业安排以后,可以通过计算确定工期,并与目标工期比较,二者应相等或使计算确定的工期小于目标工期。如果绘制了流水施工图,在图上可以观察到工期长度,也可以用计算确定的工期检验流水施工图绘制的正确性。

3.3 流水施工的组织方法

3.3.1 流水施工的分类

在流水施工中,由于流水节拍的规律不同,决定了流水步距、流水施工工期的计算方法等也不同,甚至影响到各个施工过程的专业工作队数目。因此,有必要按照流水节拍的特征将流水施工进行分类,其分类情况如图3-6所示。

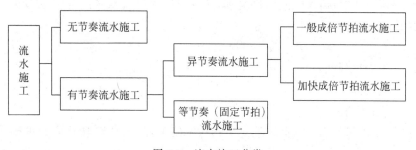

图3-6 流水施工分类

1）有节奏流水施工

有节奏流水是指在流水组中,每一个施工过程在各段上的流水节拍各自相等,流水具有一定的规律性。它又分为等节奏(又称固定节拍或全等节拍)流水和异节奏流水。

（1）等节奏(固定节拍)流水施工是指在流水组中,各个施工过程的流水节拍全部相同。

（2）异节奏流水施工是指在流水组中,同一个施工过程的流水节拍相同,但各施工过程之间的流水节拍不尽相等的流水施工。在组织异节奏流水施工时,又可以采用等步距和异步距两种方式。

① 一般成倍节拍流水施工。一般成倍节拍流水施工是指在组织异节奏流水施工时，每个施工过程成立一个专业工作队，由其完成各施工段任务的流水施工。

② 加快成倍节拍流水施工。加快成倍节拍流水施工是指在组织异节奏流水施工时，按每个施工过程流水节拍之间的比例关系，成立相应数量的专业工作队而进行的流水施工。

2) 无节奏流水施工

流水组中各施工过程在各流水段上的作业时间（流水节拍）不完全相等，各施工过程的流水节拍无规律可循。这种施工方式是流水施工中最常见的一种。

3.3.2 有节奏流水施工的组织方法

1. 等节奏流水施工的组织方法

等节奏流水施工又称固定节拍流水施工或全等节拍流水施工，各个施工过程的流水节拍全部相等，是最理想的组织流水方式，因为这种组织方式能够保证专业队的工作连续、有节奏，可以实现均衡施工，从而最理想地达到组织流水施工的目的。在可能的情况下，应尽量采用这种方式组织流水施工。

等节奏流水施工的特点如下：

(1) 所有施工过程在各个施工段上的流水节拍均相等。

(2) 相邻施工过程的流水步距相等，且等于流水节拍。

(3) 专业工作队数等于施工过程数，即每一个施工过程成立一个专业工作队，由该队完成相应施工过程所有施工段上的任务。

(4) 各个专业工作队在各施工段上能够连续作业，施工段之间没有空闲时间。

在没有间歇时间与插入时间的情况下，等节奏流水的流水步距与流水节拍在时间上相等。工期的计算公式是

$$T=(n-1)t+mt=(m+n-1)t \tag{3-4}$$

式中　n——施工过程数；

　　　m——施工段数；

　　　t——流水节拍。

对于有间歇时间与插入时间的固定节拍流水施工，其流水施工工期 T 可按下式计算

$$\begin{aligned}T&=(n-1)t+\sum G+\sum Z-\sum C+mt\\&=(m+n-1)t+\sum G+\sum Z-\sum C\end{aligned} \tag{3-5}$$

式中　n——施工过程数；

　　　m——施工段数；

　　　t——流水节拍；

　　　$\sum G$——工艺间歇时间之和；

　　　$\sum Z$——组织间歇时间之和；

　　　$\sum C$——提前插入时间之和。

间歇时间是指相邻两个施工过程之间由于工艺或组织安排需要而增加的额外等待时间,包括工艺间歇时间和组织间歇时间。

提前插入时间是指相邻两个专业工作队在同一施工段上共同作业的时间。在工作面允许和资源有保证的前提下,专业工作队提前插入施工,可以缩短流水施工工期。右侧二维码"案例题1"为扩展练习资料。

案例题1

例 3.3 某分部工程流水施工进度计划如图 3-7 所示,求流水施工的工期。

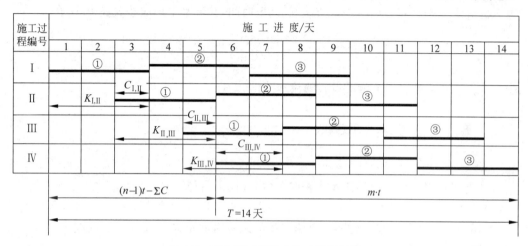

图 3-7 某分部工程流水施工进度计划

答 在该计划中,施工过程数目 $n=4$;施工段数目 $m=3$;流水节拍 $t=3$ 天;流水步距 $K_{\mathrm{I,II}}=K_{\mathrm{II,III}}=K_{\mathrm{III,IV}}=t=3$ 天;组织间歇 $Z_{\mathrm{I,II}}=Z_{\mathrm{II,III}}=Z_{\mathrm{III,IV}}=0$;工艺间歇 $G_{\mathrm{I,II}}=G_{\mathrm{II,III}}=G_{\mathrm{III,IV}}=0$;提前插入时间 $C_{\mathrm{I,II}}=C_{\mathrm{II,III}}=1$ 天,$C_{\mathrm{III,IV}}=2$ 天。因此,其流水施工工期为

$$T=(n-1)t+\sum G+\sum Z-\sum C+m\cdot t$$
$$=[(4-1)\times 3+0+0-(1+1+2)+3\times 3] \text{天}=14 \text{天}$$

2. 异节奏流水施工的组织方法

通常情况下,组织固定节拍流水施工是比较困难的。因为在任一施工段上,对于不同的施工过程,其复杂程度不同,影响流水节拍的因素也各不相同,很难使得各个施工过程的流水节拍都彼此相等。但是,如果施工段划分合适,保持同一施工过程各施工段的流水节拍相等是不难实现的。使某些施工过程的流水节拍成为其他施工过程流水节拍的倍数关系,即形成成倍节拍流水施工。根据工期的不同要求,成倍节拍流水施工可以分为一般成倍节拍流水施工和加快成倍节拍流水施工。为了缩短流水施工期,一般采用加快成倍节拍流水施工方式。

1) 一般成倍节拍流水施工

一般成倍节拍流水施工是指同一施工过程在各施工段上的流水节拍都相等,但不同施工过程在同一施工段上的流水节拍不尽相等的一种流水施工。一般成倍节拍流水的基本特点:

① 同一施工过程的流水节拍都相等,不同施工过程在同一施工段上的流水节拍不尽

相等；

② 专业施工队(组)数与施工过程数相等；

③ 每个专业施工队(组)都连续作业，施工段无空闲；

④ 各施工过程之间的流水步距不尽相等。

计算一般成倍节拍的流水工期，由于各施工过程之间流水步距不同，则需先分别计算出每两相邻施工过程之间的流水步距及各流水步距的总和，然后再加上最后一个施工过程在各段上的流水节拍总和，以及技术(或组织)间歇时间，其流水工期应按式(3-6)计算

$$T = \sum_{i=1}^{n-1} K_{i,i+1} + \sum_{j=1}^{m} t_m^j + \sum Z \tag{3-6}$$

式中 $\sum_{j=1}^{m} t_m^j$——最后一个施工过程的流水节拍之和；

$\sum_{i=1}^{n-1} K_{i,i+1}$——流水步距总和；

$\sum Z$——组织间歇时间之和。

在计算两相邻施工过程的流水步距时，会出现以下两种情况：

(1) 当紧前施工过程的流水节拍 t_i 小于紧后施工过程的流水节拍 t_{i+1} 时，即当 $t_i \leqslant t_{i+1}$ 时，说明前导施工过程在任何一个施工段的结束时间都先于或等于后续施工过程的开始时间，则

$$K_{i,i+1} = t_i \tag{3-7}$$

例如，在相邻的施工过程中，前面施工过程节拍 t_1 小于后面施工过程 t_2 时，只要保持开始时间必要的时间间隔，就可以使后面施工过程在各施工段上连续作业，见图3-8。

流水施工工期 $T = k_1 + k_2 + mt_3 = t_1 + t_2 + 2t_3 = 6 + 9 + 2 \times 12 = 39$ 天

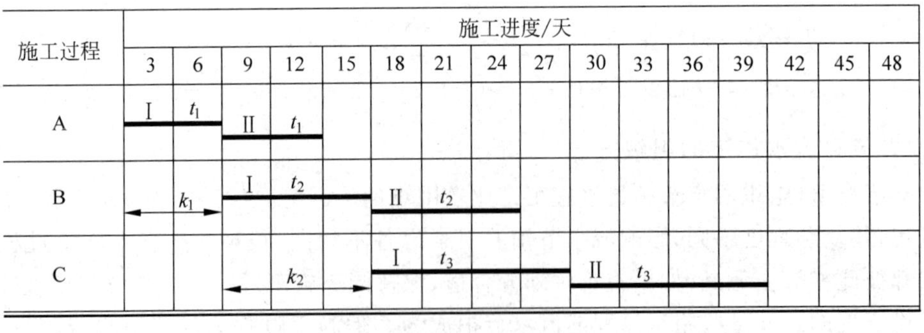

施工过程	施工进度/天															
	3	6	9	12	15	18	21	24	27	30	33	36	39	42	45	48
A	Ⅰ t_1		Ⅱ t_1													
B		k_1	Ⅰ t_2			Ⅱ t_2										
C				k_2		Ⅰ t_3				Ⅱ t_3						

图 3-8 异节奏流水施工($t_1 < t_2 < t_3$)

(2) 当紧前施工过程的流水节拍 t_i 大于紧后施工过程的流水节拍 t_{i+1} 时，即当 $t_i > t_{i+1}$ 时，由于前导施工过程的流水节拍比后续施工过程的流水节拍大，此时若仍按 $K_{i,i+1} = t_i$，则会出现紧前施工过程尚未结束而后续施工过程已经开始的现象，这不符合施工工艺要求，故

$$K_{i,i+1} = t_i + (t_i - t_{i+1})(m-1) = mt_i - (m-1)t_{i+1} \tag{3-8}$$

式中 t_i——第 i 施工过程的流水节拍；

t_{i+1}——第 i 施工过程的紧后施工过程的流水节拍。

例如，图 3-9 一般成倍节拍流水施工，由图 3-9 看出，$t_A < t_B$，$K_{A-B} = t_A = 1$ 天。还可知，$t_A < t_C$，如果按公式（3-7）确定流水步距，则在第②施工段上就会出现施工过程 B 与施工过程 C 同在一个施工段上作业的现象。后续的施工段同样会出现施工顺序混乱的现象。为防止这种现象的产生，施工过程 C 从第②段开始，施工段推迟 1 天开工，如图 3-10 所示，施工过程 C 不能连续作业，这是不允许的。为了施工过程的连续作业，必须从第①施工段开始推迟各施工段开工 1 天，各段推迟时间共计 1 天×5 = 5 天。这个时间应视为流水步距 K_{B-C} 的组成部分，再加上正常 $K_{B-C} = 3$ 天，则 $K_{B-C} = 8$ 天，即按公式（3-8）计算。

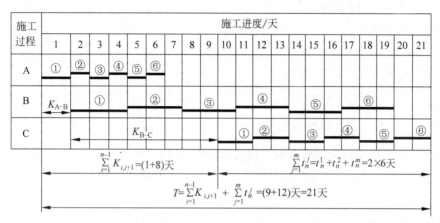

图 3-9　一般成倍节拍流水施工

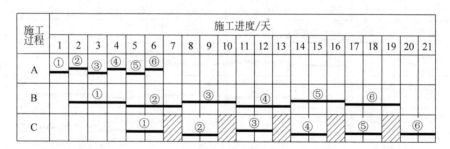

图 3-10　分析图 3-9 的 $K_{B-C} = 8$ 天的计算过程

由图 3-9 可知，一般成倍节拍流水工期

$$T = \sum_{i=1}^{n-1} K_{i,i+1} + \sum_{j=1}^{m} t_m^j + \sum Z = [(1+8) + 2 \times 6 + 0] \text{天} = 21 \text{天}$$

2）加快成倍节拍流水施工

有一种情况，各专业队的流水节拍都是某个常数的倍数，可以仿照固定节拍流水的方式组织施工，产生与固定节拍流水施工同样的效果。这种组织方式可称为加快成倍节拍流水。

加快成倍节拍流水施工有如下特点：

（1）同一施工过程在其各个施工段上的流水节拍均相等；不同施工过程的流水节拍不等，但其值均为某一整数常数的倍数。

（2）相邻施工过程的流水步距相等，且等于流水节拍的最大公约数（K）。

(3) 专业工作队数大于施工过程数,即有的施工过程只成立一个专业工作队,而对于流水节拍大的施工过程,可按其倍数增加相应专业工作队数目。

(4) 各个专业工作队在施工段上能够连续作业,施工段之间没有空闲时间。

其流水施工工期 T 可按下式计算

$$T = (n'-1)K + \sum G + \sum Z - \sum C + mK$$
$$= (m+n'-1)K + \sum G + \sum Z - \sum C \tag{3-9}$$

式中 n'——专业工作队数;

m——施工段数;

t——流水节拍;

$\sum G$——工艺间歇时间之和;

$\sum Z$——组织间歇时间之和;

$\sum C$——提前插入时间之和。

例 3.4 某工程项目由四栋大板结构楼房组成,每栋楼房为一个施工段,施工过程划分为基础工程、结构安装、室内装修和室外工程 4 项,其流水施工进度计划如图 3-11 所示,试确定加快成倍流水施工的安排并计算工期。

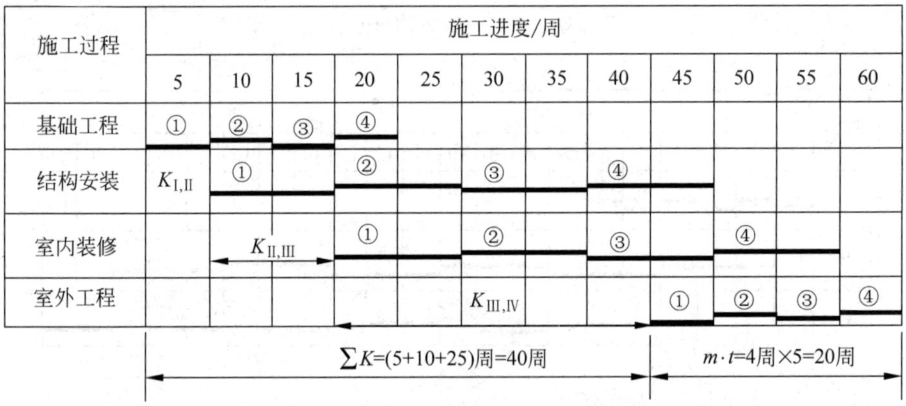

施工过程	施工进度/周											
	5	10	15	20	25	30	35	40	45	50	55	60
基础工程	①	②	③	④								
结构安装	$K_{\text{I,II}}$	①		②		③		④				
室内装修			$K_{\text{II,III}}$	①		②			③		④	
室外工程						$K_{\text{III,IV}}$			①	②	③	④

$\sum K = (5+10+25)$周=40周 $m \cdot t = 4$周×5=20周

图 3-11 流水施工进度计划

答 大板结构楼房流水施工进度计划如下:

如果按 4 个施工过程成立 4 个专业工作队组织流水施工,其总工期为

$$T = [(5+10+25)+4\times 5]\text{周} = 60\text{周}$$

计算方法见无节奏流水施工的计算方法。

为加快施工进度,增加专业工作队,组织加快成倍节拍流水施工。

① 计算流水步距。流水步距等于流水节拍的最大公约数,即

$$K = \min\{5\text{周},10\text{周},10\text{周},5\text{周}\} = 5\text{周}$$

② 确定专业工作队数目。每个施工过程成立的专业工作队数可按如下公式计算

$$b_j = \frac{t_j}{K}$$

式中　b_j——第 j 个施工过程的专业工作队数；

　　　t_j——第 j 个施工过程的流水节拍；

　　　K——流水步距。

在例 3.4 中，各施工过程的专业工作队数目分别为

Ⅰ——基础工程：$b_Ⅰ=t_Ⅰ/K=5/5=1$；

Ⅱ——结构安装：$b_Ⅱ=t_Ⅱ/K=10/5=2$；

Ⅲ——室内装修：$b_Ⅲ=t_Ⅲ/K=10/5=2$；

Ⅳ——室外工程：$b_Ⅳ=t_Ⅳ/K=5/5=1$。

于是，参与该工程流水施工的专业工作队总数 n' 为

$$n'=\sum b_i=(1+2+2+1)=6$$

③ 绘制加快成倍节拍流水施工进度计划图（图 3-12）。在加快的成倍节拍流水施工进度计划图中，除表明施工过程的编号或名称外，还应表明专业工作队的编号。在表明各施工段的编号时，一定要注意有多个专业工作队的施工过程。各专业工作队连续作业的施工段编号不应该是连续的，否则，无法组织合理的流水施工。

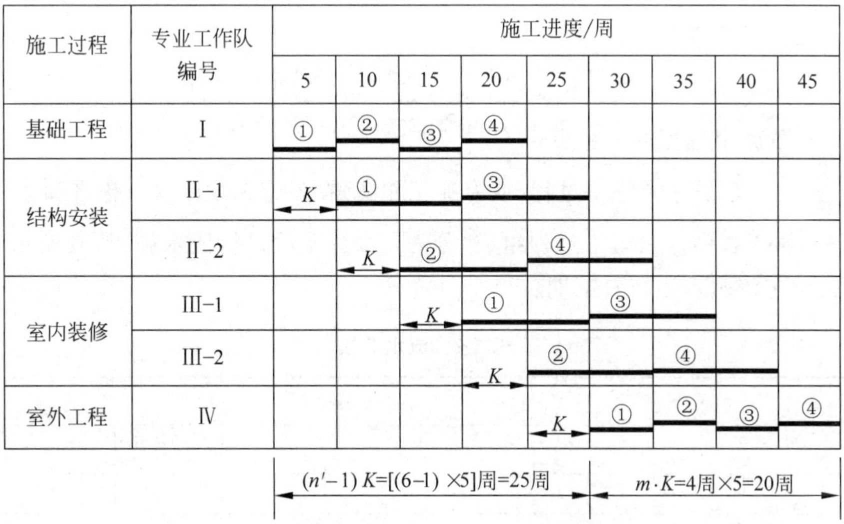

施工过程	专业工作队编号	施工进度/周								
		5	10	15	20	25	30	35	40	45
基础工程	Ⅰ	①	②	③	④					
结构安装	Ⅱ-1	K	①		③					
	Ⅱ-2		K	②		④				
室内装修	Ⅲ-1			K	①		③			
	Ⅲ-2				K	②		④		
室外工程	Ⅳ					K	①	②	③	④

$(n'-1)K=[(6-1)\times 5]$ 周 $=25$ 周　　$m\cdot K=4$ 周 $\times 5=20$ 周

图 3-12　大板结构楼房加快成倍节拍流水施工计划

④ 确定流水施工工期。本计划中没有组织间歇、工艺间歇及提前插入，故流水施工工期为：$T=(m+n'-1)\times K=[(4+6-1)\times 5]$ 周 $=45$ 周，与无节奏流水施工进度计划比较，该工程组织成倍节拍流水施工可使总工期缩短 15 周。

右侧二维码"案例题 2"为扩展练习资料。

案例题 2

3.3.3　无节奏流水施工的组织方法

在组织流水施工时，经常由于工程结构形式、施工条件不同等，各施工过程在各施工段上的工程量有较大差异；或专业工作队的生产效率相差较大，导致各施工过程的流水节拍随施工段的不同而不同，并且不同施工过程之间的流水节拍又有很大差异。这时，流水节拍

虽无任何规律,但仍可利用流水施工原理组织流水施工,使各专业工作队在满足连续施工的条件下,实现最大搭接。这种无节奏流水施工方式是建设工程流水施工的普遍方式。

无节奏流水施工具有以下特点:

(1) 各施工过程在各施工段的流水节拍不全相等。

(2) 相邻施工过程的流水步距不尽相等。

(3) 专业工作队数等于施工过程数。

(4) 各专业工作队能够在施工段上连续作业,但有的施工段之间可能有空闲时间。

在无节奏流水施工中,通常采用累加数列错位相减取大差法计算流水步距。由于这种方法是由潘特考夫斯基(译音)首先提出的,故又称为潘特考夫斯基法。这种方法简捷、准确,便于掌握。

累加数列错位相减取大差法的基本步骤如下:

(1) 对每一个施工过程在各施工段上的流水节拍依次累加,求得各施工过程流水节拍的累加数列。

(2) 将相邻施工过程流水节拍累加数列中的后者错后一位,相减后求得一个差数列。

(3) 在差数列中取最大值,即为这两个相邻施工过程的流水步距。

故其工期计算公式如下

$$T = \sum K + \sum t_n + \sum Z + \sum G - \sum C \tag{3-10}$$

式中 K——各施工过程流水步距;

$\sum t_n$——最后一个施工过程(或专业工作队)在各施工段流水节拍之和。

例 3.5 某工程由 3 个施工过程组成,分为 4 个施工段进行流水施工,其流水节拍(天)见表 3-2,试确定流水步距与其工期。

表 3-2 流水节拍　　　　　　　　　　　　　　天

施工过程	施工段			
	①	②	③	④
Ⅰ	2	3	2	1
Ⅱ	3	2	4	2
Ⅲ	3	4	2	2

答 (1) 求各施工过程流水节拍的累加数列。

施工过程Ⅰ:2,5,7,8;

施工过程Ⅱ:3,5,9,11;

施工过程Ⅲ:3,7,9,11。

(2) 错位相减求得差数列。

```
Ⅰ与Ⅱ:  2, 5, 7,  8
      -)   3, 5,  9, 11
         ─────────────────
         2, 2, 2, -1, -11
```

Ⅱ与Ⅲ： 3, 5, 9, 11
—)   3, 7, 9, 11
─────────────────
          3, 2, 2, 2, −11

(3) 在差数列中取最大值求得流水步距。

施工过程Ⅰ与Ⅱ之间的流水步距：$K_{Ⅰ,Ⅱ} = \max\{2,2,2,-1,-11\}$ 天 = 2 天。

施工过程Ⅱ与Ⅲ之间的流水步距：$K_{Ⅱ,Ⅲ} = \max\{3,2,2,2,-11\}$ 天 = 3 天。

(4) 其工期 $T = \sum K + \sum t_n + \sum Z + \sum G - \sum C = [2+3+(3+4+2+2)]$ 天 = 16 天。

例 3.6 某屋面工程有三道工序：保温层、找平层、卷材层，分三段进行流水施工，试分别绘制该工程时间连续和空间连续的横道图进度计划。各工序在各施工段上的作业持续时间如表 3-3 所示。

表 3-3 各工序作业持续时间   天

施工过程	第一段	第二段	第三段
保温层	3	3	2
找平层	2	2	1
卷材层	1	1	1

答 按时间连续组织流水施工。

1) 确定流水步距

(1) 根据专业工作队在各施工段上的流水节拍，求累加数列。

施工过程（保温层）：3,6,8；

施工过程（找平层）：2,4,5；

施工过程（卷材层）：1,2,3。

(2) 这是无节奏流水施工，按照"错位相减，取差的最大值"的方法计算相邻施工过程之间的流水步距。

          3,6,8
—)   2,4,5
─────────────
         3,4,4,−5

$$K_{(保温层-找平层)} = \max\{3,4,4,-5\} \text{ 天} = 4 \text{ 天}$$

同理可求出找平层与卷材层之间的流水步距，$K_{(找平层-卷材层)} = 3$ 天。

2) 绘制时间连续横道图进度计划

如图 3-13 所示。

                                                  天

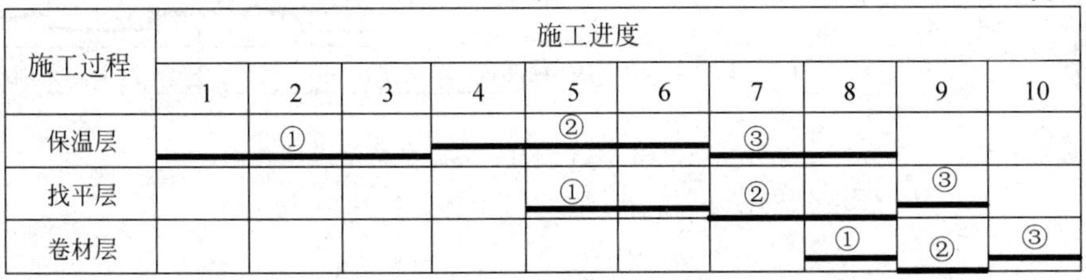

施工过程	施工进度									
	1	2	3	4	5	6	7	8	9	10
保温层	①				②			③		
找平层					①		②		③	
卷材层								①	②	③

图 3-13 无节奏流水之时间连续流水施工进度计划

例 3.7　某工厂需要修建 4 台设备的基础工程,施工过程包括基础开挖、基础处理和浇筑混凝土。因设备型号与基础条件不同,4 台设备(施工段)的各施工过程有着不同的流水节拍(单位:周),如表 3-4 所示。

表 3-4　基础工程流水节拍　　　　　　　　　　　周

施工过程	施 工 段			
	设备 A	设备 B	设备 C	设备 D
基础开挖 I	2	3	2	2
基础处理 II	4	4	2	3
浇筑混凝土 III	2	3	2	3

答　从流水节拍的特点可以看出,本工程应按无节奏流水施工方式组织施工。

(1) 确定施工流向为:设备 A→设备 B→设备 C→设备 D,施工段数 $m=4$。

(2) 确定施工过程数 $n=3$,包括基础开挖、基础处理和浇筑混凝土。

(3) 采用"累加数列错位相减,取大差法"求流水步距。

$$\begin{array}{r} 2,\ 5,\ 7,\ 9 \\ -)\quad 4,\ 8,\ 10,\ 13 \\ \hline 2,\ 1,-1,-1,-13 \end{array}$$

$K_{\text{I},\text{II}} = \max\{2,1,-1,-1,-13\}\text{周} = 2\text{周}$

$$\begin{array}{r} 4,\ 8,\ 10,\ 13 \\ -)\quad 2,\ 5,\ 7,\ 10 \\ \hline 4,\ 6,\ 5,\ 6,-10 \end{array}$$

$K_{\text{II},\text{III}} = \max\{4,6,5,6,-10\}\text{周} = 6\text{周}$

(4) 计算流水施工工期:

$$T = [(2+6)+(2+3+2+3)]\text{周} = 18\text{周}$$

(5) 绘制无节奏流水施工进度计划,如图 3-14 所示。

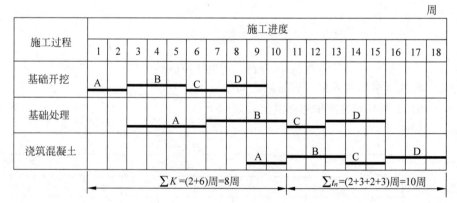

图 3-14　无节奏流水施工进度计划

第 3 章习题

第4章 网络计划技术

4.1 概述

4.1.1 网络计划技术的起源

网络计划技术是20世纪50年代后期发展起来的一种科学计划管理方法，是工程项目管理的重要工具。应用网络计划技术，可以科学安排项目进程，编制项目计划，配置项目资源，对项目进度和资源进行优化，并据以实施项目的控制。

网络计划方法首先应用于美国军事工程项目的工期计划和控制，取得了很大成功。最重要的应用是美国1957年的北极星导弹研制和后来的登月计划。我国从20世纪60年代初期在华罗庚教授的倡导下，对网络计划方法进行了系统的研究。华罗庚教授把这种方法称为统筹法，并在工程实践中进行推广和运用。为了规范工程网络计划的应用，我国在1991年颁发了《工程网络计划技术》(JGJ/T 1001—1991)，1999年重新修正制定了《工程网络计划技术规程》(JGJ/T 121—1999)。随着计算机技术的发展，网络计划技术大部分的功能可以在计算机上实现，工程网络计划技术有了更广阔的发展前景。工程网络计划技术不仅是一种科学的计划方法，同时也是一种科学的动态控制方法。

4.1.2 网络图与网络计划

1. 网络图

网络图是由箭线和节点组成，用来表示工作流程的有向、有序网状图形。一个网络图表示一项计划任务。

2. 网络计划

网络计划是用网络图表达任务构成、工作顺序并加注工作时间参数的进度计划。

网络计划方法可以明确表达各项工作之间的逻辑关系,通过网络计划时间参数的计算,可以判断出关键线路和关键工作,可以明确各项工作的机动时间,并可以利用计算机进行计算、优化和调整。

3. 网络计划技术的特点

在过去的很长时间里,工程技术界中的生产组织与管理,特别是在施工的进度安排方面,一直采用"横道图"的计划方法。其特点是分别列出每项工作之后,画出一条横道线,以表明进度的起止时间。

横道图是以横向线条结合时间坐标表示各工作施工的起终点与先后顺序,整个计划由一系列的横道图组成。横道图也被称作甘特图,其比较容易编制,简单、明了、直观、易懂。并且横道图结合了时间坐标,各项工作的时间参数都一目了然。流水施工情况也表示的很清楚。但其也存在只能表现静态状况,不能反映出各项工作之间的生产和协作关系。而且横道图反映不出哪些工作是主要的,哪些生产联系是关键性的,当然无法反映出工程建设过程的关键所在。这就不利于管理者灵活机动的安排时间,抓住重点,进行最合理的组织安排和指挥生产,不知道如何去缩短工期、降低成本及安排劳动力。这就造成某个项目由于某种原因完成的时间工期提前或拖后,将对别的项目发生多大的影响,这些从横道图上很难看清,不利于全面指挥生产。

网络计划则以加注作业时间的箭线和节点组成的网状图形式来表示工程进度的计划。下面来介绍网络计划中的相关概念。

1) 工作

网络图中的工作是计划任务按需要粗细程度划分而成的、消耗时间或同时也消耗资源的一个子项目或子任务。这里的工作可以是单位工程、分部工程、分项工程,一个施工过程也可以作为一项工作。一般情况下,完成一项工作即消耗时间,也要消耗资源。但也有的工作只耗时而不耗资源,如油漆后的干燥过程、混凝土浇筑后的养护过程。

根据工作在网络中表示方法的不同,网络图分为双代号和单代号两种。双代号网络图中是以一条箭线和其两端节点表示一项工作;单代号网络图中是以一个节点表示一项工作,箭线表示工作之间的逻辑关系。

双代号网络图的节点一般只用圆圈表示,单代号网络图中的节点可用圆圈或者矩形框表示,如图 4-1、图 4-2 所示。

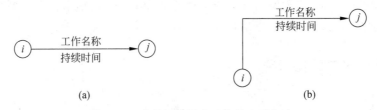

图 4-1 双代号网络图中工作的表示方法

单代号节点所表示的工作代号(节点编号)、工作名称、持续时间应标注在节点内。

2) 虚工作

虚工作多用于双代号网络计划中,是指只表示前后相邻工作之间的逻辑关系,既不占用

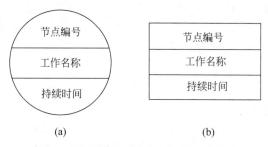

图 4-2 单代号网络图中工作的表示方法

时间,也不耗用资源的虚拟工作。虚工作用虚箭线表示,主要用来使相邻两项工作之间的逻辑关系得到正确表达。

单代号网络图中也存在虚工作,但只能出现在网络的起点节点与终点节点。这是为了便于计算,避免网络图有多个起终点而设置的虚拟起终点。

4. 逻辑关系

(1) 逻辑关系。逻辑关系是指活动之间开始投入工作或完成工作的先后顺序关系,其常由活动的工艺关系和组织关系所决定。

(2) 工艺关系。生产性工作之间由工艺过程决定的、非生产性工作之间由工作程序决定的先后顺序关系称为工艺关系。如图 4-3 所示,支模 1→扎筋 1→混凝土 1 为工艺关系。

(3) 组织关系。工作之间由于组织安排需要或资源(劳动力、原材料、施工机具等)调配需要而规定的先后顺序关系称为组织关系。如图 4-3 所示,支模 1→支模 2、扎筋 1→扎筋 2 等为组织关系。

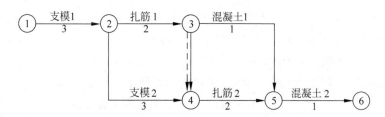

图 4-3 某混凝土工程双代号网络计划

5. 紧前工作、紧后工作和平行工作

(1) 紧前工作。在网络图中,相对于某工作而言,紧排在该工作之前的工作称为该工作的紧前工作。在双代号网络图中,工作与其紧前工作之间可能有虚工作存在。如图 4-3 所示,支模 1 是支模 2 在组织关系上的紧前工作;扎筋 1 和扎筋 2 之间虽然存在虚工作,但扎筋 1 仍然是扎筋 2 在组织关系上的紧前工作。支模 1 则是扎筋 1 在工艺关系上的紧前工作。

(2) 紧后工作。在网络图中,相对于某工作而言,紧排在该工作之后的工作称为该工作的紧后工作。在双代号网络图中,工作与其紧后工作之间也可能有虚工作存在。如图 4-3 所示,扎筋 2 是扎筋 1 在组织关系上的紧后工作,混凝土 1 是扎筋 1 在工艺关系上的紧后工作。

(3) 平行工作。在网络图中,相对于某工作而言,可以与该工作同时进行的工作,即该工作的平行工作。如图4-3所示,扎筋1和支模2互为平行工作。

紧前工作、紧后工作及平行工作是工作之间逻辑关系的具体表现,只要能根据工作之间的工艺关系和组织关系明确其紧前或紧后关系,即可据此绘出网络图。因此,工作之间逻辑关系是正确绘制网络图的前提条件。

6. 先行工作和后续工作

(1) 先行工作。相对于某工作而言,从网络图的第一个节点(起点节点)开始,顺箭头方向经过一系列箭线与节点到达该工作为止的各条通路上的所有工作,都称为该工作的先行工作。如图4-3所示,支模1、扎筋1、混凝土1、支模2、扎筋2均为混凝土2的先行工作。

(2) 后续工作。相对于某工作而言,从该工作之后开始,顺箭头方向经过一系列箭线与节点到网络图最后一个节点(终点节点)的各条通路上的所有工作,都称为该工作的后续工作。如图4-3所示,扎筋1的后续工作有混凝土1、扎筋2和混凝土2。

在建设工程进度控制中,后续工作是一个非常重要的概念。在工程网络计划实施过程中,如发现某项工作进度出现拖延,则受影响的工作必然是该工作的后续工作。

7. 线路、关键线路和关键工作

(1) 线路。网络图中从起点节点开始,沿箭头方向顺序通过一系列箭线与节点,最后到达终点节点的通路称为线路。线路既可依次用该线路上的节点编号来表示,也可依次用该线路上的工作名称来表示。如图4-3所示,该网络图中有三条线路,这三条线路既可表示为①→②→③→⑤→⑥、①→②→③→④→⑤→⑥和①→②→④→⑤→⑥,也可表示为支模1→扎筋1→混凝土1→混凝土2、支模1→扎筋1→扎筋2→混凝土2和支模1→支模2→扎筋2→混凝土2。

(2) 关键线路和关键工作。在关键线路法(CPM)中,线路上所有工作的持续时间总和称为该线路的总持续时间。总持续时间最长的线路称为关键线路,关键线路的长度就是网络计划的总工期。如图4-3所示,线路①→②→④→⑤→⑥或支模1→支模2→扎筋2→混凝土2为关键线路。在工程网络计划中,关键线路可能不止一条,而且在工程网络计划实施过程中,关键线路还会发生转移。关键线路上的工作称为关键工作。在工程网络计划实施过程中,关键工作的实际进度提前或拖后,均会对总工期产生影响。因此,关键工作的实际进度是建设工程进度控制的工作重点。

8. 网络计划的优缺点

1) 网络图的优点

(1) 在施工过程中的各有关工作组成了一个有机的整体,能全面而明确地反映各项工作之间的互相依赖、互相制约关系。

(2) 通过时间参数的计算,网络图可以反映出整个工程的全貌,指出对全局性有影响的关键工作和关键线路,便于我们在施工中集中力量抓住主要矛盾,确保竣工工期,避免盲目施工。

(3) 显示了机动时间,能够知道缩短工期的路径,更好地使用人力和设备。在计划执行的过程中,当某一项工作因故提前或拖后时,能从网络计划中预见它对后续工作及总工期的影响程度,便于采取措施。

(4) 能够利用计算机绘图、计算和跟踪管理。施工现场情况是多变的,只有使用计算机才能适应不断变化的局面。

(5) 便于优化和调整,加强管理,取得好、快、省的全面效果。使用网络计划可以很好地使进度与经济效益充分地结合起来。

2) 网络图的缺点

流水施工的情况很难在网络计划上全面地反映出来,这样就不如横道图那样直观了。

9. 网络计划的类型

1) 确定型和非确定型网络计划

如果网络计划中各项工作及其持续时间和各工作之间的相互关系都是确定的,就是确定型网络,否则属于非确定型网络。

非确定型网络计划主要有计划评审技术(PERT)、图示评审技术(GERT)、风险评审技术(VERT)等几种类型。在一般情况下,建设工程进度控制主要应用确定型网络计划,例如CPM法。

(1) 计划评审技术特点是:网络计划中的工作及工作的逻辑关系确定,但工作的持续时间不确定。

(2) 图示评审技术特点是:应用于工作确定,但工作的逻辑关系和持续时间不确定的情况。

(3) 风险评审技术特点是:各工作之间的逻辑关系及持续时间均不确定的网络计划。

2) 单代号和双代号网络计划

(1) 单代号网络计划又称节点式网络计划,它是以节点及其编号表示工作,箭线表示工作之间的逻辑关系。

(2) 双代号网络计划又称箭线式网络计划,它是以箭线及其两端节点的编号表示工作,同时节点表示工作的开始或结束,以及工作之间的连接状态。

3) 单目标和多目标网络计划

(1) 单目标网络计划是只有一个最终目标的网络计划。在这种网络图中,只有一个终点节点。

(2) 多目标网络计划是具有多个独立最终目标的网络计划。在这种网络图中,有两个或两个以上的终点节点。对于每个终点节点,都有与其相对应的关键线路。在每个工作上除了注明持续时间外,还要注明工作的目标属性。

4) 时标和非时标网络计划

(1) 时标网络计划是以时间坐标为尺度表示工作进度安排的网络计划。在这种网络计划中,每项工作箭线的水平投影长度与其持续时间成正比,因此其主要特点是计划时间直观明了。时标网络只适用于双代号网络计划,并多用于资源优化。

(2) 非时标网络计划不附有时间坐标,工作箭线长度与持续时间无关。

5) 普通网络和搭接网络计划

(1) 普通网络计划是按紧前工作结束后,本工作才能开始的方式编制的网络计划,它表示工作之间是首尾衔接的关系。

(2) 搭接网络计划是按照各种搭接关系和搭接时距编制的网络计划,它表示工作之间是各种搭接关系。常用的搭接网络计划是单代号搭接网络计划。

6) 群体、单项工程、局部工程网络计划

群体网络计划是以一个工程项目或项目群为对象编制的网络计划,它往往是多目标网络计划,如新建工业项目、住宅小区、分期分批完成的生产车间或生产系统等。单项工程网络计划是以一个建筑物或构筑物为对象编制的网络计划。局部工程网络计划是以一个单位工程或分部、分项工程为对象而编制的网络计划。

4.2 网络图的绘制

4.2.1 双代号网络图的绘制

1. 双代号网络图

双代号网络图是以箭线及其两端节点的编号表示工作的网络图。

1) 双代号网络图的节点

节点是网络图中箭线之间的连接点。在双代号网络图中,节点既不占用时间、也不消耗资源,是个瞬时值,即节点只表示工作的开始或结束的瞬间,起着承上启下的衔接作用。网络图中有以下三种类型的节点。

(1) 起点节点。网络图中的第一个节点叫"起点节点",它只有外向箭线,一般表示一项任务或一个项目的开始。

(2) 终点节点。网络图中的最后一个节点叫"终点节点",它只有内向箭线,一般表示一项任务或一个项目的完成。

(3) 中间节点。网络图中既有内向箭线,又有外向箭线的节点称为中间节点。

2) 双代号网络图的箭线

在双代号网络图中,每一条箭线表示一项工作。箭线的箭尾节点表示该工作的开始。箭头节点表示该工作的结束。工作的名称标注在箭线的上方,完成该项工作所需要的持续时间标注在箭线的下方,如图4-4所示。在无时间坐标限制的网络图中,箭线的长度原则上可以任意画,其占用的时间以下方标注的时间参数为准。箭线可以是直线、折线或斜线。由于一项工作需要用一条箭线及其箭尾和箭头处两个圆圈中的代号来表示,故称为双代号网络图。

图 4-4 双代号工作示意

在双代号网络图中,任意一条实箭线都要占用时间、消耗资源。而虚箭线既不占用时间,也不消耗资源,一般起着工作之间的联系、区分和断路三个作用。

2. 绘图规则

在绘制双代号网络图时,一般应遵循以下基本规则:

(1) 网络图必须按照已定的逻辑关系绘制。由于网络图是有向、有序网状图形,所以其必须严格按照工作之间的逻辑关系绘制,这同时也是为保证工程质量和资源优化配置及合理使用所必需的。在非时标网络图中,箭线长度不直接反映该工作所占用时间长短。箭线宜画成水平直线,也可画成折线或斜线。水平直线投影的方向应自左向右,表示工作的前进方向。

(2) 网络图中严禁出现从一个节点出发,顺箭头方向又回到原出发点的循环回路。如果出现循环回路,会造成逻辑关系的混乱,使工作无法按顺序进行。如图 4-5 所示,图中②—③—④就是一条循环回路,所以此网络图是错误的。

在网络图的绘制过程中,网络图中的箭线(包括虚箭线,以下同)应保持自左向右的方向,不应出现箭头指向左方的水平箭线和箭头偏向左方的斜向箭线。这样就不会出现循环回路了。

(3) 网络图中严禁出现双向箭头和无箭头的连线。如图 4-6 所示,其工作方向不明确,不能达到网络图有向的要求,因此是错误的。

图 4-5　循环回路示意　　　　　图 4-6　双向箭头和无箭头示意

(4) 网络图中严禁出现没有箭尾节点的箭线和没有箭头节点的箭线,如图 4-7 所示。

(5) 严禁在箭线上引入或引出箭线,如图 4-8 所示。但当网络图的终点节点有多条箭线引入(内向箭线)时或起点节点有多条箭线引出(外向箭线)时,为使图形简洁,可用母线法绘图,如图 4-9 所示。

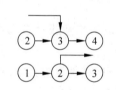　　　　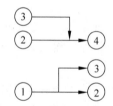

图 4-7　没有箭尾和箭头　　　图 4-8　多条箭线引入和
　　　　节点的箭线　　　　　　　　　　引出的示意

(6) 应尽量避免网络图中工作箭线的交叉。当交叉不可避免时,可以采用过桥法或指向法处理,如图 4-10 所示。

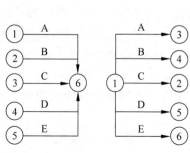　　　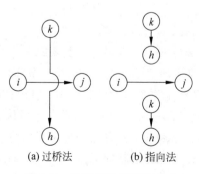

图 4-9　母线表示方法　　　　图 4-10　箭线交叉的表示方式

(7) 网络图中应只有一个起点节点和一个终点节点(任务中部分工作需要分期完成的网络计划除外)。除网络图的起点节点和终点节点外,不允许出现没有外向箭线的节点和没有内向箭线的节点,如图 4-11 所示。

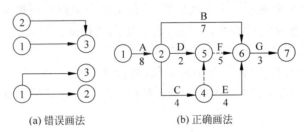

图 4-11 一个起点节点和一个终点节点的情况

此外,绘制网络图时一般还需考虑尽量使图面简洁易懂,布置匀称美观。虚工作的使用原则是在满足逻辑关系的前提下,尽可能少用。一个正确的网络图一般不应该存在多余的虚工作。

3. 绘图方法

当已知每一项工作的紧前工作时,可按下述步骤绘制双代号网络图:

(1) 绘制没有紧前工作的工作箭线,使它们具有相同的开始节点,以保证网络图只有一个起点节点。

(2) 依次绘制其他工作箭线。这些工作箭线的绘制条件是其所有紧前工作箭线都已经绘制出来。

在绘制这些工作箭线时,应按下列原则进行:

(1) 当所要绘制的工作只有一项紧前工作时,则将该工作箭线直接画在其紧前工作线之后即可。

(2) 当所要绘制的工作有多项紧前工作时,应按以下四种情况分别予以考虑。

① 对于所要绘制的工作(本工作)而言,如果在其紧前工作之中存在一项只作为本工作紧前工作的工作(即在紧前工作栏目中,该紧前工作只出现一次),则应将本工作箭线直接画在该紧前工作箭线之后,然后用虚箭线将其他紧前工作箭线的箭头节点与本工作箭线的箭尾节点分别相连,以表达它们之间的逻辑关系。

② 对于所要绘制的工作(本工作)而言,如果在其紧前工作之中存在多项只作为本工作紧前工作的工作,应先将这些紧前工作箭线的箭头节点合并,再从合并后的节点开始,画出本工作箭线,最后用虚箭线将其他紧前工作箭线的箭头节点与本工作箭线的箭尾节点分别相连,以表达它们之间的逻辑关系。

③ 对于所要绘制的工作(本工作)而言,如果不存在情况①和情况②时,应判断本工作的所有紧前工作是否都同时作为其他工作的紧前工作(即在紧前工作栏中,这几项紧前工作是否均同时出现若干次)。如果上述条件成立,应先将这些紧前工作箭线的箭头节点合并后,再从合并后的节点开始画出本工作箭线。

④ 对于所要绘制的工作(本工作)而言,如果既不存在情况①和情况②,也不存在情况③时,则应将本工作箭线单独画在其紧前工作箭线之后的中部,然后用虚箭线将其各紧前工作箭线的箭头节点与本工作箭线的箭尾节点分别相连,以表达它们之间的逻辑关系。

（3）当各项工作箭线都绘制出来之后，应合并那些没有紧后工作之工作箭线的箭头节点，以保证网络图只有一个终点节点（多目标网络计划除外）。

（4）当确认所绘制的网络图正确后，即可进行节点编号。网络图的节点编号在满足前述要求的前提下，既可采用连续的编号方法，也可采用不连续的编号方法，如 1,3,5 或 5,10,15 等，以避免以后增加工作时而改动整个网络图的节点编号。

以上所述是已知每一项工作的紧前工作时的绘图方法，当已知每一项工作的紧后工作时，也可按类似的方法进行网络图的绘制，只是绘图顺序由前述的从左向右改为从右向左。

具体绘图方法可以参考例题。

4. 常见的逻辑关系及表示方法

（1）A、B、C 无紧前工作，即 A、B、C 均为计划的第一项工作，且平行进行。如图 4-12 所示。

（2）A 完成后，B、C、D 才能开始，且应平行进行，如图 4-13 所示。

（3）A、B、C 均完成后，D 才能开始，如图 4-14 所示。

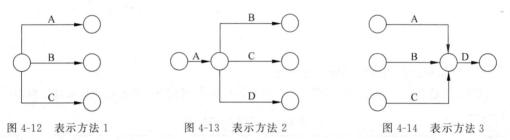

图 4-12　表示方法 1　　　　图 4-13　表示方法 2　　　　图 4-14　表示方法 3

（4）A、B 均完成后，C、D 才能开始，如图 4-15 所示。

（5）A 完成后，D 才能开始；A、B 均完成后，E 才能开始；A、B、C 均完成后，F 才能开始，如图 4-16 所示。

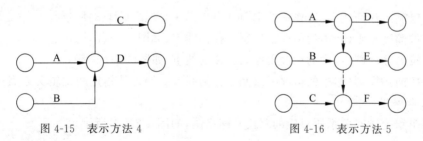

图 4-15　表示方法 4　　　　图 4-16　表示方法 5

（6）A、D 同时开始，B 是 A 的紧后工作，C 是 B、D 的紧后工作，如图 4-17 所示。

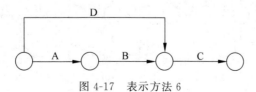

图 4-17　表示方法 6

(7) A、B完成后,D才能开始;A、B、C均完成后,E才能开始;D、E完成后,F才能开始,如图4-18所示。

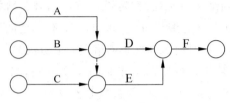

图4-18 表示方法7

(8) A结束后,B、C、D才能开始,B、C、D结束后,E才能开始,如图4-19所示。

(9) A、B完成后,D才能开始;B、C完成后,E才能开始,如图4-20所示。

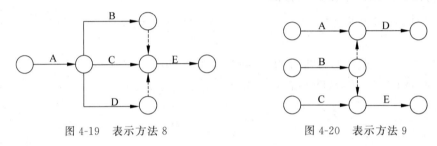

图4-19 表示方法8　　　　　图4-20 表示方法9

为了加深对以上内容的理解现举例说明。

例4.1 已知各工作之间的逻辑关系如表4-1所示,则可按下述步骤绘制其双代号网络图。

表4-1 工作逻辑关系

工作	A	B	C	D	E	G
紧前工作	—	—	—	A、B	A、B、C	D、E

答

(1) 绘制工作箭线A、工作箭线B和工作箭线C,如图4-21(a)所示。

(2) 按前述原则(2)中的情况③绘制工作箭线D,如图4-21(b)所示。

(3) 按前述原则(2)中的情况①绘制工作箭线E,如图4-21(c)所示。

(4) 按前述原则(2)中的情况②绘制工作箭线G。当确认给定的逻辑关系表达正确后,再进行节点编号。

表4-1给定逻辑关系所对应的双代号网络图,如图4-21(d)所示。

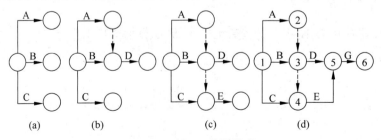

图4-21 例4.1绘图说明

4.2.2 单代号网络图的绘制

1. 单代号网络图

单代号网络图是以节点及其编号表示工作,以箭线表示工作之间逻辑关系的网络图。在单代号网络图中加注工作的持续时间,便形成单代号网络计划,如图 4-22 所示。

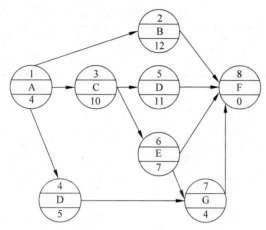

图 4-22 某单代号网络图

1) 单代号网络图的特点

单代号网络图与双代号网络图相比,具有以下特点:

(1) 工作之间的逻辑关系容易表达,且不用虚箭线,故绘图较简单。
(2) 便于网络图的检查与修改。
(3) 由于工作的持续时间表示在节点之中,没有长度,故不够形象直观。
(4) 表示工作之间逻辑关系的箭线可能产生较多的纵横交叉现象。

2) 单代号网络图的节点

单代号网络图中的每一个节点表示一项工作,节点宜用圆圈或矩形表示。节点所表示的工作代号(节点编号)、工作名称和持续时间应标注在节点内。单代号网络图中的节点必须编号。编号标注在节点内,其号码可以间断,但严禁重复,箭线的箭尾节点编号应小于箭头节点的编号。一项工作必须有唯一的一个节点及相应的一个编号。

3) 单代号网络图的箭线

单代号网络图中的箭线表示紧邻工作之间的逻辑关系,既不占用时间,也不消耗资源。箭线应画成水平直线、折线或斜线。箭线水平投影的方向应自左向右,表示工作的行进方向。

4) 线路

单代号网络图中,各条线路上的节点编号从小到大依次表述。

2. 绘图规则

(1) 单代号网络图必须正确表达已定的逻辑关系。
(2) 单代号网络图中,严禁出现循环回路。
(3) 单代号网络图中,严禁出现双向箭头或无箭头的连线。

(4) 单代号网络图中,严禁出现没有箭尾节点的箭线和没有箭头节点的箭线。

(5) 绘制网络图时,箭线不宜交叉,当交叉不可避免时,可采用过桥法或指向法绘制。

(6) 单代号网络图只应有一个起点节点和一个终点节点;当网络图中有多项起点节点或多项终点节点时,应在网络图的两端分别设置一项虚工作,作为该网络图的起点节点和终点节点。

为了加深对以上内容的理解现举例说明。

例 4.2 已知各工作之间的逻辑关系如表 4-2 所示,绘制单代号网络图的过程如图 4-23 所示。

表 4-2 工作逻辑关系

工作	A	B	C	D	E	G	H	I
紧前工作	—	—	—	—	A、B	B、C、D	C、D	E、G、H

答

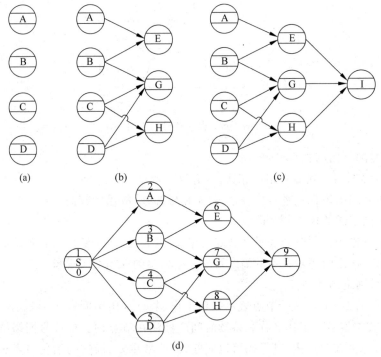

图 4-23 单代号网络图的绘制过程

4.3 网络计划时间参数的计算

4.3.1 网络计划时间参数概念

网络计划的时间参数是指网络计划、工作及节点所具有的各种时间值。

1. 工作持续时间和工期

1) 工作持续时间

工作持续时间是指一项工作从开始到完成的时间。在双代号网络计划中,工作 $i-j$ 的

持续时间用 D_{i-j} 表示；在单代号网络计划中，工作 i 的持续时间用 D_i 表示。

网络计划时间参数的计算应在各项工作的持续时间确定之后进行。工作持续时间的确定有如下两种方法，其中重点介绍定额计算法，三时估算法已在第 3 章 3.2.3 节中有介绍。

定额计算法。如果已有定额标准，且影响工作持续时间变动的因素比较少且可以量化，则可按公式(4-1)计算工作的持续时间

$$D = \frac{Q}{S \cdot R \cdot N} = \frac{Q \cdot H}{R \cdot N} \tag{4-1}$$

式中　Q——工作的工程量(m^3，m^2，t……)；
　　　S——人工产量定额(m^3/工日，m^2/工日，t/工日……)或机械台班产量定额(m^3/台班，m^2/台班，t/台班……)；
　　　R——投入的工人数或机械台数；
　　　N——工人或机械的工作班次；
　　　H——时间定额(工日/m^3，工日/m^2，工日/t……)。

2) 工期

工期泛指完成一项任务所需要的时间。在网络计划中，工期一般有以下三种：

(1) 计算工期。计算工期是根据网络计划时间参数计算而得到的工期，用 T_c 表示。

(2) 要求工期。要求工期是任务委托人所提出的指令性工期，用 T_r 表示。

(3) 计划工期。计划工期是指根据要求工期和计算工期所确定的作为实施目标的工期，用 T_p 表示。计划工期的确定分以下两种情况：

① 当已规定了要求工期时，计划工期不应超过要求工期，即

$$T_p \leqslant T_r \tag{4-2}$$

② 当未规定要求工期时，可令计划工期等于计算工期，即

$$T_p = T_c \tag{4-3}$$

2. 工作的六个时间参数

除工作持续时间外，网络计划中工作的六个时间参数是：最早开始时间、最早完成时间、最迟开始时间、最迟完成时间、总时差和自由时差。

1) 最早开始时间和最早完成时间

工作的最早开始时间是指在其所有紧前工作全部完成后，本工作有可能开始的最早时刻。工作的最早完成时间是指在其所有紧前工作全部完成后，本工作有可能完成的最早时刻。

工作的最早完成时间=本工作的最早开始时间+本工作的持续时间。

在双代号网络计划中，工作 $i-j$ 的最早开始时间和最早完成时间分别用 ES_{i-j} 和 EF_{i-j} 表示；在单代号网络计划中，工作 i 的最早开始时间和最早完成时间分别用 ES_i 和 EF_i 表示。

2) 最迟开始时间和最迟完成时间

工作的最迟开始时间是指在不影响整个任务按期完成的前提下，本工作必须开始的最迟时刻。工作的最迟完成时间是指在不影响整个任务按期完成的前提下，本工作必须完成的最迟时刻。

工作的最迟开始时间＝本工作的最迟完成时间－本工作持续时间。

在双代号网络计划中，工作 $i-j$ 的最迟完成时间和最迟开始时间分别用 LF_{i-j} 和 LS_{i-j} 表示；在单代号网络计划中，工作 i 的最迟完成时间和最迟开始时间分别用 LF_i 和 LS_i 表示。

3）总时差和自由时差

工作的总时差是指在不影响总工期的前提下，本工作可以利用的机动时间。在双代号网络计划中，工作 $i-j$ 的总时差用 TF_{i-j} 表示；在单代号网络计划中，工作 i 的总时差用 TF_i 表示。

工作的自由时差是指在不影响其紧后工作最早开始时间的前提下，本工作可以利用的机动时间。在双代号网络计划中，工作 $i-j$ 的自由时差用 FF_{i-j} 表示；在单代号网络计划中，工作 i 的自由时差用 FF_i 表示。在网络计划执行过程中，如果某项工作实际进度拖延时间超过其自由时差，则该工作必定会使其紧后工作的最早开始时间推迟。

从总时差和自由时差的定义可知，对于同一项工作而言，自由时差不会超过总时差，即 $FF_i \leqslant TF_i$，当工作的总时差为零时，其自由时差必然为零。

在网络计划的执行过程中，工作的自由时差是该工作可以自由使用的时间。但是，如果利用某项工作的总时差，则有可能使该工作后续工作的总时差减小。

3. 节点最早时间和最迟时间

1）节点最早时间

节点最早时间是指在双代号网络计划中，以该节点为开始节点的各项工作的最早开始时间。节点 i 的最早时间用 ET_i 表示。

2）节点最迟时间

节点最迟时间是指在双代号网络计划中，以该节点为完成节点的各项工作的最迟完成时间。节点 j 的最迟时间用 LT_j 表示。

4. 相邻两项工作之间的时间间隔

相邻两项工作之间的时间间隔是指本工作的最早完成时间与其紧后工作最早开始时间之间可能存在的差值。工作 i 与工作 j 之间的时间间隔用 LAG_{i-j} 表示。

4.3.2　双代号网络计划时间参数的计算

双代号网络计划时间参数的计算通常采用按工作计算法和按节点计算法，一般在图上直接进行计算或列表计算。其中重点介绍按工作计算法。

1. 按工作计算法

按工作计算法就是以网络计划中的工作为对象，直接计算各项工作的时间参数。这些参数包括：工作的最早开始时间和最早完成时间、工作的最迟开始时间和最迟完成时间、工作的总时差和自由时差。此外，还应计算网络计划的计算工期。

为了简化计算，网络计划时间参数中的开始时间和完成时间都应以时间单位的终了时刻为标准。例如，第 3 天开始即指第 3 天终了（下班）时刻开始，实际上是第 4 天上班时刻才开始；第 5 天完成即是指第 5 天终了（下班）时刻完成。

例 4.3 以图 4-24 来说明按工作计算法计算时间参数的过程。

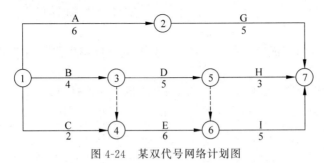

图 4-24 某双代号网络计划图

答 1) 计算工作的最早开始时间和最早完成时间

工作的最早开始时间和最早完成时间的计算应从网络计划的起始节点开始,顺着箭线方向依次进行。

(1) 以网络计划的起始节点开始的工作,当未规定其最早开始时间时,其最早开始时间为 0。工作 1—2、工作 1—3 和工作 1—4 的最早开始时间为 0,即

$$\text{ES}_{1-2} = \text{ES}_{1-3} = \text{ES}_{1-4} = 0$$

(2) 利用公式(4-4)可计算工作最早完成时间

$$\text{EF}_{i-j} = \text{ES}_{i-j} + D_{i-j} \tag{4-4}$$

工作 1—2:$\text{EF}_{1-2} = \text{ES}_{1-2} + D_{1-2} = 0 + 6 = 6$

工作 1—3:$\text{EF}_{1-3} = \text{ES}_{1-3} + D_{1-3} = 0 + 4 = 4$

工作 1—4:$\text{EF}_{1-4} = \text{ES}_{1-4} + D_{1-4} = 0 + 2 = 2$

(3) 其他工作的最早开始时间应等于其紧前工作的最早完成时间的最大值,即

$$\text{ES}_{i-j} = \max\{\text{EF}_{h-i}\} = \max\{\text{ES}_{h-i} + D_{h-i}\} \tag{4-5}$$

$\text{ES}_{2-7} = \text{EF}_{1-2} = 6, \quad \text{EF}_{2-7} = \text{ES}_{2-7} + 5 = 6 + 5 = 11$

$\text{ES}_{3-5} = \text{EF}_{1-3} = 4, \quad \text{EF}_{3-5} = 4 + 5 = 9$

$\text{ES}_{4-6} = \max\{\text{EF}_{1-3}, \text{EF}_{1-4}\} = \max\{4, 2\} = 4, \quad \text{EF}_{4-6} = 4 + 6 = 10$

同理:

$\text{ES}_{5-7} = \text{EF}_{3-5} = 9, \quad \text{EF}_{5-7} = \text{ES}_{5-7} + 3 = 9 + 3 = 12$

$\text{ES}_{6-7} = \max\{\text{EF}_{4-6}, \text{EF}_{3-5}\} = \max\{10, 9\} = 10, \quad \text{EF}_{6-7} = 10 + 5 = 15$

网络计划的计算工期应等于以网络计划终点节点为完成节点的最早完成时间的最大值,即:

$$T_c = \max\{\text{EF}_{i-n}\} = \max\{\text{ES}_{i-n} + D_{i-n}\} \tag{4-6}$$

在本例中,网络计划的计算工期为

$$T_c = \max\{\text{EF}_{2-7}, \text{EF}_{5-7}, \text{EF}_{6-7}\} = \max\{11, 12, 15\} = 15$$

2) 确定网络计划的计划工期

例 4.3 中,假设未规定要求工期,则计划工期就等于计算工期,即 $T_p = T_c = 15$。

3) 计算工作的最迟完成时间和最迟开始时间

工作最迟完成时间和最迟开始时间应从网络计划的终点节点开始,逆着箭线方向依次进行。

(1) 以网络计划终点节点为完成节点的工作,其最迟完成时间等于网络计划的计划工

期,即 $LF_{i-n} = T_p$。

在例 4.3 中,工作 2—7、工作 5—7、工作 6—7 的最迟完成时间为
$$LF_{2-7} = LF_{5-7} = LF_{6-7} = T_p = 15$$

(2) 以终点节点为完成节点的工作最迟开始时间可以利用公式(4-7)进行计算
$$LS_{i-j} = LF_{i-j} - D_{i-j} \tag{4-7}$$

在本例中,工作 2—7、工作 5—7、工作 6—7 的最迟开始时间为
$$LS_{2-7} = LF_{2-7} - D_{2-7} = 15 - 5 = 10$$
$$LS_{5-7} = LF_{5-7} - D_{5-7} = 15 - 3 = 12$$
$$LS_{6-7} = LF_{6-7} - D_{6-7} = 15 - 5 = 10$$

(3) 其他工作的最迟完成时间应等于其紧后工作最迟开始时间的最小值,即
$$LF_{i-j} = \min\{LS_{j-k}\} = \min\{LF_{j-k} - D_{j-k}\} \tag{4-8}$$

在例 4.3 中,工作 3—5 和工作 4—6 的最迟完成时间分别为
$$LF_{3-5} = \min\{LS_{5-7}, LS_{6-7}\} = \min\{12, 10\} = 10, \quad LS_{3-5} = LF_{3-5} - 5 = 10 - 5 = 5$$
$$LF_{4-6} = LS_{6-7} = 10, LS_{4-6} = 10 - 6 = 4$$
$$LF_{1-3} = \min\{LS_{3-5}, LS_{4-6}\} = \min\{5, 4\} = 4, \quad LS_{1-3} = LF_{1-3} - 4 = 4 - 4 = 0$$
$$LF_{1-4} = LS_{4-6} = 4, \quad LS_{1-3} = 4 - 2 = 2$$
$$LF_{1-2} = LS_{2-7} = 10, \quad LS_{1-2} = 10 - 6 = 4$$

4) 计算工作的总时差

工作的总时差为本工作的最迟开始时间减去最早开始时间或用本工作的最迟完成时间减去最早完成时间,即
$$TF_{i-j} = LF_{i-j} - EF_{i-j} = LS_{i-j} - ES_{i-j} \tag{4-9}$$

例如在例 4.3 中,工作 3—5 的总时差为
$$TF_{3-5} = LF_{3-5} - EF_{3-5} = 10 - 9 = 1$$
或 $TF_{3-5} = LS_{3-5} - ES_{3-5} = 5 - 4 = 1$

5) 计算工作的自由时差

工作的自由时差的计算按以下两种情况考虑:

(1) 对于有紧后工作的工作,其自由时差等于本工作之紧后工作的最早开始时间减本工作的最早完成时间所得之差的最小值,即
$$FF_{i-j} = \min\{ES_{j-k} - EF_{i-j}\} \tag{4-10}$$

例如例 4.3 中,工作 1—4 和工作 3—5 的自由时差分别为
$$FF_{1-4} = ES_{4-6} - EF_{1-4} = 4 - 2 = 2$$
$$FF_{3-5} = \min\{ES_{5-7} - EF_{3-5}, ES_{6-7} - EF_{3-5}\} = \min\{9 - 9, 10 - 9\} = 0$$

(2) 对于无紧后工作的工作,也就是以网络计划终点节点为完成节点的工作,其自由时差等于计划工期与本工作最早完成时间之差,即
$$FF_{i-n} = T_p - EF_{i-n} \tag{4-11}$$

例如例 4.3 中,工作 2—7、工作 5—7、工作 6—7 的自由时差分别为
$$FF_{2-7} = T_p - EF_{2-7} = 15 - 11 = 4$$
$$FF_{5-7} = T_p - EF_{5-7} = 15 - 12 = 3$$
$$FF_{6-7} = T_p - EF_{6-7} = 15 - 15 = 0$$

6）确定关键工作和关键线路

在网络计划中,总时差最小的工作为关键工作。特别的,当网络计划的计划工期等于计算工期时,总时差为零的工作就是关键工作。找出关键工作之后,将这些关键工作首尾相连,便构成从起点节点到终点节点的通路,位于该通路上各项工作的持续时间总和最大,这条通路就是关键线路。在关键线路上可能有虚工作存在。例 4.3 中的关键线路为 ①→③→④→⑥→⑦,关键工作是 ①→③、③→④、④→⑥、⑥→⑦。上侧二维码"案例题 3"为扩展练习资料。

图 4-25 工作时间参数标注形式

案例题 3

按工作计算法计算时间参数的结果应标注在箭线之上,如图 4-26 所示。

最后的结果呈现在图 4-26 中。

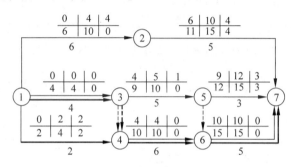

图 4-26 工作时间参数计算

2. 按节点计算法

节点计算法是直接在网络图上进行计算,一般采用如下步骤:顺箭头方向计算节点最早时间→计算工作自由时差→逆箭头方向计算节点最迟时间→计算工作总时差。其在图上的标注如图 4-27 所示。

1）计算节点的最早时间与最迟时间

首先计算节点的最早时间。计算从起始节点开始,顺着箭线方向由左向右依次逐项进行。起始节点如未规定最早开始时间时,其值应等于零,即 $ET_i = 0 (i=1)$。其他任意中间节点 j 的最早开始时间为

$$ET_j = \max\{ET_i + D_{i-j}\} \quad (4\text{-}12)$$

式中 ET_i——节点 j 的紧前节点 i 的最早开始时间;

确定网络计算工期为

$$T_c = ET_n \quad (4\text{-}13)$$

式中 ET_n——终点节点 n 的最早开始时间。

接着计算各节点最迟开始时间。结束节点的最迟开始时间等于规定工期的结束时间或最早可能开始时间,即

$$LT_n = T_p (或规定的工期) \quad (4\text{-}14)$$

其他任意中间节点 i 的最迟必须开始时间为

$$LT_i = \min\{LT_j - D_{i-j}\} \quad (4\text{-}15)$$

2) 工作时差的计算

时差是工作的机动时间范围,可分为总时差和自由时差。

(1) 总时差。总时差是在不影响计划总工期(所有后续工作最迟开始时间)的情况下,各工作所具有的机动时间。工作 $i-j$ 的总时差

$$TF_{i-j} = LT_j - ET_i - D_{i-j} \tag{4-16}$$

(2) 自由时差。自由时差是各工作在不影响后续工作最早开始时间的前提下,所具有的机动时间。工作 $i-j$ 的自由时差

$$FF_{i-j} = ET_j - ET_i - D_{i-j} \tag{4-17}$$

3) 确定关键线路和关键工作

4.3.3 单代号网络计划时间参数的计算

单代号网络计划与双代号网络计划只是表现形式不同,它们所表达的内容则完全一样。下面以图 4-28 所示单代号网络计划为例,说明其时间参数的计算过程。

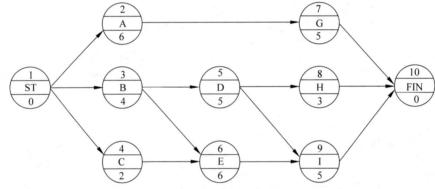

图 4-28 单代号网络计划

时间参数在图上的标注如图 4-29 所示。

1) 计算工作的最早开始时间和最早完成时间

工作最早开始时间和最早完成时间的计算应从网络计划的起点节点开始,顺着箭线方向按节点编号从小到大的顺序依次进行。其计算步骤如下:

(1) 网络计划起点节点所代表的工作,其最早开始时间未规定时取值为零。例如在本例中,起点节点 ST 所代表的工作(虚拟工作)的最早开始时间为零,即

图 4-29 单代号时间参数在图上的标注

$$ES_1 = 0$$

(2) 工作的最早完成时间应等于本工作的最早开始时间与其持续时间之和,即

$$EF_i = ES_i + D_i \tag{4-18}$$

例如,在本例中,虚拟工作 ST 和工作 A 的最早完成时间分别为

$$EF_1 = ES_1 + D_1 = 0 + 0 = 0$$

$$ES_2 = EF_1 = 0$$

$$EF_2 = ES_2 + D_2 = 0 + 6 = 6$$

(3) 其他工作的最早开始时间应等于其紧前工作最早完成时间的最大值,即

$$\text{ES}_j = \max\{\text{EF}_i\} \tag{4-19}$$

式中　ES_j——工作 j 的最早开始时间;

EF_i——工作 j 的紧前工作 i 的最早完成时间。

$\text{ES}_3 = \text{EF}_1 = 0$,　　$\text{EF}_3 = 0 + 4 = 4$

$\text{ES}_4 = \text{EF}_1 = 0$,　　$\text{EF}_4 = 0 + 2 = 2$

$\text{ES}_5 = \text{EF}_3 = 4$,　　$\text{EF}_5 = 4 + 5 = 9$

$\text{ES}_6 = \max\{\text{EF}_3, \text{EF}_4\} = \max\{4, 2\} = 4$,　　$\text{EF}_6 = 4 + 6 = 10$

$\text{ES}_7 = \text{EF}_2 = 6$,　　$\text{EF}_7 = 6 + 5 = 11$

$\text{ES}_8 = \text{EF}_5 = 9$,　　$\text{EF}_8 = 9 + 3 = 12$

$\text{ES}_9 = \max\{\text{EF}_5, \text{EF}_6\} = \max\{9, 10\} = 10$,　　$\text{EF}_9 = 10 + 5 = 15$

$\text{ES}_{10} = \max\{\text{EF}_7, \text{EF}_8, \text{EF}_9\} = \max\{11, 12, 15\} = 15$,　　$\text{EF}_{10} = 15 + 0 = 15$

(4) 网络计划的计算工期等于其终点节点所代表的工作的最早完成时间。例如,在本例中,其计算工期为 $T_c = \text{EF}_{10} = 15$。

2) 计算相邻两项工作之间的时间间隔

相邻两项工作之间的时间间隔是指其紧后工作的最早开始时间与本工作最早完成时间的差值,即

$$\text{LAG}_{i,j} = \text{ES}_j - \text{EF}_i \tag{4-20}$$

式中　$\text{LAG}_{i,j}$——工作 i 与其紧后工作 j 之间的时间间隔;

ES_j——工作 i 的紧后工作 j 的最早开始时间;

EF_i——工作 i 的最早完成时间。

例如,在本例中:

$\text{LAG}_{1,2} = \text{ES}_2 - \text{EF}_1 = 0 - 0 = 0$

$\text{LAG}_{3,6} = \text{ES}_6 - \text{EF}_3 = 4 - 4 = 0$

$\text{LAG}_{4,6} = \text{ES}_6 - \text{EF}_4 = 4 - 2 = 2$

3) 确定网络计划的计划工期

网络计划的计划工期仍按公式(4-2)或公式(4-3)确定。在本例中,假设未规定要求工期,则其计划工期就等于计算工期,即

$$T_p = T_c = 15$$

4) 计算工作的总时差

工作总时差的计算应从网络计划的终点节点开始,逆着箭线方向按节点编号从大到小的顺序依次进行。

(1) 网络计划终点节点 n 所代表的工作的总时差应等于计划工期与计算工期之差,即

$$\text{TF}_n = T_p - T_c \tag{4-21}$$

当计划工期等于计算工期时,该工作的总时差为零。例如在本例中,终点节点⑩所代表的工作 FIN(虚拟工作)的总时差为

$$\text{TF}_{10} = T_p - T_c = 15 - 15 = 0$$

(2) 其他工作的总时差应等于本工作与其各紧后工作之间的时间间隔加该紧后工作的总时差所得之和的最小值,即

$$\text{TF}_i = \min\{\text{LAG}_{i,j} + \text{TF}_j\} \tag{4-22}$$

式中　TF_i——工作 i 的总时差；

$LAG_{i,j}$——工作 i 与其紧后工作 j 之间的时间间隔；

TF_j——工作 i 的紧后工作 j 的总时差。

例如，在本例中，工作 H 和工作 D 的总时差分别为

$$TF_8 = LAG_{8,10} + TF_{10} = 3 + 0 = 3$$

$$TF_9 = LAG_{9,10} + TFF_{10} = 0 + 0 = 0$$

$$TF_5 = \min\{LAG_{5,8} + TF_8, LAG_{5,9} + TF_9\} = \min\{0+3, 1+0\} = 1$$

5）计算工作的自由时差

（1）网络计划终点节点 n 所代表的工作的自由时差等于计划工期与本工作的最早完成时间之差，即

$$FF_n = T_p - EF_n \tag{4-23}$$

式中　FF_n——终点节点 n 所代表的工作的自由时差；

T_p——网络计划的计划工期；

EF_n——终点节点 n 所代表的工作的最早完成时间（即计算工期）。

例如，在本例中，终点节点⑩所代表的工作 FIN（虚拟工作）的自由时差为

$$FF_{10} = T_p - EF_{10} = 15 - 15 = 0$$

（2）其他工作的自由时差等于本工作与其紧后工作之间时间间隔的最小值，即

$$FF_i = \min\{LAG_{i,j}\} \tag{4-24}$$

例如，在本例中，工作 D 和工作 G 的自由时差分别为

$$FF_5 = \min\{LAG_{5,8}, LAG_{5,9}\} = \min\{0, 1\} = 0$$

$$FF_7 = LAG_{7,10} = 4$$

6）计算工作的最迟完成时间和最迟开始时间

工作的最迟完成时间和最迟开始时间的计算可按以下两种方法进行。

（1）根据总时差计算。工作的最迟完成时间等于本工作的最早完成时间与其总时差之和，即

$$LF_i = EF_i + TF_i \tag{4-25}$$

例如，在本例中，工作 D 和工作 G 的最迟完成时间分别为

$$LF_5 = EF_5 + TF_5 = 9 + 1 = 10$$

$$LF_7 = EF_7 + TF_7 = 11 + 4 = 15$$

工作的最迟开始时间等于本工作的最早开始时间与其总时差之和，即

$$LS_i = ES_i + TF_i \tag{4-26}$$

例如，在本例中，工作 D 和工作 G 的最迟开始时间分别为

$$LS_5 = ES_5 + TF_5 = 4 + 1 = 5$$

$$LS_7 = ES_7 + TF_7 = 6 + 4 = 10$$

（2）根据计划工期计算。工作最迟完成时间和最迟开始时间的计算应从网络计划的终点节点开始，逆着箭线方向按节点编号从大到小的顺序依次进行。

网络计划终点节点 n 所代表的工作的最迟完成时间等于该网络的计划工期，即

$$LF_n = T_p \tag{4-27}$$

例如，在本例中，终点节点⑩所代表的工作 FIN（虚拟工作）的最迟完成时间为

$$LF_{10} = T_p = 15$$

工作的最迟开始时间等于本工作的最迟完成时间与其持续时间之差，即
$$LS_i = LF_i - D_i \tag{4-28}$$
例如，在本例中，虚拟工作 FIN 和工作 G 的最迟开始时间分别为
$$LS_{10} = LF_{10} - D_{10} = 15 - 0 = 15$$
$$LS_7 = LF_7 - D_7 = 15 - 5 = 10$$
其他工作的最迟完成时间等于该工作各紧后工作最迟开始时间的最小值，即
$$LF_i = \min\{LS_j\} \tag{4-29}$$
式中　LF_i——工作 i 的最迟完成时间；

　　　LS_j——工作 i 的紧后工作 j 的最迟开始时间。

例如，在本例中，工作 H 和工作 D 的最迟完成时间分别为
$$LF_8 = LS_{10} = 15, LS_8 = LF_{8-3} = 12$$
$$LF_9 = LS_{10} = 15, LS_9 = LF_{9-5} = 10$$
$$LF_5 = \min\{LS_8, LS_9\} = \min\{12, 10\} = 10$$
$$LS_5 = 10 - 5 = 5$$

7) 确定网络计划的关键线路

(1) 利用关键工作确定关键线路。如前所述，总时差最小的工作为关键工作。将这些关键工作相连，并保证相邻两项关键工作之间的时间间隔为零而构成的线路就是关键线路。

例如在本例中，由于工作 B、工作 E 和工作 I 的总时差均为零，故它们为关键工作。由网络计划的起点节点①和终点节点⑩与上述三项关键工作组成的线路上，相邻两项工作之间的时间间隔全部为零，故线路①→③→⑥→⑨→⑩为关键线路。

(2) 利用相邻两项工作之间的时间间隔确定关键线路。从网络计划的终点节点开始，逆着箭线方向依次找出相邻两项工作之间时间间隔为零的线路就是关键线路。例如，在本例中，逆着箭线方向可以直接找出关键线路①→③→⑥→⑨→⑩，因为在这条线路上，相邻两项工作之间的时间间隔均为零。

在网络计划中，关键线路可以用粗箭线、双箭线或彩色箭线标出，本例用粗箭线标出。计算的最终结果如图 4-30 所示。

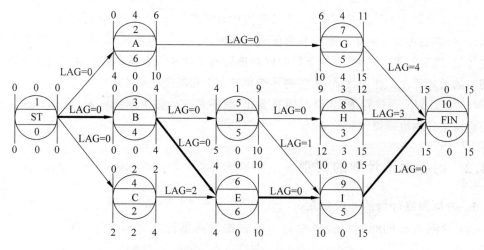

图 4-30　单代号网络计划时间参数的计算结果

4.4 双代号时标网络计划

双代号时标网络计划(简称时标网络计划)必须以水平时间坐标为尺度表示工作时间。时标的时间单位应根据需要在编制网络计划之前确定,可以是小时、天、周、月或季度等。

在时标网络计划中,以实箭线表示工作,实箭线的水平投影长度表示该工作的持续时间;以虚箭线表示虚工作,由于虚工作的持续时间为零,故虚箭线只能垂直画,有水平段时用波形线表示;波形线表示工作与其紧后工作之间的时间间隔(以终点节点为完成节点的工作除外,当计划工期等于计算工期时,这些工作箭线中波形线的水平投影长度表示其自由时差)。

时标网络计划既具有网络计划的优点,又具有横道计划直观易懂的优点,它将网络计划的时间参数直观地表达出来。

4.4.1 时标网络计划的特点与应用

时标网络计划是以水平时间坐标为尺度编制的双代号网络计划,其主要特点有:

(1) 时标网络计划兼有网络计划与横道计划的优点,它能够清楚地表明计划的时间进程,使用方便,所以在施工中较受欢迎。

(2) 时标网络计划能在图上直接显示出各项工作的开始与完成时间、工作的自由时差及关键线路。

(3) 在时标网络计划中可以统计每一个单位时间对资源的需要量,以便进行资源优化和调整。

(4) 由于箭线受到时间坐标的限制,当情况发生变化时,对网络计划的修改比较麻烦,往往要重新绘图。但使用计算机以后,这一问题便迎刃而解。

目前时标网络计划多应用于以下几种情况:

(1) 编制工作项目较少,并且工艺过程较简单的项目进度计划,能迅速地进行绘制、计算与调整。

(2) 对于大型复杂的工程项目,可以先使用时标网络图的形式绘制各分部分项工程的网络计划,然后再综合起来绘制出较简明的总网络计划。也可以先编制一个总的工程项目进度计划,以后每隔一段时间,对下段时间应进行的工作区段绘制详细的时标网络计划。时间间隔的长短要由工作的性质、所需的详细程度和工程的复杂性决定。

(3) 在计划执行过程中,如果时间有变化,则不必改动整个网络计划,而只对这一阶段的时标网络计划进行修改。

4.4.2 时标网络计划的编制

1. 时标网络计划的一般规定

(1) 时间坐标的时间单位应根据需要在编制网络计划之前确定,可为:季、月、周、天等。

（2）时标网络计划应以实箭线表示工作，以虚箭线表示虚工作，以波形线表示工作的自由时差。

（3）时标网络计划中所有符号在时间坐标上的水平投影位置，都必须与其时间参数相对应。节点中心必须对准相应的时标位置。

（4）虚工作必须以垂直方向的虚箭线表示，有自由时差时加波形线表示。

时标网络计划宜按各项工作的最早开始时间编制。为此，在编制时标网络计划时应使每一个节点和每一项工作（包括虚工作）尽量向左靠，直至不出现从右向左的逆向箭线为止。

在编制时标网络计划之前，应先按已经确定的时间单位绘制时标网络计划表。时间坐标可以标注在时标网络计划表的顶部和底部。当网络计划的规模比较大，且比较复杂时，可以在时标网络计划表的顶部和底部同时标注时间坐标。必要时，还可以在顶部时间坐标之上或底部时间坐标之下同时加注日历时间。

2. 时标网络计划的编制

编制时标网络计划应先绘制无时标的网络计划草图，然后按间接绘制法或直接绘制法进行。

1）间接绘制法

间接绘制法是指先根据无时标的网络计划草图计算其时间参数并确定关键线路，然后在时标网络计划中进行绘制。在绘制时应先将所有节点按其最早时间定位在时标网络计划表中的相应位置，然后再用规定线型（实箭线、虚箭线和波形线）按比例给出工作和虚工作。当某些工作箭线的长度不足以到达该工作的完成节点时，需用波形线补足，箭头应画在与该工作完成节点的连接处。

2）直接绘制法

直接绘制法是指不计算时间参数而直接按无时标的网络计划的草图绘制时标网络计划。现以图 4-31 所示网络计划为例，说明时标网络计划的绘制过程。

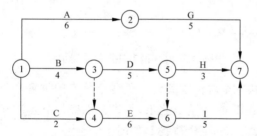

图 4-31　某双代号网络计划图

（1）将时标网络计划的起点节点定位在时标网络计划表的起始刻度线上。如图 4-32 所示，节点①就是定位在时标网络计划表的起始刻度"0"位置上。

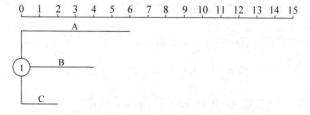

图 4-32　时标网络计划的绘制步骤 1

(2) 按工作的持续时间绘制以网络计划起点节点为开始节点的工作箭线,如图 4-32 所示,分别绘出工作箭线 A、B 和 C。

(3) 除网络计划的起点节点外,其他节点必须在所有以该节点为完成节点的工作箭线均绘出后,定位在这些工作箭线中最迟的箭线末端。当某些工作箭线的长度不足以到达该节点时,需用波形线补足,箭头画在与该节点的连接处。例如,在本例中,节点②直接定位在工作箭线 A 的末端;节点③直接定位在工作箭线 B 的末端;节点④的位置需要在绘出虚箭线 3-4 之后,定位在工作箭线 C 和虚箭线 3-4 中最迟的箭线末端,即坐标"4"的位置上。此时,工作箭线 C 的长度不足以到达节点④,因而用波形线补足,如图 4-33 所示。

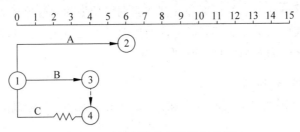

图 4-33　时标网络计划的绘制步骤 2

(4) 当某个节点的位置确定后,即可绘制以该节点为开始节点的工作箭线。例如,在本例中,在图 4-33 基础之上,可以分别以节点②、节点③和节点④为开始节点绘制工作箭线 G、工作箭线 D 和工作箭线 E,如图 4-34 所示。

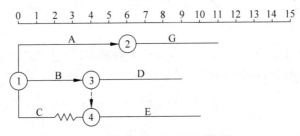

图 4-34　时标网络计划的绘制步骤 3

(5) 利用上述方法从左至右依次确定其他各个节点的位置,直至给出网络计划的终点节点。例如,在本例中,在图 4-34 基础之上,可以分别确定节点⑤和节点⑥的位置,并在它们之后分别绘制工作箭线 H 和工作箭线 I,如图 4-35 所示。

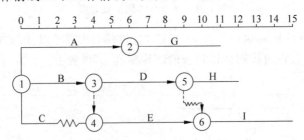

图 4-35　时标网络计划的绘制步骤 4

(6) 根据工作箭线 G、工作箭线 H 和工作箭线 I 确定出终点节点的位置。本例所对应的时标网络计划如图 4-36 所示,图中双重箭线表示的线路为关键线路。

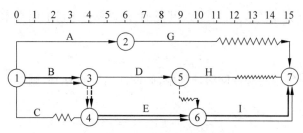

图 4-36 双代号时标网络计划的绘制步骤 5

在绘制时标网络计划时,特别需要注意的问题是处理好虚箭线。首先,应将虚箭线与实箭线等同看待,只是其对应工作的持续时间为零;其次,尽管它本身没有持续时间,但可能存在波形线,因此,要按规定画出波形线。在画波形线时,其垂直部分仍应画为虚线(如图 4-36 所示时标网络计划中的虚箭线⑤--►⑥)。

4.4.3 时标网络计划时间参数的确定

1. 关键线路和计算工期的判定

1) 关键线路的判定

时标网络计划中的关键线路可从网络计划的终点节点开始,逆着箭线方向进行判定。凡自始至终不出现波形线的线路即为关键线路。因为不出现波形线,就说明在这条线路上相邻两项工作之间的时间间隔全部为零,也就是在计算工期等于计划工期的前提下,这些工作的总时差和自由时差全部为零。例如,在图 4-36 所示时标网络计划中,线路①→③→④→⑥→⑦即为关键线路。

2) 计算工期的判定

网络计划的计算工期应等于终点节点所对应的时标值与起点节点所对应的时标值之差。例如,在图 4-36 所示时标网络计划的计算工期为:$T_c=15-0=15$。

2. 相邻两项工作的时间间隔的判定

除以终点节点为完成节点的工作外,工作箭线中波形线的水平投影长度表示工作与其紧后工作之间的时间间隔,用 $LAG_{i-j,j-k}$ 表示。例如,在图 4-36 所示的时标网络计划中,工作 C 和工作 E 之间的时间间隔为 2;工作 D 和工作 I 之间的时间间隔为 1;其他工作之间的时间间隔均为零。

3. 工作六个时间参数的判定

1) 工作最早开始时间和最早完成时间的判定

工作箭线左端节点中心所对应的时标值为该工作的最早开始时间。当工作箭线中不存在波形线时,其右端节点中心所对应的时标值为该工作的最早完成时间;当工作箭线中存在波形线时,工作箭线实线部分右端点所对应的时标值为该工作的最早完成时间。例如,在图 4-36 所示的时标网络计划中,工作 A 和工作 H 的最早开始时间分别为 0 和 9,而它们的最早完成时间分别为 6 和 12。

2) 工作总时差的判定

工作总时差的判定应从网络计划的终点节点开始,逆着箭线方向依次进行。

(1) 以终点节点为完成节点的工作，其总时差应等于计划工期与本工作最早完成时间之差，即

$$\text{TF}_{i-n} = T_p - \text{EF}_{i-n} \tag{4-30}$$

例如，在图 4-36 所示的时标网络计划中，假设计划工期为 15，则工作 G、工作 H 和工作 I 的总时差分别为

$$\text{TF}_{2-7} = T_p - \text{EF}_{2-7} = 15 - 11 = 4$$

$$\text{TF}_{5-7} = T_p - \text{EF}_{5-7} = 15 - 12 = 3$$

$$\text{TF}_{6-7} = T_p - \text{EF}_{6-7} = 15 - 15 = 0$$

(2) 其他工作的总时差等于其紧后工作的总时差加本工作与该紧后工作之间的时间间隔所得之和的最小值，即

$$\text{TF}_{i-j} = \min\{\text{TF}_{j-k} + \text{LAG}_{i-j,j-k}\} \tag{4-31}$$

式中　TF_{i-j}——工作 $i-j$ 的总时差；

TF_{j-k}——工作 $i-j$ 的紧后工作 $j-k$（非虚工作）的总时差；

$\text{LAG}_{i-j,j-k}$——工作 $i-j$ 与其紧后工作 $j-k$（非虚工作）之间的时间间隔。

例如，在图 4-36 所示的时标网络计划中，工作 A、工作 C 和工作 D 的总时差分别为

$$\text{TF}_{1-2} = \text{TF}_{2-7} + \text{LAG}_{1-2,2-7} = 4 + 0 = 4$$

$$\text{TF}_{1-4} = \text{TF}_{4-6} + \text{LAG}_{1-4,4-6} = 0 + 2 = 2$$

$$\text{TF}_{3-5} = \min\{\text{TF}_{5-7} + \text{LAG}_{3-5,5-7}, \text{TF}_{6-7} + \text{LAG}_{3-5,6-7}\} = \min\{3+0, 0+1\} = 1$$

3) 工作自由时差的判定

(1) 以终点节点为完成节点的工作，其自由时差应等于计划工期与本工作最早完成时间之差，即

$$\text{FF}_{i-n} = T_p - \text{EF}_{i-n} \tag{4-32}$$

例如，在图 4-36 所示的时标网络计划中，工作 G、工作 H 和工作 I 的自由时差分别为

$$\text{FF}_{2-7} = T_p - \text{EF}_{2-7} = 15 - 11 = 4$$

$$\text{FF}_{5-7} = T_p - \text{EF}_{5-7} = 15 - 12 = 3$$

$$\text{FF}_{6-7} = T_p - \text{EF}_{6-7} = 15 - 15 = 0$$

事实上，如果计划工期等于计算工期，则以终点节点为完成节点的工作，其自由时差与总时差必然相等。

(2) 其他工作的自由时差就是该工作箭线中波形线的水平投影长度。但当工作之后只紧接虚工作时，则该工作箭线上一定不存在波形线，而其紧接的虚箭线中波形线水平投影长度的最短者为该工作的自由时差。

例如，在图 4-36 所示的时标网络计划中，工作 A、工作 B、工作 D 和工作 E 的自由时差均为零，而工作 C 的自由时差为 2。

4) 工作最迟开始时间和最迟完成时间的判定

(1) 工作的最迟开始时间等于本工作的最早开始时间与其总时差之和，即

$$\text{LS}_{i-j} = \text{ES}_{i-j} + \text{TF}_{i-j} \tag{4-33}$$

例如，在图 4-36 所示的时标网络计划中，工作 A、工作 C、工作 D、工作 G 和工作 H 的最迟开始时间分别为

$$LS_{1-2} = ES_{1-2} + TF_{1-2} = 0 + 4 = 4$$

$$LS_{1-4} = ES_{1-4} + TF_{1-4} = 0 + 2 = 2$$

$$LS_{3-5} = ES_{3-5} + TF_{3-5} = 4 + 1 = 5$$

$$LS_{2-7} = ES_{2-7} + TF_{2-7} = 6 + 4 = 10$$

$$LS_{5-7} = ES_{5-7} + TF_{5-7} = 9 + 3 = 12$$

（2）工作的最迟完成时间等于本工作的最早完成时间与其总时差之和，即

$$LF_{i-j} = EF_{i-j} + TF_{i-j} \tag{4-34}$$

例如，在图 4-36 所示的时标网络计划中，工作 A、工作 C、工作 D、工作 G 和工作 H 的最迟完成时间分别为

$$LF_{1-2} = EF_{1-2} + TF_{1-2} = 6 + 4 = 10$$

$$LF_{1-4} = EF_{1-4} + TF_{1-4} = 2 + 2 = 4$$

$$LF_{3-5} = EF_{3-5} + TF_{3-5} = 9 + 1 = 10$$

$$LF_{2-7} = EF_{2-7} + TF_{2-7} = 11 + 4 = 15$$

$$LF_{5-7} = EF_{5-7} + TF_{5-7} = 12 + 3 = 15$$

4.5 单代号搭接网络计划

在建设工程工作实践中，搭接关系是大量存在的，要求控制进度的计划图形能够表达和处理好这种关系。然而传统的单代号网络计划和双代号网络计划却只能表示两项工作首尾相接的关系，即前一项工作结束，后一项工作立即开始，而不能表示搭接关系，遇到搭接关系，不得不将前一项工作进行分段处理，以符合前面工作不完成后面工作不能开始的要求，这就使得网络计划变得复杂起来，绘制、调整都不方便。针对这一重大问题和普遍需要，各国陆续出现了许多表示搭接关系的网络计划，我们统称为"搭接网络计划法"，其共同特点是当前一项工作没有结束时，后一项工作即可插入进行，将前后工作搭接起来。这就大大简化了网络计划，但也带来了计算工作的复杂化，应借助计算机进行计算。

搭接网络计划一般都采用单代号网络图的表示方式，即以节点表示工作，以节点之间的箭线表示工作之间的逻辑顺序和搭接关系。就相邻的两项工作而言，位于箭尾节点的工作作为紧前工作，位于箭头节点的工作为紧后工作。

搭接关系在网络计划中可以用字母，也可以直接用箭线起始和终止的位置来表述。用字母表示时间节点可以使用圆形或矩形，用箭线起止位置表示时，节点必须使用矩形。

4.5.1 搭接网络计划的表达方式

搭接关系有两种，用以处理这两种搭接关系而设计的时距有 4 种，见图 4-37。

1）结束到开始（FTS）的搭接关系

紧前工作结束后一段时间，紧后工作才能开始，即紧后工作的开始时间受紧前工作的结束时间制约，这种搭接关系称为结束到开始关系，搭接时距用 FTS 表示。其单代号搭接网络关系表达方式见图 4-38。

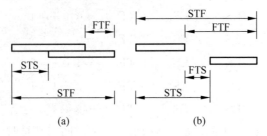

图 4-37 搭接关系的表达

图 4-38 FTS 搭接关系

当两项工作 FTS 时距为零时,就说明本工作与其紧后工作之间紧密衔接。当网络计划中所有相邻工作只有 FTS 一种搭接关系且时距均为零时,整个搭接网络计划就成为前述的单代号网络计划。

2) 开始到开始(STS)的搭接关系

紧前工作开始后一段时间,紧后工作才能开始,即紧后工作的开始时间受紧前工作的开始时间制约,这种搭接关系称为开始到开始关系,搭接时距用 STS 表示。其单代号搭接网络关系表达方式见图 4-39。

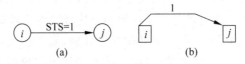

图 4-39 STS 搭接关系

3) 结束到结束(FTF)的搭接关系

紧前工作结束后一段时间,紧后工作才能结束,即紧后工作的结束时间受紧前工作的结束时间制约,这种搭接关系称为结束到结束关系,搭接时距用 FTF 表示。其单代号搭接网络关系表达方式见图 4-40。

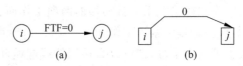

图 4-40 FTF 搭接关系

4) 开始到结束(STF)的搭接关系

紧前工作开始后一段时间,紧后工作才能结束,即紧后工作的结束时间受紧前工作的开始时间制约,这种搭接关系称为开始到结束关系,搭接时距用 STF 表示。这种搭接关系在工程实际中较少应用。其单代号搭接网络关系表达方式见图 4-41。

上述是四种基本搭接关系,但有时相邻两项工作之间可能同时存在两种以上的基本搭接关系,称为混合搭接关系。混合搭接关系中常用的是工作间同时存在 STS 和 FTF 关系。其单代号搭接网络关系表达方式见图 4-42。

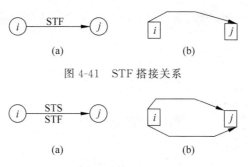

图 4-41 STF 搭接关系

图 4-42 混合搭接关系

4.5.2 搭接网络计划时间参数的确定

单代号搭接网络计划时间参数的计算与前述单代号网络计划时间参数的计算步骤和原理基本相同,只是要依据不同的搭接关系和搭接时距分别计算某些时间参数。特别注意,搭接时距可以为负值。现以图 4-43 所示单代号搭接网络计划为例,说明其计算方法。

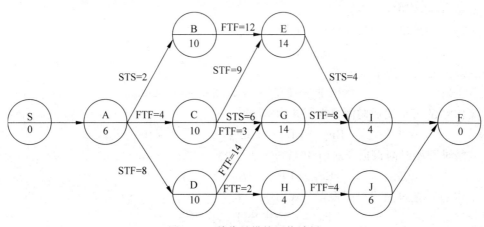

图 4-43 单代号搭接网络计划

1. 计算工作的最早开始时间和最早完成时间

工作最早开始时间和最早完成时间的计算应从网络计划的起点节点开始,顺着箭线方向依次进行。

(1) 由于在单代号搭接网络计划中的起点节点一般都代表虚拟工作,故其最早开始时间和最早完成时间均为零,即

$$ES_S = EF_S = 0$$

(2) 凡是与网络计划起点节点相联系的工作,其最早开始时间为零。例如,在本例中,工作 A 的最早开始时间应等于零,即

$$ES_A = 0$$

(3) 凡是与网络计划起点节点相联系的工作,其最早完成时间应等于其最早开始时间与持续时间之和。例如,在本例中,工作 A 的最早完成时间为

$$EF_A = ES_A + D_A = 0 + 6 = 6$$

(4) 其他工作的最早开始时间和最早完成时间应根据不同的搭接关系和搭接时距按下列公式计算

① 相邻时距为 FTS 时，
$$ES_j = EF_i + FTS_{i,j} \tag{4-35}$$

② 相邻时距为 STS 时，
$$ES_j = ES_i + STS_{i,j} \tag{4-36}$$

③ 相邻时距为 FTF 时，
$$EF_j = EF_i + FTF_{i,j} \tag{4-37}$$

④ 相邻时距为 STF 时，
$$EF_j = ES_i + STF_{i,j} \tag{4-38}$$

$$EF_j = ES_j + D_j \tag{4-39}$$

$$ES_j = EF_j - D_j \tag{4-40}$$

⑤ 混合搭接时距时，应按不同搭接关系分别计算工作的最早开始和最早完成时间，然后取其中的最大值。

例如，在本例中：

工作 B 的最早开始时间根据公式(4-36)得
$$ES_B = ES_A + STS_{A,B} = 0 + 2 = 2$$

其最早完成时间根据公式(4-39)得
$$EF_B = ES_B + D_B = 2 + 10 = 12$$

工作 C 的最早完成时间根据公式(4-37)得
$$EF_C = EF_A + FTF_{A,C} = 6 + 4 = 10$$

其最早开始时间根据公式(4-40)得
$$ES_C = EF_C - D_C = 10 - 10 = 0$$

工作 D 的最早完成时间根据公式(4-38)得
$$EF_D = ES_A + STF_{A,D} = 0 + 8 = 8$$

其最早开始时间根据公式(4-40)得
$$ES_D = EF_D - D_D = 8 - 10 = -2$$

工作 D 的最早开始时间出现负值，显然是不合理的。为此，应将工作 D 与虚拟工作 S（起点节点）用虚箭线相连，并根据工作 S 与工作 D 之间是 FTS=0 的搭接关系，重新计算工作 D 最早开始时间和最早完成时间得
$$ES_D = 0$$
$$EF_D = ES_D + D_D = 0 + 10 = 10$$

其他工作的最早开始和最早完成时间可按类似的方法进行计算，不再一一赘述。

(5) 终点节点所代表的工作，其最早开始时间按理应等于该工作紧前工作最早完成时间的最大值。例如，在本例中，工作 F 的最早开始时间应取工作 I 和工作 J 最早完成时间的最大值 20。

由于在搭接网络计划中，终点节点一般都表示虚拟工作（其持续时间为零），故其最早完成时间与最早开始时间相等，且一般为网络计划的计算工期。但是，由于在搭接网络计划中，决定工期的工作不一定是最后进行的工作。因此，在用上述方法完成计算后，还应检查

网络计划中其他工作的最早完成时间是否超过已算出的计算工期。例如，在本例中，由于工作 E 和工作 G 的最早完成时间 24 为最大，故网络计划的计算工期是由工作 E 和工作 G 的最早完成时间决定的。为此，应将工作 E 和工作 G 分别与虚拟工作 F（终点节点）用虚箭线相连，于是得到工作 F 的最早开始时间和最早完成时间为

$$\mathrm{ES}_F = \mathrm{EF}_F = \max\{24, 18, 20\} = 24$$

该网络计划的计算工期为 24。

2. 计算相邻两项工作之间的时间间隔

由于相邻两项工作之间的搭接关系不同，其时间间隔的计算方法也有所不同。

① 搭接关系为 FTS 时，

$$\mathrm{LAG}_{i,j} = \mathrm{ES}_j - \mathrm{EF}_i - \mathrm{FTS}_{i,j} \tag{4-41}$$

② 搭接关系为 STS 时，

$$\mathrm{LAG}_{i,j} = \mathrm{ES}_j - \mathrm{ES}_i - \mathrm{STS}_{i,j} \tag{4-42}$$

③ 搭接关系为 FTF 时，

$$\mathrm{LAG}_{i,j} = \mathrm{EF}_j - \mathrm{EF}_i - \mathrm{FTF}_{i,j} \tag{4-43}$$

④ 搭接关系为 STF 时，

$$\mathrm{LAG}_{i,j} = \mathrm{EF}_j - \mathrm{ES}_i - \mathrm{STF}_{i,j} \tag{4-44}$$

⑤ 混合搭接关系时，即相邻两项工作之间存在两种以上的搭接时距，应分别计算出时间间隔，然后取其中的最小值。

$$\mathrm{LAG}_{i,j} = \min \begin{cases} \mathrm{ES}_j - \mathrm{EF}_i - \mathrm{FTS}_{i,j} \\ \mathrm{ES}_j - \mathrm{ES}_i - \mathrm{STS}_{i,j} \\ \mathrm{EF}_j - \mathrm{EF}_i - \mathrm{FTF}_{i,j} \\ \mathrm{EF}_j - \mathrm{ES}_i - \mathrm{STF}_{i,j} \end{cases} \tag{4-45}$$

根据上述公式即可计算出本例中相邻两项工作之间的时间间隔，其计算结果一般标注在单代号搭接网络图中箭线下方。

3. 计算工作的时差

1) 工作的总时差

搭接网络计划中工作的总时差可以利用公式(4-21)和公式(4-22)计算。但在计算出总时差后，需要根据公式(4-25)判别该工作的最迟完成时间是否超出计划工期。如果出现这种情况，需要将该工作与虚拟工作 F（终点节点）用虚箭线相连，并按 FTS 时距计算二者的时间间隔，从而重新确定该工作的总时差。

2) 工作的自由时差

搭接网络计划中工作的自由时差可以利用公式(4-23)和公式(4-24)计算。位于终点节点的虚拟工作，其自由时差为零，其他工作的自由时差等于本工作与各紧后工作时间间隔的最小值。

4. 计算工作的最迟完成时间和最迟开始时间

工作的最迟完成时间和最迟开始时间可以利用公式(4-25)和公式(4-26)计算。

各工作时间参数计算结果见图 4-44。

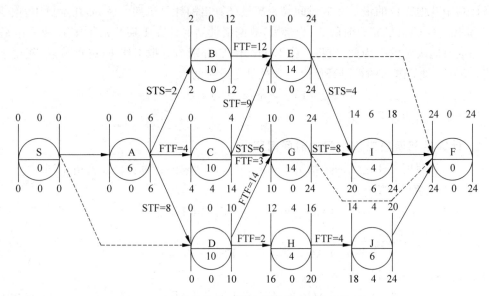

图 4-44 单代号搭接网络计划时间参数的计算结果

5. 确定关键线路

同前述的普通单代号网络计划一样,可以利用相邻两项工作之间的时间间隔来判定关键线路,即从搭接网络计划的终点节点开始,逆着箭线方向依次找出相邻两项工作之间时间间隔为零的线路就是关键线路。关键线路上的工作即为关键工作。

例如,在本例中,共有两条关键线路,分别是线路 S→A→B→E→F 和线路 S→D→G→F。关键工作是工作 A、工作 B、工作 D、工作 E 和工作 G,它们的总时差均为零。

4.6 网络计划的优化

4.6.1 优化的意义及内容

网络计划优化是在编制阶段,在满足既定约束条件下,按照一定目标,通过不断改进网络计划的可行方案,寻求满意结果,从而编制可供实施的网络计划的过程。

网络计划的优化目标包括工期、资源和费用。通过网络计划优化实现这些目标,有重要的实际意义,甚至会使项目施工取得重大的经济效益,我们应当尽置利用网络计划模型可优化的特点,努力实现优化目标。

优化只是相对地获得近似的结果,不可能绝对优化,优化的原理是可认识的,且在一定原理指导下,优化的方法可以多种多样。

手工优化只能在小型网络计划上办到。要对大型网络计划优化,必须借助计算机。目前,利用计算机优化网络计划正在推广。

本书只着重介绍工期优化、费用优化和资源优化的基本原理,至于这些原理的具体应用步骤及如何在计算机上应用,本书不介绍。

4.6.2 工期优化

当网络计划的计算工期大于要求工期时,应通过压缩关键工作的持续时间,满足工期要求。

1. 工期优化的计算步骤

(1) 找出可行网络计划的关键工作和关键线路。
(2) 按要求工期计算应缩短的时间。
(3) 确定各关键工作能压缩多少时间。
(4) 调整关键工作的持续时间,并重新计算网络计划的工期。
(5) 如果已经达到工期要求,则优化完成,否则重复以上步骤,直至要求满足。

2. 压缩工作持续时间的对象选择

这实际上就是选择压缩对象的约束条件。应选择那些压缩持续时间后对质量和安全影响不大的关键工作、有充足备用资源的工作、缩短持续时间增加费用最少的工作。还要注意,如果网络计划有两条以上关键线路时,可考虑压缩共用的关键工作,或两条线路上的关键工作同时压缩同样时间。要特别注意每次压缩后,关键线路是否有变化(转移或增加条数)。

3. 使关键工作时间缩短的措施

为使关键工作取得可压缩时间,必须采取一定的措施,这些措施主要是:增加资源数量、增加工作班次、改变施工方法、组织流水施工、采取技术措施。

如果上述方法均不能奏效,则应改变工期要求或改变施工方案。

4.6.3 费用优化

费用优化又称工期-成本优化,是指寻求工程总成本最低时的工期安排,或按要求工期寻求最低成本的计划安排的过程。

1. 费用与工期的关系

1) 工程费用与工期的关系

这里的工程费用指的是项目施工阶段的工程成本,由直接费和间接费组成。直接费由人工费、材料费、机械使用费及措施费等组成。施工方案不同,直接费也就不同;如果施工方案一定,工期不同,直接费也就不同。直接费会随着工期的缩短而增加。间接费包括企业经营管理的全部费用,它一般会随着工期的缩短而减少。工程费用与工期的关系如图 4-45 所示。

2) 工作直接费与持续时间的关系

工作直接费与持续时间的关系类似于工程直接费与工期的关系,工作的直接费随着持续时间的缩短而增加,工作的持续时间每缩短单位时间而增加的直接费称为直接费用率,可近似地用公式(4-46)计算

$$\Delta C_{i-j} = \frac{CC_{i-j} - CN_{i-j}}{DN_{i-j} - DC_{i-j}} \tag{4-46}$$

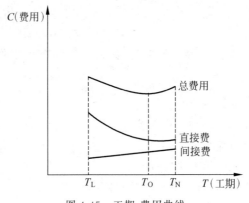

图 4-45 工期-费用曲线

式中 ΔC_{i-j}——工作 $i-j$ 的直接费用率；

CC_{i-j}——按最短持续时间完成工作 $i-j$ 时所需的直接费；

CN_{i-j}——按正常持续时间完成工作 $i-j$ 时所需的直接费；

DN_{i-j}——工作 $i-j$ 的正常持续时间；

DC_{i-j}——工作 $i-j$ 的最短持续时间。

工作的直接费用率越大，说明将该工作的持续时间缩短一个时间单位，所需增加的直接费就越多；反之，将该工作的持续时间缩短一个时间单位，所需增加的直接费就越少。因此，在压缩关键工作的持续时间以达到缩短工期的目的时，应将直接费用率最小的关键工作作为压缩对象。当有多条关键线路出现而需要同时压缩多个关键工作的持续时间时，应将它们的直接费用率之和（组合直接费用率）最小者作为压缩对象。

2. 费用优化方法

费用优化的基本思路：不断地在网络计划中找出直接费用率（或组合直接费用率）最小的关键工作，缩短其持续时间，同时考虑间接费随工期缩短而减少的数值，最后求得工程总成本最低时的最优工期安排或按要求工期求得最低成本的计划安排。

按照上述基本思路，费用优化可按以下步骤进行：

(1) 按工作的正常持续时间确定计算工期和关键线路。

(2) 计算各项工作的直接费用率。直接费用率的计算按公式(4-46)进行。

(3) 当只有一条关键线路时，应找出直接费用率最小的一项关键工作，作为缩短持续时间的对象；当有多条关键线路时，应找出组合直接费用率最小的一组关键工作，作为缩短持续时间的对象。

(4) 对于选定的压缩对象，首先比较其直接费用率或组合直接费用率与工程间接费用率的大小。如果被压缩对象的直接费用率或组合直接费用率小于或等于工程间接费用率，说明压缩关键工作的持续时间会使工程总费用减少或不变，此时应缩短关键工作的持续时间。反之，则不应缩短关键工作的持续时间。

(5) 在压缩关键工作的持续时间时，缩短后工作的持续时间不能小于其最短持续时间，同时不能变成非关键工作。压缩后计算关键工作持续时间缩短后相应增加的总费用。

(6) 重复上述(3)～(5)，直至计算工期满足要求工期或被压缩对象的直接费用率（或组合直接费用率)大于工程间接费用率为止。

(7) 计算优化后的工程总费用和工期。

例 4.4 某单项工程,按如图 4-46 所示进度计划网络图组织施工。

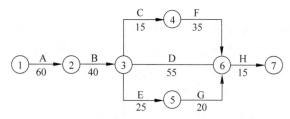

图 4-46 某单项工程施工进度计划

原计划工期是 170 天,在第 75 天进行进度检查时发现:工作 A 已全部完成,工作 B 刚刚开工。由于工作 B 是关键工作,所以它拖后 15 天,将导致总工期延长 15 天完成,相关参数详见表 4-3。

表 4-3 某单项工程相关参数

序号	工作	最大可压缩时间/天	赶工费用/(元/天)
1	A	10	200
2	B	5	200
3	C	3	100
4	D	10	300
5	E	5	200
6	F	10	150
7	G	10	120
8	H	5	420

(1) 为使本单项工程仍按原工期完成,则必须赶工,调整原计划,请问应如何调整原计划,既经济又保证整修工作能在计划的 170 天内完成?并列出详细调整过程。

(2) 试计算经调整后,所需投入的赶工费用。

(3) 重新绘制调整后的进度计划网络图,并列出关键线路。

解 (1) 目前总工期拖后 15 天,此时的关键线路为:B→D→H。

① 其中工作 B 赶工费率最低,故先对工作 B 持续时间进行压缩。工作 B 压缩 5 天,因此增加费用为(5×200)元=1000 元。总工期为(185−5)天=180 天。

关键线路为:B→D→H。

② 剩余关键工作中,工作 D 赶工费率最低,故应对工作 D 持续时间进行压缩。工作 D 压缩的同时,应考虑与之平行的各线路,以各线路工作正常进展均不影响总工期为限。故此时工作 D 只能压缩 5 天,因此增加费用为(5×300)元=1500 元。总工期为(180−5)天=175 天。

关键线路为:B→D→H 和 B→C→F→H 两条。

③ 剩余关键工作中,存在三种压缩方式:同时压缩工作 C、工作 D;同时压缩工作 F、工作 D;压缩工作 H。

同时压缩工作C和工作D的赶工费率最低,故应对工作C和工作D同时进行压缩。工作C最大可压缩天数为3天,故本次调整只能压缩3天,工作D也压缩3天,因此增加费用为(3×100+3×300)元=1200元。总工期为(175-3)天=172天。关键线路为:B→D→H和B→C→F→H两条。

④ 剩下关键工作中,压缩工作H赶工费率最低,故应对工作H进行压缩。工作H压缩2天,因此增加费用为(2×420)元=840元。总工期为(172-2)天=170天。

⑤ 通过以上工期调整,工作仍能在原计划的170天完成。

(2) 所需投入的赶工费为(1000+1500+1200+840)元=4540元。

(3) 调整后的施工进度计划如图4-47所示,其关键线路为:A→B→D→H和A→B→C→F→H。

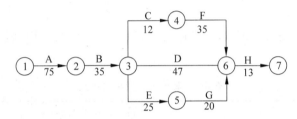

图 4-47　调整后的施工进度计划

4.6.4　资源优化

资源泛指为完成一项计划所需投入的人力、材料、机械设备和资金等。均衡施工和资源的均衡投入是工程项目施工所追求的目标,有利于保证工期和工程质量,提高项目的技术经济效益。但是,完成一项任务所需要的资源量基本上是不变的,不可能通过资源优化将其减少。资源优化的目的是通过改变工作的开始时间和完成时间,使资源按照时间的分布符合优化目标。

1. 资源优化基本原理

在资源优化过程中,一般不改变网络计划中各项工作之间的逻辑关系,不改变网络计划中各项工作的持续时间,除规定可以中断的工作外,一般不允许中断工作,应保持其连续性。一项工作单位时间内需要某种资源的数量称为该工作对该资源的资源强度,资源强度一般为一个合理的常数。整个工程某一时间单位需要某种资源的总量称为该工程对该资源的需要量,显然,资源需要量应等于某一时间单位同时在进行的各项工作的资源强度之和。

资源优化主要利用工作的机动时间,即时差,来调整某些工作的开始时间和完成时间,以实现资源的合理分布。在网络计划中,除关键工作外,其他非关键工作都有一定的机动时间,在不影响工期的前提下,非关键工作可以按最早时间安排,也可以按最迟时间安排。

按最早时间安排,虽然最大限度保留了工作的机动时间,使计划执行时留有余地,但大多工作都集中在前期进行,使得前期的资源需要量很大,有可能使资源供应出现困难,而且在整个计划期内资源需要量也很不均衡。

按最迟时间安排,有可能使项目后期资源需要量较大,资源需要仍不均衡,且各项工作均没有机动时间,计划执行时,任何一项工作稍有拖延都会影响工期,这大大增加了不能按时完工的风险。

因此,优化的计划既不是所有工作都按最早时间安排,也不是所有工作都按最迟时间安排,而是充分利用非关键工作的时差,合理安排其开始时间和完成时间,以达到资源优化的目的。

资源优化往往比较复杂,通常在双代号时标网络图上进行。根据优化目标的不同,资源优化可分为两类,即"资源有限,工期最短"优化和"工期固定,资源均衡"优化,现就这两类资源优化的基本原理进行简单介绍。

2."资源有限、工期最短"优化

"资源有限,工期最短"优化是指:某种资源的最大供应有一定的限量,按当前计划在某个时间单位内资源的需要量超过了最高限量,则需调整计划使各时间单位内的资源需要量都不超过资源限量,同时考虑使总工期增加得最少。

为了使某一时间单位内资源需要量不超过资源限量,需要在某一时间单位内同时进行的若干工作(平行工作)中,选择某一项或某几项,将其开始时间向后推迟,以达到降低此时间单位内资源需要量的目的。但是,推迟某项工作的开始时间,有可能会造成工期延长。为了使工期不延长或者尽可能少延长,需要对多个方案进行比较,确定最优方案。

3."工期固定、资源均衡"优化

安排工程进度计划时,需要使资源需要量尽可能地均衡,使整个工程每单位时间的资源需要量不出现过多的峰谷和低谷,这样不仅有利于工程项目的组织与管理,而且可以降低工程费用。"工期固定、资源均衡"优化就是在工期固定的前提下,寻找在整个工期内资源需要量最为均衡的计划安排。

"工期固定、资源均衡"优化的方法有多种,如方差值最小法、极差值最小法、削高峰法等。这里仅简要介绍方差值最小法与极差值最小法的基本原理。

1)方差值最小法

方差的计算公式是

$$\begin{aligned}\sigma^2 &= \frac{1}{T}\int_0^T [R(t)-R_\mathrm{m}]^2 \mathrm{d}t \\ &= \frac{1}{T}\int_0^T R^2(t)\mathrm{d}t - \frac{2R_\mathrm{m}}{T}\int_0^T R(t)\mathrm{d}t + R_\mathrm{m}^2 \\ &= \frac{1}{T}\int_0^T R^2(t)\mathrm{d}t - R_\mathrm{m}^2 \end{aligned} \tag{4-47}$$

式中 $R(t)$——在瞬时 t 需要的资源量;

R_m——资源需要量的平均值;

T——规定的工期。

因为 T 和 R_m 常数,故欲使方差值最小,即使 $\frac{1}{T}\int_0^T R^2(t)\mathrm{d}t$ 最小。

在工程网络计划中,资源需要量动态曲线是阶梯形的,使 $\frac{1}{T}\int_0^T R^2(t)\mathrm{d}t$ 最小,就是使 $R_1^2 + R_2^2 + R_3^2 + \cdots + R_T^2$ 最小。

这就是"工期固定、资源均衡"问题的优化原理。根据此原理,网络计划的优化步骤如下:

（1）根据满足工期规定条件的网络计划绘制相应于各工作最早开始时间的时标网络计划，并根据这个计划绘制资源需要量动态曲线，从中找出关键线路及其长度，位于关键线路上的工作及位于非关键线路上各工作的总时差和自由时差。

（2）关键线路上的工作不动。非关键工作按最早开始时间的先后顺序，自右向左地进行调整，每次右移 1 天，使 $R_1^2+R_2^2+R_3^2+\cdots+R_T^2$ 值减小为有效，直至不能右移为止。在自由时差许可的范围内，每次右移 1 天不能奏效，可一次右移 2 天，乃至 3 天，到总时差用完为止。

（3）在所有的工作都按最早开始时间的先后顺序，自右向左地进行了一次调整之后，为使方差进一步缩小，再按工作最早开始时间的顺序自右向左地进行第二次调整。循环反复，直至所有工作的位置都不能再移动为止。

2）极差值最小法

极差值为

$$\min_{t\in[0,T]}|R_t-R_{\mathrm{m}}| \tag{4-48}$$

因为 R_{m} 为常数，因此欲使极差值最小，就要使 $\max R(t)$ 为最小。

根据这一原理，网络计划优化的步骤如下：

（1）根据满足规定工期条件的网络计划，绘制相应于各工作最早时间的时标网络计划及资源需要量动态曲线，找出关键工作及关键线路，位于非关键线路上各工作的总时差、各工作的最早开始时间，以及每天需要的资源的最大量。

（2）关键线路上的工作不动。假定每天可能供应的物资资源的数量比资源动态曲线上的最高峰数量小一个单位，然后再进行第三步。

（3）对超过资源限量的时间区段中每一项工作是否能调整根据下式判断：

$$\Delta T_{i-j}=\mathrm{TF}_{i-j}-(T_{k+1}-\mathrm{ES}_{i-j})\geqslant 0 \tag{4-49}$$

式中　ΔT_{i-j}——工作的时间差值；

T_{k+1}——表示在时间轴上超过资源限量的时间区段的下界时间点。

若不等式成立，则该工作可以右移至高峰值之后，即移动 $(T_{k+1}-\mathrm{ES}_{i-j})$ 时间单位。若不等式不成立，则该工作不能移动。

当需要调整的时段中不止一项工作使不等式成立时，应按时间差值 ΔT_{i-j} 的大小顺序，最大值的先移动；如果 ΔT_{i-j} 值相同，则资源数量小的先移动。

移动后看峰值是否小于或等于资源限量。如果因为这次移动在其他时段中出现超过资源限量的情况时，则重复第三步，直至不超过资源限量为止。

（4）画出移动后的网络计划，并计算出相应的每日资源数量，再规定资源限量为资源峰值减 1，逐日检查超过规定数量的时段，再重复第三步。

如此，每次下降一个资源单位，进行调整，直至按上述步骤计算后所有工作都不能再向右移动后，还要考虑是否能向左移动而能达到资源限量的要求，直到资源峰值再不能降低为止。

第 4 章习题

（5）绘制调整后的时标网络计划及资源动态曲线，即取得最终优化方案。

第5章 施工组织设计

5.1 概述

5.1.1 施工组织设计的概念

施工组织设计是指工程项目在开工前,以施工项目为对象编制的,用以指导施工的技术、经济和管理的综合性文件。它是对拟建工程项目施工的全过程在人力、物力、时间和空间、技术、组织等方面所进行的一系列筹划和安排,也是指导拟建工程项目进行施工准备和正常施工的技术经济文件。

施工组织设计是对施工活动实行科学管理的重要手段,是用以组织工程施工的指导性文件,它具有战略部署和战术安排的双重作用。它体现了实现基本建设计划和设计的要求,提供了各阶段的施工准备工作内容,协调施工过程中各施工单位、施工工种、各项资源之间的相互关系。施工组织设计的编制要根据具体工程的特定条件,拟订施工方案、确定施工顺序、施工方法、技术组织措施,这样可以在开工前了解到所需资源的数量及其使用的先后顺序,合理安排施工现场布置。因此施工组织设计应从施工全局出发,充分反映客观实际,符合国家或合同要求,统筹安排施工活动有关的各个方面,合理布置施工现场,确保文明施工、安全施工。

5.1.2 施工组织设计的作用

施工组织设计是施工现场组织施工的指导性文件,整个施工现场布置部署、人员配备、机械设备安排、材料组织、环境保护、施工方法的确定、关键工序的施工方法等,都需要施工组织设计文件的指导。施工组织设计表现为以下几方面:

(1)是指导施工和各项施工准备工作的依据。
(2)可验证设计方案的合理性与可行性。
(3)是指导开展紧凑、有秩序施工活动的技术依据。

(4) 为物资供应工作提供数据。

(5) 为现场的文明施工创造条件,为现场管理提供依据。

(6) 对施工企业的施工计划起决定和控制性的作用。

(7) 是统筹安排企业生产的投入与产出过程的依据。

(8) 可以提高施工的预见性,减少施工的盲目性。

(9) 标前施工组织设计是投标书的重要组成部分。

5.1.3 施工组织设计的分类

按编制对象、作用不同施工组织设计可以分为:施工组织总设计、单位工程施工组织设计、分部(分项)工程施工组织设计。

1. 施工组织总设计

以整个建设项目或建筑群(如一个工厂、一个机场、一条道路工程包括桥梁、一个居住小区等)为对象,对整个工程的施工进行总体部署和全面规划,用以指导施工单位进行全局性的施工准备和有计划的应用施工力量开展施工活动。施工组织总设计由总承包单位编制,建设单位、设计单位和分包单位参加编制。

施工组织总设计是为解决整个建设项目施工的全局问题,要求简明扼要,重点突出,要安排好主体工程、辅助工程和公用工程的相互衔接和配套。施工组织总设计即以若干单位工程组成的群体工程或特大型项目为主要对象编制的施工组织设计,对整个项目的施工过程起统筹规划、重点控制的作用。在我国,大型房屋建筑工程标准一般指:

(1) 25层以上的房屋建筑工程。

(2) 高度100m及以上的构筑物或建筑物工程。

(3) 单体建筑面积30000m^2及以上的房屋建筑工程。

(4) 单跨跨度30m及以上的房屋建筑工程。

(5) 建筑面积100000m^2及以上的住宅小区或建筑群体工程。

(6) 单项建筑安装合同额1亿元及以上的房屋建筑工程。

但在实际操作中,具备上述规模的建筑工程很多只需编制单位工程施工组织设计,需要编制施工组织总设计的建筑工程规模应当超过上述大型建筑工程的标准,通常需要分期分批建设,可称为特大型项目。

根据《建筑施工组织设计规范》(GB/T 50502—2009),施工组织总设计的主要内容如下:

(1) 工程概况。

(2) 总体施工部署。

(3) 施工总进度计划。

(4) 总体施工准备与主要资源配置计划。

(5) 主要施工方法。

(6) 施工总平面布置。

2. 单位工程施工组织设计

以单位(子单位)工程(如一栋楼房、一个烟囱、一段道路、一座桥等)为编制对象,在施工组织总设计指导下,由施工单位编制,为单位工程的施工给出具体部署,用于直接指导单位工程的施工活动。单位工程的施工组织设计是为具体指导施工服务的,要具体明确,要解决好各工序、各工种之间的衔接配合,合理组织平行流水和交叉作业,以提高施工效率。施工条件发生变化时,施工组织设计须及时修改和补充,以便继续执行。

根据《建筑施工组织设计规范》(GB/T 50502—2009),单位工程施工组织设计的主要内容如下:

(1) 工程概况。
(2) 施工部署。
(3) 施工进度计划。
(4) 施工准备与资源配置计划。
(5) 主要施工方案。
(6) 施工现场平面布置。

3. 分部(分项)工程施工组织设计(又称施工方案)

施工方案是以分部(分项)工程或专项工程为主要对象编制的施工技术与组织方案,用以具体指导其施工过程。施工方案在某些时候也被称为分部(分项)工程或专项工程施工组织设计,是针对某些结构特别重要、技术复杂的,施工难度大或采用新工艺、新技术施工的分部分项工程,如深基础、无黏接预应力混凝土、特大构件吊装、大量土石方工程、定向爆破工程等为对象编制的,其内容具体、详细、可操作性强。通常情况下施工方案是施工组织设计的进一步细化,是施工组织设计的补充,在施工方案中不需赘述施工组织设计的某些内容。根据《建筑施工组织设计规范》(GB/T 50502—2009),施工方案的主要内容如下:

(1) 工程概况。
(2) 施工安排。
(3) 施工进度计划。
(4) 施工准备与资金配置计划。
(5) 施工方法及工艺要求。

5.1.4 施工组织设计编制的基本原则

根据《建筑施工组织设计规范》(GB/T 50502—2009),施工组织设计编制的基本原则如下:

(1) 符合施工合同或招标文件中有关工程进度、质量、安全、环境保护、造价等方面的要求。
(2) 积极开发、使用新技术和新工艺,推广应用新材料和新设备(在目前市场经济条件下,企业应当积极利用工程特点、组织开发、创新施工技术和施工工艺)。
(3) 坚持科学的施工程序和合理的施工顺序,采用流水施工和网络计划等方法,科学配置资源,合理布置现场,采取季节性施工措施,实现均衡施工,达到合理的经济技术指标。
(4) 采取技术和管理措施,推广建筑节能和绿色施工。
(5) 与质量、环境和职业健康安全三个管理体系有效结合。

5.1.5 施工组织设计的编制依据

根据《建筑施工组织设计规范》(GB/T 50502—2009),施工组织设计编制的依据如下:

(1) 与工程建设有关的法律、法规和文件。

（2）国家现行有关标准和技术经济指标（其中技术经济指标主要指各地方的建筑工程概预算定额和相关规定。虽然建筑行业目前使用了清单计价的方法，但各地方编制的概预算定额在造价控制、材料和劳动力消耗等方面仍起一定的指导作用）。

（3）工程所在地区行政主管部门的批准文件，建设单位对施工的要求。

（4）工程施工合同和招标投标文件。

（5）工程设计文件。

（6）工程施工范围内的现场条件、工程地质及水文地质、气象等自然条件。

（7）与工程有关的资源供应情况。

（8）施工企业的生产能力、机具设备状况、技术水平等。

5.1.6 施工组织设计的管理

1. 施工组织设计的编制和审批

（1）施工组织设计应由项目负责人主持编制，可根据需要分阶段编制和审批。有些分期分批建设的项目跨越时间很长，还有些项目地基基础、主体结构、装修装饰和机电设备安装并不是由一个总承包单位完成，此外还有一些特殊情况的项目，在征得建设单位同意的情况下，施工单位可分阶段编制施工组织设计。

（2）施工组织总设计应由总承包单位技术负责人审批；单位工程施工组织设计应由施工单位技术负责人或技术负责人授权的技术人员审批，施工方案应由项目技术负责人审批；重点、难点分部（分项）工程和专项工程施工方案应由施工单位技术部门组织相关专家评审，施工单位技术负责人批准。

在《建设工程安全生产管理条例》中规定：对下列达到一定规模的危险性较大的分部（分项）工程编制专项施工方案，并附具安全验算结果，经施工单位技术负责人、总监理工程师签字后实施。

① 基坑支护与降水工程；

② 土方开挖工程；

③ 模板工程；

④ 起重吊装工程；

⑤ 脚手架工程；

⑥ 拆除爆破工程；

⑦ 国务院建设行政主管部门或者其他有关部门规定的其他危险性较大的工程。

以上所列工程中涉及深基坑、地下暗挖工程、高大模板工程的专项施工方案，施工单位还应当组织专家进行论证、审查。

（3）由专业承包单位施工的分部（分项）工程或专项工程的施工方案，应由专业承包单位技术负责人或技术负责人授权的技术人员审批；有总承包单位时，应由总承包单位项目技术负责人核准备案。

（4）规模较大的分部（分项）工程和专项工程的施工方案应按单位工程施工组织设计进行编制和审批。

有些分部（分项）工程或专项工程如主体结构为钢结构的大型建筑工程，其钢结构分部规模很大且在整个工程中占有重要的地位,需另行分包,遇有这种情况的分部(分项)工程或专项工程,其施工方案应按施工组织设计进行编制和审批。

2. 施工组织设计的动态管理

(1) 项目施工过程中,发生以下情况之一时,施工组织设计应及时进行修改或补充:

① 工程设计有重大修改;

② 有关法律、法规、规范和标准实施、修订和废止;

③ 主要施工方法有重大调整;

④ 主要施工资源配置有重大调整;

⑤ 施工环境有重大改变。

(2) 经修改或补充的施工组织设计应重新审批后实施。

(3) 项目施工前应进行施工组织设计逐级交底,项目施工过程中,应对施工组织设计的执行情况进行检查、分析并适时调整。

5.2 施工组织总设计的编制

施工组织总设计是用以指导建设项目施工全过程的全局性、控制性和技术经济性的文件,是指导全局性施工的技术经济纲要。它对整个建设项目实现科学管理、文明施工、取得良好的综合经济效益,将具有决定性的影响。

5.2.1 施工组织总设计的编制程序

施工组织总设计的编制程序是根据其各项内容的内在联系确定的,如图 5-1 所示,现简要说明如下:

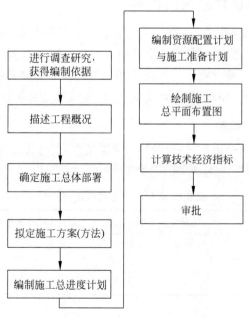

图 5-1 施工组织总设计的编制程序

(1) 进行调查研究,获得编制依据。这是编制施工组织总设计的准备工作,目的是获得足够的信息,作为编制施工组织总设计的信息资源。

(2) 描述工程概况。工程概况可根据获得的编制依据进行描述,它是施工组织设计的前提。

(3) 确定施工总体部署。施工总体部署是战略性安排,是编制施工组织设计其他内容的总依据。

(4) 拟定施工方案(方法)。这里只对主要施工方案进行简要说明。确定施工总体部署和拟定施工方案两者有紧密的联系,往往可以交叉进行。

(5) 编制施工总进度计划。施工总进度计划是时间利用的设计,必须在编制施工部署和施工方案之后进行,而只有编制了施工总进度计划,才具备了编制其他各种计划的条件。

(6) 编制资源配置计划与施工准备计划。这是资源利用的设计。编制了施工总进度计划之后,如何进行总体施工准备和对资源配置的总体要求就比较明确了,便可以编制主要资源配置计划和施工准备计划。编制了施工总进度计划之后,才可以编制资源配置计划,因为资源配置计划要反映各种资源在时间上的需求。

(7) 绘制施工总平面布置图。施工总平面布置图是施工空间设计,只有在编制了施工方案和各种计划以后才具备绘制施工总平面布置图的条件。例如,只有编制了生产和生活的临时设施计划以后,才能确定施工总平面布置图中临时设施的数量和现场布置等。

(8) 计算技术经济指标。技术经济指标的计算目的是对所编制的各项内容进行量化展示,它可以用来评价施工组织总设计的设计水平,为决策提供依据。

(9) 审批。施工组织设计应由项目负责人主持编制,施工组织总设计应由总承包单位技术负责人审批。

5.2.2 施工组织总设计的编制内容

施工组织总设计的编制内容,一般主要包括:建设工程概况、施工总体部署及主要工程项目的施工方案、施工总进度计划、主要资源配置与施工准备计划、施工总平面布置图和主要技术经济指标等。由于建设项目的规模、性质、建筑和结构的复杂程度及特点不同,再加上建筑施工场地的条件差异和施工复杂程度不同,其编制内容也不完全一样。

1. 建设工程概况的编制

建设工程概况包括两类内容,一类是项目主要情况,另一类是项目主要施工条件。为了清晰易读,宜采用图表说明。如表 5-1、表 5-2 所示。

表 5-1 建筑安装工程项目一览表

序号	工程名称	建筑面积/m²	建筑安装造价/万元		吊装和安装工程量/(t 或件)		建筑结构类型
			土建	安装	吊装	安装	

表 5-2　主要建筑物构筑一览表

序号	工程名称	建筑结构特征（或示意图）	建筑面积/m²	占地面积/m²	建筑体积/m²	备注

1）项目主要情况

（1）项目名称、性质、地理位置、建设规模。项目性质可分为工业和民用两大类，应简要介绍项目的使用功能；建设规模可包括项目的占地面积、投资规模（产量）、分期分批建设范围等。

（2）项目的建设、勘察、设计和监理等相关单位的情况。

（3）项目设计情况。简要介绍项目的建筑面积、建筑高度、建筑层数、结构形式、建筑结构及装饰用料、建筑抗震设防烈度、安装工程和机电设备的配置等情况。

（4）项目承包范围及主要分包工程范围。

（5）施工合同及招标文件对项目施工的重点要求。

（6）其他应说明的情况。

2）项目主要施工条件

（1）项目建设地点气象状况。简要介绍项目建设地点的气温、雨、雪、风和雷电等气象变化情况，冬雨期的期限和冬季土的冻结深度等情况。

（2）项目施工区域地形和工程水文地质情况。简要介绍项目施工区域地形变化和绝对标高，地质构造，土的性质和类别，地基土的承载力，河流流量和水质，最高洪水和枯水期的水位，地下水位的高低变化，含水层的厚度、流向、流量和水质等情况。

（3）项目施工区域地上、地下管线及相邻的地上、地下建（构）筑物情况。

（4）与项目施工有关的道路、河流等状况。

（5）当地建筑材料、设备供应和交通运输等服务能力状况。简要介绍工程项目的主要材料、特殊材料和生产工艺设备供应条件及交通运输条件。

（6）当地供水、供电、供热和通信能力状况。根据当地供热、供水和通信情况，按照施工需求，描述相关资源提供能力及解决方案。

（7）其他与施工有关的主要因素。例如，有关本建设项目的建设、指标和文件，拆迁要求，场地"七通一平"要求等。

2．施工总体部署的编制

1）确定施工项目总目标

施工项目总目标包括进度、质量、安全、环境等目标。应根据合同目标或施工组织纲要确定的目标确定这些目标，并根据单项工程或单位工程进行分解，具体确定精确可靠的目标。

2）确定项目分阶段交付的计划

所谓分阶段，就是把工程项目划分为相对独立交付使用或投产的子系统，在保证施工总目标的前提下,实行分期分批建设,既可以使各具体项目迅速建成,尽早投入使用,又可在全局上实现施工的连续性和均衡性,减少暂设工程数量,降低工程成本。例如,大型工业项目可以划分为主体生产系统、辅助生产系统、附属生产系统;住宅小区可以划分为居住建筑、服务型建筑、附属性建筑。

3) 确定项目分阶段(期)施工的合理顺序及空间组织

根据项目分阶段交付的计划,合理地确定每个单位工程的开竣工时间,划分各参与施工单位的工作任务,明确各单位之间的分工与协作关系,确定综合的和专业化的施工组织,保证先后投产或交付使用的系统都能正常运行。

4) 对于项目施工的重点和难点进行简要分析

确定施工的合理顺序及空间组织以后,就要具体分析施工的重点和难点,一边抓住关键进行各项施工组织总体设计。所谓重点,就是对总目标的实现起重要作用的施工对象;所谓难点,就是施工实施技术难度和组织难度大的、消耗时间和资源多的施工对象。

5) 总承包单位明确项目管理组织形式

根据项目的规模、复杂程度、专业特点、人员特点和地域范围确定项目管理的组织形式,绘制施工组织结构体系框图。

6) 对项目施工中开发和使用的新技术、新工艺进行部署

开发和使用新技术应在现有技术水平和管理水平的基础上,立足创新,以住房和城乡建设部(或其他相关行业)推行的各项新技术为纲进行规划,采取可行的技术、管理措施,满足工期和质量等要求。

3. 主要工程项目施工方案的确定

(1) 施工组织总设计要对一些工程量大、施工难度大、工期长、对整个项目完成起关键作用的单位(子单位)工程和主要分部(分项)工程所采用的施工方法进行选择性简要说明,以便进行技术和资源的准备工作、顺利开展施工、进行施工现场的合理布置。

(2) 对脚手架工程、起重吊装工程、临时用水和用电工程、季节性施工等专项工程所采用的施工方法进行选择和简要说明。

(3) 施工方法的确定要兼顾技术工艺的先进性、可操作性和经济合理性,特别要安排采用住房和城乡建设部及地方建设行政主管部门要求推广的新技术和新工艺。

4. 施工总进度计划

施工总进度计划的编制依据如下:总体施工部署确定的施工顺序和空间组织、施工合同、施工进度目标、有关技术经济资料。

施工总进度计划包括以下内容:编制说明,施工总进度计划表(图),分期分批实施工程的开、竣工期,工期一览表。

施工总进度计划是根据施工总体部署,合理确定各单项工程的控制工期及它们之间的施工顺序和搭接关系的计划,应形成总进度计划表(表 5-3)和主要分部分项工程流水施工进度计划(表 5-4),宜优先采用网络计划,且应按现行国家标准《网络计划技术》(GB/T 13400.1~3—2009)和行业标准《工程网络计划技术规程》(JGJ/T 121—2015)的要求编制。

表 5-3 施工总进度计划

序号	工程名称	建筑指标		设备安装指标/t	造价/万元			总劳动量/工日	进度计划					
									第一年				第二年	第三年
		单位	数量		合计	建筑工程	设备安装		Ⅰ	Ⅱ	Ⅲ	Ⅳ		

注：① 工程名称的顺序应按生产、辅助、动力车间、生活福利和管网等次序填列。
② 进度线的表达应按土建工程、设备安装工程和试运装，以不同线条表示。

表 5-4 主要分部分项工程流水施工进度计划

序号	单位工程和分项工程名称	工程量		机械		劳动力			施工持续天数	施工进度计划											
										年 月											
		单位	数量	机械名称	台班数量	机械数量	工种名称	总工日数	平均人数		1	2	3	4	5	6	7	8	9	10	11	12

注：单位工程按主要项目填列，较小项目分类合并。分部分项工程只填列主要的，如土方包括竖向布置，并区分开挖与回填。砌筑包括砌砖与砌石；现浇混凝土包括基础、框架、地面垫层混凝土；吊装包括装配式板材、梁、柱、屋架、砌块和钢结构；抹灰包括室内外装修、地面、屋面及水、电、暖、卫和设备安装。

施工总进度计划的编制要点如下：

1) 计算工程量

(1) 应根据批准的承建工程目标一览表，按工程开展程序和单位工程计算主要实物工程量。计算工程量的目的不但是为了编制施工总进度计划，还服务于编制施工方案和选择主要的施工机械、运输机械，初步规划主要工程的流水施工，计算人工及技术物资的需要量。因此，工程量只需粗略地计算即可。

(2) 计算工程量可按初步设计（或扩大初步设计）图纸，并根据各种定额手册或参考资料进行。常用的定额、资料有：①工程量、劳动量及材料消耗扩大指标；②概算指标和扩大结构定额；③已建房屋、构筑物的资料。

(3) 除房屋外，还必须确定主要的全工地性工程的工程量，如铁路及道路长度、地下管线长度等。这些长度可从建筑总平面图上量得。

计算的工程量应填入"工程量总表"中。

2) 确定各单位工程（或单个构筑物）的施工期限

影响单位工程施工期限的因素很多，应根据建筑类型、结构特征、施工方法、施工管理水平、施工机械化程序及施工现场条件等确定，但工期应控制在合同工期以内。无合同工期的工程，以工期定额为准。

3) 确定各单位工程的开、竣工时间和相互搭接关系

确定单位工程的开、竣工时间主要应考虑以下诸因素：

(1) 同一时期施工的项目不宜过多，以避免人力、物力过于集中。

(2) 尽量使劳动力和技术物资消耗在全过程上均衡。

（3）努力使基础、结构、装修、安装和试生产在时间上和量的比例上均衡、合理。

（4）在第一期工程投产的同时，应安排好第二期及以后各期工程的施工。

（5）以一些附属工程项目作为后备项目，调节主要项目的施工进度。

（6）注意主要工种和主要机械能连续施工。

4）编制施工总进度计划表

在进行上述工作之后，便着手编制施工总进度计划表。先编制施工总进度计划草表，在此基础上绘制资源动态曲线，评估其均衡性，进行必要的调整使资源均衡后，再绘制正式施工总进度计划表。如果是编制网络计划，还可进行优化，实现最优化进度目标、资源均衡目标和成本目标。

5. 主要资源配置与施工准备计划

1）施工准备的内容

施工准备包括技术准备、现场准备和资金准备。各项准备应当满足项目分阶段（分期）施工的需要。因此要根据施工开展顺序和主要施工项目施工方法编制总体施工准备工作计划。

（1）技术准备，包括施工过程所需技术资料的准备、施工方案编制计划、试验检验及设备调试工作计划。

（2）现场准备，包括现场生产、生活等临时设施准备，如临时生产用房，临时生活用房，临时道路规划，材料堆放场规划，临时供水计划，临时供电计划，临时供热、供气计划。

（3）资金准备，主要是根据施工总进度计划编制资金使用计划。

2）主要资源配置计划的内容

主要资源配置计划包括劳动力配置计划和物资配置计划。

（1）劳动力配置计划。劳动力配置计划内容包括：确定各施工阶段（施工期）的总用工量，根据施工总进度确定各施工阶段（施工期）的劳动力配置计划。

劳动力配置计划应按照各工程项目的工程量和总进度计划，参考有关资料（如概（预）算定额）编制。该计划可减少劳务作业人员不必要的进场、退场，避免窝工。

（2）物资配置计划。物资配置计划包括下列内容：根据施工总进度计划确定主要工程材料和设备的配置计划，根据总体施工部署和施工总进度计划确定主要施工周转材料和施工机具的配置计划。

物资配置计划根据总体施工部署和施工总进度计划确定主要物资的计划总量及进场、退场时间。作为物资进场、退场的依据，保证施工顺利进行并降低工程成本。

3）主要资源配置计划的编制

（1）劳动力配置计划的编制。按照施工总进度计划和主要分部分项流水施工进度计划，套用概算定额或经验资料便可计算所需劳动力工日数及人数，进而编制保证施工总进度计划实现的劳动力需要量计划（表5-5）。如果劳动力有余缺，则应采取相应措施。例如，多余的劳动力可计划调出，短缺的劳动力可招募或采取提高效率的措施。调剂劳动力的余缺，必须加强强度工作和合同管理。

表 5-5　劳动力需要量计划

序号	工种名称	施工高峰需要人数	年				年				年				现有人数	多余或不足
			一季	二季	三季	四季	一季	二季	三季	四季	一季	二季	三季	四季		

注：① 工种名称除生产工人外,应包括附属辅助用工(如机修、运输、构建加工、材料保管等)、每季服务和管理用工。
② 表下应附以分季度的劳动力动态曲线(纵轴表示人数,横轴表示时间)。

(2) 主要材料和预制加工需要用量计划。根据拟建的不同结构类型的工程项目和工程量总表,参照概算定额或已建类似工程资料,便可计算出各种材料数量,然后编制主要材料和预制品需用量计划(表 5-6)。

表 5-6　主要材料和预制品需用量计划

项目	主要材料				
材料名称					
单位					
工程名称					

注：① 主要材料可按型钢、钢板、钢筋、管材、水泥、木材、砖、石、沙、石灰、油毡、油漆填列。
② 木材按成材计算。

(3) 主要材料和预制加工品运输量计划。根据预制加工规划和主要材料需用量计划,参照施工总进度计划和主要分部分项工程流水施工进度计划,便可编制主要材料、预制加工品需用量进度计划(表 5-7),以便于组织运输和筹建仓库。运输量计划见表 5-8。

表 5-7　主要材料、预制加工品需用量进度计划

序号	材料或预制加工品名称	规格	单位	需用量				需用进度						
				合计	正式工程	大型临时设施	施工措施	年				年	年	
								一季	二季	三季	四季			

注：材料名称应与表 5-6 一致。

表 5-8　主要材料、预制加工品运输量计划

序号	材料或预制加工品名称	单位	数量	折合吨数	运距/km			运输量/(t·km)	分类运输量/(t·km)		备注
					装货点	卸货点	距离				

注：材料和预制加工品所需运输总量应加入 8%～10% 的不可预见系数,生活日用品运输量按 1.2～1.5t/(人·年)计算。

（4）主要施工机具需用量计划。主要施工机具需用量计划的编制依据是：施工部署和施工方案，施工总进度计划，主要工种工程量和主要材料、预制加工品运输量计划，机械化施工参考资料。主要施工机具、设备需用量计划可参照表 5-9。

表 5-9 主要施工机具、设备需用量计划

序号	机械设备名称	规格型号	电动机功率/kW	数量				购置价值/万元	使用时间	备注
				单位	需用	现有	不足			

注：机具设备名称可按土方、钢筋混凝土、起重、金属加工、运输、木加工、动力、测试、脚手架等机具设备分类填列。

（5）大型临时设施计划。大型临时设施计划应本着尽量利用已有或拟建工程的原则，按照施工部署、施工方案、各种需用量计划，再参照业务量和临时设施计算结果进行编制。计划见表 5-10。

表 5-10 大型临时设施计划

序号	项目	名称	需用量		利用现有建筑	利用拟建建筑	新建	单价/(元/m²)	造价/万元	占地/m²	修建时间
			单位	数量							

注：项目名称包括一切属于大型临时设施的生产、生活用房、临时道路、临时用水、用电和供热系统等。

6. 施工总平面布置图

施工总平面布置图是按照施工部署、施工方案和施工总进度计划及资源配置计划的要求，对施工现场的道路交通、材料仓库、附属生产或加工厂、临时建筑、临时水电管线等做出合理的规划和布置，并以图纸的形式表达出来，从而正确处理全工地施工期间所需各项设施和永久性建筑、拟建工程之间的空间关系，指导现场进行有组织、有计划的文明施工。施工平面布置图既是布置施工现场的依据，也是施工准备工作的一项重要依据，是实现文明施工、节约并合理利用土地、减少临时设施费用的先决条件。因此它是施工组织设计的重要组成部分。

1）施工总平面布置图设计的内容

（1）建设项目施工总平面图上的所有地上、地下已有的和拟建的建筑物、构筑物以及其他设施的位置和尺寸。

（2）所有为全工地施工服务的临时设施的布置位置，包括：

① 施工用地范围、施工用的各种道路；

② 加工厂、制备站及有关机械的位置；

③ 各种材料、半成品、构配件的仓库和生产工艺设备主要堆场、取土弃土位置；

④ 行政管理用房、宿舍、文化生活福利建筑等；

⑤ 水源、电源、变压器位置，临时给排水管线和供电、动力设施；

⑥ 机械站、车库位置；

⑦ 一切安全、消防设施位置。

(3)永久性测量放线标桩位置。

(4)必要的图例、方向标志、比例尺等。

2)施工总平面布置图设计的原则

(1)尽量减少施工用地,少占农田,使平面布置紧凑合理。

(2)合理组织运输,减少运输费用,保证运输方便通畅。

(3)施工区域划分和场地的确定应符合施工流程要求,尽量减少专业工种和各工程之间的干扰。

(4)充分利用各种永久性建筑物、构筑物和原有设施为施工服务,降低临时设施的费用。

(5)各种生产生活设施应便于工人的生产和生活。

(6)满足安全防火、劳动保护的要求。

3)施工总平面布置图设计的依据

(1)各种设计资料,包括建筑总平面图、地形地貌图、区域规划图、建筑项目范围内有关的一切已有和拟建的各种设施位置。

(2)建设地区的自然条件和技术经济条件。

(3)建设项目的建筑概况、施工方案、施工进度计划,以便了解各施工阶段情况,合理规划施工场地。

(4)各种建筑材料、构件、加工品、施工机械和运输工具配置一览表,以便规划工地内部的储放场地和运输线路。

(5)各构件加工厂规模、仓库其他临时设施的数量和外廓尺寸。

4)施工总平面布置图的设计步骤

(1)绘出整个施工场地范围及基本条件,包括场地的围墙和已有的建筑物、道路、构筑物以及其他设施的位置和尺寸。

(2)场外交通的引入,设计施工总平面布置图时,首先应研究大宗材料、成品、半成品、设备等进入工地的运输方式。当大宗材料由铁路运来时,首先要解决铁路由何处引入及如何布置的问题;当大批材料是由水路运来时,应首先考虑原有码头的运用和是否增设专用码头问题;当大批材料是由公路运入工地时,一般先将仓库、加工厂等生产性临时设施布置在最经济合理的地方,然后再布置通向场外的公路线。

(3)仓库与材料堆场的布置,通常考虑设置在运输方便、位置适中、运距较短并且安全防火的地方。区别不同材料、设备和运输方式来设置。

(4)加工厂布置,施工现场一般要设置各种加工厂,如混凝土搅拌站、砂浆搅拌站、预制加工厂、钢筋加工厂、木材加工厂、金属结构、锻工、电焊和机修等车间等。各种加工厂布置,应以方便使用、安全防火、运输费用最少、不影响建筑安装工程施工的正常进行为原则。一般应将加工厂集中布置在同一个地区,且多处于工地边缘。各种加工厂应与相应的仓库或材料堆场布置在同一地区。

(5)内部运输道路的布置。根据各加工厂、仓库及各施工对象的相对位置,研究货物转运图,区分主要道路和次要道路,进行道路的规划。规划厂区内道路时,应考虑以下几点:
①合理规划临时道路与地下管网的施工程序。在规划临时道路时,应充分利用拟建的永久性道路,提前修建永久性道路或者先修路基和简易路面,作为施工所需的道路,以达到节约投资的目的。若地下管网的图纸尚未出全,必须采取先施工道路,后施工管网的顺序时,临

时道路不能完全建造在永久性道路的位置,而应尽量布置在无管网地区或扩建工程范围地段上,以免开挖管道沟时破坏路面。②保证运输畅通。道路应有两个以上进出口,道路末端应设置回车场地,且尽量避免临时道路与铁路交叉。厂内道路干线应采用环形布置,主要道路宜采用双车道,宽度不小于6m,次要道路宜采用单车道,宽度不小于3.5m。③选择合理的路面结构。临时道路的路面结构应当根据运输情况和运输工具的不同类型而定。一般场外与省、市公路相连的干线因其以后会成为永久性道路,一开始就建成混凝土路面;场区内的干线和施工机械行驶路线,最好采用碎石级配路面,以利于修补。场内支线一般为土路或砂石路。

(6) 行政与生活临时设施布置。行政与生活临时设施包括:办公室、汽车库、职工休息室、开水房、小卖部、食堂、俱乐部和浴室等。根据工地施工人数,可计算这些临时设施的建筑面积。应尽量利用建设单位的生活基地或其他永久性建筑,不足部分另行建造。

一般全工地性行政管理用房宜设在全工地入口处,以便对外联系;也可设在工地中间,便于全工地管理。工人用的福利设施应设置在工人较集中的地方,或工人必经之处。生活基地应设在场外,距工地500~1000m为宜。食堂可布置在工地内部或工地与生活区之间。

(7) 临时水电管网及其他动力设施的布置。当有可以利用的水源、电源时,可以将水电从外面接入工地,沿主要干道布置干管、主线,然后与各用户接通。临时总变电站应设置在高压电引入处,不应放在工地中心;临时水池应放在地势较高处。

上述布置应采用标准图例绘制在总平面图上,比例一般为1∶1000或1∶2000。应该指出,上述各设计步骤不是截然分开,各自孤立进行的,而是互相联系,互相制约的,需要综合考虑,反复修正才能确定下来。当有几种方案时,还应进行方案比较。

5) 施工总平面布置图的管理

施工总平面布置图的管理包括:①建立统一的施工总平面布置图管理制度,划分总图的使用管理范围。各区各片由专人负责,严格控制各种材料、构件、机具的位置、占用时间和占用面积。②实行施工总平面布置图动态管理,定期对现场平面进行实录、复核,修正其不合理的地方,定期召开总平面执行检查会议,奖优罚劣,协调各单位关系。③做好现场的清理和维护工作,不准擅自拆迁建筑物和水电线路,不准随意挖断道路。大型临时设施和水电管路不得随意更改和移位。

7. 主要技术经济指标

技术经济指标用以衡量施工组织的水平,可以对施工组织设计文件的技术经济效益进行全面评价,主要包括施工工期、劳动生产率、工程质量(以合格和奖项表示)、降低成本、安全指标(以工伤事故频率控制数表示)、机械指标(以机械化程度表示)、临时工程、节约三大材料百分比等。

5.3 单位工程施工组织设计的编制

单位工程施工组织设计是承包单位以施工组织总设计为指导,以单位工程为对象进行编制的,是直接指导单位工程现场施工活动的技术经济文件,具有较强的针对性和可操作性。其内容主要包括:工程概况及其特点、施工方案选择、施工进度计划、施工准备工作计划、资源需求计划、施工平面图、质量、安全及降低成本措施,技术经济指标等。

5.3.1　单位工程施工组织设计的编制依据

单位工程施工组织设计是以单个建筑物为对象编制的,用于指导组织现场施工的文件。如果单位工程是属于建筑群中的一个单体,则单位工程施工组织设计也是施工组织总设计的具体化。

单位工程施工组织设计的编制依据更为具体,为保证编制工作的质量应当全面地搜集有关资料作为编制依据,主要包括以下内容:

(1) 与工程建设有关的法律、法规和文件。
(2) 国家现行有关标准和技术经济指标。
(3) 工程所在地区行政主管部门的批准文件,建设单位对施工的要求。
(4) 工程施工合同或招标投标文件。
(5) 工程设计文件。
(6) 工程施工范围内的现场条件,工程地质及水文地质、气象等自然条件。
(7) 与工程有关的资源供应情况。
(8) 施工企业的生产能力机具设备状况、技术水平。
(9) 施工组织总设计等。

5.3.2　单位工程施工组织设计的编制程序

(1) 熟悉施工图,会审施工图,到现场进行实地调查并搜集有关施工资料。
(2) 计算工程量,注意必须要按分部分项和分层分段分别计算。
(3) 拟定该项目的组织机构以及项目的施工组织方式。
(4) 拟定施工方案,进行技术经济比较并选择最优施工方案。
(5) 分析拟采用的新技术、新材料、新工艺的措施和方法。
(6) 编制施工进度计划,进行方案比较,选择最优方案。
(7) 根据施工进度计划和实际条件编制下列计划:原材料、预制构件、门窗等的需用量计划,列表做出项目采购计划;施工机械及机具设备需用计划;总劳动力及各专业劳动力需用量计划。
(8) 计算施工及生活用临时建筑数量和面积,如材料仓库及堆场面积、工地办公室及临时工棚面积。
(9) 计算和设计施工临时用水、供电、供气的用量,加压泵等的规格和型号。
(10) 拟订材料运输方案和制订供应计划。
(11) 布置施工平面图,进行方案比较,选择最优施工平面方案。
(12) 拟定保证工程质量、降低工程成本和确保冬(雨)期施工、施工安全和防火措施。
(13) 拟定施工期间的环境保护措施和降低噪声、避免扰民等措施。

5.3.3　单位工程施工组织设计的内容

根据建筑物的规模大小、结构的复杂程度,采用新技术的内容、工期要求、建设地点的自然经济条件、施工单位的技术力量及其对该类工程的熟悉程度,单位工程施工组织设计的编制内容与深度有所不同。一般项目单位工程施工组织设计的内容包括以下几点：

1. 工程概况

工程概况和施工条件分析是对拟建工程特点、地点特征、抗震设防的要求、工程的建筑面积和施工条件等所进行的一个简要的、突出重点的介绍，其主要内容包括：工程的位置、建筑面积、结构型式、建筑特点及施工要求等。

2. 施工准备工作与资源配置计划

施工准备工作是单位工程施工组织设计的一项重要工作。施工准备包括进场条件、劳动力、材料、机具等的准备及使用计划，三通一平(有的工地七通一平)的具体安排，预制构件的施工，特殊材料的订货，临时设施的搭设等。资源配置计划主要包括劳动力、物资等配置计划。

3. 施工方案

施工方案是施工组织设计的核心内容，在编制施工方案的过程中要运用"系统"的观念及方法，研究其技术特征与经济作用；针对不同类型、等级、结构特点的工程制定不同的施工方案。

施工方案主要包括：各主要工种的施工方法，尤其是新技术、新工艺需详细说明；流水段的划分、主要项目的施工顺序和施工方法、土建施工和设备安装作业配合、劳动组织及有关技术措施，如冬季、雨季、夜间施工措施等主要施工方法和技术措施。

4. 施工进度计划表

施工进度计划表是介绍各分部分项工程的项目、数量、施工顺序、搭接和交叉作业的表格。此外还应列出劳动力、材料、机具、预制配件、半成品等需用计划。因此，从施工进度计划表中要反映出整个工程施工的全过程。寻求最优施工进度的指标使资源需用量均衡，在合理使用资源的条件下和不提高施工费用的基础上，力求工期最短。

5. 施工平面图

各种材料、构件、半成品的堆放位置，水、电管线的布置，机械位置及各种临时设施的布局等，力求材料的二次搬运最少。

6. 施工技术、组织与保证安全措施

为保证工程的质量，要针对不同的工作、工种和施工方法，制定出相应的技术措施和不同的质量保证措施。同时要保证文明施工、安全施工。

5.3.4 单位工程施工组织设计的技术经济分析

1. 单位工程施工组织设计技术经济分析基本要求

(1) 全面分析。要对施工的技术方法、组织方法及经济效果进行分析，对需要与可能性进行分析，对施工的具体环节及全过程进行分析。

(2) 作技术经济分析时应抓住施工方案、施工进度计划和施工平面图三大重点内容，并据此建立技术经济分析指标体系。

(3) 在作技术经济分析时，要灵活运用定性方法和有针对性地应用定量方法。在作定量分析时，应对主要指标、辅助指标和综合指标区别对待。

(4) 技术经济分析应以设计方案的要求、有关的国家规定及工程的实际需要为依据。

2. 施工组织设计技术经济分析的指标体系

单位工程施工组织设计中技术经济指标应包括：工期指标、劳动生产率指标、质量指标、安全指标、降低成本率、主要工程机械化程度、三大材料节约指标。

3. 主要指标的计算要求

(1) 总工期指标。从破土动工至单位工程竣工的全部日历天数。

(2) 单方用工指标。它反映劳动的使用和消耗水平。不同建筑物的单方用工之间有可比性，其计算公式：

$$单项工程单方用工数 = 总用工数(工日)/建筑面积$$

(3) 质量优品品率。

(4) 主要材料节约指标。可分别分为主要材料节约量、主要材料节约额或主要材料节约率。

$$主要材料节约量 = 预算用量 - 计划用量$$
$$主要材料节约率 = (主要材料计划节约量/主要材料预算用量) \times 100\%$$

(5) 大型机械耗用台班数及费用

$$大型机械单方耗用台班数 = 耗用总台班/建筑面积$$
$$单方大型机械费 = 计划大型机械台班费/建筑面积$$

(6) 节约工日。

(7) 降低成本指标。

$$降低成本率 = 降低成本额/预算成本$$

式中，降低成本额＝预算成本－计划成本。

4. 单位工程施工组织设计技术经济分析指标的重点

技术经济分析应围绕质量、工期、成本三个主要方面。选用某一方案的原则是：在质量能达到优良的前提下，工期合理，成本节约。

对于单位工程施工组织设计的施工方案，不同的设计内容应有不同的技术经济分析重点指标。

(1) 基础工程应以土方工程、现浇混凝土、打桩、排水和防水、运输进度与工期为重点。

(2) 结构工程应以垂直运输机械选择、流水段划分、劳动组织、现浇钢筋混凝土支模、浇灌及运输、脚手架选择、特殊分项工程施工方案、各项技术组织措施为重点。

(3) 装修阶段应以施工顺序、质量保证措施、劳动组织、分工协作配合、节约材料、技术组织措施为重点。

(4) 单位工程施工组织设计的综合技术经济分析指标应以工期、质量、成本、劳动力节约、材料节约、机械台班节约为重点。

5.4 施工方案的编制

施工方案即是以分部（分项）或专项工程为主要对象编制的施工技术与组织方案，用以具体指导其施工过程。施工方案也被称为分部（分项）或专项工程施工组织设计，但考虑到通常情况下施工方案是施工组织设计的进一步细化,是施工组织设计的补充,施工组织设计的某些内容在施工方案中不需赘述。

5.4.1 施工方案编制原则及对象

1. 编制原则

(1) 可行性。结合工程的具体情况,从实际出发,制定切实可行的施工方案。

(2) 经济性。在方案满足其他条件的同时,还必须使方案经济合理。

(3) 先进性。采用国家推广的新技术、新工艺、新材料、新设备,也可以根据工程具体情况由企业创新。

(4) 安全性。确保工程质量和安全生产,即"质量第一,安全生产"。

2. 编制对象

(1) 按《建筑工程施工质量验收统一标准》的划分原则,对主要分部(分项)工程制定施工方案。

(2) 对脚手架工程、起重吊装工程、临时用电(水)工程、季节性施工等专项工程编制施工方案,并进行必要的验算和说明。

5.4.2 施工方案编制的内容

1. 工程概况

1) 工程主要情况

(1) 分部(分项)或专项工程名称。

(2) 工程参建单位的相关情况。

(3) 工程施工范围。

(4) 施工合同,招标文件。

(5) 总承包单位对工程施工的要求。

2) 设计简介

主要介绍施工范围内的工程设计内容和相关要求。

3) 工程施工条件

重点说明与分部(分项)工程或专项工程相关的内容。

2. 施工安排

(1) 工程施工目标。工程施工目标包括质量、进度、安全、环境和成本目标,各目标应满足施工合同、招标文件和总承包单位对工程施工的要求。

(2) 工程施工顺序及施工流水段划分。确定工程施工顺序及施工流水段划分。

(3) 主要管理措施和技术措施。针对工程的重点和难点进行施工安排并简述主要管理措施和技术措施。

(4) 工程管理组织机构。根据分部分项工程或专项工程的规模、特点、复杂程度、目标控制和总承包单位的要求设置工程管理的组织机构,该机构需各种专业人员配备齐全,项目管理网络完善,岗位责任制健全。

3. 施工进度计划

(1) 分部分项工程或专项工程进度计划应按照上述施工安排,并结合总承包单位的施工进度计划进行编制。施工进度计划内容应全面、安排合理、科学使用,反映出各施工区段或各工种之间的搭接关系,施工期限和开始、结束时间。施工进度计划应能体现和落实施工总进度计划的目标控制要求;通过编制分部分项工程或专项工程进度计划体现总进度计划的合理性。

(2) 施工进度计划的表达方式可以是网络计划或横道图计划,并附必要的说明。

4. 施工准备及资源配置计划

1) 施工准备

(1) 技术准备,包括施工所需技术资料的准备,图纸深化和技术交底作业的要求,试验检验和测试工作计划样板制作计划,与相关单位的技术交接计划等。

(2) 现场准备,包括生产、生活等临时设施的准备,与相关单位进行现场交接计划等。

(3) 资金准备,编制资金使用计划。

2) 资源配置计划

(1) 劳动力配置计划,包括确定工程用工量,编制专业工种劳动力计划。

(2) 物质配置计划,包括工程材料和设备配置计划,周转材料配置计划,施工机具配置计划,计量、测量和检验仪器配置计划等。

5. 施工方法及工艺要求

(1) 施工管理方法是工程施工期间所采用的技术方案、工艺流程、组织措施、检验手段等。它直接影响施工进度、质量、安全以及工程成本。明确分部分项工程或专项工程施工方法,要抓住关键,并进行必要的技术核算。

(2) 对易发生质量通病、易出现安全问题、施工难度大、技术含量高的分部分项工程或专项工程(工序)等进行重点说明。

(3) 施工方法可采用目前国家和地方推广的新技术、新工艺、新材料、新设备,也可以根据工程具体情况由企业创新。企业创新的施工方法要编制计划,制定理论和试验研究实施方案,并组织鉴定评价。

(4) 对季节性施工提出具体要求。为此,可以根据施工地点的实际气候特点,提出具有针对性的施工措施。在施工过程中,还应根据气象部门提供的预报资料,对具体措施进行细化。

5.4.3 专项方案编制与论证要求

本书所指专项方案系指危险性较大的分部分项工程安全专项施工方案,是在编制施工组织设计的基础上,针对危险性较大的分部分项工程(简称危大工程)单独编制的专项施工方案。

1. 危大工程及超过一定规模的危大工程的规定

中华人民共和国住房和城乡建设部令第37号文件颁布的《危险性较大的分部分项工程

安全管理规定》(以下简称"规定")规定:

本规定所称危大工程,是指房屋建筑和市政基础设施工程在施工过程中,容易导致人员群死群伤或者造成重大经济损失的分部分项工程。

危大工程及超过一定规模的危大工程范围由国务院住房和城乡建设主管部门制定。

省级住房和城乡建设主管部门可以结合本地区实际情况,补充本地区危大工程范围。

施工单位应当在危大工程施工前组织工程技术人员编制专项施工方案。

实行施工总承包的专项施工方案应当由施工总承包单位组织编制。危大工程实行分包的专项施工方案可以由相关专业分包单位组织编制。

专项施工方案应当由施工单位技术负责人审核签字、加盖单位公章,并由总监理工程师审查签字、加盖执业印章后方可实施。

危大工程实行分包并由分包单位编制专项施工方案的,专项施工方案应当由总承包单位技术负责人及分包单位技术负责人共同审核签字并加盖单位公章。

对于超过一定规模的危大工程,以下简称超危工程,施工单位应当组织召开专家论证会对专项施工方案进行论证。实行施工总承包的超危工程,由施工总承包单位组织召开专家论证会。专家论证前,专项施工方案应当通过施工单位审核和总监理工程师审查。

专家应当从地方人民政府住房和城乡建设主管部门建立的专家库中选取,符合专业要求且人数不得少于5名。与本工程有利害关系的人员不得以专家身份参加专家论证会。

专家论证会后,应当形成论证报告,对专项施工方案提出通过、修改后通过或者不通过的一致意见。专家对论证报告负责并签字确认。

2. 危大工程和超危工程的范围

住房和城乡建设部办公厅关于实施《危险性较大的分部分项工程安全管理规定》建办质[2018]31号文对危大工程和超危工程的范围进行了规定。

1) 危险性较大的分部分项工程范围

(1) 基坑工程

① 开挖深度超过3m(含3m)的基坑(槽)的土方开挖、支护、降水工程;

② 开挖深度虽未超过3m,但地质条件、周围环境和地下管线复杂,或影响毗邻建(构)筑物安全的基坑(槽)的土方开挖、支护、降水工程。

(2) 模板工程及支撑体系

① 各类工具式模板工程,包括滑模、爬模、飞模、隧道模等工程;

② 混凝土模板支撑工程,分为搭设高度5m及以上,或搭设跨度10m及以上,或施工总荷载(荷载效应基本组合的设计值,以下简称设计值)10kN/m^2及以上,或集中线荷载(设计值)15kN/m及以上,或高度大于支撑水平投影宽度且相对独立无联系构件的混凝土模板支撑工程;

③ 承重支撑体系:用于钢结构安装等满堂支撑体系。

(3) 起重吊装及起重机械安装拆卸工程

① 采用非常规起重设备、方法,且单件起吊质量在10kN及以上的起重吊装工程;

② 采用起重机械进行安装的工程;

③ 起重机械安装和拆卸工程。

(4) 脚手架工程

① 搭设高度 24m 及以上的落地式钢管脚手架工程(包括采光井、电梯井脚手架);

② 附着式升降脚手架工程;

③ 悬挑式脚手架工程;

④ 高处作业吊篮;

⑤ 卸料平台、操作平台工程;

⑥ 异形脚手架工程。

(5) 拆除工程

可能影响行人、交通、电力设施、通信设施或其他建(构)筑物安全的拆除工程。

(6) 暗挖工程

采用矿山法、盾构法、顶管法施工的隧道、洞室工程。

(7) 其他

① 建筑幕墙安装工程;

② 钢结构、网架和索膜结构安装工程;

③ 人工挖孔桩工程;

④ 水下作业工程;

⑤ 装配式建筑混凝土预制构件安装工程;

⑥ 采用新技术、新工艺、新材料、新设备可能影响工程施工安全,尚无国家、行业及地方技术标准的分部分项工程。

2) 超过一定规模的危险性较大的分部分项工程范围

(1) 深基坑工程

开挖深度超过 5m(含 5m)的基坑(槽)的土方开挖、支护、降水工程。

(2) 模板工程及支撑体系

① 各类工具式模板工程,包括滑模、爬模、飞模、隧道模等工程;

② 混凝土模板支撑工程:搭设高度 8m 及以上,或搭设跨度 18m 及以上,或施工总荷载(设计值)15kN/m² 及以上,或集中线荷载(设计值)20kN/m 及以上;

③ 承重支撑体系:用于钢结构安装等满堂支撑体系,承受单点集中荷载 7kN 及以上。

(3) 起重吊装及起重机械安装拆卸工程

① 采用非常规起重设备、方法,且单件起吊重量在 100kN 及以上的起重吊装工程;

② 起重量 300kN 及以上,或搭设总高度 200m 及以上,或搭设基础标高在 200m 及以上的起重机械安装和拆卸工程。

(4) 脚手架工程

① 搭设高度 50m 及以上的落地式钢管脚手架工程;

② 提升高度在 150m 及以上的附着式升降脚手架工程或附着式升降操作平台工程;

③ 分段架体搭设高度 20m 及以上的悬挑式脚手架工程。

(5) 拆除工程

① 码头、桥梁、高架、烟囱、水塔或拆除中容易引起有毒有害气(液)体或粉尘扩散、易燃易爆事故发生的特殊建(构)筑物的拆除工程;

② 文物保护建筑、优秀历史建筑或历史文化风貌区影响范围内的拆除工程。

（6）暗挖工程

采用矿山法、盾构法、顶管法施工的隧道、洞室工程。

（7）其他

① 施工高度 50m 及以上的建筑幕墙安装工程；

② 跨度 36m 及以上的钢结构安装工程，或跨度 60m 及以上的网架和索膜结构安装工程；

③ 开挖深度 16m 及以上的人工挖孔桩工程；

④ 水下作业工程；

⑤ 重量 1000kN 及以上的大型结构整体顶升、平移、转体等施工工艺；

⑥ 采用新技术、新工艺、新材料、新设备可能影响工程施工安全，尚无国家、行业及地方技术标准的分部分项工程。

3. 危大工程专项施工方案的主要内容

（1）工程概况：危大工程概况和特点、施工平面布置、施工要求和技术保证条件。

（2）编制依据：相关法律、法规、规范性文件、标准、规范及施工图设计文件、施工组织设计等。

（3）施工计划：包括施工进度计划、材料与设备计划。

（4）施工工艺技术：技术参数、工艺流程、施工方法、操作要求、检查要求等。

（5）施工安全保证措施：组织保障措施、技术措施、监测监控措施等。

（6）施工管理及作业人员配备和分工：施工管理人员、专职安全生产管理人员、特种作业人员、其他作业人员等。

（7）验收要求：验收标准、验收程序、验收内容、验收人员等。

（8）应急处置措施。

（9）计算书及相关施工图纸。

4. 超危工程专项施工方案的专家论证

1）专家论证会参会人员

超过一定规模的危大工程专项施工方案专家论证会的参会人员应当包括以下几类：

（1）专家。

（2）建设单位项目负责人。

（3）有关勘察、设计单位项目技术负责人及相关人员。

（4）总承包单位和分包单位技术负责人或授权委派的专业技术人员、项目负责人、项目技术负责人、专项施工方案编制人员、项目专职安全生产管理人员及相关人员。

（5）监理单位项目总监理工程师及专业监理工程。

2）专家论证内容

对于超过一定规模的危大工程专项施工方案，专家论证的主要内容应当包括：

（1）专项施工方案内容是否完整、可行。

（2）专项施工方案计算书和验算依据、施工图是否符合有关标准规范。

（3）专项施工方案是否满足现场实际情况，并能够确保施工安全。

超过一定规模的危大工程专项施工方案经专家论证后结论为"通过"的，施工单位可参考专家意见自行修改完善；结论为"修改后通过"的，专家意见要明确具体修改内容，施工单位应当按照专家意见进行修改,并履行有关审核和审查手续后方可实施,修改情况应及时告知专家。

3）专家的条件

市级以上地方人民政府住房和城乡建设主管部门建立的专家库专家应当具备以下基本条件：

（1）诚实守信、作风正派、学术严谨。

（2）从事相关专业工作 15 年以上或具有丰富的专业经验。

（3）具有高级专业技术职称。

第 5 章习题

第6章 工程项目进度控制

6.1 概述

对一个工程项目来说,其建设进度安排是否合理,在实施过程中又能否按计划执行,直接关系到工程项目经济效益的发挥。因此,进度管理与控制是工程项目管理中的核心任务之一。

6.1.1 工程项目进度的相关概念

1) 工程项目活动

工程项目活动是指为完成工程项目而必须进行的具体工作。在工程项目管理中,活动的范围可大可小,一般应根据工程具体情况和管理的需要来定。例如,可将混凝土拌制、混凝土运输、混凝土浇筑和混凝土养护各定义为一项活动,也可将这4项活动综合定义为一项混凝土工程。工程项目活动是编制进度计划、分析进度状况和控制进度的基本工作单元。

2) 工程项目进度与建设工期

(1) 工程项目进度,也称工程进度。所谓进度是指活动或工作进行的速度,工程进度即工程项目进行的速度。工程项目进度是指根据已批准的建设文件或签订的承发包合同,将工程项目的建设进度作进一步的具体安排。工程进度计划可分为设计进度计划、施工进度计划和物资设备供应进度计划等,而施工进度计划可按实施阶段分解为逐年、逐季、逐月等不同阶段的进度计划,也可按项目的结构分解为单位(项)工程、分部分项工程的进度计划。

(2) 工期可分为建设工期与合同工期。建设工期是指工程项目或单项工程从正式开工到全部建成投产或交付使用所经历的时间。建设工期一般按日历月计算,有明确的起止年月,并在建设项目的可行性研究报告中有具体规定。建设工期是具体安排建设计划的依据。

合同工期是指完成合同范围工程项目所经历的时间,它是从承包商接到监理工程师开工通知令的日期算起,直到完成合同规定的工程项目的时间。监理工程师发布开工通知令的时间和工程竣工时间在投标书附件中都已给出了详细规定,但合同工期除了该规定的天数外,还应计及因工程内容或工程量的变化、自然条件不利的变化、业主违约及应由业主承担的风险等不属于承包商责任事件发生的,并且经过监理工程师发布变更指令或批准承包商的工期索赔要求而允许延长的天数。

6.1.2 工程项目进度控制与进度管理

1) 工程项目进度控制

工程项目进度控制是指在规定的建设工期或合同工期内,以事先拟订的合理且经济的工程进度计划为依据,对工程建设的实际进度进行检查、分析,发现偏差,及时分析原因,调整进度计划和采取纠偏措施,直到竣工交付使用的过程。在建设项目实施过程中,业主或监理工程师、承包商均有进度控制的问题,但他们的控制目标、控制依据和控制手段均有差别。进度控制是一项系统工程,对于业主或监理工程师的进度控制,涉及勘察设计、施工、土地征用、材料设备供应、安装调试等多项内容,各方面的工程都必须围绕一个总进度有条不紊地进行。按照计划目标和组织系统,对系统各部分应按计划实施、检查比较、调整计划和控制实施,以保证实现总进度目标。而对于承包商的进度控制,涉及施工合同环境、施工条件、施工方案、劳动力和各种施工物资的组织与供应等多项内容,应围绕合同工期,选择和运用一切可能利用的管理手段,实现合同规定的工期目标。

2) 工程项目进度管理

工程项目进度管理是指编制工程项目进度计划、实施计划、检查实施效果、进度协调和采取措施等的总称。显然,从工作范围这一角度看,工程项目进度管理涵盖了工程项目进度控制。

6.1.3 工程项目进度管理的特点

工程项目具有规模大、建设的一次性和结构与技术复杂等特点,无论是进度编制,还是进度控制,均有它的特殊性,主要表现在以下几点。

(1) 进度管理是一个动态过程。一个大型的建设项目需要几年,甚至十多年。一方面,在这样长的时间里,工程建设环境在不断变化;另一方面,实施进度与计划进度会发生偏差。因此在进度控制中,要根据进度目标和实际进度,不断调整进度计划,并采取一些必要的控制措施,排除影响进度的障碍,确保进度目标的实现。

(2) 工程项目进度计划和控制是一个复杂的系统工程。进度计划按工程单位可分为整个项目总进度计划、单位工程进度计划、分部分项工程进度计划等;按生产要素可分为投资计划、物资设备供应计划等,因此进度计划十分复杂。而进度控制更要复杂,它要控制整个计划系统,而决不仅限于控制项目实施过程中的施工计划。

(3) 进度管理有明显的阶段性。对于设计、施工招标、施工等阶段均有明确的开始与完成时间及相应的工作内容。各阶段工作内容不一,因而有不同的控制标准和协调内容。每一阶段进度完成后都要对照计划给出评价,并根据评价结果作出下一阶段工作进度安排。

(4)进度计划具有不均衡性。对于施工进度来说,由于外界自然环境的干扰,外界工作环境的变化及施工内容和难度上的差别,年、季、月间很难均衡施工,这就增加了进度管理的难度。

(5)进度管理风险性大。由于建设项目的单一性和一次性的特点,进度管理也是一个不可逆转的工作,因而风险较大。在管理中既要沿用前人的管理理论知识,又要借鉴同类工程进度管理的经验和成果,还要根据本工程特点对进度进行创造性的科学管理。

6.1.4 工程项目进度控制的任务

1. 业主(监理)方进度控制的任务

业主(监理)方进度控制的任务是根据工程项目的总工期目标控制整个项目实施阶段的进度,包括控制设计准备阶段的工作进度、设计工作进度、施工进度、物资采购上的进度以及项目动用前准备阶段的工作进度。

2. 设计方进度控制的任务

设计方进度控制的任务是依据设计任务委托合同对设计工作进度的要求控制设计工作进度,这是设计方履行合同的义务。另外,设计方应尽可能使设计工作的进度与招标、施工和物资采购等工作进度相协调。

3. 施工方进度控制的任务

施工方进度控制的任务是依据施工任务委托合同对施工进度的要求控制施工工作进度,这是施工方履行合同的义务。在进度计划编制方面,施工方应视项目的特点和施工进度控制的需要,编制深度不同的控制性、指导性和实施性施工的进度计划,以及按不同计划周期编制的计划,如年度、季度、月度和旬计划等。

4. 供货方进度控制的任务

供货方进度控制的任务是依据供货合同对供货的要求控制供货工作进度,这是供货方履行合同的义务。供货进度计划应包括供货的所有环节,如采购、加工制造、运输等。

6.1.5 工程项目进度控制的措施

工程项目进度控制的措施应包括组织措施、管理措施、经济措施及技术措施。

1. 组织措施

(1)重视健全项目管理的组织体系。
(2)在项目组织结构中应有专门的工作部门和符合进度控制的工作任务和职能。
(3)在任务分工表和管理职能分工表中表示并落实进度控制的工作任务和职能。
(4)编制项目进度控制的工作流程。
(5)进行相关进度控制会议的组织设计,明确会议的类型。
(6)确定各类会议的主持人及参加单位和人员。
(7)确定各类会议的召开时间。
(8)整理、分类和确认各类会议文件等。

2. 管理措施

(1) 树立正确的管理观念,包括进度计划系统的观念、动态管理的观念、进度计划多方案比较和优化的观念。

(2) 运用科学的管理方法和工程网络计划的方法编制进度计划,实现进度控制的科学化。

(3) 选择合适的承发包模式,以避免因过多的合同交界面而影响工程的进展。

(4) 采取风险管理措施,以减少进度控制的风险量。

(5) 重视信息技术在进度控制中的应用。

3. 经济措施

(1) 及时办理工程预付款及工程进度款支付手续。

(2) 对应急赶工给予优厚的赶工费用。

(3) 对工期提前给予奖励。

(4) 对工程延误收取误期损失赔偿金。

4. 技术措施

(1) 不同的设计理念、设计技术路线、设计方案会对工程进度产生不同的影响,在设计工作之前,特别是在设计方案评审和选用时,应对设计技术与工程进度的关系进行分析比较。在工程进度受阻时,应分析是否存在设计技术的因素,为实现进度目标有无设计变更的可能性。

(2) 施工方案对工程进度有直接的影响,在选用前不仅应分析技术的先进性和经济的合理性,还应考虑其对进度的影响。在工程进度受阻时,应分析是否存在施工技术的因素,为实现进度目标有无改变施工技术、施工方法和施工机械的可能性。

6.2 工程项目进度计划的编制与实施

6.2.1 工程项目进度计划的分类

工程项目进度计划系统是由多个相互关联的进度计划组成的系统,它是项目进度控制的依据。根据工程项目进度控制不同的需要和不同的用途,业主方和项目各参与方可以构建多个不同的工程项目进度计划系统。

1. 按对象分类

按对象不同,工程项目进度计划可分为建设项目进度计划、单项工程进度计划、单位工程进度计划、分部分项进度计划等。

2. 按深度分类

按深度不同,工程项目进度计划可分为总进度计划、项目子系统进度计划、项目子系统中的计划构成进度计划等。

3. 按功能分类

按功能不同,工程项目进度计划可分为控制性进度计划、指导性进度计划、实施性进度计划等。

4. 按周期分类

按周期不同,工程项目进度计划可分为5年建设进度计划、年度、季度、月度和旬计划等。

5. 按项目参与方分类

按项目参与方不同,工程项目进度计划可分为业主编制的整个项目实施的进度计划、设计进度计划、施工和设备安装进度计划、采购和供货进度计划等。

本书以下的内容站在施工方的角度,对工程项目的进度计划编制要求、编制方法、进度计划的实施及工程项目的进度(施工进度)检查等方面进行阐述。

6.2.2　工程项目进度计划的编制要求

(1) 保证拟建施工项目在合同规定的期限内完成,努力缩短施工工期。

(2) 保证施工的均衡性和连续性,尽量组织流水搭接、连线、均衡施工,减少现场工作面的停歇和窝工现象。

(3) 尽可能地节约施工费用,在合理范围内,尽量缩小施工现场各种临时设施的规模。

(4) 合理安排机械化施工,充分发挥施工机械的生产效率。

(5) 合理组织施工,努力减少因组织安排不当等人为因素造成时间损失和资源浪费。

(6) 保证施工质量和安全。

6.2.3　工程项目进度计划的编制方法

常见的工程项目进度计划编制方法有横道图法和网络计划法两种。

1. 横道图法

最常见且最普遍应用的进度计划(编制)方法就是横道图法。横道图是按时间坐标绘出的,横向线条表示工程各工序的施工起止时间,整个计划由一系列横道线组成。

1) 横道图法优缺点

它的优点是易于编制、简单明了、直观易懂、便于检查和计算资源,特别适合于现场施工管理。但是,作为一种计划管理的工具,横道图法有它的不足之处:首先,不容易看出工作之间的相互依赖、相互制约的关系;其次,反映不出哪些工作决定了总工期;再次,由于它不是一个数学模型,不能实现定量分析,无法分析工作之间相互制约的数量关系。

2) 横道图法编制程序

(1) 将构成整个工程的全部分项工程纵向排列填入表中。

(2) 横轴表示可能利用的工期。

(3) 分别计算所有分项工程施工所需要的时间。

(4) 如果在工期内能完成整个工程,则将所计算出来的各分项工程所需工期安排在图表上,编排出日程表,这个日程的分配是为了在预定的工期内完成整个工程,对各分项工程的所需时间和施工日期进行试算分配。

2. 网络计划法

与横道图法相反,网络计划法能明确地反映出工程各组成工序之间的相互制约和依赖关系,可以用它进行时间分析,确定出哪些工序是影响工期的关键工序,以便施工管理人员集中精力抓施工中的主要矛盾,减少盲目性。而且它是一个定义明确的数学模型,可以建立各种调整优化方法。

在项目施工中用来指导施工,控制进度的施工进度网络计划,就是经过适当优化的施工网络。其编制程序如下:

1) 调查研究

就是了解和分析工程任务的构成和施工的客观条件,掌握编制进度计划所需的各种资料,特别要对施工图进行透彻研究,并对施工中可能发生的问题进行预测,考虑解决问题的对策等。

2) 确定方案

主要是指确定项目施工总体部署,划分施工阶段,制定施工方法,明确工艺流程,决定施工顺序等。这些一般是施工组织设计中施工方案说明中的内容,且施工方案说明一般应在施工进度计划之前完成,故可直接从有关文件中获得。

3) 划分工序

根据工程内容和施工方案,将工程任务划分为若干道工序。一个项目划分为多少道工序,由项目的规模和复杂程度,以及计划管理的需要来决定,只要能满足工作需要就可以,不必过分细。大体上要求每一道工序都有明确的任务内容,有一定的实物工程量和形象进度目标,能够满足指导施工作业的需要。

4) 估算时间

估算时间是估算完成每道工序所需要的工作时间,也就是每项工作延续时间,这是对计划进行定量分析的基础。

5) 编工序表

将项目的所有工序,依次列成表格,编排序号,以便于查对是否遗漏或重复,并分析相互之间的逻辑制约关系。

6) 画网络图

根据工序表画出网络图。

7) 画时标网络图

给上面的网络图加上时间横坐标,这时的网络图叫时标网络图。

8) 可行性判断

主要是判别资源的计划用量是否超过实际可能的投入量。如果超过了,这个计划是不可行的,要进行调整,就是要将施工高峰错开,削减资源用量高峰;或者改变施工方法,减少资源用量。这时就要增加或改变某些组织逻辑关系,重新绘制时标网络图;如果资源计划用量不超过实际拥有量,那么这个计划是可行的。

9) 优化程度判别

可行的计划不一定是最优的计划。计划的优化是提高经济效益的关键步骤。所以,要判别计划是否最优?如果不是,就要进一步优化,如果计划的优化程度已经可以令人满意,就得到了可以用来指导施工、控制进度的施工网络图。

大多数的工序都有确定的实物工程量,可按工序的工程量,并根据投入资源的多少及该工序的定额计算出作业时间。若该工序无定额可查,则可组织有关管理人员、技术人员、操作工人等,根据有关条件和经验,对完成该工序所需时间进行估计。

在实际施工过程中,应注意横道图法和网络计划法的结合使用,即在编制施工进度计划时,先用网络计划法进行时间分析,确定关键工序,进行调整优化,然后制定相应的横道图,用于指导现场施工。

6.2.4 工程项目进度计划的实施

站在施工方的角度,工程项目进度计划的实施就是按施工项目进度计划开展施工活动,落实和完成计划。施工项目进度计划逐步实施的过程就是项目施工逐步完成的过程。为保证项目各项施工活动,按施工进度计划所确定的顺序和时间进行,以及保证各阶段进度目标和总进度目标的实现,应做好下面的工作。

1. 检查各层次的计划,并进一步编制月(旬)作业计划

施工项目的施工总进度计划、单位工程施工进度计划、分部分项工程施工进度计划都是为了实现项目总目标而编制的,其中高层次计划是低层次计划编制和控制的依据,低层次计划是高层次计划的深入和具体化,在贯彻执行时,要检查各层次计划间是否紧密配合、协调一致,计划目标是否层层分解、互相衔接,检查在施工顺序、空间及时间安排、资源供应等方面有无矛盾,以形成一个可靠的计划体系。

为实施施工进度计划,项目经理部将规定的任务与现场实际施工条件和施工的实际进度相结合,在施工开始前和实施中不断编制本月(旬)的作业计划,从而使施工进度计划更具体、更切合实际、更适应不断变化的现场情况和更可行。在月(旬)计划中要明确本月(旬)应完成的施工任务、完成计划所需的各种资源量、提高劳动生产率、保证工程质量和节约材料的措施。

作业计划的编制,要进行在不同项目间同时施工的平衡协调;确定对施工项目进度计划分期实施的方案;施工项目要分解为工序,以满足指导作业的要求,并明确进度日程。

2. 综合平衡,进行主要要素的优化配置

施工项目不是孤立完成的,它必须由人、财、物(材料、机具、设备等)诸多生产要素在特定地点有机结合才能完成。同时,项目对诸多生产要素的需要又是错落起伏的,因此,施工企业应在各项目进度计划的基础上进行综合平衡,编制企业的年度、季度、月(旬)计划,将施工生产要素在项目间动态组合,优化配置,以保证满足项目在不同时间对生产力诸多要素的需求,从而保证施工项目进度计划的顺利实施。

3. 层层签订承包合同,并签发施工任务书

按前面已检查过的各层次计划,以承包合同和施工任务书的形式分别向分包单位、承包队和施工班组下达施工进度任务。其中,总承包单位与它包单位、施工企业与项目经理部、项目经理部与各承包队和职能部门、承包队与各作业班组间应分别签订承包合同,按计划目标明确规定合同工期、相互承担的经济责任、权限和利益。

另外,要将月(旬)作业计划中的每项具体任务通过签发施工任务书的方式向班组下达。

施工任务书是一份计划文件,也是一份核算文件,又是原始记录。它把作业计划下达到班组,并将计划执行与技术管理、质量管理、成本核算、原始记录、资源管理等融为一体。

4. 全面实行层层计划交底,保证全体人员共同参与计划实施

在施工进度计划实施前,必须根据任务进度文件的要求进行层层交底落实,使有关人员明确各项计划的目标、任务、实施方案、预防措施、开始日期和结束日期、有关保证条件、协作配合要求等,使项目管理层和作业层能协调一致工作,从而保证施工生产按计划、有步骤连续均衡地进行。

5. 做好施工记录工作,掌握现场实际情况

在计划任务完成的过程中,各级施工进度计划的执行者都要跟踪做好施工记录工作,实事求是地记录计划执行中每项工作的开始日期,为施工项目进度计划实施的检查、分析、调整、总结提供真实、准确的原始资料。

6. 做好施工中的调度工作

施工中的调度即是在施工过程中针对出现的不平衡和不协调进行调整,以不断建立新的平衡和维护正常的施工秩序。它是组织施工中各阶段、环节、专业和工种的互相配合,进度协调的指挥核心也是保证施工进度计划顺利实施的重要手段。其主要任务是监督和检查计划实施情况,定期组织调度会,协调各方协作配合关系,采取措施,消除施工中出现的各种矛盾,加强薄弱环节,实现动态平衡,保证作业计划及进度控制目标的实现。保证工程必须以作业与现场实际情况为依据,从施工全局出发,必须按规章制度,及时、准确、果断、灵活地办事。

7. 预测干扰因素,采取预控措施

在项目实施过程中,应经常根据所掌握的各种数据资料,对可能致使项目实施结果偏离进度计划的各种干扰因素进行预测,并分析这些干扰因素所带来的风险程度的大小,预先采取一些有效的控制措施,把可能出现的偏离尽可能消灭于萌芽状态。

6.3 工程项目进度检查

工程项目进度的检查与进度计划的执行是融合在一起的。进度检查是计划执行信息的主要来源,是施工进度调整和分析的依据。因此,工程项目实施的实际进度检查与进度计划调整是工程项目实施的进度控制的主要环节。进度检查主要是实际进度与计划进度两者进行对比,从而发现偏差,以便调整或修改计划。施工进度检查有多种方法,本书主要介绍横道图检查法、前锋线检查法、S形曲线检查法、"香蕉"形曲线检查法和列表检查法。

6.3.1 利用横道图进行检查

利用横道图进行进度控制时,可将每天、每周或每月实际进度情况定期记录在横道图上,用以直观地比较计划进度与实际进度,检查实际执行的进度是超前、落后,还是按计划进行。若通过检查发现实际进度落后了,则应采取必要的措施,改变落后状况;若发现实际进度远比计划进度提前,可适当降低单位时间的资源用量,使实际进度接近计划进度。这样常可降低相应的成本费用。

1. 匀速进展横道图比较法

匀速进展指的是项目进行中，单位时间完成的任务量是相等的。例如某工程项目基础工程的计划进度和截至第 9 周末的实际进度如图 6-1 所示，其中细线条表示该工程计划进度，粗线条表示实际进度。从图 6-1 中实际进度与计划进度的比较可以看出，到第 9 周末进行实际进度检查时，挖土方和做垫层两项工作已经完成：支模板按计划也应该完成，但实际只完成 75%，任务量拖欠 25%；绑扎钢筋按计划应该完成 60%，而实际只完成 20%，任务量拖欠 40%。

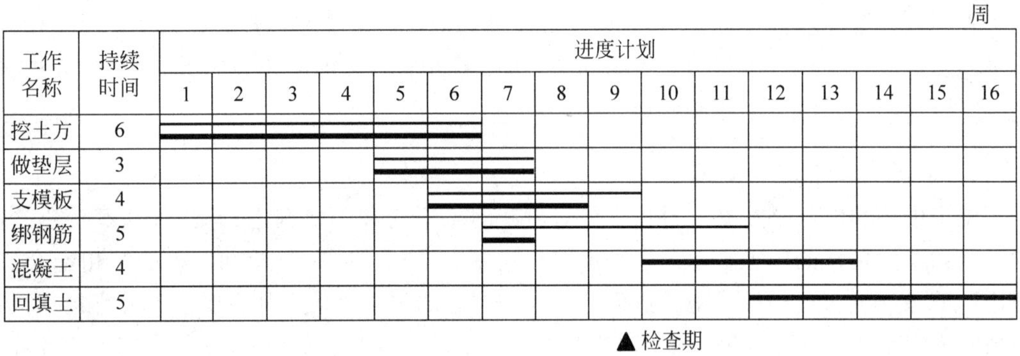

周
工作名称
持续时间
进度计划
1 2 3 4 5 6 7 8 9 10 11 12 13 14 15 16
挖土方 6
做垫层 3
支模板 4
绑钢筋 5
混凝土 4
回填土 5
▲检查期

图 6-1　匀速进展横道图

2. 非匀速进展横道图比较法

实际工作中，非匀速进展更为普遍，其比较的方法步骤如下：

(1) 编制横道图进度计划。

(2) 在横道线上方标出计划完成任务量累计百分比。

(3) 用粗线标出实际进度，并在粗线下方标出实际完成任务量累计百分比，如图 6-2 所示。

1 2 3 4 5 6 7 8 9 10 时间/月
0 5 10 20 35 50 60 80 90 100 计划累计完成百分比/%
0 6 12 22 40 50 60 60 80 90 100 实际累计完成百分比/%

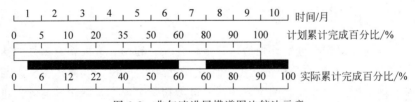

图 6-2　非匀速进展横道图比较法示意

(4) 比较分析实际进度与计划进度。如果同一时刻横道线上方累计百分比大于横道线下方累计百分比，表明实际进度拖后，二者之差即拖欠的任务量；如果同一时刻横道线上方累计百分比小于横道线下方累计百分比，表明实际进度超前，二者之差即超前的任务量；如果同一时刻横道线上方累计百分比等于横道线下方累计百分比，表明实际进度与计划进度一致。

横道图比较法的优点：记录和比较简单，形象直观，容易掌握，广泛应用于简单的进度监测工作。但其缺点有：由于各工作之间的逻辑关系不明显，关键工作和关键线路无法确定,一旦某些工作出现进度偏差,则难以预测对后续工作和整个工期的影响。

6.3.2 利用前锋线进行检查

1. 前锋线的概念

前锋线是指在原时标网络计划上,从检查时刻的时标点出发,用虚线或点画线依次将各项工作实际进展位置点连接而成的折线。前锋线比较法就是通过实际进度前锋线与原进度计划中各工作箭线交点的位置来判断工作实际进度与计划进度的偏差,进而判定该偏差对后续工作及总工期影响程度的一种方法。

2. 前锋线的绘制

采用前锋线比较法进行实际进度与计划进度的比较,其步骤如下。

(1) 绘制时标网络计划图。

(2) 绘制实际进度前锋线。工作实际进展位置点的标定方法有以下两种:①按该工作已完任务量比例进行标定(检查计划时刻某活动的工程实物量完成了几分之几,其前锋点自左至右标在箭线长度的几分之几的位置)。②按尚需作业时间进行标定(若标定该活动在某时刻的实际进度前锋,就用估算办法估算出从该时刻起到完成该活动还需要的时间,从箭线的末端反过来自右到左进行标定)。

3. 前锋线的比较分析

(1) 工作实际进展位置点落在检查日期的左侧,表明该工作实际进度拖后,拖后时间为二者之差。

(2) 工作实际进展位置点与检查日期重合,表明该工作实际进度与计划进度一致。

(3) 工作实际进展位置点落在检查日期的右侧,表明该工作实际进度超前,超前时间为二者之差。

(4) 预测进度偏差对后续工作及总工期的影响。通过实际进度与计划进度的比较确定进度偏差后,还可根据工作的自由时差和总时差预测该进度偏差对后续工作及项目总工期的影响。本页二维码"案例题 4"为扩展练习资料。

例 6.1 某工程时标网络计划,当进度计划执行到第 5 个月和第 10 个月检查时实际进度前锋线如图 6-3 所示,试分别分析第 5 个月和第 10 个月的进度偏差。

解 第 5 个月月末的进度偏差如下:

B 工作拖期 1 个月,且在关键线路上,则总工期拖后 1 个月。

C 工作拖后 0.5 个月,但不在关键线路上,其后续工作有时差可以利用,所以从目前情况判断,不会影响工期。

综上所述,第 5 个月月末,实际进度比计划进度拖后 1 个月。

第 10 个月月末的进度偏差:

G 工作提前 0.5 个月,在关键线路上,仅从该工作考虑,工期可提前 0.5 个月。

H 工作拖后 1 个月,但该工作已完成,且不是关键工作,工作本身有时差可利用,不会影响工期。

综上所述,第 10 个月月末,实际进度比计划进度提前 0.5 个月。

案例题 4

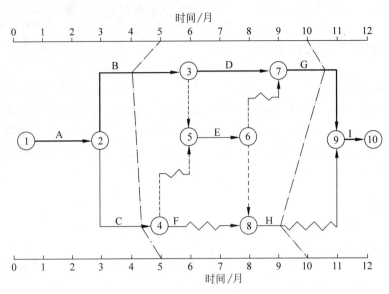

图 6-3 时标网络计划及实际进度前锋线

6.3.3 利用 S 形曲线进行检查

1. S 形曲线检查概念

利用 S 形曲线进行检查是指在图上将工程项目的实际进度及计划进度的 S 形曲线比较,分析进度偏差情况及偏差程度,并预测工程进度。由于一项工程开始、中间和结束时曲线的斜率不相同,总的呈 S 形,故称 S 形曲线。有时,S 形曲线中也以实物工程量、资源投入等代替资金投入指标,从其他角度反映工程的实施进度。

2. S 形曲线检查案例

例 6.2 某工程按时间划分的资金使用计划如图 6-4 所示,绘制该工程的 S 形曲线。如果在第 6 个月月末进行实际进度检查时资金使用累计 3000 万元,第 10 个月月末检查时累计 5500 万元。设实际资金使用情况与计划资金使用的差异均由进度差异造成,分析第 6 个月月末、第 10 个月月末的进度偏差。

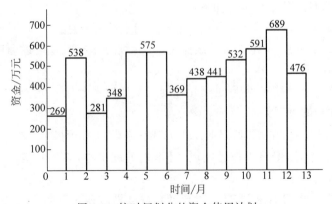

图 6-4 按时间划分的资金使用计划

解 绘制 S 形曲线(时间-资金累计曲线),如图 6-5 所示。

分析进度偏差:

第 6 个月月末 $\Delta T = \left(\dfrac{3000-2955}{3393-2955}+1\right)$ 月 $= 1.1$ 月

则第 6 个月月末进度提前了 1.1 个月。

第 10 个月月末 $\Delta T = \left(\dfrac{5500-4957}{5646-4957}+1\right)$ 月 $= 1.8$ 月

则第 10 个月月末进度提前了 1.8 个月。

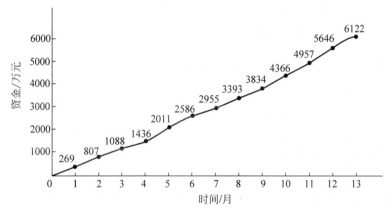

图 6-5 S 形曲线(时间-资金累计曲线)

6.3.4 利用"香蕉"形曲线进行检查

1. "香蕉"形曲线检查概念

"香蕉"形曲线是两条 S 形曲线组合成的闭合曲线。从 S 形曲线比较法中可知:任何一个工程项目,计划时间和累计完成任务量(资金、实物工程量、资源投入量等)之间的关系,都可以用一条 S 形曲线表示。对于一个工程项目的网络计划,在理论上总是分为最早和最迟两种开始与完成时间。因此,按任何一个工程项目的网络计划,都可以绘制出两条曲线:①以各项工作的计划最早可能开始时间安排进度而绘制的 S 形曲线,称为 ES 曲线;②以各项工作的计划最迟必须开始时间安排进度而绘制的 S 形曲线,称为 LS 曲线。两条 S 形曲线都是从计划开始时刻开始,在计划完成时刻结束,因而是闭合的。

在工程项目实施的进度控制中,理想的状况是按实际进度在图中找到的点,应该落在"香蕉"形曲线的区域内,如图 6-6 中的实际进度线。

2. "香蕉"形曲线检查案例

例 6.3 某工程项目网络计划如图 6-7 所示,图中箭线上方括号内数字表示各项工作计划完成

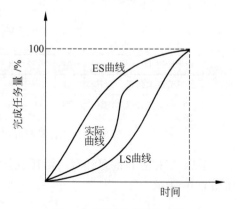

图 6-6 "香蕉"形曲线比较

的任务量,以劳动消耗量表示,试绘制"香蕉"形曲线。

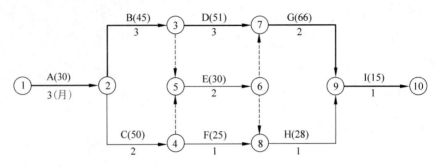

图 6-7 某工程项目网络计划

解 确定各项工作单位时间的劳动消耗量。

工作 A：30÷3＝10　　工作 B：45÷3＝15　　工作 C：50÷2＝25

工作 D：51÷3＝17　　工作 E：30÷2＝15　　工作 F：25÷1＝25

工作 G：66÷2＝33　　工作 H：28÷1＝28　　工作 I：15÷1＝15

计算工程项目劳动总消耗量：

$$Q = 30+45+50+51+30+25+66+28+15 = 340$$

再根据各项工作按最早时间、最迟时间安排的进度计划,确定工程项目每月计划劳动消耗量及各月累计劳动消耗量,如图 6-8 及图 6-9 所示。

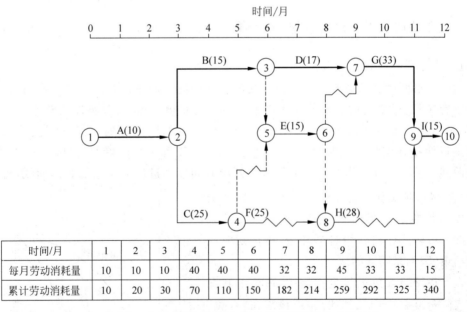

时间/月	1	2	3	4	5	6	7	8	9	10	11	12
每月劳动消耗量	10	10	10	40	40	40	32	32	45	33	33	15
累计劳动消耗量	10	20	30	70	110	150	182	214	259	292	325	340

图 6-8 按工作最早开始时间安排的进度计划及劳动消耗量

最后,根据各自的累计劳动消耗量分别绘制 ES 曲线和 LS 曲线,便得到"香蕉"形曲线,如图 6-10 所示。

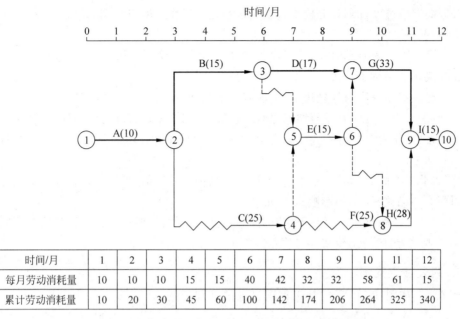

图 6-9 按工作最迟开始时间安排的进度计划及劳动消耗量

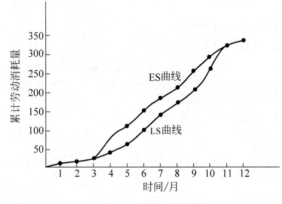

图 6-10 "香蕉"形曲线

6.3.5 利用列表进行检查

1. 列表检查概念

当工程进度用非时标网络表示时,也可以采用列表比较法进行进度检查。

列表比较法是记录检查日期应该进行的工作名称及其已经作业的时间,然后列表计算有关时间参数,并根据工作总时差进行实际进度与计划进度比较的方法。

2. 列表检查步骤

采用列表比较法进行实际进度与计划进度的比较,其步骤如下:

(1) 对于实际进度检查日期应该进行的工作,根据已经作业的时间,确定其尚需作业的时间。

(2) 根据原进度计划计算检查日期应该进行的工作从检查日期到原计划最迟完成时间的尚余时间。

(3) 计算工作尚有总时差，其值等于工作从检查日期到原计划最迟完成时间尚余时间与该工作尚需作业时间之差。

(4) 比较实际进度与计划进度，可能有以下几种情况：

① 如果工作尚有总时差与原有总时差相等，说明该工作实际进度与计划进度一致；

② 如果工作尚有总时差大于原有总时差，说明该工作实际进度超前，超前的时间为二者之差；

③ 如果工作尚有总时差小于原有总时差，且仍为非负值，说明该工作实际进度拖后，拖后的时间为二者之差，但不影响总工期；

④ 如果工作尚有总时差小于原有总时差，且为负值，说明该工作实际进度拖后，拖后的时间为二者之差，此时工作实际进度偏差将影响总工期。

3. 列表检查案例

例 6.4 如图 6-7 所示的某工程项目进度计划，在执行到第 7 个月月末检查实际进度时，发现工作 A、B、C 已经全部完成，工作 D 已进行 2 个月，工作 E 已进行 1 个月，工作 F 已进行 0.5 个月。试用列表法进行实际进度与计划进度的比较。

解 根据工程项目进度计划及实际进度检查结果，可以计算出检查日期应进行工作的尚需作业时间、原有总时差及尚有总时差等，计算结果见表 6-1。通过比较尚有总时差及原有总时差，即可判断目前工程实际进展情况。

表 6-1 进度检查比较

工作名称	检查时尚需作业月数	到计划最迟完成时尚余月数	原有总时差	尚有总时差	情 况 判 断
D	1	2	0	1	超前 1 个月
E	1	2	1	1	实际进度与计划进度一致
F	0.5	3	4	2.5	拖后 1.5 个月，但不影响总工期

6.4 进度拖延原因分析及解决措施

6.4.1 进度拖延原因分析

项目管理者应按预定的项目计划定期评审实施进度情况，分析并确定拖延的根本原因。进度拖延是工程项目过程中经常发生的现象，各层次的项目单元，各个项目阶段都可能出现延误。进度拖延的原因是多方面的，常见的有以下几方面。

1. 工期及相关计划的失误

计划失误是常见的现象。人们在计划期将持续时间安排得过于乐观了，包括：

(1) 计划时忘记(遗漏)部分必需的功能或工作。

(2) 计划值（如计划工作量、持续时间）不足，相关的实际工作量增加。

(3) 资源或能力不足，如计划时没考虑到资源的限制或缺陷，没有考虑如何完成工作。

(4) 出现了计划中未能考虑到的风险或状况，未能使工程实施达到预定效率。

(5) 在现代工程中，上级（业主、投资者、企业主管）常常在一开始就提出很紧迫的工期要求，使承包商或其他设计人、供应商的工期太紧。而且业主为了缩短工期，常常压缩承包商的制作标期、前期准备的时间。

2. 边界条件的变化

(1) 工作量的变化可能是由设计的修改、设计的错误、业主新的要求、修改项目的目标及系统范围的扩展造成的。

(2) 外界（如政府、上层系统）对项目新的要求或限制，设计标准的提高可能造成项目资源的缺乏无法及时完成。

(3) 环境条件的变化，如不利的施工条件不仅造成对工程实施过程的干扰，有时直接要求调整原来已确定的计划。

(4) 发生不可抗力事件，如地震、台风、动乱、战争状态等。

3. 管理过程中的失误

(1) 计划部门与实施者之间、总分包商之间、业主与承包商之间缺少沟通。

(2) 工程实施者缺少工期意识，如管理者拖延了图纸的供应和批准，任务下达时缺少必要的工期说明和责任落实，拖延了工程活动。

(3) 项目参加单位对各个活动（各专业工程和供应）之间的逻辑关系（活动链）没有清楚的了解，下达任务时也没有作详细的解释，同时对活动的必要前提条件准备不足，各单位之间缺少协调和信息沟通，许多工作脱节，资源供应出现问题。

(4) 由于其他方面未完成项目计划造成拖延，如设计单位拖延设计、运输不及时、上级机关拖延批准手续、质量检查拖延、业主不果断处理问题等。

(5) 承包商没有集中力量施工，材料供应拖延，资金缺乏，工期控制不紧，这可能是由于承包商同期工程太多，力量不足造成的。

(6) 业主没有集中资金的供应，拖欠工程款，或业主的材料、设备供应不及时。

4. 其他原因

由于采取其他调整措施造成工期的拖延，如设计的变更，质量问题的返工，实施方案的修改等。

6.4.2 进度偏差对后续工作及总工期的影响分析

1) 分析出现进度偏差的工作是否为关键工作

关键工作出现进度偏差一定会对后续工作及总工期产生影响，必须采取措施调整；非关键工作出现偏差，则需根据偏差值与总时差、自由时差的关系做进一步分析。

2) 分析进度偏差是否超过总时差

如果超出总时差，则此进度偏差必将影响后续工作及总工期，必须采取相应的调整措施；如果未超出总时差，则不影响总工期，但应根据偏差值与其自由时差的关系做进一步分析。

3) 分析进度偏差是否超出自由时差

如果超出自由时差,将对后续工作产生影响,此时应根据后续工作的限制条件确定调整方法;如果未超出自由时差,则对后续工作无影响,原进度计划可以不做调整。

6.4.3 进度拖延的解决措施

1. 基本策略

对已产生的进度拖延可以采取如下基本策略:

(1) 采取积极的措施赶工,以弥补或部分弥补已经产生的拖延。主要通过调整后期计划,采取措施赶工,修改进度计划网络图。

(2) 不采取特别的措施,在目前进度状态的基础上,仍按照原计划安排后期工作。但通常情况下,拖延的影响会越来越大。有时刚开始仅一、两周的拖延,到最后会导致一年拖延的结果。这是一种消极的办法,最终结果必然损害工期目标和经济效益,如因拖延工期被罚款,由于不能及时投产而不能实现预期收益等。

2. 可以采取的赶工措施

与在计划阶段压缩工期一样,解决进度拖延有许多方法,但每种方法都有它的适用条件、限制,必然会带来一些负面影响。在实际工作中,都将重点集中在时间问题上,忽略了其他因素,这失之偏颇。许多措施常常没有效果,或引起其他更严重的问题,最典型的是增加成本开支、现场的混乱和引起质量问题。

在实际工程中经常采用如下赶工措施:

(1) 增加资源投入,如增加劳动力、材料、周转材料和设备的投入量。这是最常用的办法。它会带来如下几方面问题。

① 造成费用的增加,如增加人员的调遣费用、周转材料一次性费、设备的进出场费;

② 由于增加资源造成资源使用效率的降低;

③ 加剧资源供应的困难,如有些资源没有增加的可能性,加剧项目之间或工序之间对资源激烈的竞争。

(2) 重新分配资源,如将服务部门的人员投入生产中,投入风险准备资源,采用加班或多班制工作。

(3) 减少工作范围,包括减少工作量或删去一些工作包(或分项工程)。但这可能产生如下几方面影响。

① 对工程的完整性、经济、安全、高效率运行产生影响,或提高项目运行费用;

② 必须经过上层管理者,如投资者、业主的批准。

(4) 改善工具、器具以提高劳动效率。

(5) 提高劳动生产率,主要通过辅助措施和合理的工作过程。这里要注意如下几方面问题。

① 加强培训,当然这又会增加费用,需要时间,通常应尽可能地提前培训;注意工人级别与工人的技能的协调;工作中的激励机制,如奖金、小组精神发扬、个人负责制、目标明确。

② 改善工作环境及项目的公用设施(需要增加费用);项目小组时间上和空间上合理的组合和搭接。

③ 避免项目组织中的矛盾，多沟通。

(6) 将部分任务转移，如分包、委托给另外的单位，将原计划由自己生产的结构件改为外购等。当然这不仅有风险，产生新的费用，而且需要增加控制和协调工作。

(7) 改变网络计划中工程活动的逻辑关系，如将前后顺序工作改为平行工作，或采用流水施工的方法。这又可能产生如下几方面问题。

① 工程活动逻辑上的矛盾性；
② 资源的限制，平行施工要增加资源的投入强度，尽管投入总量不变；
③ 工作面限制及由此产生的现场混乱和低效率问题。

例 6.5 某工程项目基础工程包括挖基槽、做垫层、砌基础、回填土四个施工过程，持续时间分别为 21 天、15 天、18 天和 9 天。如果采取依次施工，其工期是否满足 40 天的要求工期？若在工作面及资源供应允许的条件下，该工程可划分为工程量大致相等的三个施工段。组织流水施工，试绘制该基础工程流水施工的网络计划，并确定其计算工期是否满足要求。如果工期要求为 23 天，应如何组织施工？

解 依次施工的工期为 63 天，不满足要求工期。该工程的网络计划如图 6-11 所示，此时工期已经缩短为 35 天，满足工期的要求。

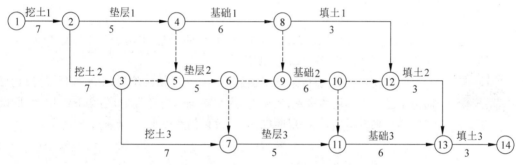

图 6-11 基础工程流水施工网络计划

当要求工期为 23 天时，可以组织平行施工，其工期为：

$$(7+5+6+3) \text{ 天} = 21 \text{ 天}$$

满足工期 23 天的要求。

(8) 将一些工作包合并，特别是在关键线路上按先后顺序实施的工作包合并，与实施者一起研究，通过局部地调整实施过程和人力、物力的分配，达到缩短工期。

通常，A_1、A_2 两项工作如果由两个单位分包按次序施工(图 6-12)则它的持续时间较长。而如果将它们合并为 A，由一个单位来完成，则持续时间就会大大缩短。这是由于：两个单位分别负责，则它们都经过前期准备低效率、正常施工、后期低效率过程，则总的平均效率很低。

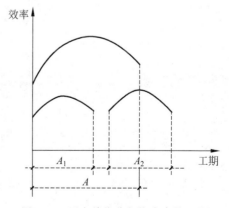

图 6-12 两个单位分包按次序施工及合包施工

① 由于由两个单位分别负责，中间有一个对 A_1 工作的检查、打扫和场地交接和对 A_2 准备的过程，会使工期延长，这由分包合同或工作任务单所决定；

② 如果合并由一个单位完成，则平均效率会较高，而且许多工作能够穿插进行；

③ 实践证明，采用"设计-施工"总承包，或项目管理总承包，比分阶段、分专业平行承包工期大大缩短。

（9）修改实施方案，如将现浇混凝土改为场外预制、现场安装。这样可以提高施工速度。例如，在一国际工程中，原施工方案为现浇混凝土，工期较长。进一步调查发现该国技术木工缺乏，劳动力素质和可培训性较差，无法保证原工期，后采用预制装配施工方案，大大缩短了工期。

当然这一方面必须有可用的资源，另一方面也要考虑会导致成本的超支。

3．应注意的问题

（1）在选择措施时，要考虑到：赶工应符合项目的总目标与总战略；措施应是有效的、可以实现的；花费比较省；对项目的实施、承包商、供应商的影响面较小。

（2）在制订后续工作计划时，这些措施应与项目的其他过程协调。

（3）在实际工作中，人们常常采用了许多事先认为有效的措施，但实际效力却很小，常常达不到预期的缩短工期效果。这是由于：

① 这些计划是无正常计划期状态下的计划，常常是不周全的；

② 缺少协调，没有将加速的要求、措施、新的计划、可能引起的问题通知相关各方，如其他分包商、供应商、运输单位、设计单位；

第 6 章习题

③ 人们对以前造成拖延问题的影响认识不清。例如，由于外界干扰，到目前为止已造成两周的拖延，实质上，这些影响是有惯性的，还会继续扩大，所以即使现在采取措施，在一段时间内，其效果仍然很小，拖延仍会继续扩大。

第7章 工程项目质量管理

7.1 概述

7.1.1 质量和工程项目质量

1. 质量定义

我国标准《质量管理体系 基础和术语》(GB/T 19000—2016)关于质量的定义是：客体的一组固有特性满足要求的程度。该定义可理解为：客体是指可感知或可想象到的任何事物，可能是物质的、非物质的或想象的，包括产品、服务、过程、人员、组织、体系、资源等。固有特性是指本来就存在的，尤其是那种永久的特性。质量由与要求有关的、客体的固有特性，即质量特性来表征；而要求是指明示的、通常隐含的或必须履行的需求或期望。质量差、好或优秀，以其质量特性满足质量要求的程度来衡量。

2. 工程项目质量定义

工程项目质量是指通过项目实施形成的工程实体的质量，是反映建筑工程满足法律、法规的强制性要求和合同约定的要求，包括在安全、使用功能以及在耐久性能、环境保护等方面满足要求的明显和隐含能力的特性总和。其质量特性主要体现在适用性、耐久性、安全性、可靠性、经济性及与环境的协调性等六个方面。

1) 工程项目质量特性

(1) 适用性，是指工程满足使用目的的各种性能，即工程的功能，主要包括工业与民用建筑及其他工程满足生产、生活等各种需要的使用性能，保温、隔热、抗渗、耐酸碱、防风化等理化性能，造型、装饰、色彩的协调性等外观性能，以及基础的牢固和结构具有足够的刚度、强度、稳定性等结构性能。

(2) 耐久性，工程质量在使用时间方面的特性表现为建筑工程产品的寿命或其使用性能稳定在设计指标规定的延续时间以内的能力。工程在竣工后的合理使用寿命周期是指工程在规定的条件下,满足规定功能要求使用的年限,因工程本身结构类型、质量要求、施工方法和使用性能不同而有所不同。

(3) 安全性,主要是指工程建成后在使用过程中保证结构安全、保证人身和环境免受危害的程度,也包括维护过程的安全性能。

(4) 可靠性,是指工程在规定的时间和规定的条件下完成规定功能的能力。工程不仅要求在交工验收时要达到规定的指标,而且在一定使用时期内要保持应有的正常功能。

(5) 经济性,是指工程从规划、勘察、设计、施工到整个产品使用寿命周期内的成本和消耗的费用,具体表现为设计成本、施工成本、使用成本三者之和,可以用造价(价格)、生产能力或效率、生产使用过程中的能耗和材耗以及维修费用的高低来表示。

(6) 与环境的协调性,即环境的适应性,是指工程与周围生态环境、地区经济环境及周围已建工程的协调性,并应适应可持续发展的要求。

2) 工程项目质量特点

工程项目质量的特点是由其自身的特点所决定的,具体表现在以下几个方面。

(1) 影响因素多。工程项目建设周期长、项目投资大、涉及面广、项目参与者众多。因此,影响工程项目质量的因素很多,如工程地质地貌情况、勘察设计水平、施工材料供应、机械设备条件、施工工艺及方法、工期要求和投资限制、技术措施、人员素质及管理制度等,这些因素都会直接或间接地影响工程项目的质量,也增加了质量问题的性质、危害分析、判断和处理的复杂性。

(2) 质量波动较大。由于工程项目的建设具有单件性、流动性和不可重复性,即使某一处某一部位质量好,另一处也可能质量不好。如果某一关键部位质量不好,就可能造成整个单项工程质量不好,或引起整个工程项目质量的变异,从而造成质量事故。

(3) 质量隐蔽性强。工程项目建设过程中,由于工序交接较多,造成施工过程中产生隐蔽工程,若施工中不及时检查验收,可能造成质量隐患,完工后很难看出质量问题,由此可能产生对工程项目质量的判断失误。另外,供需之间的交接也容易造成隐蔽性的质量事故。

(4) 质量终检局限性大。工程项目建成后的终检(竣工验收)无法进行工程内在质量的全面检验,发现质量隐蔽工程的质量缺陷,此时的检查结论有很大局限性。所以,在施工过程中,必须实施现场监督管理,以及时发现隐蔽工程的质量问题。因此,工程项目质量的管理应重视事前管理、事中监理,以预防为主,防患于未然,彻底消除质量隐患。

(5) 质量评价方法的特殊性。工程项目质量的检验评定及验收是按检验批、分项工程、分部工程、单位工程进行的。检验批质量是分项工程乃至整个工程项目质量检验的基础,而其质量合格与否主要取决于对主控项目和一般项目的抽验结果。与一般工业产品质量评价方法不同的是,工程项目质量是在施工单位按合格质量标准自行检查评定的基础上,由监理工程师(或建设单位项目负责人)组织有关人员进行检验确认验收。

7.1.2 质量管理和工程项目质量管理

质量管理是在质量方面指挥和控制组织协调活动的管理,其首要任务是确定质量方针、质量目标和质量职责,核心是要建立有效的质量管理体系,并通过质量策划、质量控制、质量保证和质量改进这四大支柱来确保质量方针、质量目标的实施和实现。其中,质量策划是致力于编制质量目标并规定必要的进行过程和相关资源来实现质量目标；质量控制是致力于满足工程质量要求,为保证工程质量满足工程合同、规范标准所采取的一系列措施、方法和手段；质量保证是致力于提供质量要求并得到信任；质量改进是致力于增强满足质量要求的能力。质量管理也可以理解为：监视和检测、分析判断、制定纠正措施、实施纠正措施。

就工程项目质量而言,工程项目质量管理是为达到工程项目质量要求所采取的作业技术和活动。工程项目质量要求主要表现为工程合同、设计文件、规范规定的质量标准。工程项目质量管理就是为了保证达到工程合同规定的质量标准而采取的一系列措施、手段和方法。

7.1.3 质量控制和工程项目质量控制

质量控制是质量管理的一部分,是致力于满足质量要求的一系列相关活动。这些活动主要包括：

(1) 设定标准,即规定要求,确定需要控制的区间、范围、区域。
(2) 测量结果,测量满足所设定标准的程度。
(3) 评价,即评价控制的能力和效果。
(4) 纠偏,对不满足设定标准的偏差及时纠正,保持控制能力的稳定性。

工程项目质量控制是为达到工程项目质量目标所采取的作业技术和活动,贯穿于项目执行的全过程；是在明确的质量目标和具体条件下,通过行动方案和资源配置的计划、实施、检查和监督,进行质量目标的事前预控、事中控制和事后纠偏控制,实现预期质量目标的系统过程。

工程项目的质量要求主要是由业主方提出的。项目的质量目标是业主的建设意图通过项目策划,包括项目的定义及建设规模、系统构成、使用功能和价值、规格、档次、标准等的定位策划和目标决策来确定的。项目承包方为实现较高的顾客满意度,也可以提出更高的质量目标,满足业主方既没有明示,也不是通常隐含或必须履行的期望。工程项目质量控制就是在项目实施过程中,包括项目的勘察设计、招标采购、施工安装、竣工验收等各个阶段,项目参与各方致力于实现项目质量总目标的一系列活动。

工程项目质量控制包括项目的建设、勘察、设计、施工、监理各方的质量控制活动。

7.1.4 影响工程质量的因素

工程项目生命周期中的各个阶段,对其质量的形成起着不同的作用和影响。例如,项目的可行性研究直接影响项目的决策质量和设计质量；项目的决策要求投资、质量、进度三者协调统一,并确定工程项目应达到的质量目标和水平；项目的勘察设计使得质量目标和水平具体化,为施工提供直接依据；工程项目的实施阶段形成最终产品——工程实体,也是形成实体质量的决定性环节；竣工验收则是考核项目质量是否达到要求,以保证最终产品的质量。

影响工程质量的主要因素有"人(man)、材料(material)、机械(machine)、方法(method)及环境(environment)"等五大方面,即4M1E。

1. 人的因素

人的因素影响主要是指包括直接参与施工的决策者、管理者和作业者的质量意识及质量活动能力对施工质量的形成造成的影响。人员的素质,包括人的文化水平、技术水平、决策能力、组织管理能力、作业能力、身体素质和职业道德等,都直接或间接地对工程项目各阶段的质量产生影响,从而最终对工程质量产生不同的影响,所以人员素质是影响工程质量的一个重要因素。因此,建筑行业实行的经营资质管理和各类专业人员持证上岗制度是保证人员素质的重要管理措施。

2. 材料的因素

工程材料包括工程材料和施工用料,又包括原材料、半成品、成品、构配件和周转材料等。各类材料是工程施工的物质条件,工程材料的质量对工程的适用性、耐久性、安全性及可靠性等质量特性都有直接的影响。材料质量是工程质量的基础,材料质量不符合要求,工程质量就不可能达到标准。所以加强对材料的质量控制,是保证工程质量的重要基础。

3. 机械的因素

机械设备包括工程设备、施工机械和各类施工工器具。工程设备是指组成工程实体的工艺设备和各类机具,如各类生产设备、装置和辅助配套的电梯、泵机,以及通风空调、消防、环保设备等,它们是工程项目的重要组成部分,其质量的优劣,直接影响到工程使用功能的发挥。施工机械设备是指施工过程中使用的各类机具设备,包括运输设备、吊装设备、操作工具、测量仪器、计量器具以及施工安全设施等。施工机械设备是所有施工方案和工法得以实施的重要物质基础,合理选择和正确使用施工机械设备是保证施工质量的重要措施。

4. 方法的因素

施工方法包括施工技术方案、施工工艺、工法和施工技术措施等。从某种程度上说,技术工艺水平的高低,决定了施工质量的优劣。采用先进合理的工艺、技术,依据规范的工法和作业指导书进行施工,必将对组成质量因素的产品精度、强度、平整度、清洁度、耐久性等物理、化学特性等方面起到良性的推进作用。比如,建设主管部门在建筑业中推广应用的10项新的应用技术,包括地基基础和地下空间工程技术、高性能混凝土技术、高效钢筋和预应力技术、新型模板及脚手架应用技术、钢结构技术、建筑防水技术等,对消除质量通病保证建设工程质量起到积极作用,收到明显效果。

5. 环境的因素

环境的因素主要包括施工现场自然环境因素、施工质量管理环境因素和施工作业环境因素。环境因素对工程质量的影响,具有复杂多变和不确定性的特点。

(1) 施工现场自然环境因素。主要指工程地质、水文、气象条件和周边建筑、地下障碍物以及其他不可抗力等对施工质量的影响因素。例如,在地下水位高的地区,若在雨季进行基坑开挖,遇到连续降雨或排水困难,就会引起基坑塌方或地基受水浸泡影响承载力等;在寒冷地区冬期施工措施不当,工程会因受到冻融而影响质量;在基层未干燥或大风天进行卷材屋面防水层的施工,就会导致粘贴不牢及空鼓等质量问题。

(2) 施工质量管理环境因素。主要指施工单位质量管理体系、质量管理制度和各参建施工单位之间的协调等因素。根据承发包的合同结构,理顺管理关系,建立统一的现场施工组织系统和质量管理的综合运行机制,确保工程项目质量保证体系处于良好的状态,创造良好的质量管理环境和氛围,是施工顺利进行,提高施工质量的保证。

(3) 施工作业环境因素。主要指施工现场平面和空间环境条件,各种能源介质供应,施工照明、通风、安全防护设施、施工场地给排水,以及交通运输和道路条件等因素。这些条件是否良好,直接影响到施工能否顺利进行,以及施工质量能否得到保证。

例 7.1 某公共建筑工程,建筑面积 $22000m^2$,地下 2 层,地上 5 层,层高 3.2m,钢筋混凝土框架结构,大堂 1~3 层中空,大堂顶板为钢筋混凝土井字梁结构。现场浇筑混凝土,浇筑后养护 28 天,发现结构某处出现混凝土部分开裂。经分析,发现如下问题:

(1) 配合比设计不当,水灰比过大。
(2) 粗骨料粒径过小。
(3) 骨料含泥量超标。
(4) 泵送设备出现故障,导致泵送时间过长。
(5) 施工时拆模过早。
(6) 养护过迟。
(7) 养护过程中作业人员未能及时在混凝土浇筑面上浇水。
(8) 养护过程中寒潮侵袭。

影响工程质量的因素有哪几类?以上问题各属于哪类影响工程质量的因素?

答 影响工程质量的因素有人、材料、机械设备、方法、环境这五大类。上述问题分别属于:

(1) 人的因素。设计水灰比过大,使得后期混凝土收缩大,引起开裂。
(2) 材料的因素。在混凝土的组成材料中粗骨料是制约水泥石收缩的主要成分,粒径较小的粗骨料使得混凝土的抗拉强度降低,易出现裂缝。
(3) 材料的因素。骨料含泥量应控制在小于 1%,砂的含泥量应控制在小于 2%,以降低混凝土的收缩强度,提高混凝土的抗拉强度。
(4) 机械设备的因素。泵送时间太长会引起混凝土泌水离析,使得成型后混凝土不均匀致密,导致后期混凝土开裂。
(5) 方法的因素。过早拆模导致混凝土强度不足,使得构件在自重或施工荷载作用下产生裂缝。
(6) 方法的因素。过迟养护,由于受风吹日晒,混凝土板表面游离水分蒸发过快,水泥缺乏必备的水化水,而产生急剧的体积收缩,导致开裂。
(7) 人的因素。混凝土浇筑面若不及时浇水养护,表面水分迅速蒸发,很容易产生收缩裂缝。
(8) 环境的因素。混凝土具有热胀冷缩的性质,外界温度变化引起的温度变形,会导致混凝土开裂。

7.1.5 工程项目质量管理原理

1. 质量三全控制管理原则

三全控制管理,实行全面、全过程和全员参与的质量管理,其对于建设工程项目的质量管理与控制具有理论和实践的指导意义。

1) 全面质量管理

建设工程项目的全面质量管理,是指建设工程项目各方干系人所进行的工程项目质量管理的总称,其中包括工程(产品)质量和工作质量的全面管理。工作质量是产品质量的保证,工作质量直接影响产品质量的形成。业主、监理单位、勘察单位、设计单位、施工总包单位、施工分包单位、材料设备供应商等,任何一方任何环节的怠慢疏忽或质量责任不到位都会造成对建设工程质量的影响。

2) 全过程质量管理

全过程质量管理是指根据工程质量的形成规律,从源头抓起,全过程推进。GB/T 19000—2016 强调质量管理的"过程方法"管理原则。因此,必须掌握识别过程和应用"过程方法"进行全程质量控制。主要的过程有:项目策划与决策过程、勘察设计过程、施工采购过程、施工组织与准备过程、检测设备控制与计量过程、施工生产的检验试验过程、工程质量的评定过程、工程竣工验收与交付过程、工程回访维修服务过程等。

3) 全员参与质量管理

按照全面质量管理的思想,组织内部的每个部门和工作岗位都承担相应的质量职能,组织的最高管理者确定了质量方针和目标,就应组织和动员全体员工参与到实施质量方针的系统活动中去,发挥自己的角色作用。开展全员参与质量管理的重要手段就是运用目标管理方法,将组织的质量总目标逐级进行分解,使之形成自上而下的质量目标分解体系和自下而上的质量目标保证体系。发挥组织系统内部每个工作岗位、部门或团队在实现质量总目标过程中的作用。

2. 质量管理的 PDCA 循环

PDCA 循环又名戴明环,是美国质量管理专家休哈特博士首先提出的,由戴明采纳、宣传、普及,是确立质量管理和建立质量体系的基本原理。PDCA 循环如图 7-1 所示,从实践论的角度看,管理就是确定任务目标,并按照 PDCA 循环原理来实现预期目标。每一循环都围绕着实现预期的目标,进行计划、实施、检查和处置活动,随着对存在问题的克服、解决和改进,不断增强质量能力,提高质量水平。下个循环的四大职能活动相互联系,共同构成了质量管理的系统过程。质量保证体系的运行就是反复按照 PDCA 循环周而复始地运转,每运转一次,施工质量就提高一步。PDCA 循环具有大环套小环、互相衔接、互相促进、螺旋上升,形成完整的循环和不断推进等特点。

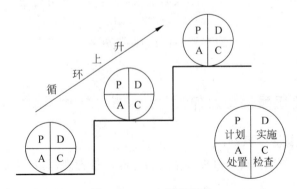

图 7-1 PDCA 循环示意

1) 计划

计划(plan)由目标和实现目标的手段组成,所以说计划是一条"目标-手段链"质量管理的计划职能,包括确定质量目标和制定实现质量目标的行动方案两方面。实践表明质量计划的严谨周密、经济合理和切实可行,是保证工作质量、产品质量和服务质量的前提条件。

建设工程项目的质量计划是由项目参与各方根据其在项目实施中所承担的任务、责任范围和质量目标,分别制订质量计划而形成的质量计划体系。其中,建设单位的工程项目质量计划包括确定和论证项目总体的质量目标,制定项目质量管理的组织、制度、工作程序、方法和要求。项目其他各参与方,则根据国家法律法规和工程合同规定的质量责任和义务,在明确各自质量目标的基础上,制定实施相应范围质量管理的行动方案,包括技术方法、业务流程、资源配置、检验试验要求、质量记录方式、不合格处理及相应管理措施等具体内容和做法的质量管理文件,同时亦需对其实现预期目标的可行性、有效性、经济合理性进行分析论证,并按照规定的程序与权限,经过审批后执行。

2) 实施

实施(do)包含两个环节,即计划行动方案的交底和按计划规定的方法及要求展开的施工作业技术活动。首先,要做好计划的交底和落实。落实包括组织落实、技术和物资材料的落实。其次,在按计划进行的施工作业技术活动中,依靠质量保证工作体系,保证质量计划的执行。具体地说,就是要依靠思想工作体系,做好思想教育工作;依靠组织体系,完善组织机构,落实责任制、规章制度等;依靠产品形成过程的质量控制体系,做好施工过程的质量控制工作等。

3) 检查

检查(check)就是对照计划,检查执行的情况和效果,及时发现计划执行过程中的偏差和问题。检查一般包括两个方面:①检查是否严格执行了计划的行动方案,检查实际条件是否发生了变化,总结成功执行的经验,查明没按计划执行的原因;②检查计划执行的结果,即施工质量是否达到标准的要求,并对此进行评价和确认。

4) 处理

处理(action)是在检查的基础上,把成功的经验加以肯定,形成标准,以利于在今后的工作中以此成为处理的依据,巩固成果;同时采取措施,纠正计划执行中的偏差,克服缺点,改正错误,对于暂时未能解决的问题,可记录在案留到下一次循环加以解决。

3. 工程项目质量控制的三个阶段原理

工程项目的质量控制是一个持续管理的过程。从工程项目的立项开始到竣工验收属于工程项目建设阶段的质量控制,项目投产后到项目生命期结束属于项目生产阶段的质量控制。但不管是建设阶段的质量控制,还是经营阶段的质量控制,从控制工作的开展与控制对象实施的时间关系来看,可分为事前质量控制、事中质量控制、事后质量控制三种。

1) 事前质量控制

事前质量控制即在正式施工前进行的事前主动质量控制,通过编制施工质量计划,明确质量目标,制定施工方案,设置质量管理点,落实质量责任,分析可能导致质量目标偏离的各种影响因素,针对这些影响因素制定有效的预防措施,防患于未然。事前质量控制的工作重点是做好施工准备工作,即施工的技术准备(如施工图审查与技术交底、施工组织设计审查等)、物质准备(如建筑材料、构配件、施工机具、生产以设备等)、组织准备(如项目组织机构、施工队伍等)和施工现场准备(如控制网、标桩引测、"七通一平"等)。

2) 事中质量控制

事中质量控制指在施工质量形成过程中,对影响施工质量的各种因素进行全面的动态控制。事中控制首先是对质量活动的行为约束,其次是对质量活动过程和结果的监督控制。事中质量控制的关键是坚持质量标准,控制的重点是工序质量、工作质量和质量控制点的控制。其具体措施是:工序交接有检查,质量监控有对策,施工项目有方案,技术措施有交底,图纸会审有记录,配制材料有试验,隐蔽工程有验收,计量器具校正有复核,设计变更有手续,钢筋代换有制度,质量处理有复查,成品保护有措施,行使质控有否决(如发现质量异常、隐蔽工程未经验收、质量问题未处理、擅自变更设计图纸、擅自代换或使用不合格材料、无证上岗或未经资质审查的操作人员均因影响质量,予以否决),质量文件有档案(凡是与质量有关的技术文件等都要编目建档)。

3) 事后质量控制

事后质量控制也称为事后质量把关,以使不合格的工序或最终产品(包括单位工程或整个工程项目)不流入下道工序、不进入市场。事后质量控制包括对质量活动结果的评价、认定和对质量偏差的纠正。控制的重点是发现施工质量方面的缺陷,当出现质量实际值与目标值之间超出允许偏差时,必须分析原因,采取措施纠正偏差,提出施工质量改进的措施,保持质量处于受控状态。

以上三大环节不是互相孤立和截然分开的,它们共同构成有机的系统过程,实质上也就是质量管理 PDCA 循环的具体化,在每一次滚动循环中不断提高,达到质量管理和质量控制的持续改进。

7.2 质量管理体系

成功地领导和运作一个组织,需要采用系统和透明的方式进行管理。针对所有相关方的需求,实施并保持持续改进其业绩的管理体系,可使组织获得成功。质量管理是组织各项管理的内容之一。建筑施工企业质量管理体系是企业为实施质量管理而建立的管理体系,通过第三方认证机构的认证,为该企业的工程承包经营和质量管理奠定基础。企业质量管理体系应按照我国 GB/T 19000—2016 质量管理体系族标准进行建立和认证。该标准是我国按照等同原则,采用国际标准化组织颁布的 ISO 9000:2015 质量管理体系族标准制定的。

7.2.1 质量管理原则

质量管理原则是 ISO 9000:2015 族标准的编制基础,是世界各国质量管理成功经验的科学总结,其中不少内容与我国全面质量管理的经验吻合。它的贯彻执行能促进企业管理水平的提高,提高顾客对其产品或服务的满意程度,帮助企业达到持续成功的目的。GB/T 19000—2016/ISO 9000:2015 提出了质量管理 7 项原则,具体内容如下:

1）以顾客为关注焦点

质量管理的首要关注点是满足顾客要求并且努力超越顾客期望。

2）领导作用

各级领导建立统一的宗旨和方向，并创造全员积极参与实现组织的质量目标的条件。

3）全员积极参与

整个组织内各级胜任、经授权并积极参与的人员，是提高组织创造和提供价值能力的必要条件。

4）过程方法

将活动作为相互关联、功能连贯的过程组成的体系来理解和管理时，可以更加有效和高效地得到一致的、可预知的结果。

5）改进

成功的组织持续关注改进。

6）循证决策

基于数据和信息的分析和评价的决策，更有可能产生期望的结果。

7）关系管理

为了持续成功，组织需要管理与有关相关方（如供方）的关系。

7.2.2　企业质量管理体系文件的构成

质量管理标准所要求的质量管理体系文件由下列内容构成，这些文件的详略程度无统一规定，以适合于企业使用，使过程受控为准则。

1）质量方针和质量目标

质量方针和质量目标一般都以简明的文字来表述，是企业质量管理的方向目标，应反映用户及社会对工程质量的要求及企业相应的质量水平和服务承诺，也是企业质量经营理念的反映。

2）质量手册

质量手册是质量管理体系的规范，是阐明一个企业的质量政策、质量体系和质量实践的文件，是实施和保持质量体系过程中长期遵循的纲领性文件。其内容一般包括：企业的质量方针、质量目标；组织机构及质量职责；体系要素或基本控制程序；质量手册的评审、修改和控制的管理办法。

质量手册作为企业质量管理系统的纲领性文件应具备指令性、系统性、协调性、先进性、可行性和可检查性。

3）程序性文件

各种生产、工作和管理的程序文件是质量手册的支持性文件，是企业各职能部门为落实质量手册要求而规定的细则。企业为落实质量管理工作而建立的各项管理标准、规章制度都属程序文件范畴。各企业程序文件的内容及详略可视企业情况而定。一般有以下六个方面的程序为通用性管理程序，适用于各类企业。

（1）文件控制程序。

（2）质量记录管理程序。

（3）内部审核程序。

(4) 不合格品控制程序。

(5) 纠正措施控制程序。

(6) 预防措施控制程序。

除以上六个程序以外,涉及产品质量形成过程各环节控制的程序文件,如生产过程、服务过程、管理过程、监督过程等管理程序文件,可视企业质量控制的需要而制定,不作统一规定。为确保过程的有效运行和控制,在程序文件的指导下,尚可按管理需要编制相关文件,如作业指导书、具体工程的质量计划等。

4) 质量记录

质量记录是产品质量水平和质量体系中各项质量活动进行及结果的客观反映,对质量体系程序文件所规定的运行过程及控制测量检查的内容如实加以记录,用以证明产品质量达到合同要求及质量保证的满足程度。如在控制体系中出现偏差,则质量记录不仅需反映偏差情况,而且应反映出针对不足之处所采取的纠正措施及纠正效果。

质量记录应完整地反映质量活动实施、验证和评审的情况,并记载关键活动的过程参数,具有可追溯性的特点。质量记录以规定的形式和程序进行,并应有实施、验证、审核等签署意见。

7.2.3 工程质量管理体系的建立和运行

建立完善的质量体系并使之有效运行,是企业质量管理的核心,也是贯彻质量管理和质量保证标准的关键。施工企业质量管理体系的建立一般可分为三个阶段,即质量管理体系的建立、质量管理体系文件的编制和质量管理体系的运行。

1) 质量管理体系的建立

质量管理体系的建立是企业根据质量管理原则,在确定市场及顾客需求的前提下,制定企业的质量方针、质量目标、质量手册、程序文件和质量记录等体系文件,并将质量目标分解落实到相关层次、相关岗位的职能和职责中,形成企业质量管理体系执行系统的一系列工作。

2) 质量管理体系文件的编制

质量管理体系文件是质量管理体系的重要组成部分,也是企业进行质量管理和质量保证的基础。编制质量管理体系文件是建立和保持体系有效运行的重要基础工作。质量管理体系文件包括:质量手册、质量计划、质量体系程序、详细作业文件和质量记录等。

3) 质量管理体系的运行

质量管理体系的运行即是在生产及服务的全过程按质量管理体系规定的程序、标准、工作要求及岗位职责进行操作运行,在运行过程中监测其有效性,做好质量记录,并实现持续的改进。

7.2.4 质量管理体系的认证与监督

1) 质量管理体系的认证

质量管理体系由公正的第三方认证机构,依据质量管理体系的要求标准,审核企业质量管理体系要求的符合性和实施的有效性,进行独立、客观、科学、公正的评价,得出结论。认证应按申请、审核、审批与注册发证等程序进行。

2）获准认证后的监督管理

企业获准认证的有效期为三年。企业获准认证后,应经常性的进行内部审核,保持质量管理体系的有效性,并每年一次接受认证机构对企业质量管理体系实施的监督管理。获准认证后质量管理体系维持与监督管理内容如下:

(1) 企业通报。认证合格的企业质量管理体系在运行中出现较大变化时,需向认证机构通报。认证机构接到通报后,视情况采取必要的监督检查措施。

(2) 监督检查。认证机构对认证合格单位质量管理体系维持情况进行监督性现场检查,包括定期和不定期的监督检查。定期检查通常是每年一次,不定期检查视需要临时安排。

(3) 认证注销。注销是企业的自愿行为。在企业质量管理体系发生变化或证书有效期届满未提出重新申请等情况下,认证持证者提出注销的,认证机构予以注销,收回该体系认证证书。

(4) 认证暂停。认证暂停是认证机构对获证企业质量管理体系发生不符合认证要求情况时采取的警告措施。认证暂停期间,企业不得使用质量管理体系认证证书做宣传。企业在规定期间采取纠正措施满足规定条件后,认证机构撤销认证暂停,否则将撤销认证注册,收回合格证书。

(5) 认证撤销。当获证企业发生质量管理体系存在严重不符合规定,或在认证暂停的规定期限未予整改,或发生其他构成撤销体系认证资格情况时,认证机构给出撤销认证的决定。企业不服可提出申诉。撤销认证的企业一年后可重新提出认证申请。

(6) 复评。认证合格有效期满前,如企业愿继续延长,可向认证机构提出复评申请。

(7) 重新换证。在认证证书有效期内,出现体系认证标准变更、体系认证范围变更、体系认证证书持有者变更,可按规定重新换证。

7.3 工程项目施工质量控制

7.3.1 施工质量的基本要求

工程项目施工是实现项目设计意图形成工程实体的阶段,是最终形成项目质量和实现项目使用价值的阶段。工程项目施工质量控制是整个工程项目质量控制的关键和重点。工程项目施工质量要达到的最基本要求是:通过施工形成的项目工程实体质量经检查验收合格。

工程项目施工质量验收合格应符合下列要求:

(1) 符合《建筑工程施工质量验收统一标准》(GB 50300—2013)和相关专业验收规范的规定。

(2) 符合工程勘察、设计文件的要求。

(3) 符合施工承包合同的约定。

7.3.2 施工质量控制的依据

1）共同性依据

共同性依据指适用于施工质量管理有关的、通用的、具有普遍指导意义和必须遵守的基本法规。它主要包括：国家和政府有关部门颁布的与工程质量管理有关的法律法规性文件，如《中华人民共和国建筑法》《中华人民共和国招标投标法》和《建设工程质量管理条例》等。

2) 专业技术性依据

专业技术性依据指针对不同行业、不同质量控制对象制定的专业技术规范文件。它包括规范、规程、标准、规定等，如工程建设项目质量检验评定标准，有关建筑材料、半成品和构配件质量方面的专门技术法规性文件，有关材料验收、包装和标志等方面的技术标准和规定，施工工艺质量等方面的技术法规性文件，有关新工艺、新技术、新材料、新设备的质量规定和鉴定意见等。

3) 项目专用性依据

项目专用性依据指本项目的工程建设合同、勘察设计文件、设计交底及图纸会审记录、设计修改和技术变更通知，以及相关会议记录和工程联系单等。

7.3.3 施工生产要素的质量控制

施工生产要素是施工质量形成的物质基础，其质量的含义包括：作为劳动主体的施工人员，即直接参与施工的管理者、作业者的素质及其组织效果。作为劳动对象的建筑材料、半成品、工程用品、设备等的质量。作为劳动方法的施工工艺及技术措施的水平。作为劳动手段的施工机械、设备、工具、模具等的技术性能。以及施工环境——现场水文、地质、气象等自然环境，通风、照明、安全等作业环境以及协调配合的管理环境。

1) 施工人员的质量控制

施工人员的质量包括参与工程施工各类人员的施工技能、文化素养、生理体能、心理行为等方面的个体素质及经过合理组织和激励发挥个体潜能综合形成的群体素质。因此，企业应通过择优录用、加强思想教育及技能方面的教育培训、合理组织、严格考核，并辅以必要的激励机制，使企业员工的潜在能力得到充分的发挥和最好的组合，使施工人员在质量控制系统中发挥主体自控作用。

施工企业必须坚持执业资格注册制度和作业人员持证上岗制度；对所选派的施工项目领导者、组织者进行教育和培训，使其质量意识和组织管理能力满足施工质量控制要求；对所属施工队伍进行全员培训，加强质量意识的教育和技术训练，提高每个作业者的质量活动能力和自控能力；对分包单位进行严格的资质考核和施工人员的资格考核，其资质、资格必须符合相关法规的规定，与其分包的工程相适应。

2) 材料设备的质量控制

原材料、半成品及工程设备是工程实体的构成部分，其质量是工程项目实体质量的基础。加强原材料、半成品及工程设备的质量控制，不仅是提高工程质量的必要条件，也是实现工程项目投资目标和进度目标的前提。

对原材料、半成品及工程设备进行质量控制的主要内容为：控制材料设备的性能、标准、技术参数与设计文件的相符性；控制材料、设备各项技术性能指标、检验测试指标与标准规范要求的相符性；控制材料、设备进场验收程序的正确性及质量文件资料的完备性；控制优先采用节能低碳的新型建筑材料和设备，禁止使用国家明令禁用或淘汰的建筑材料和设备等。

施工单位应在施工过程中贯彻执行企业质量程序文件中关于材料和设备封样、采购、进场检验、抽样检测及质保资料提交等方面明确规定的一系列控制标准。

3) 工艺方案的质量控制

施工工艺的先进合理是直接影响工程质量、工程进度及工程造价的关键因素,施工工艺的合理可靠也直接影响到工程施工安全,因此在工程项目质量控制系统中,制定和采用技术先进、经济合理、安全可靠的施工技术工艺方案,是工程质量控制的重要环节。

对施工工艺方案的质量控制主要包括以下内容:

(1) 深入正确地分析工程特征、技术关键及环境条件等资料,明确质量目标、验收标准、控制的重点和难点。

(2) 制定合理有效的有针对性的施工技术方案和组织方案,前者包括施工工艺、施工方法,后者包括施工区段划分、施工流向及劳动组织等。

(3) 合理选用施工机械设备和施工临时设施,合理布置施工总平面图和各阶段施工平面图。

(4) 选用和设计保证质量和安全的模具、脚手架等施工设备。

(5) 编制工程所采用的新材料、新技术、新工艺的专项技术方案和质量管理方案。

(6) 针对工程具体情况,分析气象、地质等环境因素对施工的影响,制定应对措施。

4) 施工机械的质量控制

施工机械是指施工过程中使用的各类机械设备,包括起重运输设备、人货两用电梯、加工机械、操作工具、测量仪器、计量器具以及专用工具和施工安全设施等。施工机械设备是所有施工方案和施工工法得以实施的重要物质基础,合理选择和正确使用施工机械设备是保证施工质量的重要措施。

(1) 对施工所用的机械设备,应根据工程需要从设备选型、主要性能参数及使用操作要求等方面加以控制,符合安全、适用、经济、可靠和节能、环保等方面的要求。

(2) 对施工中使用的模具、脚手架等施工设备,除按适用的标准定型选用外,一般需按设计及施工要求进行专项设计,对其设计方案和制作质量的控制及验收应作为重点进行控制。

(3) 按现行施工管理制度要求,工程所用的施工机械、模板、脚手架,特别是危险性较大的现场安装的起重机械设备,不仅要对其设计安装方案进行审批,而且安装完毕交付使用前必须经专业管理部门验收,合格后方可使用。同时,在使用过程中尚需落实相应的管理制度,以确保其安全以便正常使用。

5) 施工环境因素的控制

环境的因素主要包括施工现场自然环境因素、施工质量管理环境因素和施工作业环境因素。环境因素对工程质量的影响具有复杂多变和不确定性的特点。要消除其对施工质量的不利影响,主要是采取预测预防的控制方法。

(1) 对施工现场自然环境因素的控制。①对地质、水文等方面影响因素,应根据设计要求,分析工程岩土地质资料,预测不利因素,并会同设计等方面制定相应的措施,采取如基坑降水、排水、加固围护等技术控制方案;②对天气气象方面的影响因素,应在施工方案中制定专项预案,明确在不利条件下的施工措施,落实人员、器材等方面的准备以紧急应对,从而控制其对施工质量的不利影响。

(2) 对施工质量管理环境因素的控制。施工质量管理环境因素主要指施工单位质量保证体系、质量管理制度和各参建施工单位之间的协调等因素。要根据工程承发包的合同结构,理顺管理关系,建立统一的现场施工组织系统和质量管理综合运行机制,确保质量保证体系处于良好的状态,创造良好的质量管理环境和氛围,使施工顺利进行,保证施工质量。

(3)对施工作业环境因素的控制。施工作业环境因素主要是指施工现场的给水排水条件,各种能源介质供应、施工照明、通风、安全防护设施,施工场地空间条件和通道,以及交通运输和道路条件等因素。要认真实施经过审批的施工组织设计和施工方案,落实保证措施,严格执行相关管理制度和施工纪律,保证上述环境条件良好,使施工顺利进行以及施工质量得到保证。

7.3.4 施工过程的作业质量控制

1. 工序施工质量控制

工程项目施工过程是由一系列相互关联、相互制约的施工工序组成的,工序是人、材料、机械设备、施工方法和环境因素对工程质量综合起作用的过程,而工程实体的质量是在施工过程中形成的,所以对施工过程的质量控制,必须以工序作业质量控制为基础和核心。因此,工序的质量控制是施工阶段质量控制的重点。只有严格控制工序质量,才能确保施工项目的实体质量。工序施工质量控制主要包括工序施工条件质量控制和工序施工效果质量控制,如图7-2所示。

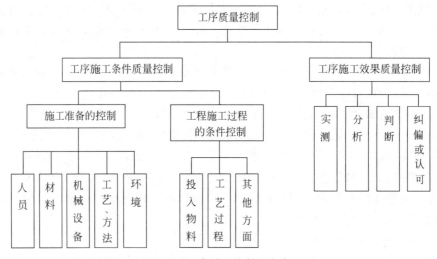

图7-2 工序质量控制的内容

1)工序施工条件质量控制

工序施工条件是指从事工序活动的各生产要素质量及生产环境条件。工序施工条件质量控制就是控制工序活动的各种投入要素质量和环境条件质量。控制的手段主要有:检查、测试、试验、跟踪监督等。控制的依据主要是:设计质量标准、材料质量标准、机械设备技术性能标准、施工工艺标准以及操作规程等。

2)工序施工效果质量控制

工序施工效果主要反映工序产品的质量特征和特性指标。对工序施工效果的质量控制就是控制工序产品的质量特征和特性指标能否达到设计质量标准以及施工质量验收标准的要求。工序施工效果质量控制属于事后质量控制,其控制的主要途径是:实测获取数据、统计分析所获取的数据、判断认定质量等级和纠正质量偏差。其监控步骤为实测、分析、判断和纠偏或认可。

2. 施工作业质量的自控

1) 施工作业质量自控的意义

施工作业质量的自控从经营的层面上说,强调的是作为建筑产品生产者和经营者的施工企业,应全面履行企业的质量责任,向顾客提供质量合格的工程产品;从生产的过程来说,强调施工作业者的岗位质量责任,向后道工序提供合格的作业成果(中间产品)。同理,供货厂商必须按照供货合同约定的质量标准和要求,对施工材料物资的供应过程实施产品质量自控。因此,施工承包方和供应方在施工阶段是质量自控主体,他们不能因为监控主体的存在和监控责任的实施而减轻或免除其质量责任。

我国《中华人民共和国建筑法》和《建设工程质量管理条例》规定:建筑施工企业对工程的施工质量负责;建筑施工企业必须按照工程设计要求、施工技术标准和合同的约定,对建筑材料、建筑构配件和设备进行检验,不合格的不得使用。

施工方作为工程施工质量的自控主体,既要遵循本企业质量管理体系的要求,也要根据其在所承建的工程项目质量控制系统中的地位和责任,通过具体项目质量计划的编制与实施,有效地实现施工质量的自控目标。

2) 施工作业质量自控的程序

施工作业质量的自控过程是由施工作业组织的成员进行的,其基本的控制程序包括:作业技术作业活动的实施和作业质量的自检自查、互检互查以及专职管理人员的质量检查等。

(1) 施工作业技术的交底。技术交底是施工组织设计和施工方案的具体化,施工作业技术交底的内容必须具有可行性和可操作性。

从建设工程项目的施工组织设计到分部分项工程的作业计划,在实施之前都必须逐级进行交底,其目的是使管理者的计划和决策意图为实施人员所理解。施工作业交底是最基层的技术和管理交底活动,施工总承包方和工程监理机构都要对施工作业交底进行监督。作业交底的内容包括作业范围、施工依据、作业程序、技术标准和要领、质量目标以及其他与安全、进度、成本、环境等目标管理有关的要求和注意事项。

(2) 施工作业活动的实施。施工作业活动是由一系列工序所组成的。为了保证工序质量的受控,首先要对作业条件进行再确认,即按照作业计划检查作业准备状态是否落实到位,其中包括对施工程序和作业工艺顺序的检查确认,在此基础上,严格按作业计划的程序、步骤和质量要求展开工序作业活动。

(3) 施工作业质量的检验。施工作业的质量检查是贯穿整个施工过程的最基本的质量控制活动,包括施工单位内部的工序作业质量自检、互检、专检检查;以及现场监理机构的旁站检查、平行检验等。施工作业质量检查是施工质量验收的基础,已完检验批及分部分项工程的施工质量,必须在施工单位完成质量自检并确认合格之后,才能报请现场监理机构进行检查验收。

前道工序作业质量经验收合格后,才可进入下道工序施工。未经验收合格的工序,不得进入下道工序施工。

3. 施工作业质量自控的要求

工序作业质量是直接形成工程质量的基础,为达到对工序作业质量控制的效果,在加强工序管理和质量目标控制方面应坚持以下要求。

(1) 预防为主。严格按照施工质量计划的要求,进行各分部分项施工作业的部署。同时,根据施工作业的内容、范围和特点,制订施工作业计划,明确作业质量目标和作业技术要领,认真进行作业技术交底,落实各项作业技术组织措施。

(2) 重点控制。在施工作业计划中,一方面要认真贯彻实施施工质量计划中的质量控制点的控制措施,同时,要根据作业活动的实际需要,进一步建立工序作业控制点,深化工序作业的重点控制。

(3) 坚持标准。工序作业人员在工序作业过程中应严格进行质量自检,通过自检不断改善作业,并创造条件开展作业质量互检,通过互检加强技术与经验的交流。对已完工序作业产品,即检验批或分部分项工程,应严格坚持质量标准。对不合格的施工作业质量,不得进行验收签证,必须按照规定的程序进行处理。

《建筑工程施工质量验收统一标准》(GB 50300—2013)及配套使用的专业质量验收规范,是施工作业质量自控的合格标准。有条件的施工企业或项目经理部应结合自己的条件编制高于国家标准的企业内控标准或工程项目内控标准,或采用施工承包合同明确规定的更高标准,列入质量计划中,努力提升工程质量水平。

(4) 记录完整。施工图纸、质量计划、作业指导书、材料质保书、检验试验及检测报告、质量验收记录等,是形成可追溯性的质量保证依据,也是工程竣工验收所不可缺少的质量控制资料。因此,对工序作业质量,应有计划、有步骤地按照施工管理规范的要求进行填写记载,做到及时、准确、完整、有效,并具有可追溯性。

4. 施工作业质量自控的有效制度

根据实践经验的总结,施工作业质量自控的有效制度有:①质量自检制度;②质量例会制度;③质量会诊制度;④质量样板制度;⑤质量挂牌制度;⑥每月质量讲评制度等。

7.3.5 施工作业质量的监控

1. 施工作业质量的监控主体

我国《建设工程质量管理条例》规定,国家实行建设工程质量监督管理制度。建设单位、监理单位、设计单位及政府的工程质量监督部门,在施工阶段依据法律法规和工程施工承包合同,对施工单位的质量行为和质量状况实施监督控制。

设计单位应当就审查合格的施工图纸设计文件向施工单位给出详细说明;应当参与建设工程质量事故分析,并对因设计造成的质量事故,提出相应的技术处理方案。

建设单位在领取施工许可证或者开工报告前,应当按照国家有关规定办理工程质量监督手续。

作为监控主体之一的项目监理机构,在施工作业实施过程中,根据其监理规划与实施细则,采取现场旁站、巡视、平行检验等形式,对施工作业质量进行监督检查,如发现工程施工不符合工程设计要求、施工技术标准和合同约定的,有权要求建筑施工企业改正。监理机构应进行检查而没有检查或没有按规定进行检查的,给建设单位造成损失时应承担赔偿责任。必须强调,施工质量的自控主体和监控主体,在施工全过程应相互依存、各尽其责,共同推动施工质量控制过程的展开和最终实现工程项目的质量总目标。

2. 现场质量检查

现场质量检查是施工作业质量监控的主要手段。

1) 现场质量检查的内容

(1) 开工前的检查,主要检查是否具备开工条件,开工后是否能够保持连续正常施工,能否保证工程质量。

(2) 工序交接检查,对于重要的工序或对工程质量有重大影响的工序,应严格执行"三检"制度(即自检、互检、专检),未经监理工程师(或建设单位技术负责人)检查认可,不得进行下道工序施工。

(3) 隐蔽工程的检查,施工中凡是隐蔽工程必须检查认证后方可进行隐蔽掩盖。

(4) 停工后复工的检查,因客观因素停工或处理质量事故等停工复工时,经检查认可后方能复工。

(5) 分项、分部工程完工后的检查,应经检查认可,并签署验收记录后,才能进行下一工程项目的施工。

(6) 成品保护的检查,检查成品有无保护措施以及保护措施是否有效可靠。

2) 现场质量检查的方法

(1) 目测法。目测法即凭借感官进行检查,也称观感质量检验,其手段可概括为"看、摸、敲、照"四个字。

① 看——就是根据质量标准要求进行外观检查,如清水墙面是否洁净,喷涂的密实度和颜色是否良好、均匀,工人的操作是否正常,内墙抹灰的大面及口角是否平直,混凝土外观是否符合要求等;

② 摸——就是通过触摸手感进行检查、鉴别,如油漆的光滑度,浆活是否牢固、不掉粉等;

③ 敲——就是运用敲击工具进行音感检查,如对地面工程、装饰工程中的水磨石、面砖、石材饰面等,均应进行敲击检查;

④ 照——就是通过人工光源或反射光照射,检查难以看到或光线较暗的部位,如管道井、电梯井等内的管线、设备安装质量,装饰吊顶内连接及设备安装质量等。

(2) 实测法。实测法就是通过实测数据与施工规范、质量标准的要求及允许偏差值进行对照,以此判断质量是否符合要求,其手段可概括为"靠、量、吊、套"四个字。

① 靠——用直尺、塞尺检查诸如墙面、地面、路面等的平整度;

② 量——指用测量工具和计量仪表等检查断面尺寸、轴线、标高、湿度、温度等的偏差,如大理石板拼缝尺寸、摊铺沥青拌和料的温度、混凝土坍落度的检测等;

③ 吊——利用托线板以及线坠吊线检查垂直度,如砌体垂直度检查、门窗的安装等;

④ 套——以方尺套方,辅以塞尺检查,如对阴阳角的方正、踢脚线的垂直度、预制构件的方正、门窗口及构件的对角线检查等。

(3) 试验法。试验法是指通过必要的试验手段对质量进行判断的检查方法,主要包括如下内容。

① 理化试验。工程中常用的理化试验包括物理力学性能方面的检验和化学成分及化学性能的测定等两个方面。

物理力学性能的检验,包括各种力学指标的测定,如抗拉强度、抗压强度、抗弯强度、抗折强度、冲击韧性、硬度、承载力等,以及各种物理性能方面的测定,如密度、含水量、凝结时间、安定性及抗渗、耐磨、耐热性能等。

化学成分及化学性质的测定,如钢筋中的磷、硫含量,混凝土粗骨料中的活性氧化硅成分,以及耐酸、耐碱、抗腐蚀性等。

此外,根据规定有时还需进行现场试验,例如,对桩或地基的静载试验、下水管道的通水试验、压力管道的耐压试验、防水层的蓄水或淋水试验等。

② 无损检测。利用专门的仪器仪表从表面探测结构物、材料、设备的内部组织结构或损伤情况。常用的无损检测方法有超声波探伤、X 射线探伤、γ 射线探伤等。

3. 技术核定与见证取样送检

1) 技术核定

在建设工程项目施工过程中,因施工方对施工图纸的某些要求不甚明白,或图纸内部存在某些矛盾,或工程材料调整与代用,改变建筑节点构造、管线位置或走向等,需要通过设计单位明确或确认的,施工方必须以技术核定单的方式向监理工程师提出,报送设计单位核准确认。

2) 见证取样送检

为保证建设工程质量,我国规定对工程所使用的主要材料、半成品、构配件以及施工过程留置的试块、试件等应实行现场见证取样送检。见证人员由建设单位及工程监理机构中有相关专业知识的人员担任;送检的实验室应具备经国家或地方工程检验检测主管部门核准的相关资质;见证取样送检必须严格按执行规定的程序进行,包括取样见证并记录、样本编号、填单、封箱、送实验室、核对、交接、试验检测、报告等。

检测机构应当建立档案管理制度。检测合同、委托单、原始记录、检测报告应当按年度统一编号,编号应当连续,不得随意抽撤、涂改。

7.4 工程质量事故的分析与处理

7.4.1 工程质量事故的概念

1. 质量不合格和质量缺陷

根据我国国家标准《质量管理体系 基础和术语》(GB/T 19000—2016/ISO 9000:2015)的定义,工程产品未满足质量要求,即为质量不合格;而与预期或规定用途有关的质量不合格,称为质量缺陷。

2. 质量问题和质量事故

凡是工程质量不合格,影响使用功能或工程结构安全,造成永久质量缺陷或存在重大质量隐患,甚至直接导致工程倒塌或人身伤亡,必须进行返修、加固或报废处理,按照由此造成人员伤亡和直接经济损失的大小区分,在规定限额以下的为质量问题,在规定限额以上的为质量事故。

7.4.2 工程质量事故的分类

由于工程质量事故具有复杂性、严重性、可变性和多发性的特点,所以建设工程质量事故的分类有多种方法,但一般可按以下条件进行分类。

1. 按事故造成损失的程度分级

按照住房和城乡建设部《关于做好房屋建筑和市政基础设施工程质量事故报告和调查处理工作的通知》(建质[2010]111号),根据工程质量事故造成的人员伤亡或者直接经济损失,工程质量事故分为4个等级见表7-1。

(1) 特别重大事故是指造成30人以上死亡,或者100人以上重伤,或者1亿元以上直接经济损失的事故。

(2) 重大事故是指造成10人以上30人以下死亡,或者50人以上100人以下重伤,或者5000万元以上1亿元以下直接经济损失的事故。

(3) 较大事故是指造成3人以上10人以下死亡,或者10人以上50人以下重伤,或者1000万元以上5000万元以下直接经济损失的事故。

(4) 一般事故是指造成3人以下死亡,或者10人以下重伤,或者100万元以上1000万元以下直接经济损失的事故。

该等级划分所称的"以上"包括本数,所称的"以下"不包括本数。

表7-1 工程质量事故按事故造成的损失分级

事故等级(达到条件之一)	死亡/人	重伤/人	直接经济损失/万元
特别重大事故	≥30	≥100	≥10000
重大事故	10~29	50~99	5000~10000
较大事故	3~9	10~49	1000~5000
一般事故	≤2	≤9	100~1000

上述质量事故等级划分标准与国务院令第493号《生产安全事故报告和调查处理条例》规定的生产安全事故等级划分标准相同。工程质量事故和安全事故往往会互为因果的连带发生。

2. 按事故责任分类

(1) 指导责任事故:由于工程指导或领导失误而造成的质量事故。例如,由于工程负责人不按规范指导施工,强令他人违章作业,或片面追求施工进度,放松或不按质量标准进行控制和检验,降低施工质量标准等而造成的质量事故。

(2) 操作责任事故:在施工过程中,由于操作者不按规程和标准实施操作,而造成的质量事故。例如,浇筑混凝土时随意加水,或振捣疏漏造成混凝土质量事故等。

(3) 自然灾害事故:由于突发的严重自然灾害等不可抗力造成的质量事故。例如,地震、台风、暴雨、雷电及洪水等造成工程破坏甚至倒塌。这类事故虽然不是人为责任直接造成,但事故造成的损害程度也往往与事前是否采取了预防措施有关,相关责任人也可能负有一定的责任。

3. 按质量事故产生的原因分类

(1) 技术原因引发的质量事故：在工程项目实施中由于设计、施工在技术上的失误而造成的质量事故。例如，结构设计计算错误、对地质情况估计错误、采用了不适宜的施工方法或施工工艺等引发质量事故。

(2) 管理原因引发的质量事故：管理上的不完善或失误引发的质量事故。例如，施工单位或监理单位的质量管理体系不完善、检验制度不严密、质量控制不严格、质量管理措施落实不力、检测仪器设备管理不善而失准、材料检验不严等原因引起的质量事故。

(3) 社会、经济原因引发的质量事故：由于经济因素及社会上存在的弊端和不正之风导致建设中的错误行为，而发生质量事故。例如，某些施工企业盲目追求利润而不顾工程质量；在投标报价中恶意压低标价，中标后则采用随意修改方案或偷工减料等违法手段而导致发生的质量事故。

(4) 其他原因引发的质量事故：由于其他人为事故（如设备事故、安全事故等）或严重的自然灾害等不可抗力的原因，导致连带发生的质量事故。

7.4.3 常见工程质量事故分析

对工程质量事故进行分析，可以总结经验教训，减少事故损失，防止事故恶化，预防事故再次发生。部分事故的及时分析与处理，可为后续工程的施工直至竣工验收创造条件，并排除工程隐患。引起工程项目质量事故的原因很多，重要的是能分析出其中的主要原因，以使采取的技术措施能有效地纠正问题。

工程质量事故的主要原因有以下几种：

(1) 违反基本建设程序。诸如不作可行性研究，即搞项目建设；无证设计或越级设计；无图施工、盲目蛮干等均可能造成严重事故。

(2) 工程地质勘察存在的问题。诸如不认真进行地质勘察，随便确定地基承载力；勘测钻孔间距太大，不能全面准确反映地基的实际情况；地质勘察深度不足，没有查清较深层有无软弱层、墓穴、空洞；地质勘察不详细、不准确，导致基础设计错误等。

(3) 设计计算存在的问题。诸如结构方案不正确；结构设计与实际受力情况不符；作用在结构上的荷载漏算或少算；结构内力计算错误、组合错误；不按规范规定验算结构稳定性；违反结构构造的规定，以及计算中的错误等。

(4) 建筑材料、制品质量低劣。诸如结构材料物理性能不良、化学性能不合格，水泥强度等级不足、安定性不合格，钢筋强度低、塑性差，混凝土强度达不到设计要求；防水、保温、隔热、装饰等材料质量不良；构件质量不合格。

(5) 建筑物使用不当。诸如不经核算就在原有建筑物上加层；任意改变用途，加大设备荷载；在结构构件随意开洞、割筋、留槽；不清除楼面积渣，不进行必要的维修保养等。

(6) 科研方面存在问题或技术难点未妥善解决，就急于用在工程上。例如，较低温度下，混凝土滑模施工时，如何保证承杆稳定问题；又如，升板工程中，如何防止群柱失稳。对钢材的脆断及进口钢材性能研究不够；对某些特种结构受力分析不当，均可能导致事故。

(7) 施工中忽视结构理论。诸如不懂土力学原理，造成不应发生的塌方或建筑物移位、沉陷、开裂；不能正确区别预制构件在使用和施工过程中的受力特点；忽视砌体施工的稳定性;对装配式结构施工中各阶段的强度、刚度和稳定性认识不足;施工荷载不控制,造成严重超载;不验算悬挑结构在施工中的稳定性;模板与支架,以及脚手架设置不当;混凝土结构中,任意改预制为现浇,造成传力途径或内力受力性质的改变等。

(8) 施工工艺不当。诸如土方开挖出现流砂时,无正确的治理措施;打桩或其他分部分项施工顺序不当,相邻建筑施工顺序错误;砌体工程组砌方法不当,通缝、重缝多;混凝土浇筑成型方法错误,形成孔洞或冷缝;混凝土拆模时间过早,导致裂缝和局部垮塌。

(9) 施工组织管理不善。诸如不熟悉图纸,盲目施工;图纸未经会审,仓促施工;任意修改设计;不按施工规范操作;对进场材料与制品不按规定检查验收;缺乏称职的施工技术人员;没有建立和健全各级技术责任制度;施工方案考虑不周,技术组织措施不当;技术交底不清;不做隐蔽验收或其他中间验收;土建与安装配合差;总包与分包多行其事,出了事故,匆忙处理,甚至掩盖隐瞒。

(10) 灾害事故。例如,地震、大风、大雪、火灾、爆炸、水灾等引起整体失稳倒塌等。

7.4.4 工程质量预防的具体措施

(1) 加强宣传力度,提高人们对工程质量通病危害性的认识。治理通病重在预防,要提高有关管理人员在思想上对防控工程质量通病重要意义的认识,要广泛宣传工程质量通病对建筑工程产生的影响和危害,并通过典型案例宣传、实例剖析等方式,提高有关人员对通病危害性的认识,要切实把防控工程质量通病作为工程建设管理中的一件大事来抓,尤其是对一些常见的、危害性较大的质量通病,更要进行大力宣传,形成人人皆知、各尽其责的局面。

(2) 要加强从业人员的岗位培训,提高施工管理人员和操作者的专业技术水平,增强其责任心。要使其掌握防控通病的主要方法,并能严格按批准的施工组织设计、施工方案和技术措施进行精心管理和操作,要真正做到内业指导外业;施工组织设计、施工方案和技术措施要统筹兼顾各专业的相关问题,尤其是各专业工种间的相互配合问题。施工方案和技术措施中要有防治通病的专篇,且针对性要强,措施要具体。

(3) 要建立健全各项施工质量管理的规章制度,完善质保体系。以制度作为保障,加强施工过程中的质量控制。做到每个分项的每个施工部位都能责任到人,且留有记录,使其具有可追溯性。

(4) 要严格按照国家和地方施工质量验收标准所规定的质量验收责任、程序和验收方法进行验收。施工单位要严格执行三检制,并严格履行验收签字程序,对于验收不合格的,坚决不允许进入下道工序进行施工。

(5) 要加强对搅拌站和计量器具的管理,严格按照规定的搅拌管理制度进行操作和控制,对所有材料都要采用重量比,并计量准确;对有试配要求的砂浆、混凝土等,必须先进行试配,调整合格后方可按确定的配合比进行施工。

(6) 要加强对原材料、建筑构配件和建筑设备的现场验收。重点检查合格证、化验单;按规定应进行复试的材料须在投入使用前及时复试,经检验合格后方可投入使用。建筑原材料、建筑构配件和建筑设备的现场验收一定要履行签字手续,责任到人。

(7) 要加强对混凝土和预拌混凝土试块制作和养护工作的管理。混凝土和预拌混凝土试块的取样应具有代表性,要严格按规范要求的组数留置试块,现场要配备标准养护设备,并按规定要求进行养护,避免由于试块的制作、养护及留置数量不正确影响对混凝土强度评价的准确性。

（8）建设单位在项目开工报建前，应按有关规定设置项目管理机构，并配备相应管理人员，制定有关工程项目质量的管理制度；在工程发包时，应向承包单位提出质量目标要求。

（9）建设单位在组织项目实施过程中，应严格遵守国家的法律、法规要求，将项目的施工或监理业务发包或委托给具有相应资质等级的施工、监理单位，不得分包发包工程。在建筑材料、建筑构配件采购、供应方面，应遵守国家的有关规定，严格按合同约定保证建筑材料、建筑构配件的质量。由建设单位委托的构、配件制作、安装单位，应服从总包单位按规定对其进行管理。

（10）监理单位的项目监理机构应针对工程特点将易发生质量通病的检验批、分项工程或节点部位作为质量控制的重点，纳入监理规划或监理实施细则，并在施工中进行重点控制。

（11）监理人员应按规定认真做好巡视、旁站和检验批、分项工程、分部工程的质量验收工作；在材料、构配件进场、使用过程中，要通过外观检查、批量检查、证物对照和见证取样、见证送检等监理活动，把好材料、构配件的验收、使用关。不合格的检验批不能流入下道工序，不合格的建筑材料不能进入施工现场。要保证监理活动的公正性及有效性，确保建筑工程质量。

7.4.5 工程质量事故的处理

1．工程质量事故处理部门

根据各级主管部门的处理权限，特别重大质量事故由国务院按有关程序和规定处理；重大质量事故由国家建设行政主管部门归口管理；较大质量事故由省、自治区、直辖市建设行政主管部门归口管理；一般质量事故由市、县级建设行政主管部门归口管理。

2．工程质量事故处理依据

工程质量事故处理的依据如表 7-2 所示。

表 7-2　工程质量事故处理的依据

序号	名　称	含　义
1	质量事故的实况资料	包括质量事故发生的时间、地点；质量事故状况的描述；质量事故发展变化；有关质量事故的观测记录、事故现场状态的照片或录像
2	有关合同及合同文件	工程承包合同、设计委托合同、设备与器材购销合同、监理合同及分包合同等
3	有关的技术文件和档案	主要是有关的设计文件、技术文件、档案资料
4	相关的建设法规	包括《中华人民共和国建筑法》和与工程质量及质量事故处理有关的法规，以及勘察、设计、施工、监理等单位资质管理和从业者资格管理方面的法规、建筑市场方面的法规、建筑施工方面的法规、关于标准化管理方面的法规等

3．工程质量事故处理要求

（1）满足设计要求和用户的期望。
（2）保证结构安全可靠，不留任何质量隐患。
（3）符合经济合理的原则。

4．工程质量事故处理程序

工程质量事故发生后，事故现场有关人员应当立即向工程建设单位负责人报告；工程建设单位负责人接到报告后，应于 1 小时内向事故发生地县级以上人民政府住房和城乡建设主管部门及有关部门报告;同时应按照应急预案采取相应措施。情况紧急时,事故现场有关人员可直接向事故发生地县级以上人民政府住房和城乡建设主管部门报告。

1) 事故报告的内容

(1) 事故发生的时间、地点、工程项目名称、工程各参建单位名称。

(2) 事故发生的简要经过、伤亡人数和初步估计的直接经济损失。

(3) 事故原因的初步判断。

(4) 事故发生后采取的措施及事故控制情况。

(5) 事故报告单位、联系人及联系方式。

(6) 其他应当报告的情况。

施工质量事故报告和调查处理的一般程序如图7-3所示。

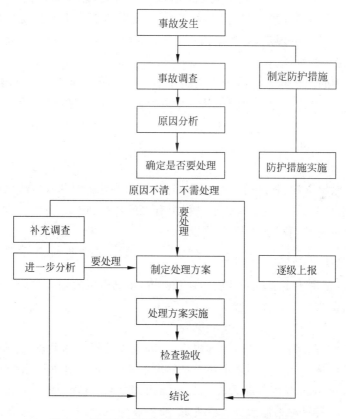

图7-3 施工质量事故报告和调查处理的一般程序

2) 事故调查程序

(1) 事故调查。事故调查要按规定区分事故的大小,分别由相应级别的人民政府直接或授权委托有关部门组织事故调查组进行调查。未造成人员伤亡的一般事故,县级人民政府也可以委托事故发生单位组织事故调查组进行调查。事故调查应力求及时、客观、全面,以便为事故的分析与处理提供正确的依据。调查结果要整理撰写成事故调查报告,其主要内容应包括:①事故项目及各参建单位概况;②事故发生经过和事故救援情况;③事故造成的人员伤亡和直接经济损失;④事故项目有关质量检测报告和技术分析报告;⑤事故发生的原因和事故性质;⑥事故责任的认定和事故责任者的处理建议;⑦事故防范和整改措施。

(2) 事故的原因分析。事故的原因分析要建立在事故情况调查的基础上,避免情况不明就主观推断事故的原因。特别是对涉及勘察、设计、施工、材料和管理等方面的质量事故,事故的原因往往错综复杂,因此,必须对调查所得到的数据、资料进行仔细分析,依据国家有关法律法规和工程建设标准分析事故的直接原因和间接原因,必要时组织对事故项目进行检测鉴定和专家技术论证,去伪存真,找出造成事故的主要原因。

(3) 制定事故处理的技术方案。事故的处理要建立在原因分析的基础上,应广泛地取专家及有关方面的意见,经科学论证,决定事故是否要进行技术处理和怎样处理。在制定事故处理的技术方案时,应做到安全可靠、技术可行、不留隐患、经济合理、具有可操作性、满足项目的安全和使用功能要求。

(4) 事故处理。事故处理的内容包括:事故的技术处理,按经过论证的技术方案进行处理,解决事故造成的质量缺陷问题;事故的责任处罚,依据有关人民政府对事故调查报告的批复和有关法律法规的规定,对事故相关责任者实施行政处罚,负有事故责任的人员涉嫌犯罪的,依法追究刑事责任。

(5) 事故处理的鉴定验收。质量事故的技术处理是否达到预期的目的,是否依然存在隐患,应当通过检查鉴定和验收进行确认。事故处理的质量检查鉴定,应严格按施工验收规范和相关质量标准的规定进行,必要时还应通过实际量测、试验和仪器检测等方法获取必要的数据,以便准确地对事故处理的结果给出鉴定,形成鉴定结论。

(6) 提交事故处理报告。事故处理后,必须尽快提交完整的事故处理报告,其内容包括:事故调查的原始资料、测试的数据;事故原因分析和论证结果;事故处理的依据;事故处理的技术方案及措施;实施技术处理过程中有关的数据、记录、资料;检查验收记录;对事故相关责任者的处罚情况和事故处理的结论等。

5. 工程质量事故处理方案类型

在处理时,要正确确定事故的性质和处理范围,正确拟定处理方案。工程质量事故的技术处理方案可概况为如下几种类型:

1) 返修处理

当项目的某些部分的质量虽未达到规范、标准或设计规定的要求,存在一定的缺陷,但经过采取整修等措施后可以达到要求的质量标准,又不影响使用功能或外观的要求时,可采取返修处理的方法。例如,某些混凝土结构表面出现蜂窝、麻面,或者混凝土结构局部出现损伤,如结构受撞击、局部未振实、冻害、火灾、酸类腐蚀、碱骨料反应等,当这些缺陷或损伤仅仅在结构的表面或局部,不影响其使用和外观,可进行返修处理。再如,对混凝土结构出现裂缝,经分析研究认为不影响结构的安全和使用功能时,也可采取返修处理。

2) 加固处理

加固处理主要是针对危及结构承载力的质量缺陷的处理。加固处理使建筑结构恢复或提高承载力,重新满足结构安全性与可靠性的要求,使结构能继续使用或改作其他用途。对混凝土结构常用的加固方法主要有:增大截面加固法、外包角钢加固法、粘钢加固法、增设支点加固法、增设剪力墙加固法、预应力加固法等。

3) 返工处理

当工程质量缺陷经过返修、加固处理后仍不能满足规定的质量要求,存在严重的质量问题,对结构的使用和安全造成重大影响,且无法修补处理,或修补处理的费用比原工程造价还高,可对检验批、分项、分部工程甚至整个工程返工处理。

4) 限制使用

当工程质量缺陷按修补方法处理后无法保证达到规定的使用要求和安全要求,而又无法返工处理的情况下,不得已时可给出诸如结构卸荷或减荷以及限制使用的决定。

5) 不作处理

某些工程质量问题虽然达不到规定的要求或标准,但其情况不严重,对结构安全或使用功能影响很小,经过分析、论证、法定检测单位鉴定和设计单位等认可后可不作专门处理。一般可不作专门处理的情况有以下几种:

(1) 不影响结构安全和使用功能的。例如,某些部位的混凝土表面的裂缝,经检查分析,属于表面养护不够的干缩微裂,不影响安全和外观,可不作处理。

(2) 后道工序可以弥补的质量缺陷。例如,混凝土结构表面的轻微麻面,可通过后续的抹灰、刮涂、喷涂等弥补,可不作处理。

(3) 法定检测单位鉴定合格的。例如,某检验批混凝土试块强度值不满足规范要求,强度不足,但经法定检测单位对混凝土实体强度进行实际检测后,其实际强度达到规范允许和设计要求值时,可不作处理。

(4) 出现的质量缺陷,经检测鉴定达不到设计要求,但经原设计单位核算,仍能满足结构安全和使用功能的。例如,某一结构构件截面尺寸不足,或材料强度不足,影响结构承载力,但按实际情况进行复核验算后仍能满足设计要求的承载力时,可不进行专门处理。

6) 报废处理

出现质量事故的项目,经过分析或检测,采取上述处理方法后仍不能满足规定的质量要求或标准,则必须予以报废处理。

例7.2 某车间厂房,建筑面积为 $7200m^2$,跨度为 $30m$,安装预应力屋面板时,边跨南端开间的屋上 4 块预应力大型屋面板突然断裂塌落,造成 3 人死亡、2 人重伤、直接经济损失 16 万元。事故发生后调查发现构件公司提供的屋面板质量不符合要求,建设单位未办理质量监督和图纸审核手续就仓促开工,施工过程中不严格遵守规范和操作规程,管理紊乱。

(1) 该事故属于几级事故?为什么?

(2) 试分析该工程质量事故发生的原因。

(3) 工程质量事故处理的基本要求是什么?

答 (1) 该事故属于较大质量事故。造成 3 人以上(含 3 人)10 人以下死亡,或者 10 人以上 50 人以下重伤,或者 1000 万元以上 5000 万元以下直接经济损失的事故为较大质量事故,该事故死亡 3 人,为较大质量事故。

(2) 该起工程质量事故发生的原因是:建筑制品屋面板质量不合格;违背建设程序,建设单位未办理质量监督和图纸审核手续就仓促开工;施工和管理问题,施工过程中不严格遵守规范和操作规程,管理紊乱。

(3) 工程质量事故处理的基本要求如下:

① 处理应达到安全可靠,不留隐患,满足生产、使用要求,施工方便,经济合理的目的;

② 重视消除事故原因;

③ 注意综合治理;

④ 确定处理范围；
⑤ 正确选择处理时间和方法；
⑥ 加强事故处理的检查验收工作；
⑦ 认真复查事故的实际情况；
⑧ 确保事故处理期的安全。

7.5 工程质量控制的数理统计分析方法

数理统计方法应用于产品生产过程的抽样检验，通过研究样本质量特性数据的分布规律，分析和推断生产过程质量的总体状况，改变了传统的事后把关的质量控制方式。进行工程质量管理的人员必须掌握一定的工具与方法，使质量管理工作定量化、规范化。利用这些工具与方法能够对质量数据的收集、整理和统计进行分析，找出质量变化的规律和存在的质量问题，提出进一步改进的措施。在其应用时，主要应解决三个问题：①分析是否存在质量问题，哪些是主要的质量问题；②找出影响质量的原因，尤其是主要原因；③确定应控制的范围。人们应用数理统计原理所创立的排列图法、因果分析图法、直方图法等定量和定性方法，对施工现场质量管理都有实际的应用价值。本节主要介绍排列图法、因果分析图法、直方图法、控制图法和相关图法的应用。

7.5.1 排列图法

1. 排列图法概念

排列图又称帕累托（Pareto）图或主次因素分析图。排列图法是用来寻找影响质量主次因素的一种有效方法。排列图的格式如图 7-4 所示，图中 a、b、c、d、e 表示影响因素（问题）。在质量管理过程中，通过抽样检查或检验试验所得到的关于质量问题、偏差、缺陷、不合格等方面的统计数据，以及造成质量问题的原因分析统计数据，均可采用排列图方法进行状况描述，它具有直观、主次分明的特点。

排列图中有一个横坐标、两个纵坐标、几个连起来的直方形和一条曲线组成。左边的纵坐标表示频数（金额、件数等），右边的纵坐标表示累计频率（以百分比表示）；

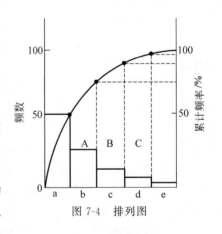

图 7-4 排列图

横坐标表示影响产品质量的各个因素（问题、项目等），按影响程度的大小从左至右顺序排列，而直方形的高度表示某个问题影响程度的大小。图中的曲线称为帕累托曲线，其所对应的累计百分数划分为三个区域：0%～80% 为 A 类，相对于 A 类区的问题一般称为主要因素或主要问题；80%～90% 为 B 类，相对于 B 类区的问题一般称为次要因素或次要问题；90%～100% 为 C 类，对应的问题为一般因素或一般问题。

2. 排列图法实例

下面结合实例说明排列图的画法。

例 7.3 某工程项目在施工阶段，对现场制作的预制板进行质量检查，抽查了 500 块，发现问题如表 7-3 所示，分析主要质量问题。

表 7-3　预制板不合格问题统计

序　号	存在问题项目	数　量
1	局部露筋	10
2	蜂窝麻面	23
3	纵向裂缝	1
4	横向裂缝	2
5	强度不足	4
合计		40

解　(1) 整理数据如表 7-4 所示,按数量大小排列。

表 7-4　不合格问题频数频率统计

序　号	存在问题项目	数　量	频率/%	累计频率/%
1	蜂窝麻面	23	57.5	57.5
2	局部露筋	10	25	82.5
3	纵向裂缝	1	10	92.5
4	横向裂缝	2	5	97.5
5	强度不足	4	2.5	100
合计		40	100	

(2) 绘制排列图,如图 7-5 所示,分析主要质量问题。

主要因素(A 类):蜂窝麻面及局部露筋。

次要因素(B 类):强度不足。

一般因素(C 类):横向裂缝及纵向裂缝。

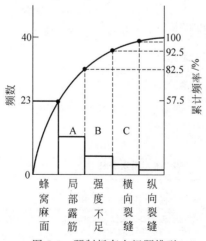

图 7-5　预制板存在问题排列

7.5.2　因果分析图法

1. 因果分析图法概念

因果分析图又称鱼刺图或特性要因图。因果分析图法是利用因果分析图来系统整理分析某个质量问题与其产生的原因之间关系的有效工具。因果分析法通过因果图表现出来,针对某种质量问题,项目经理发动相关人员谈看法,进行分析,集思广益,将相关人员的意见反映在一张图上,即为因果图。

2. 因果分析图法基本形式

因果分析图的做法是将要分析的问题放在图形的右侧,用一条带箭头的主杆指向要解决的质量问题,施工质量分析一般从人、材料、机械、方法、环境五个方面进行分析,这就是所谓的大原因。对具体问题来讲,这五个方面的原因不一定同时存在,要找到解决问题的办法,还需要对上述五个方面进一步分解,这就是中原因、小原因或更小原因,它们之间的关系也用箭线表示。如图 7-6 所示为某混凝土强度不足的因果分析图。逐层深入排查可能的原因,然后确定其中重要的原因,对重要的影响原因还要用标记或文字说明,以引起重视。最后对照各种因素逐一落实,进行有的放矢的处置和管理。制定对策,限期改正,只有这样才能起到因果分析的作用。

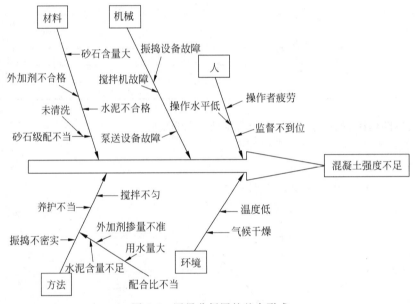

图 7-6 因果分析图的基本形式

因果分析法的一般步骤如表 7-5 所示。

表 7-5 因果分析法的一般步骤

序号	步骤	
1	确定分析目标	
2	绘制因果图	把问题写在鱼骨的头上
		针对具体问题,确定影响质量特性的大原因(大骨),一般为人、机、料、法、环五个方面
		进行分析讨论,找出可能产生问题的全部原因,并对这些原因进行整理归类,明确其从属关系
		标出鱼骨,即成鱼刺图
3	针对问题产生的原因,逐一制定解决方法	

7.5.3 直方图法

1. 直方图法概念

直方图即频数分布直方图,又称质量分布图法,它是将收集到的质量数据进行分组整理,绘制成频数分布直方图,用以描述质量分布状态的一种分析方法。

2. 直方图法基本形式

它是根据从生产过程中收集来的质量数据分布情况,如图 7-7 所示画成以质量特性值(分为相同的组距)为底边、以频数为高度的一系列连接起来的直方形矩形图,它通过对数据加工整理、观察分析,来反映产品总体质量的分布情况,判断生产过程是否正常。同时可以用来判断和预测产品的不合格率、制定质量标准、评价施工管理水平等。其基本形式如图 7-7 所示。

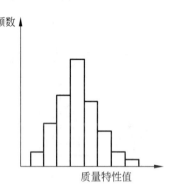

图 7-7 直方图的基本形式

(1) 观察直方图的形状、判断质量分布状态,可以判断生产过程是否正常。如图 7-8 所示。

① 正常型直方图(图 7-8(a)):质量稳定的正常生产过程的直方图呈正态分布,其形状特征是中间高、两边低、对称分布;

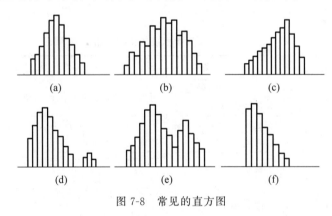

图 7-8 常见的直方图

② 折齿形直方图(图 7-8(b)):由于分组不当或组距确定不当造成的;

③ 左(或右)缓坡形直方图(图 7-8(c)):操作中对上(下)限控制太严造成的;

④ 孤岛形直方图(图 7-8(d)):原材料发生变化或临时他人顶班作业造成的;

⑤ 双峰形直方图(图 7-8(e)):因用两种不同的方法或用两台设备或两组工人进行生产,然后把两方面数据混在一起造成的;

⑥ 绝壁形直方图(图 7-8(f)):由于有意去掉下限以下的数据或是在检测过程中某种人为因素造成的。

异常的是图 7-8(b)~(f)。

(2) 通过分布位置观察分析。当直方图的形状呈现正常型时,工序处于稳定状态,此时还需要进一步将直方图同质量标准进行比较判断实际生产过程能力,工程中出现的形式如

图 7-9 所示。

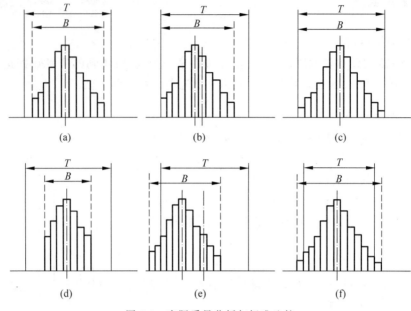

图 7-9　实际质量分析与标准比较

图 7-9 中，T 表示质量标准要求界限，B 表示实际质量特性分布范围。分析结果见表 7-6。

表 7-6　同质量标准的比较分析

类　　型	含　　义	说明问题
正常型(图 7-9(a))	B 在 T 中间，两边各有合理余地	可保持状态水平并加以监督
偏向型(图 7-9(b))	B 虽在 T 之内，但偏向一边	稍有不慎就会出现不合格，应当采取恰当纠偏措施
无富余型(图 7-9(c))	B 与 T 相重合	实际分布太宽，容易失控，造成不合格，应当采取措施减少数据分散
能力富余型(图 7-9(d))	B 过分小于 T	加工过于精确，不经济，可考虑改变工艺，放宽加工精度，以降低成本
能力不足型(图 7-9(e)、(f))	B 过分偏离 T 的中心，造成废品产生	需要进行调整
	B 的分布范围过大，同时超越上下界限	较多不合格品出现，说明工序不能满足技术要求，要采取措施提高施工精度

7.5.4　控制图法

1. 控制图法概念

控制图又称管理图，可以分析判断生产过程是否处于稳定状态。可动态地反映质量特性值随时间的变化，是在直角坐标系内画有控制界限、描述生产过程中产品质量波动状态的图形。

2. 控制图法基本形式

控制图法是典型的动态分析方法,其基本形式如图 7-10 所示。

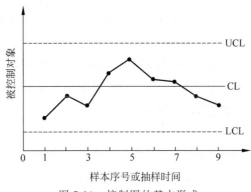

图 7-10　控制图的基本形式

控制图一般有 3 条线,上控制线(upper control limit,UCL)为控制上限、下控制线(lower control limit,LCL)为控制下限、中心线(center limit,CL)为平均值。把被控制对象发出的反映质量动态的质量特性值用图中某一相应点来表示,将连续打出的点顺次连接起来,即形成表示质量波动的控制图图形。在生产过程中通过抽样取得数据,把样本统计量描在图上来分析判断生产过程状态。如果点随机地落在上、下控制界限内,则表明生产过程正常处于稳定状态,不会产生不合格品;如果点超出控制界限,或点排列有缺陷,则表明生产条件发生了异常变化,生产过程处于失控状态。

7.5.5　相关图法

1. 相关图法概念

相关图又称散布图,是用以显示两种质量数据之间关系的一种图形。

2. 相关图法基本形式

相关图法基本形式如图 7-11 所示。

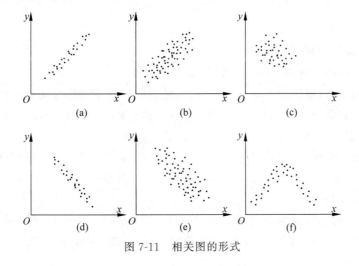

图 7-11　相关图的形式

质量数据之间的关系有三种类型：①质量特性和影响因素之间的关系，②质量特性和质量特性之间的关系，③影响因素和影响因素之间的关系。

(1) 正相关：散布点基本形成由左至右向上变化的一条直线带(图 7-11(a))，即随 x 的增加 y 也相应增加，说明 x 与 y 有较强的制约关系。此时，可通过对 x 的控制而有效控制 y 的变化。

(2) 弱正相关：散布点形成向上较分散的直线带(图 7-11(b))，即随 x 的增加，y 也有增加的趋势，但 x、y 的关系不像正相关那样明确，说明 y 除了受 x 的影响外，还受其他更重要的因素影响，需要进一步分析其他影响因素。

(3) 不相关：散布点形成一团或平行于 x 轴的直线带(图 7-11(c))，说明 x 的变化不会引起 y 的变化或其变化无规律，分析质量原因时可排除 x 因素。

(4) 负相关：散布点形成由左向右向下的一条直线带(图 7-11(d))，说明 x 对 y 的影响与正相关恰恰相反。

(5) 弱负相关：散布点形成由左至右向下分布的较分散的直线带(图 7-11(e))，说明 x 与 y 相关关系较弱，且变化趋势相反，应考虑寻找影响 y 的其他更重要因素。

(6) 非线性相关：散布点呈一曲线带(图 7-11(f))，即在一定范围内 x 增加 y 也增加，超过这个范围 x 增加 y 则有下降趋势，或改变变动的斜率呈曲线状态。

7.6 工程项目质量验收

7.6.1 工程项目施工过程质量验收

施工质量验收是指在施工过程中，在施工单位自行质量检查评定的基础上，参与建设活动的有关单位共同对检验批、分项、分部、单位工程的质量进行抽样复验，根据相关标准以书面形式对工程质量达到合格与否做出确认。正确地进行工程项目质量的检查评定和验收，是施工质量控制的重要环节。施工质量验收包括施工过程的质量验收及工程项目竣工质量验收两个部分。工程项目质量验收应将项目划分为单位工程、分部工程、分项工程和检验批进行验收。

1. 施工质量验收的项目划分

一个建设工程项目从施工准备开始到竣工交付使用，要经过若干工序、工种的配合施工。施工质量的优劣，取决于各个施工工序、工种的管理水平和操作质量。因此，为便于控制、检查、评定和监督每个工序和工种的工作质量，就要把整个项目逐级划分为若干个子项目，并分级进行编号，在施工过程中据此来进行质量控制和检查验收。这是进行施工质量控制的一项重要准备工作，应在项目施工开始之前进行。项目划分越合理、明细，越有利于分清质量责任，便于施工人员进行质量自控和检查监督人员检查验收，也有利于质量记录等资料的填写、整理和归档。

根据《建筑工程施工质量验收统一标准》(GB 50300—2013，简称《统一标准》)的规定，建筑工程施工质量验收应划分为单位工程、分部工程、分项工程和检验批。

1) 单位工程划分

（1）具备独立施工条件并能形成独立使用功能的建筑物及构筑物为一个单位工程。

（2）对于建筑规模较大的单位工程,可将其能形成独立使用功能的部分划分为一个子单位工程。

2) 分部工程划分

（1）可按专业性质、工程部位确定。例如,一般的建筑工程可划分为地基与基础、主体结构、建筑装饰装修、建筑屋面、建筑给水排水及供暖、建筑电气、智能建筑、通风与空调、建筑节能、电梯等分部工程。

（2）当分部工程较大或较复杂时,可按材料种类、施工特点、施工程序、专业系统及类别等划分为若干子分部工程。

3) 分项工程划分

可按主要工种、材料、施工工艺、设备类别等进行划分。

4) 检验批划分

可根据施工质量控制和专业验收需要,按工程量、楼层、施工段、变形缝等进行划分。

5) 建筑工程的分部、分项工程划分

宜按《统一标准》附录 B 采用。

6) 室外工程划分

可根据专业类别和工程规模按《统一标准》附录 C 的规定划分单位工程、分部工程。

2. 施工质量验收的内容

检验批和分项工程是质量验收的基本单元；分部工程是在所含全部分项工程验收的基础上进行验收的,在施工过程中随完工随验收,并留下完整的质量验收记录和资料；单位工程作为具有独立使用功能的完整的建筑产品,进行竣工质量验收。

施工过程的质量验收包括以下验收环节,通过验收后留下完整的质量验收记录和资料,为工程项目竣工质量验收提供依据。

1) 检验批质量验收

检验批是指"按同一生产条件或按规定的方式汇总起来供检验用的,由一定数量样本组成的检验体"。检验批是工程验收的最小单位,是分项工程乃至整个建筑工程质量验收的基础。

检验批应由专业监理工程师组织施工单位项目专业质量检查员、专业工长等进行验收。检验批质量验收合格应符合下列规定：

（1）主控项目的质量经抽样检验均应合格。

（2）一般项目的质量经抽样检验合格。

（3）具有完整的施工操作依据、质量验收记录。主控项目是指建筑工程中的对安全、节能、环境保护和主要使用功能起决定性作用的检验项目。主控项目验收必须从严要求,不允许有不符合要求的检验结果,主控项目的检查具有否决权。除主控项目以外的检验项目称为一般项目。

2) 分项工程质量验收

分项工程的质量验收在检验批验收的基础上进行。一般情况下,两者具有相同或相近的性质,只是批量的大小不同而已。分项工程可由一个或若干检验批组成。

分项工程应由专业监理工程师组织施工单位项目专业技术负责人等进行验收。分项工程质量验收合格应符合下列规定:

(1) 所含检验批的质量均应验收合格。

(2) 所含检验批的质量验收记录应完整。

3) 分部工程质量验收

分部工程的验收在其所含各分项工程验收的基础上进行。

分部工程应由总监理工程师组织施工单位项目负责人和项目技术负责人等进行验收;勘察、设计单位项目负责人和施工单位技术、质量部门负责人应参加地基与基础分部工程验收;设计单位项目负责人和施工单位技术、质量部门负责人应参加主体结构、节能分部工程验收。

分部工程质量验收合格应符合下列规定:

(1) 所含分项工程的质量均应验收合格。

(2) 质量控制资料应完整。

(3) 有关安全、节能、环境保护和主要使用功能的抽样检验结果应符合相应规定。

(4) 观感质量应符合要求。

必须注意的是,由于分部工程所含的各分项工程性质不同,因此它并不是在所含分项验收基础上的简单相加,即所含分项验收合格且质量控制资料完整,只是分部工程质量验收的基本条件,还必须在此基础上对涉及安全、节能、环境保护和主要使用功能的地基基础、主体结构和设备安装分部工程进行见证取样试验或抽样检测;而且还需要对其观感质量进行验收,并综合给出质量评价,对于评价为"差"的检查点应通过返修处理等进行补救。

3. 施工质量验收不合格的处理规定

(1) 施工质量验收是以检验批的施工质量为基本验收单元。检验批质量不合格可能是由于使用的材料不合格,或施工作业质量不合格,或质量控制资料不完整等原因所致,其处理方法有:

① 在检验批验收时,发现存在严重缺陷的应返工重做,有一般的缺陷可通过返修或更换器具、设备消除缺陷、返工或返修后应重新进行验收;

② 个别检验批发现某些项目或指标(如试块强度等)不满足要求难以确定是否验收时,应请有资质的检测机构检测鉴定,当鉴定结果能够达到设计要求时,应予以验收;

③ 当检测鉴定达不到设计要求,但经原设计单位核算认可,能够满足结构安全和使用功能的检验批,可予以验收。

(2) 严重质量缺陷或超过检验批范围的缺陷,经有资质的检测机构检测鉴定以后,认为不能满足最低限度的安全储备和使用功能,则必须进行加固处理,经返修或加固处理的分项、分部工程,满足安全及使用功能要求时,可按技术处理方案和协商文件的要求予以验收,责任方应承担经济责任。

(3) 通过返修或加固处理后仍不能满足安全或重要使用要求的分部工程及单位工程,严禁验收。

7.6.2 工程项目竣工质量验收

工程项目竣工质量验收是施工质量控制的最后一个环节,是对施工过程质量控制成果的全面检验,是从终端把关方面进行质量控制。未经验收或验收不合格的工程,不得交付使用。

1. 工程项目竣工质量验收的依据

(1) 国家相关法律法规和建设主管部门颁布的管理条例和办法。
(2) 建筑工程施工质量验收统一标准。
(3) 专业工程施工质量验收规范。
(4) 经批准的设计文件、施工图纸及说明书。
(5) 工程施工承包合同。
(6) 其他相关文件。

2. 工程项目竣工质量验收的条件

(1) 完成工程设计和合同约定的各项内容。
(2) 施工单位在工程完工后对工程质量进行了检查,确认工程质量符合有关法律、法规和工程建设强制性标准,符合设计文件及合同要求,并提出工程竣工报告。工程竣工报告应经项目经理和施工单位有关负责人审核签字。
(3) 对于委托监理的工程项目,监理单位对工程进行了质量评估,具有完整的监理资料,并提出工程质量评估报告。工程质量评估报告应经总监理工程师和监理单位有关负责人审核签字。
(4) 勘察、设计单位对勘察、设计文件及施工过程中由设计单位签署的设计变更通知书进行了检查,并提出质量检查报告。质量检查报告应经该项目勘察、设计负责人和勘察、设计单位有关负责人审核签字。
(5) 有完整的技术档案和施工管理资料。
(6) 有工程使用的主要建筑材料、建筑构配件和设备的进场试验报告,以及工程质量检测和功能性试验资料。
(7) 建设单位已按合同约定支付工程款。
(8) 有施工单位签署的工程质量保修书。
(9) 对于住宅工程进行分户验收并验收合格,建设单位按户出具《住宅工程质量分户验收表》。
(10) 建设主管部门及工程质量监督机构责令整改的问题全部整改完毕。
(11) 法律、法规规定的其他条件。

3. 工程项目竣工质量验收的标准

单位工程是工程项目竣工质量验收的基本对象。单位工程质量验收合格应符合下列规定:

(1) 所含分部工程的质量均应验收合格。
(2) 质量控制资料应完整。
(3) 所含分部工程有关安全、节能、环境保护和主要使用功能的检验资料应完整。

(4) 主要使用功能的抽查结果应符合相关专业质量验收规范的规定。

(5) 观感质量应符合要求。

住宅工程质量要分户验收。所谓住宅工程质量分户验收,是指施工单位提交竣工报告后,在住宅工程竣工验收前,建设单位应组织施工、监理等单位,在住宅工程各检验批、分项、分部工程验收合格的基础上,依据国家有关工程质量验收标准,对每户住宅及相关公共部位的观感质量和使用功能等进行检查验收,并出具验收合格证明的活动。

住宅工程质量分户验收以检查工程观感质量和使用功能质量为主,内容主要包括:

(1) 地面、墙面和顶棚质量。

(2) 门窗质量。

(3) 栏杆、护栏质量。

(4) 防水工程质量。

(5) 室内主要空间尺寸。

(6) 给水、排水系统安装质量。

(7) 室内电气工程安装质量。

(8) 建筑节能和供暖工程质量。

(9) 有关合同中规定的其他内容。

每户住宅和规定的公共部位验收完毕,应填写《住宅工程质量分户验收表》,建设单位和施工单位项目负责人、监理单位项目总监理工程师要分别签字。

分户验收不合格不能进行住宅工程整体竣工验收。

4. 工程项目竣工质量验收的组织和程序

1) 工程项目竣工质量验收的组织

单位工程中的分包工程完工后,分包单位应对所承包的工程项目进行自检,并应按规定的程序进行验收。验收时,总包单位应派人参加。

单位工程完工后,施工单位应组织有关人员进行自检。总监理工程师应组织各专业监理工程师对工程质量进行竣工预验收。存在施工质量问题时,应由施工单位及时整改。

工程竣工质量验收由建设单位负责组织实施。建设单位组织单位工程质量验收时,分包单位负责人应参加验收。

2) 工程项目竣工质量验收的程序

(1) 工程完工并对存在的质量问题整改完毕后,施工单位向建设单位提交工程竣工报告,申请工程竣工验收。实行监理的工程,工程竣工报告须经总监理工程师签署意见。

(2) 建设单位收到工程竣工报告后,对符合竣工验收要求的工程,组织勘察、设计、施工、监理等单位组成验收组,制定验收方案。对于重大工程和技术复杂工程,根据需要可邀请有关专家加入验收组。

(3) 建设单位应当在工程竣工验收 7 个工作日前将验收的时间、地点及验收组名单书面通知负责监督该工程的工程质量监督机构。

(4) 建设单位组织工程竣工验收。

① 建设、勘察、设计、施工、监理单位分别汇报工程合同履约情况和在工程建设各个环节执行法律、法规和工程建设强制性标准的情况。

② 审阅建设、勘察、设计、施工、监理单位的工程档案资料。

③ 实地查验工程质量。

④ 对工程勘察、设计、施工、设备安装质量和各管理环节等方面进行全面评价,形成经验收组人员签署的工程竣工验收意见。参与工程竣工验收的建设、勘察、设计、施工、监理等各方不能形成一致意见时,应当协商提出解决的方法,待意见一致后,重新组织工程竣工验收。

5. 工程项目竣工验收报告和竣工验收备案

1) 工程项目竣工验收报告

工程项目竣工验收合格后,建设单位应当及时提出工程项目竣工验收报告。工程项目竣工验收报告主要包括工程概况,建设单位执行基本建设程序情况,对工程勘察、设计、施工、监理等方面的评价,工程竣工验收时间、程序、内容和组织形式,工程竣工验收意见等内容。

工程项目竣工验收报告还应附有下列文件:

(1) 施工许可证。

(2) 施工图设计文件审查意见。

(3) 施工单位提出的工程竣工报告。

(4) 对于委托了监理的工程项目,监理单位提交的工程质量评估报告。

(5) 勘察、设计单位对勘察、设计文件及施工过程中由设计单位签署的设计变更通知书进行了检查,并提出质量检查报告。

(6) 施工单位签署的工程质量保修书。

(7) 验收组人员签署的工程项目竣工验收意见。

(8) 法规、规章规定的其他有关文件。

2) 工程项目竣工验收备案

建设单位应当自工程项目竣工验收合格之日起15日内,向工程所在地的县级以上地方人民政府建设主管部门备案。

建设单位办理工程竣工验收备案应当提交下列文件:

(1) 工程项目竣工验收备案表。

(2) 工程项目竣工验收报告。

(3) 法律、行政法规规定应当由规划、环保等部门出具的认可文件或者准许使用文件。

(4) 法律规定应当由公安消防部门出具的对大型的人员密集场所和其他特殊建设工程验收合格的证明文件。

(5) 施工单位签署的工程质量保修书。

(6) 法规、规章规定必须提供的其他文件。

第7章习题

第8章 工程项目施工成本管理

8.1 概述

8.1.1 工程项目施工成本的概念

建设工程项目关于价值消耗方面的术语较多，如投资、造价、成本和费用等。

建设项目投资是指进行某项工程建设花费的全部费用。工程造价是指一项工程预计开支或实际开支的全部固定资产投资费用，在这个意义上，工程造价与建设项目投资的概念是一致的。因此，在讨论建设项目投资时，经常使用工程造价这个概念。需要指出的是，在实际应用中工程造价还有另外一种含义，那就是指工程价格，即为了建成一项工程，预计或实际在土地市场、设备市场、技术劳务市场以及承包市场等活动中所形成的建筑安装工程的价格和建设工程的总价格。因此，投资和造价一般是从投资者和业主的角度出发的。

工程项目成本是指为实现和完成工程项目所需资源的货币表现，通常承包商（施工方）使用较多。费用的意义则更为广泛，各种对象均可使用。但在财务上，"成本"与"费用"的概念有所区别，如有的费用可以进入成本，有的则不能作为成本开支。

投资、造价、成本和费用这些概念的含义都是以工程项目价值消耗为依据的，具有实质上的统一性。无论从业主还是承包商的角度出发，其计划、控制的方法和程序大致都是相同的。

工程项目施工成本是指在建设工程项目的施工过程中所发生的全部生产费用的总和，包括消耗的原材料、辅助材料、构配件等费用，周转材料的摊销费或租赁费，施工机械的使用费或租赁费，支付给生产工人的工资、奖金、工资性质的津贴等，以及进行施工组织与管理所发生的全部费用支出。它包括直接成本和间接成本。

直接成本是指施工过程中耗费的构成工程实体或有助于工程实体形成的各项费用支出，是可以直接计入工程对象的费用，包括人工费、材料费和施工机具使用费等，如图8-1所示。

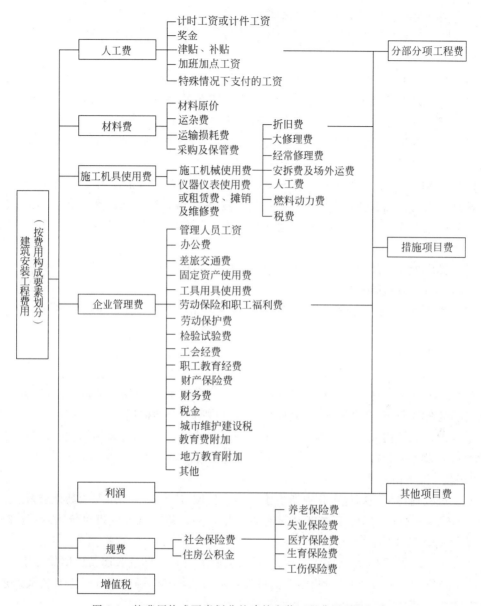

图 8-1 按费用构成要素划分的建筑安装工程费用项目组成

间接成本指准备施工、组织和管理施工生产的全部费用支出,是非直接用于也无法直接计入工程对象,但为进行工程施工所必须发生的费用,包括管理人员工资、办公费、差旅交通费等。

1. 直接成本

直接成本包括人工费、材料费和施工机具使用费等。

1) 人工费

人工费是指按工资总额构成规定,支付给从事建筑安装工程施工的生产工人和附属生产单位工人的各项费用。

(1) 计时工资或计件工资。计时工资或计件工资是指按计时工资标准和工作时间或对已做工作按计件单价支付给个人的劳动报酬。

(2) 奖金。奖金是指对超额劳动和增收节支支付给个人的劳动报酬。如节约奖、劳动竞赛奖等。

(3) 津贴、补贴。津贴、补贴是指为了补偿职工特殊或额外的劳动消耗和因其他特殊原因支付给个人的津贴，以及为了保证职工工资水平不受物价影响支付给个人的物价补贴。例如，流动施工津贴、特殊地区施工津贴、高温(寒)作业临时津贴、高空津贴等。

(4) 加班加点工资。加班加点工资是指按规定支付的在法定节假日工作的加班工资和在法定日工作时间外延时工作的加点工资。

(5) 特殊情况下支付的工资。特殊情况下支付的工资是指根据国家法律、法规和政策规定，因病、工伤、产假、计划生育假、婚丧假、事假、探亲假、定期休假、停工学习、执行国家或社会义务等原因按计时工资标准或计时工资标准的一定比例支付的工资。

2) 材料费

材料费是指施工过程中耗费的原材料、辅助材料、构配件、零件、半成品或成品、工程设备的费用。内容包括以下几方面。

(1) 材料原价。材料原价是指材料、工程设备的出厂价格或商家供应价格。

(2) 运杂费。运杂费是指材料、工程设备自来源地运至工地仓库或指定堆放地点所发生的全部费用。

(3) 运输损耗费。运输损耗费是指材料在运输装卸过程中不可避免的损耗。

(4) 采购及保管费。采购及保管费是指为组织采购、供应和保管材料、工程设备的过程中所需要的各项费用，包括采购费、仓储费、工地保管费、仓储损耗。

工程设备是指构成或计划构成永久工程一部分的机电设备、金属结构设备、仪器装置及其他类似的设备和装置。

3) 施工机具使用费

施工机具使用费是指施工作业所发生的施工机械、仪器仪表使用费或其租赁费。

(1) 施工机械使用费。以施工机械台班耗用量乘以施工机械台班单价表示，施工机械台班单价应由下列七项费用组成：

① 折旧费。折旧费是指施工机械在规定的使用年限内，陆续收回其原值的费用。

② 大修理费。大修理费是指施工机械按规定的大修理间隔台班进行必要的大修理，以恢复其正常功能所需的费用。

③ 经常修理费及机械停滞期间的维护和保养费用。经常修理费是指施工机械除大修理以外的各级保养和临时故障排除所需的费用。包括为保障机械正常运转所需替换设备与随机配备工具附具的摊销和维护费用，机械运转中日常保养所需润滑与擦拭的材料费用及机械停滞期间的维护和保养费用等。

④ 安拆费及场外运费。安拆费指施工机械(大型机械除外)在现场进行安装与拆卸所需的人工、材料、机械和试运转费用以及机械辅助设施的折旧、搭设、拆除等费用。场外运费指施工机械整体或分体自停放地点运至施工现场或由一施工地点运至另一施工地点的运输、装卸、辅助材料及架线等费用。

⑤ 人工费。人工费是指机上司机(司炉)和其他操作人员的人工费。

⑥ 燃料动力费。燃料动力费是指施工机械在运转作业中所消耗的各种燃料及水、电等。

⑦ 税费。税费是指施工机械按照国家规定应缴纳的车船使用税、保险费及年检费等。

2) 仪器仪表使用费等。仪器仪表使用费是指工程施工所发生的仪器仪表使用费及租赁费。

2. 间接成本

间接成本就是企业管理费中的管理人员工资、办公费、差旅交通费等。

企业管理费是指建筑安装企业组织施工生产和经营管理所需的费用。内容包括如下几方面内容。

（1）管理人员工资。管理人员工资是指按规定支付给管理人员的计时工资、奖金、津贴补贴、加班加点工资及特殊情况下支付的工资等。

（2）办公费。办公费是指企业管理办公用的文具、纸张、账表、印刷、邮电、书报、办公软件、现场监控、会议、水电、烧水和集体取暖降温（包括现场临时宿舍取暖降温）等费用。

（3）差旅交通费。差旅交通费是指职工因公出差、调动工作的差旅费、住勤补助费，市内交通费和误餐补助费，职工探亲路费，劳动力招募费，职工退休、退职一次性路费，工伤人员就医路费，工地转移费以及管理部门使用的交通工具的油料、燃料等费用。

（4）固定资产使用费。固定资产使用费是指管理和试验部门及附属生产单位使用的属于固定资产的房屋、设备、仪器等的折旧、大修、维修或租赁费。

（5）工具用具使用费。工具用具使用费是指企业施工生产和管理使用的不属于固定资产的工具、器具、家具、交通工具和检验、试验、测绘、消防用具等的购置、维修和摊销费。

（6）劳动保险和职工福利费。劳动保险和职工福利费是指由企业支付的职工退职金、按规定支付给离休干部的经费、集体福利费、夏季防暑降温、冬季取暖补贴、上下班交通补贴等。

（7）劳动保护费。劳动保护费是指企业按规定发放的劳动保护用品的支出，如工作服、手套、防暑降温饮料以及在有碍身体健康的环境中施工的保健费用等。

（8）检验试验费。检验试验费是指施工企业按照有关标准规定，对建筑以及材料、构件和建筑安装物进行一般鉴定、检查所发生的费用，包括自设实验室进行试验所耗用的材料等费用，不包括新结构、新材料的试验费，对构件做破坏性试验及其他特殊要求检验试验的费用和建设单位委托检测机构进行检测的费用，对此类检测发生的费用，由建设单位在工程建设其他费用中列支。但对施工企业提供的具有合格证明的材料进行检测，其结果不合格的，该检测费用由施工企业支付。

（9）工会经费。工会经费是指企业按《工会法》规定的全部职工工资总额比例计提的工会经费。

（10）职工教育经费。职工教育经费是指按职工工资总额的规定比例计提，企业为职工进行专业技术和职业技能培训，专业技术人员继续教育、职工职业技能鉴定、职业资格认定以及根据需要对职工进行各类文化教育所发生的费用。

（11）财产保险费。财产保险费是指施工管理用财产、车辆等的保险费用。

（12）财务费。财务费是指企业为施工生产筹集资金或提供预付款担保、履约担保、职工工资支付担保等所发生的各种费用。

（13）税金。税金是指企业按规定缴纳的房产税、车船使用税、土地使用税、印花税等。

（14）城市维护建设税。城市维护建设税是指为了加强城市的维护建设，扩大和稳定城市维护建设资金的来源,规定凡缴纳消费税、增值税、营业税的单位和个人,都应当依照规定缴纳城市维护建设税。城市维护建设税税率如下:①纳税人所在地在市区的,税率为7%;②纳税人所在地在县城、镇的,税率为5%;③纳税人所在地不在市区、县城或镇的,税率为1%。

(15)教育费附加。教育费附加是对缴纳增值税、消费税、营业税的单位和个人征收的一种附加费。其作用是为了发展地方性教育事业,扩大地方教育经费的资金来源。以纳税人实际缴纳的增值税、消费税、营业税的税额为计费依据,教育费附加的征收率为3%。

(16)地方教育附加。按照《关于统一地方教育附加政策有关问题的通知》(财综[2010]98号)要求,各地统一征收地方教育附加,地方教育附加征收标准为单位和个人实际缴纳的增值税、营业税和消费税税额的2%。

(17)其他。包括技术转让费、技术开发费、投标费、业务招待费、绿化费、广告费、公证费、法律顾问费、审计费、咨询费、保险费等。

8.1.2 工程项目施工成本管理的概念

工程项目施工成本管理就是要在保证工期和满足质量要求的条件下,利用组织措施、经济措施、技术措施和合同措施保证在批准的预算范围内完成工程项目的建设内容。工程项目的成本(费用)管理过程包括资源消耗计划编制、成本估算、成本计划编制和成本控制。

工程项目施工成本管理应从工程投标报价开始,直至项目保证金返还为止,贯穿于项目实施的全过程。

8.1.3 工程项目施工成本管理的环节

工程项目施工成本管理包括成本计划、成本控制、成本核算、成本分析和成本考核等环节。进行施工项目成本管理,必须具体研究每个环节的有效工作方式和关键管理措施,从而取得施工项目整体的成本控制效果。

1. 成本计划

成本计划是以货币形式编制施工项目在计划期内的生产费用、成本水平、成本降低率以及为降低成本所采取的主要措施和规划的书面方案。它是建立施工项目成本管理责任制、开展成本控制和核算的基础,此外,它还是项目降低成本的指导文件,是设立目标成本的依据,即成本计划是目标成本的一种形式。项目成本计划一般由施工单位编制。施工单位应围绕施工组织设计或相关文件进行编制,以确保对施工项目成本控制的适宜性和有效性。具体可按成本组成(如直接费、间接费、其他费用等)、项目结构(如各单位工程或单项工程)和工程实施阶段(如基础、主体、安装、装修等或月、季、年等)进行编制,也可以将几种方法结合使用。

为了编制出能够发挥积极作用的成本计划,在编制成本计划时应遵循以下原则:

1) 从实际情况出发

编制成本计划必须根据国家的方针政策,从企业的实际情况出发,充分挖掘企业内部潜力,使降低成本指标既积极可靠,又切实可行。施工项目管理部门降低成本的潜力在于正确选择施工方案,合理组织施工;提高劳动生产率,改善材料供应,降低材料消耗,提高机械利用率；节约施工管理费用等。

2）与其他计划相结合

成本计划必须与施工项目的其他计划，如施工方案、生产进度计划、财务计划、材料供应及消耗计划等密切结合，保持平衡。一方面，成本计划要根据施工项目的生产、技术组织措施、劳动工资、材料供应和消耗等计划来编制；另一方面，其他各项计划指标又影响成本计划，所以其他各项计划在编制时应考虑降低成本的要求，与成本计划密切配合，而不能单纯考虑单一计划本身的要求。

3）采用先进技术经济指标

成本计划必须以各种先进的技术经济指标为依据，并结合工程的具体特点，采取切实可行的技术组织措施作保证。只有这样，才能编制出既有科学依据，又切实可行的成本计划，从而发挥成本计划的积极作用。

4）统一领导、分级管理

编制成本计划时应采用统一领导、分级管理的原则，同时应树立全员进行成本控制的理念。在项目经理的领导下，以财务部门和计划部门为主体，发动全体职工共同进行，总结降低成本的经验，找出降低成本的正确途径，使成本计划的制订与执行更符合项目的实际情况。

5）适度弹性

成本计划应留有一定的余地，保持计划的弹性。在计划期内，项目管理机构的内部或外部环境都有可能发生变化，尤其是材料供应、市场价格等具有很大的不确定性，这给拟订计划带来困难。因此，在编制计划时应充分考虑到这些情况，使计划具有定的适应环境变化的能力。

2. 成本控制

成本控制是指在施工过程中，对影响施工成本的各种因素加强管理，并采取各种有效措施，将施工中实际发生的各种消耗和支出严格控制在成本计划范围内。通过随时揭示并及时反馈，严格审查各项费用是否符合标准，计算实际成本和计划成本之间的差异并进行分析。进而采取多种措施，消除施工中的损失浪费现象。

建设工程项目施工成本控制应贯穿于项目从投标阶段开始直至竣工验收的全过程，它是企业全面成本管理的重要环节。施工成本控制可分为事先控制、事中控制（过程控制）和事后控制。在项目的施工过程中，需按动态控制原理对实际施工成本的发生过程进行有效控制。

3. 成本核算

项目经理部应根据项目成本管理制度明确项目成本核算的原则、范围、程序、方法、内容、责任及要求，健全项目核算台账。施工成本核算包括两个基本环节：①按照规定的成本开支范围对施工成本进行归集和分配，计算出施工成本的实际发生额；②根据成本核算对象，采用适当的方法，计算出该施工项目的总成本和单位成本。

施工成本核算一般以单位工程为对象，但也可以按照承包工程项目的规模、工期、结构类型、施工组织和施工现场等情况，结合成本管理要求，灵活划分成本核算对象。

项目管理机构应按规定的财务周期进行项目成本核算。项目经理部应编制项目成本报告。对竣工工程的成本核算,应区分为竣工工程现场成本和竣工工程完全成本,分别由项目管理机构和企业财务部门进行核算分析,其目的在于分别考核项目管理绩效和企业经营效益。

施工成本核算的基本内容包括:
(1) 人工费核算。
(2) 材料费核算。
(3) 周转材料费核算。
(4) 结构件费核算。
(5) 机械使用费核算。
(6) 措施费核算。
(7) 分包工程成本核算。
(8) 间接费核算。
(9) 项目月度施工成本报告编制。

4. 成本分析

成本分析是在成本核算的基础上,对成本的形成过程和影响成本升降的因素进行分析,以寻求进一步降低成本的途径,包括有利偏差的挖掘和不利偏差的纠正。成本分析贯穿于成本管理的全过程,它是在成本的形成过程中,主要利用项目的成本核算资料(成本信息),与目标成本、预算成本以及类似项目的实际成本等进行比较,了解成本的变动情况;同时也要分析主要技术经济指标对成本的影响,系统地研究成本变动的因素,检查成本计划的合理性,并通过成本分析,深入研究成本变动的规律,寻找降低项目成本的途径,以便有效地进行成本控制。成本偏差的控制,分析是关键,纠偏是核心,因此要针对分析得出的偏差发生原因,采取切实措施,加以纠正。

5. 成本考核

成本考核是指在施工项目完成后,对施工项目成本形成中的各责任者,按施工项目成本目标责任制的有关规定,将成本的实际指标与计划、定额、预算进行对比和考核,评定施工项目成本计划的完成情况和各责任者的业绩,并以此给予相应的奖励和处罚。通过成本考核,做到有奖有惩,赏罚分明,才能有效地调动每一位员工在各自施工岗位上努力完成目标成本的积极性,为降低施工项目成本和增加企业的积累,作出自己的贡献。

工程项目施工成本管理的每一个环节都是相互联系和相互作用的。成本计划是成本决策所确定目标的具体化。成本控制则是对成本计划的实施进行控制和监督,保证决策的成本目标的实现,而成本核算又是对成本计划是否实现的最后检验,它所提供的成本信息又对下一个施工项目成本预测和决策提供基础资料。成本考核是实现成本目标责任制的保证和实现决策目标的重要手段。以上各个环节构成成本管理的 PDCA 循环,每个施工项目在施工成本管理中,不断地进行着大大小小的成本管理循环,促使成本管理水平不断提高。

8.1.4 工程项目施工成本管理的措施

为了取得工程项目施工成本管理的理想成效,应当从多方面采取措施实施管理,这些措施可以归纳为组织措施、技术措施、经济措施、合同措施,当在采取这些措施时,必须考虑工期、质量、合同和功能。

1. 组织措施

组织措施是从施工成本管理的组织方面采取的措施。施工成本控制是全员的活动,如实行项目经理责任制,落实施工成本管理的组织机构和人员,明确各级施工成本管理人员的任务和职能分工、权利和责任。施工成本管理不仅是专业成本管理人员的工作,各级项目管理人员都负有成本控制责任。

组织措施的另一方面是编制施工成本控制工作计划,确定合理详细的工作流程。要做好施工采购规划,通过生产要素的优化配置、合理使用、动态管理,有效控制实际成本;加强施工定额管理和施工任务单管理,控制活劳动和物化劳动的消耗;加强施工调度,避免因施工计划不周和盲目调度造成窝工损失、机械利用率降低、物料积压等而使施工成本增加。成本控制工作只有建立在科学管理的基础之上,具备合理的管理体制、完善的规章制度、稳定的作业秩序、完整准确的信息传递,才能取得成效。组织措施是其他各类措施的前提和保障,而且一般不需要增加什么费用,运用得当可以收到良好的效果。

2. 技术措施

施工过程中降低成本的技术措施,包括如进行技术经济分析,确定最佳的施工方案。结合施工方法,进行材料使用的比选,在满足功能要求的前提下,通过代用、改变配合比、使用添加剂等方法降低材料消耗的费用。确定最合适的施工机械、设备使用方案。结合项目的施工组织设计及自然地理条件,降低材料的库存成本和运输成本。应用先进的施工技术,运用新材料,使用新开发的机械设备。在实践中,也要避免仅从技术角度选定方案而忽视对其经济效果的分析论证。

技术措施不仅对解决施工成本管理过程中的技术问题是不可缺少的,而且对纠正施工成本管理目标偏差也有相当重要的作用。因此,运用技术纠偏措施的关键,一是要能提出多个不同的技术方案,二是要对不同的技术方案进行技术经济分析。

3. 经济措施

经济措施是最易为人们所接受和采用的措施。管理人员应编制资金使用计划,确定、分解施工成本管理目标。对施工成本管理目标进行风险分析,并制定防范性对策。对各种支出,应认真做好资金的使用计划,并在施工中严格控制各项开支。及时准确地记录、收集、整理、核算实际发生的成本。对各种变更,及时做好增减账,及时落实业主签证,及时结算工程款。通过偏差分析和未完工工程预测,可发现一些潜在的问题将引起未完工程施工成本增加,对这些问题应以主动控制为出发点,及时采取预防措施。由此可见,经济措施的运用绝不仅仅是财务人员的事情。

4. 合同措施

采用合同措施控制施工成本,应贯穿整个合同周期,包括从合同谈判开始到合同终结的全过程。首先,选用合适的合同结构,对各种合同结构模式进行分析、比较,在合同谈判时,要争取选用适合于工程规模、性质和特点的合同结构模式。其次,在合同的条款中应仔细考虑一切影响成本和效益的因素,特别是潜在的风险因素。通过对引起成本变动的风险因素的识别和分析,采取必要的风险对策,如用合理的方式增加承担风险的个体数量,降低损失发生的比例,并最终使这些策略反映在合同的具体条款中。在合同执行期间,合同管理的措施既要密切注视对方合同执行的情况,以寻求合同索赔的机会;同时也要密切关注自己履行合同的情况,以防止被对方索赔。

8.2 工程项目施工成本计划

8.2.1 工程项目施工成本计划的类型

对于一个工程项目而言,其成本计划的编制是一个不断深化的过程。在这一过程的不同阶段形成深度和作用不同的成本计划,按其作用可分为三类:竞争性成本计划、指导性成本计划和实施性成本计划。也可以按成本组成、项目结构和工程施工进度分别编制项目成本计划。

1. 竞争性成本计划

竞争性成本计划即工程项目投标及签订合同阶段的估算成本计划。这类成本计划是以招标文件中的合同条件、投标者须知、技术规程、设计图纸或工程量清单等为依据,以有关价格条件说明为基础,结合调研和现场考察获得的情况,根据本企业的工料消耗标准、水平、价格资料和费用指标,对本企业完成招标工程所需要支出的全部费用的估算。在投标报价过程中,虽也重点考虑降低成本的途径和措施,但总体上较为粗略。

2. 指导性成本计划

指导性成本计划即选派项目经理阶段的预算成本计划,是项目经理的责任成本目标。它是以合同标书为依据,按照企业的预算定额标准制订的设计预算成本计划,且一般情况下只是确定责任总成本指标。

3. 实施性成本计划

实施性成本计划即项目施工准备阶段的施工预算成本计划,它以项目实施方案为依据,落实项目经理责任目标为出发点,通过施工预算的编制而形成实施性成本计划。

施工预算和施工图预算虽仅一字之差,但区别较大:

1) 编制的依据不同

施工预算的编制以施工定额为主要依据,施工图预算的编制以预算定额为主要依据,而施工定额比预算定额划分得更详细、更具体,并对其中所包括的内容,如质量要求、施工方法以及所需劳动工日、材料品种、规格型号等均有较详细的规定或要求。

2) 适用的范围不同

施工预算是施工企业内部管理用的一种文件,与建设单位无直接关系;而施工图预算既适用于建设单位,又适用于施工单位。

3) 发挥的作用不同

施工预算是施工企业组织生产、编制施工计划、准备现场材料、签发任务书、考核功效、进行经济核算的依据,它也是施工企业改善经营管理、降低生产成本和推行内部经营承包责任制的重要手段;而施工图预算则是投标报价的主要依据。

以上三类成本计划互相衔接和不断深化,构成了整个工程施工成本的计划过程。其中,竞争性计划成本带有成本战略的性质,是项目投标阶段商务标书的基础,而有竞争力的商务标书又是以其先进合理的技术标书为支撑的。因此,它奠定了施工成本的基本框架和水平。指导性计划成本和实施性计划成本,都是战略性成本计划进一步展开和深化,是对战略性成本计划的战术安排。此外,根据项目管理的需要,实施性成本计划又可按施工成本组成、按子项目组成、按工程进度分别编制施工成本计划。

8.2.2 工程项目施工成本计划的编制程序

工程项目的成本计划工作是一项非常重要的工作,不应仅仅把它看作几张计划表的编制,更重要的是项目成本管理的决策过程,即选定技术上可行、经济上合理的最优降低成本方案。同时,通过成本计划把目标成本层层分解,落实到施工过程的每个环节,以调动全体职工的积极性,有效地进行成本控制。编制成本计划的程序,因项目的规模大小、管理要求不同而不同,大中型项目一般采用分级编制的方式,即先由各部门提出部门成本计划,再由项目经理部汇总编制全项目工程的成本计划;小型项目一般采用集中编制方式,即由项目经理部先编制各部门成本计划,再汇总编制全项目的成本计划。无论采用哪种方式,其编制的基本程序如下:

1. 搜集和整理资料

广泛搜集资料并进行归纳整理是编制成本计划的必要步骤。所需搜集的资料也即是编制成本计划的依据。这些资料主要包括:

(1) 国家和有关主管部门编制成本计划的相关规定。

(2) 项目经理部与企业签订的承包合同及企业下达的成本降低额、降低率和其他有关技术经济指标。

(3) 有关成本预测、决策的资料。

(4) 施工项目的施工图预算、施工预算。

(5) 施工组织设计。

(6) 施工项目使用的机械设备生产能力及其利用情况。

(7) 施工项目的材料消耗、物资供应、劳动工资及劳动效率等计划资料。

(8) 计划期内的物资消耗定额、劳动工时定额、费用定额等资料。

(9) 以往同类项目成本计划的实际执行情况及有关技术经济指标完成情况的分析资料。

(10) 同行业同类项目的成本、定额、技术经济指标资料及增产节约的经验和有效措施。

(11) 本企业的历史先进水平和当时的先进经验及采取的措施。

(12) 国外同类项目的先进成本水平情况等资料。

此外,还应深入分析当前情况和未来的发展趋势,了解影响成本升降的各种有利和不利因素,研究如何克服不利因素和降低成本的具体措施,为编制成本计划提供丰富具体和可靠的成本资料。

2. 估算计划成本,即确定目标成本

在掌握了丰富的资料,并加以整理分析,特别是在对基期成本计划完成情况进行分析的基础上，根据有关的设计、施工等计划，按照工程项目应投入的物资、材料、劳动力、机械、能源及各种设施等，结合计划期内各种因素的变化和准备采取的各种增产节约措施，进行反复测算、修订、平衡后，估算生产费用支出的总水平，进而提出全项目的成本计划控制指标，最终确定目标成本。确定目标成本以及把总的目标分解落实到各相关部门、班组时，大多采用工作分解法。

工作分解法又称工作分解结构，在国外被简称为 WBS(work break down structure)，它的特点是以施工图设计为基础，以本企业的项目施工组织设计及技术方案为依据，以实际价格和计划的物资、材料、人工、机械等消耗量为基准，估算工程项目的实际成本费用，据以确定成本目标。具体步骤是：首先把整个工程项目逐级分解为内容单一、便于进行单位工料成本估算的小项或工序，然后按小项自下而上估算、汇总，从而得到整个工程项目的估算。估算汇总后还要考虑风险系数与物价指数，对估算结果加以修正。

利用上述 WBS 系统在进行成本估算时，工作划分得越细、越具体，价格的确定和工程量估计越容易，工作分解自上而下逐级展开，成本估算自下而上，将各级成本估算逐级累加，便得到整个工程项目的成本估算。在此基础上分级分类计算的工程项目的成本，既是投标报价的基础，又是成本控制的依据，也是和建设单位工程项目预算作比较和进行盈利水平估计的基础。

3. 编制成本计划草案

对大中型项目，经项目经理部批准下达成本计划指标后，各职能部门应充分发动群众进行认真的讨论，在总结上期成本计划完成情况的基础上，结合本期计划指标，找出完成本期计划的有利和不利因素，提出具有挖掘潜力、克服不利因素的具体措施，以保证计划任务的完成。为了使指标真正落实，各部门应尽可能地将指标分解落实下达到各班组及个人，使得目标成本的降低额和降低率得到充分讨论、反馈、再修订，使成本计划既能够切合实际，又成为群众共同奋斗的目标。

各职能部门亦应认真讨论项目经理部下达的费用控制指标，拟定具体实施的技术经济措施方案，编制各部门的费用预算。

4. 综合平衡，编制正式的成本计划

在各职能部门上报了部门成本计划和费用预算后，项目经理部首先应结合各项技术经济措施，检查各计划和费用预算是否合理可行，并进行综合平衡，使各部门计划和费用预算之间相互协调、衔接；其次，要从全局出发，在保证企业下达的成本能降低任务或本项目目标成本情况下，以生产计划为中心，分析研究成本计划与生产计划、劳动工时计划、材料成本与物资供应计划、工资成本与工资基金计划、资金计划等的相互协调平衡。经反复讨论多次综合平衡，最后确定的成本计划指标，即可作为编制成本计划的依据，项目经理部正式编制的成本计划，上报企业有关部门后即可正式下达至各职能部门执行。

8.2.3　工程项目施工成本计划的编制方法

工程项目施工成本计划的编制以成本预测为基础，关键是确定目标成本。一般情况下，施工成本计划总额应控制在目标成本的范围内，并建立在切实可行的基础上。施工总成本目标确定之后，还需编制详细的实施性施工成本计划，把目标成本层层分解，落实到施工过程的每个环节,有效地进行成本控制。施工成本计划的编制方式有:按施工成本构成编制施工成本计划、按施工项目组成编制施工成本计划、按施工进度编制施工成本计划。

以上三种编制施工成本计划的方式并不是相互独立的,在实践中,往往是将这几种方式结合起来使用,从而可以取得扬长避短的效果。

1. 按施工成本构成编制施工成本计划

目前,我国的建筑安装工程费由直接费、间接费、利润和税金组成。施工成本可以按成本组成分解为人工费、材料费、施工机具使用费、企业管理费等,如图 8-2 所示,可以按施工成本构成编制施工成本计划。

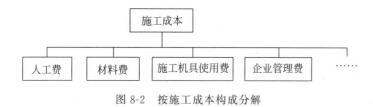

图 8-2 按施工成本构成分解

2. 按工程项目组成编制施工成本计划

大中型工程项目通常是由若干单项工程构成的,而每个单项工程包括了多个单位工程,每个单位工程又是由若干个分部分项工程所构成。因此,首先要把项目总施工成本分解到单项工程和单位工程中,再进一步分解到分部工程和分项工程中。

某施工承包企业将其承接的调整公路项目的目标总成本,分解为桥梁工程成本、隧道工程成本、道路工程成本等子项,并编制相应的成本计划,如图 8-3 所示。

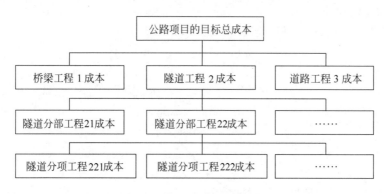

图 8-3 按工程项目组成分解

3. 按施工进度编制施工成本计划

编制按施工进度的施工成本计划,通常可在控制项目进度的网络图的基础上,进一步扩充得到。在编制网络计划时,应在充分考虑进度控制对项目划分要求的同时,还要考虑确定施工成本支出计划对项目划分的要求,做到二者兼顾。

对施工成本目标按时间进行分解,在网络计划基础上,可获得项目进度计划的横道图。并在此基础上编制成本计划。其表示方式有两种:一种是在时标网络图上按月编制成本计划,如图 8-4 所示;另一种是用时间-成本曲线(S 形曲线)表示,如图 8-5 所示。

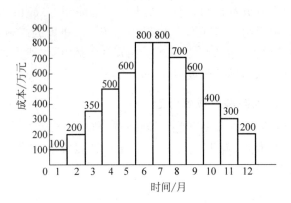

图 8-4　时标网络图上按月编制的成本计划

时间-成本累计曲线(S 形曲线)的绘制步骤如下：

(1) 确定工程项目进度计划,编制进度计划的横道图。

(2) 根据每单位时间内完成的实物工程量或投入的人力、物力和财力,计算单位时间(月或旬)的成本,在时标网络图上按时间编制成本支出计划。

(3) 计算规定时间 t 计划累计支出的成本额,其计算方法为：各单位时间计划完成的成本额累加求和,可按下式计算：

$$Q_t = \sum_{n=1}^{t} q_n$$

式中　Q_t——某时间 t 内计划累计支出成本额；

　　　q_n——单位时间 n 的计划支出成本额；

　　　t——某规定计划时刻。

(4) 按各规定时间的 Q_t 值,绘制 S 形曲线,如图 8-5 所示。

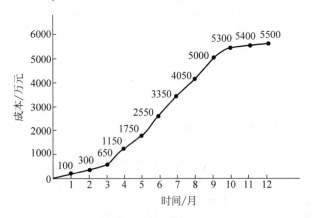

图 8-5　时间-成本累计曲线(S 形曲线)

每一条 S 形曲线都对应某一特定的工程进度计划。S 形曲线(成本计划值曲线)必然包络在由全部工作都按最早开始时间开始和全部工作都按最迟必须开始时间开始的曲线所组成的"香蕉图"内。项目经理可根据编制的成本支出计划来合理安排资金,同时项目经理也可通过调整非关键线路上的工序项目的最早或最迟开始时间,力争将实际的成本支出控制在计划的范围内,如图 8-6 所示。

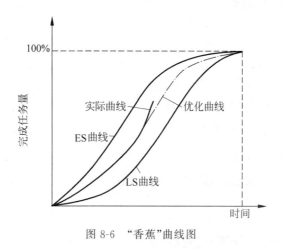

图 8-6 "香蕉"曲线图

一般而言,所有工作都按最迟开始时间开始,对节约资金贷款利息是有利的;但同时,也降低了项目按期竣工的保证率。

以上三种编制成本计划的方式并不是相互独立的。在实践中,往往是将这几种方式结合起来使用,从而可以取得扬长避短的效果。例如,将按项目分解总成本与按成本构成分解总成本两种方式相结合,横向按成本构成分解,纵向按子项目分解,或相反。这种分解方式有助于检查各分部分项工程成本构成是否完整,有无重复计算或漏算。

8.3 工程项目施工成本控制

8.3.1 工程项目施工成本控制的依据

项目管理机构实施成本控制的依据包括:合同文件、成本计划、进度报告、工程变更与索赔资料、各种资源的市场信息。

1. 合同文件

成本控制要以合同为依据,围绕降低工程成本这个目标,从预算收入和实际成本两方面,研究节约成本、增加收益的有效途径,以获得最大的经济效益。

2. 成本计划

成本计划是根据项目的具体情况编制的成本控制方案,既包括预定的具体成本控制目标,又包括实现控制目标的措施和规划,是成本控制的指导文件。

3. 进度报告

进度报告提供了对应时间节点的工程实际完成量、工程成本实际支出情况等重要信息。成本控制工作正是通过实际情况与成本计划相比较,找出两者之间的差别,分析偏差产生的原因,从而采取措施改进以后的工作。此外,进度报告还有助于管理者及时发现工程实施中存在的隐患,并在可能造成重大损失之前采取有效措施,尽量避免损失。

4. 工程变更与索赔资料

在项目的实施过程中由于各方面的原因,工程变更与索赔是很难避免的。工程变更一般包括设计变更、进度计划变更、施工条件变更、技术规范与标准变更、施工次序变更、工程量变更等。一旦出现变更,工程量、工期、成本都有可能发生变化,从而使得成本控制工作变得更加复杂和困难。因此,成本管理人员应当通过对变更与索赔中各类数据的计算、分析,及时掌握变更情况,包括已发生工程量、将要发生工程量、工期是否拖延、支付情况等重要信息,判断变更与索赔可能带来的成本增减。

5. 各种资源的市场信息

根据各种资源的市场价格信息和项目的实施情况,计算项目的成本偏差,估计成本的发展趋势。

8.3.2 工程项目施工成本控制的步骤

成本控制是指在项目成本的形成过程中,对生产经营所消耗的人力资源、物资资源和费用开支进行指导、监督、检查和调整,及时纠正将要发生和已经发生的偏差,把各项生产费用控制在计划成本的范围之内,以保证成本目标的实现。

在确定施工成本计划之后,必须定期地进行施工成本计划值和实际值的比较,当实际值偏离计划值时,分析产生偏差的原因,采取适当的纠偏措施,以确保施工成本控制目标的实现。成本控制的步骤如下:

(1) 比较。在确立了这一阶段的费用控制目标后,必须比较计划值与实际值,以及时发现成本支出是否与计划偏离。

(2) 分析。在比较的基础上,对所得的结果进行分析。这一步是成本控制工作的核心,目的是确定偏差的严重性及产生偏差的原因,从而采取有针对性的措施,减少或避免相同原因偏差的再次发生或减少发生后的损失。

(3) 预测。预测是指根据项目实施情况估算整个项目完成时的成本,目的在于为成本控制决策提供信息支持。

(4) 纠偏。当实际值与计划值出现偏差,应当根据工程的具体情况、偏差分析和预测的结果,采取适当的措施,尽量减少成本偏差。这一步是成本控制中最具实质性的一步,只有通过纠偏,才能最终有效控制这一阶段的工程成本。

(5) 检查。这一步骤要求对工程的进展进行跟踪和检查,及时了解工程进行情况及纠偏措施执行的情况和效果,为今后的工作积累经验。

8.3.3 工程项目施工成本控制的方法

工程项目施工成本控制的方法有赢得值(earned value,挣值法)分析法和过程控制方法。以下的"费用"对于施工方而言是"成本",对于业主而言是"投资"。

1. 赢得值分析法

在工程成本综合控制中,具体应用方法——赢得值分析法是一种能全面衡量工程进度、成本状况的整体方法,最初是美国国防部于1967年首次确立的。国际上先进的工程公司已普遍采用赢得值法进行工程项目的费用、进度综合分析控制。其基本要素是用货币量代替工程量来测量工程的进度，它不以投入资金的多少来反映工程的进展，而是以资金已经转化为工程成果的量来衡量，是一种完整和有效的工程项目监控指标和方法。赢得值法基本参数有三项，即已完工作预算费用、计划工作预算费用、已完工作实际费用。本页二维码"案例题5"为扩展练习资料。

1) 三个基本参数

（1）已完工作预算费用。已完工作预算费用BCWP(budgeted cost for work performed或赢得值)是指在某一时间已经完成的工作(或部分工作)，以批准认可的预算为标准所需要的资金总额，由于业主正是根据这个值为承包人完成的工作量支付相应的费用，也就是承包人获得(挣得)的金额，故称为赢得值或挣值。

$$已完工作预算费用 = 已完成工作量 \times 预算单价$$

（2）计划工作预算费用。计划工作预算费用(budgeted cost for work scheduled, BCWS)或计划费用(plan value, PV)，即根据进度计划，将在某一时刻应该完成的工作，以预算为标准计算所需要的资金总额，一般来说，除非合同有变更，BCWS在工程实施过程中应保持不变。

$$计划工作预算费用 = 计划工作量 \times 预算单价$$

（3）已完工作实际费用。已完成工作实际费用(actual cost for work performed, ACWP)或实际成本(actual cost, AC)，即到某一时刻为止，已完成的工作所实际花费的总金额。

案例题5

$$已完工作实际费用 = 已完成工作量 \times 实际单价$$

2) 赢得值分析法的评价指标

（1）费用偏差CV(cost variance)

$$费用偏差 = 已完工作预算费用 - 已完工作实际费用$$
$$CV = BCWP - ACWP 或 CV = EV - AC$$

当费用偏差为负值时，即表示项目运行超出预算费用；反之，则表示实际费用没有超出预算费用。

（2）进度偏差SV(schedule variance)

$$进度偏差 = 已完工作预算费用 - 计划工作预算费用$$
$$SV = BCWP - BCWS 或 SV = EV - PV$$

当进度偏差为负值时，表示进度延误，即实际进度落后于计划进度；当进度偏差为正值时，表示进度提前，即实际进度快于计划进度。

（3）费用绩效指数CPI

$$费用绩效指数 = 已完工作预算费 / 已完工作实际费$$
$$CPI = BCWP/ACWP 或 CPI = EV/AC$$

当费用绩效指数<1时，表示超支，即实际费用高于预算费用；
当费用绩效指数>1时，表示节支，即实际费用低于预算费用。

（4）进度绩效指数SPI

$$进度绩效指数 = 已完工作预算费用 / 计划工作预算费用$$
$$SPI = BCWP/BCWS 或 SPI = EV/PV$$

当进度绩效指数<1时，表示进度延误，即实际进度比计划进度落后；

当进度绩效指数>1时,表示进度提前,即实际进度比计划进度快。

费用(进度)偏差反映的是绝对偏差,结果很直观,有助于费用管理人员了解项目费用出现偏差的绝对数额,并依此采取一定措施,制订或调整费用支出计划和资金筹措计划。但是,绝对偏差有其不容忽视的局限性。如同样是10万元的费用偏差,对于总费用1000万元的项目和总费用1亿元的项目而言,其严重性显然是不同的。因此,费用(进度)偏差仅适合于对同一项目作偏差分析。费用(进度)绩效指数反映的是相对偏差,它不受项目层次的限制,也不受项目实施时间的限制,因而在同一项目和不同项目比较中均可采用。

在项目的费用、进度综合控制中引入赢得值法,可以克服过去进度和费用分开控制的缺点,即当发现费用超支时,很难立即知道是由于费用超出预算,还是由于进度提前。相反,当发现费用低于预算时,也很难立即知道是由于费用节省,还是由于进度拖延。而引入赢得值法即可定量地判断进度、费用的执行效果。

2. 过程控制方法

施工阶段是控制建设工程项目成本发生的主要阶段,它通过确定成本目标并按计划成本进行施工、资源配置,对施工现场发生的各种成本费用进行有效控制,其具体的控制方法如下。

1)人工费的控制

人工费的控制实行"量价分离"的方法,将作业用工及零星用工按定额工日的一定比例综合确定用工数量与单价,通过劳务合同进行控制。

2)材料费的控制

材料费的控制同样按照"量价分离"原则,控制材料用量和材料价格。

(1)材料用量的控制。在保证符合设计要求和质量标准的前提下,合理使用材料,通过定额管理、计量管理等手段有效控制材料物资的消耗,具体方法如下:

① 定额控制。对于有消耗定额的材料,以消耗定额为依据,实行限额发料制度。在规定限额内分期分批领用,超过限额领用的材料,必须先查明原因,经过一定审批手续方可领料。

② 指标控制。对于没有消耗定额的材料,则实行计划管理和按指标控制的办法。根据以往项目的实际耗用情况,结合具体施工项目的内容和要求,制定领用材料指标,据以控制发料。超过指标的材料,必须经过一定的审批手续方可领用。

③ 计量控制。准确做好材料物资的收发计量检查和投料计量检查。

④ 包干控制。在材料使用过程中,对部分小型及零星材料(如钢钉、钢丝等)根据工程量计算出所需材料量,将其折算成费用,由作业者包干控制。

(2)材料价格的控制。材料价格主要由材料采购部门控制。由于材料价格是由买价、运杂费、运输中的合理损耗等所组成,因此控制材料价格,主要是通过掌握市场信息、应用招标和询价等方式控制材料、设备的采购价格。

施工项目的材料物资,包括构成工程实体的主要材料和结构件,以及有助于工程实体形成的周转使用材料和低值易耗品。从价值角度看,材料物资的价值,占建筑安装工程造价的60%~70%及以上,其重要程度自然是不言而喻。由于材料物资的供应渠道和管理方式各不相同,所以控制的内容和所采取的控制方法也将有所不同。

3）施工机械使用费的控制

合理选择施工机械设备、合理使用施工机械设备对成本控制具有十分重要的意义，尤其是高层建筑施工。据某些工程实例统计，高层建筑地面以上部分的总费用中，垂直运输机械费用占 6%～10%。由于不同的起重运输机械各有不同的用途和特点，因此在选择起重运输机械时，首先应根据工程特点和施工条件确定采取何种不同起重运输机械的组合方式。在确定采用何种组合方式时，首先应满足施工需要，同时还要考虑到费用的高低和综合经济效益。

施工机械使用费主要由台班数量和台班单价两方面决定，为有效控制施工机械使用费支出，主要从以下几个方面进行控制：合理安排施工生产，加强设备租赁计划管理，减少因安排不当引起的设备闲置；加强机械设备的调度工作，尽量避免窝工，提高现场设备利用率；加强现场设备的维修保养，避免因不正确使用造成机械设备的停置；做好机上人员与辅助生产人员的协调与配合，提高施工机械台班产量。

4）施工分包费用的控制

分包工程价格的高低必然对项目经理部的施工项目成本产生一定的影响。因此，施工项目成本控制的重要工作之一是对分包价格的控制。项目经理部应在确定施工方案的初期就要确定需要分包的工程范围。决定分包范围的因素主要是施工项目的专业性和项目规模。对分包费用的控制，主要是要做好分包工程的询价、订立平等互利的分包合同、建立稳定的分包关系网络、加强施工验收和分包结算等工作。

8.3.4 费用偏差分析

1. 偏差原因

进行偏差分析，重要的是要找出引起偏差的原因，从而采取有效的措施，进行有效的费用控制。要进行偏差原因的分析，首先应将各种可能导致偏差的原因一一列举出来，并加以适当分类，再对其进行归纳、总结。但这种综合性的分析应以一定数量的数据为基础，因此只有当工程项目实施了一定阶段以后才有意义。

一般来讲，引起费用偏差可能有以下原因，如图 8-7 所示。在以上各类偏差原因中，客观原因通常无法控制。施工原因导致的经济损失一般是由施工单位自己承担，所以由于业主原因和设计原因所造成的投资偏差是监理工作纠偏的主要对象。

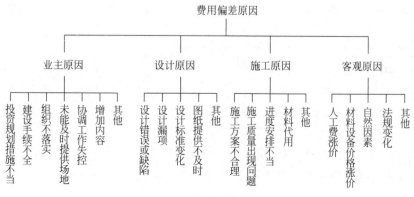

图 8-7 费用偏差原因

2. 偏差类型

为了便于分析,还需对偏差类型进行划分,如图 8-8 所示,偏差可分为四种情况:

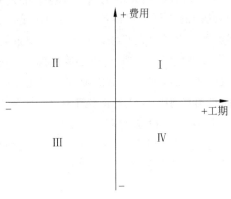

图 8-8 费用偏差类型

Ⅰ. 费用增加且工期拖延;
Ⅱ. 费用增加但工期提前;
Ⅲ. 费用节约且工期提交;
Ⅳ. 费用节约但工期拖延。

很明显,在上述偏差类型中,纠偏的主要对象应是偏差Ⅰ型,即费用增加且工期拖延;其次是偏差Ⅱ型,但应适当考虑工期提前可产生的收益;偏差Ⅲ型是较为理想的,但要注意排除假象;对于偏差Ⅳ型,首先要考虑是否需要对工期纠偏,还要考虑进度纠偏产生的费用。

3. 偏差分析的表达方法

1) 曲线法

曲线法主要是利用 S 形曲线,用赢得值分析法,将已完工作实际费用与已完工作预算费用相比较来确定工程费用是否出现偏差,也可以将计划工作预算费用与已完工作预算费用进行比较,分析工程进度是否出现偏差。其中计划工作预算费用是指根据进度计划安排在某一确定时间内所应完成的工程内容的计划费用;已完工作预算费用是指在某一确定时间内实际完成的工程内容的计划费用;已完工作实际费用是指在某一确定时间内完成的工程内容所实际发生的费用。这三个参数对应的曲线如图 8-9 所示。

如图 8-9 所示,在检查时间点 n 时,费用偏差 $CV = C_B - C_A$,为负值,表示费用增加;进度偏差 $= C_B - C_M$,为负值,表示进度延误,反映在时间坐标上已完工作时间在 T_B,计划工作时间在 T_P,$T_B > T_P$,$T_B - T_P = \Delta T$,表示工期拖延 ΔT。

2) 横道图法

用横道图进行费用偏差分析,是用不同的横道标识已完工程计划费用、拟完工程计划费用和已完工程实际费用,横道的长度与其数额成正比,如图 8-10 所示。费用偏差和进度偏差数额可用数字或横道表示,产生偏差的原因则应经过分析后填入。

横道图法的优点是简单直观,便于了解项目投资的概貌,能准确表达出费用的绝对偏差及其严重程度。但这种方法信息量较少,其应用有一定局限性。

3) 表格法

表格法是一种常用的方法,它将项目编号、名称、各费用参数以及费用偏差数综合归纳

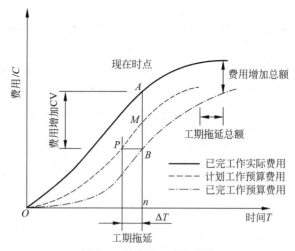

图 8-9 三种费用参数曲线

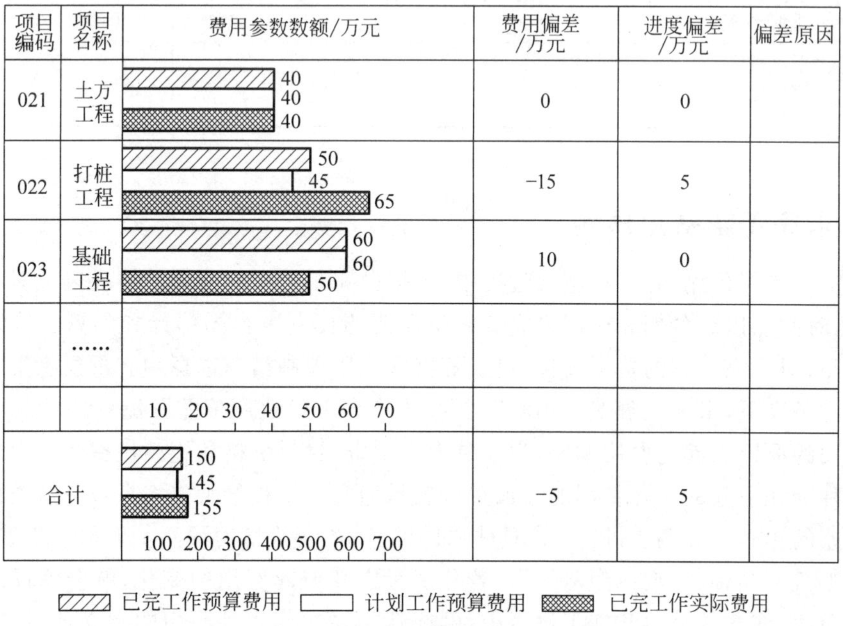

图 8-10 横道图法进行费用比较

入一张表格中,也可以根据项目的具体情况、数据来源、费用控制工作的要求等设计表格,适用性强。由于表格法信息量大,各偏差参数都在表中列出,对于全面了解项目费用的实际情况非常有益。表格法还便于计算管理,提高管理效率。

表 8-1 是采用表格法分析费用偏差及程度的例子。

表 8-1 费用偏差分析

项目编码	(1)		021	022	023
项目名称	(2)		土方工程	打桩工程	基础工程
单位	(3)				
预算(计划)单价	(4)				

续表

计划工作量	(5)			
计划工作预算费用/万元	(6)=(4)×(5)	40	45	60
已完工作量	(7)			
已完工作预算费用/万元	(8)=(4)×(7)	40	50	60
实际单价	(9)			
其他款项	(10)			
已完工作实际费用/万元	(11)=(7)×(9)+(10)	40	65	50
费用局部偏差	(12)=(11)−(8)	0	15	−10
费用局部偏差程度	(13)=(11)÷(8)	1	1.3	0.83
费用累计偏差	(14)=∑(12)			
费用累计偏差程度	(15)=∑(11)÷∑(8)			
进度局部偏差	(16)=(6)−(8)	0	−5	0
进度局部偏差程度	(17)=(6)÷(8)	1	0.9	1
进度累计偏差	(18)=∑(16)			
进度累计偏差程度	(19)=∑(6)÷∑(8)			

8.3.5 未完工程费用预测

未完工程费用预测，是指在施工过程中，根据已完工程实际费用的情况以及对偏差的分析，对预测时间点以后各期和全部未完工程所需要的投资进行的估计和测算。做好未完工程费用预测，对未完工程的费用安排、资金筹措和费用控制措施选择均有重要意义。

在合同条件下，未完工程费用预测问题可转化为工程费用偏差预测问题。与项目合同价构成相关的原因引起的费用偏差，主要是人工工资、材料价格和施工机械使用台班价格的变化。这种变化引起的实际费用的增加量可表示为实物工程量乘扩大系数。这类原因形成的费用偏差的预测可分两步进行：①具体原因的分解，②价格的预测。但除人工费外，建筑材料和施工机械品种、类型或型号繁多，若分别考虑其引起费用的变化，就会使预测工作相当复杂。因此，在建筑材料和施工机械中，可选其主要的作为预测中的独立项目，其他次要品种的变化程度取主要品种变化程度的平均值。

与项目合同价构成无关的原因引起的费用偏差，如由于设计变更、施工索赔等使项目费用增加，这种变化是不确定的，而且与子项工程类型不一定有直接联系。某一些原因可能会引起若干子项工程费用的增加，因此这一类费用偏差的预测应以整个工程为单位进行。

8.3.6 纠偏措施

通常要压缩已经超支的费用，而不损害其他目标是十分困难的，对费用的控制措施必须与工期、质量、合同、功能通盘考虑。一般只有当给出的措施比原计划已选定的措施更为有利，或使工程范围减少，或生产效率提高，成本才能降低，例如：

(1) 寻找新的更好、更省的效率、更高的技术方案,采用符合规范而成本较低的原材料。
(2) 购买部分产品,而不是采用完全由自己生产的产品。
(3) 重新选择供应商,但会产生供应风险,选择需要时间。
(4) 改变实施过程,改变工程质量标准。
(5) 删去工作包,减少工作量、作业范围或要求。这会损害工程的最终功能,降低质量。
(6) 变更工程范围。
(7) 索赔,如向业主、承(分)包商、供应商索赔以弥补费用超支等。

采取降低成本的措施应注意的问题:

(1) 一旦成本失控,要在计划成本范围内完成项目是非常困难的。在项目一开始,就必须不放过导致成本超支的任何迹象。
(2) 当发现成本超支时,不能贸然采取措施,许多措施会损害工程质量和工期目标,甚至会导致更大的成本超支。
(3) 在设计阶段采取降低成本的措施是最有效的,而且不会引起工期问题,对质量的影响可能小一些。
(4) 成本的监控和采取措施重点应放在:①负值最大的工作包或成本项目上;②近期就要进行的活动;③具有较大的估计成本的活动。
(5) 成本计划(或预算)的修订,以及措施的选择应与项目的其他方面(如进度、实施方案、设计、采购),以及项目其他参加者、投资者协调。

8.4 工程项目施工成本分析

8.4.1 工程项目施工成本分析的依据

工程项目施工成本分析就是根据会计核算、业务核算和统计核算提供的资料,对施工成本的形成过程和影响成本升降的因素进行分析,以寻求进一步降低成本的途径。

1. 会计核算

会计核算主要是价值核算。会计是对一定单位的经济业务进行计量、记录、分析和检查,给出预算,参与决策,实行监督,旨在实现最优经济效益的一种管理活动。资产、负债、所有者权益、营业收入、费用、利润等会计六要素指标,主要通过会计来核算。由于会计记录具有连续性、系统性、综合性等特点,因此它是施工成本分析的主要依据。

2. 业务核算

业务核算是各部门根据业务工作的需要而建立的核算制度,它包括原始记录和计算登记表。业务核算的范围比会计、统计核算要广,会计和统计核算一般是对已经发生的经济活动进行核算,而业务核算不但可以对已经发生的经济活动进行核算,而且还可以对尚未发生或正在发生的经济活动进行核算,看其是否可以做,是否能产生经济效果。它可以核算已经完成的项目是否达到原定的目标,看是否有效果,值不值采纳。业务核算的目的在于迅速取得资料,在经济活动中及时采取措施进行调整。

3. 统计核算

统计核算是利用会计核算资料和业务核算资料,把企业生产经营活动客观现状的大量数据,按统计方法加以系统整理,表明其规律性。它的计量尺度比会计核算宽,可以用货币计算,也可以用实物或劳动量计量。

8.4.2 工程项目施工成本分析的内容和步骤

1) 工程项目施工成本分析的内容
(1) 时间节点成本分析。
(2) 工作任务分解单元成本分析。
(3) 组织单元成本分析。
(4) 单项指标成本分析。
(5) 综合项目成本分析。
2) 工程项目施工成本分析的步骤
(1) 选择成本分析方法。
(2) 收集成本信息。
(3) 进行成本数据处理。
(4) 分析成本形成原因。
(5) 确定成本结果。

8.4.3 工程项目施工成本分析的方法

由于项目成本涉及的范围很广,需要分析的内容较多,因此应该在不同的情况下采取不同的分析方法,一般有基本的分析方法、综合成本的分析方法、成本项目的分析方法和专项成本的分析方法等。下面主要介绍基本的分析方法和综合成本的分析方法。左侧二维码"案例题6"为扩展练习资料。

案例题6

1. 工程项目施工成本分析的基本方法

工程项目施工成本分析的基本方法包括:比较法、因素分析法、比率法等。

1) 比较法

比较法又称指标对比分析法,即通过技术经济指标的对比,检查计划的完成情况,分析产生差异的原因,进而挖掘内部潜力的方法。这种方法,具有通俗易懂、简单易行、便于掌握的特点,因而得到广泛的应用,但在应用时必须注意各技术经济指标的可比性。

比较法的应用,通常有下列形式:

(1) 将实际指标与计划指标对比。本期实际指标与目标指标对比,以检查目标完成情况,分析影响目标完成的积极因素和消极因素,以便及时采取措施,保证成本目标的实现。

(2) 本期实际指标与上期实际指标对比。通过本期实际指标与上期实际指标对比,可以看出各项经济技术指标的变动情况,反映施工管理水平的提高程度。

(3) 与本行业平均水平、先进水平对比。通过这种对比,可以反映本项目的技术管理和经济管理与行业的平均水平和先进水平的差距,进而采取措施赶超先进水平。

如项目本年成本节约的预算为180000元,实际节约216000元,上年节约171000元,本项目先进水平节约234000元,用比较法分析,实际节约与预算比+36000元,与上年比+

45000元,与先进比－18000元。

2）因素分析法

因素分析法又称连锁置换法或连环替代法。这种方法,可用来分析各种因素对成本形成的影响程度。在进行分析时,首先要假定众多因素中的一个因素发生了变化,而其他因素则不变,然后逐个替换,并分别比较其计算结果,以确定各个因素的变化对成本的影响程度。

因素分析法的计算步骤如下：

（1）确定分析对象即所分析的技术经济指标,并计算出实际与计划的差异。

（2）确定该指标是由哪几个因素组成的,并按其相互关系进行排序。

（3）以计划预算数为基础,将各因素的计划预算数相乘,作为分析替代的基数。

（4）将各个因素的实际数按照上面的排列顺序进行替换计算,并将替换后的实际数保留下来。

（5）将每次替换计算所得的结果,与前一次的计算结果相比较,两者的差异即为该因素对成本的影响程度。

（6）各个因素的影响程度之和,应与分析对象的总差异相等。

因素分析法的具体应用如例 8.1 所示。本页二维码"案例题 7"为扩展练习资料。

例 8.1 原计划安装 30000m^2 模板,工时单价为 20 元/m^2,预计劳动效率为 0.8 工时/m^2,但最后实际工作量为 32000m^2,实际工时单价 25 元/m^2,劳动生产率为 0.7 工时/m^2。分析人工费增加的原因。

解 （1）分析对象是人工成本,该指标是由模板的安装量、工时单价和劳动效率三个因素组成的。目标人工费＝30000 m^2×20 元/工时×0.8 工时/m^2＝480000 元

实际人工费＝(32000×25×0.7)元＝560000 元

成本差异＝(560000－480000)元＝80000 元

（2）以目标数 480000 元作为分析基础。

第一次替代安装量因素,以 32000m^2 替代 30000m^2 有：

(32000×20×0.8)元＝512000 元

第二次替代单价因素,以 25 元/m^2 替代 20 元/m^2,并保留上次的替代值：

(32000×25×0.8)元＝640000 元

案例题 7

第三次替代劳动效率因素,以 0.7 工时/m^2 替代 0.8 工时/m^2,并保留上两次替代值：

(32000×25×0.7)元＝560000 元

（3）计算差额。

第一次替代与目标值的差额＝(512000－480000)元＝32000 元

第二次替代与第一次替代的差额＝(640000－512000)元＝128000 元

第三次替代与第二次替代的差额＝(560000－640000)元＝－80000 元

由于安装量增加造成人工费增加了 32000 元,由于工时单价提高造成人工费增加了128000 元,由于劳动效率提高造成人工费减少了 80000 元。

（4）各因素的影响程度之和＝(32000＋128000－80000)元＝80000 元,与实际人工费和目标人工费的总差额相等。

必须说明,在应用因素分析法时,各个因素的排列顺序应该固定不变,否则,就会得出不同的计算结果,也会产生不同的结论。

3）比率法

比率法是指用两个以上的指标的比例进行分析的方法。它的基本特点是：先把对比分析的数值变成相对数，再观察其相互之间的关系。常用的比率法有三种：相关比率法、构成比率法、动态比率法。

（1）相关比率法。相关比率是以某个项目与相互关联但性质又不相同的项目加以对比，所得的比率，反映有关经济活动的相互关系。利用相关比率指标，可以考察有联系的相关业务安排得是否合理，以保障企业经济活动能够顺利进行。如将成本指标与反映生产、销售等生产经营成果的产值、销售收入、利润指标相比较，就可以反映项目经济效益的好坏。

（2）构成比率法。构成比率又称结构比率，它是某项经济指标的各个组成部分与总体的比率，反映部分与总体的关系。其计算公式为

$$构成比率 = 某一组成部分数额 \div 总体数额$$

利用构成比率，可以考察总体中某个部分的形成和安排是否合理，以便协调各项财务活动。

（3）动态比率法。动态比率法就是将同类指标不同时期的数值进行对比，求出比率，以分析该项指标的发展方向和发展速度。动态比率的计算，通常采用基数指数和环比指数。

而具体的分析指标有：

① 工期和进度的分析指标

$$时间消耗程度 = (已用工期 / 计划总工期) \times 100\%$$
$$工程完成程度 = (已完成工程量 / 计划总工程量) \times 100\%$$
$$= (已完成工程价格 / 工程计划总价格) \times 100\%$$
$$= (已投入人工工时 / 计划使用总工时) \times 100\%$$

② 效率比

这一般仅对已完成的工程：机械生产效率＝实际台班数/计划台班数；劳动效率＝实际使用人工工时/计划使用人工工时。无论对一个分项工程或整个工程成本的评价，效率指标比较准确和明确，当机械生产效率小于 1 时，说明实际台班数比计划少了，节约了；当劳动效率小于 1 时，说明实际人工消耗少了，同样可以比较材料的消耗。

③ 成本分析指标

$$成本偏差 = 实际成本 - 计划成本$$
$$成本偏差率 = (成本偏差 / 计划成本) \times 100\%$$
$$利润 = 已完工程价格 - 实际成本$$

在各个成本要素中，分部工程成本、总工程成本的比较分析都可以采用偏差和偏差率指标，它们较好地反映偏差的程度，通过偏差分析能控制项目费用。

2. 综合成本的分析方法

所谓综合成本是指涉及多种生产要素，并受多种因素影响的成本费用，如分部分项工程成本、月（季）度成本分析、年度成本分析等。由于这些成本都是随着项目施工的进展而逐步形成，与生产经营有着密切的关系，因此，做好上述成本的分析工作，无疑将促进项目的生产经营管理，提高项目的经济效益。

1）分部分项工程成本分析

分部分项工程成本分析是施工项目成本分析的基础。分部分项工程成本分析的对象为已

完成分部分项工程。分析的方法是：进行预算成本、目标成本和实际成本的"三算"对比，分别计算实际偏差和目标偏差，分析偏差产生的原因，为今后的分部分项工程成本寻求节约途径。

分部分项工程成本分析的资料来源是：预算成本来自投标报价成本，目标成本来自施工预算，实际成本来自施工任务单的实际工程量、实耗人工和限额领料单的实耗材料。

由于施工项目包括很多分部分项工程，不可能也没有必要对每一个分部分项工程都进行成本分析。分部分项工程成本分析表的格式见表8-2。

表 8-2　分部分项工程成本分析

单位工程：_____
分部分项工程名称：_____　工程量：_____　施工班组：_____　施工日期：_____

工料名称	规格	单位	单价	预算成本		目标成本		实际成本		实际与预算比较		实际与目标比较	
				数量	金额	数量	金额	数量	金额	数量	金额	数量	金额
合计													
实际与预算比较/％（预算＝100）													
实际与计划比较/％（预算＝100）													
节约原因说明													

编制单位：　　　　　成本员：　　　　　填表日期：

2) 月（季）度成本分析

月（季）度成本分析是施工项目定期的、经常性的中间成本分析。对于具有一次性特点的施工项目来说，有着特别重要的意义。因为通过月（季）度成本分析，可以及时发现问题，以便按照成本目标指定的方向进行监督和控制，保证项目成本目标的实现。

月（季）度成本分析的依据是当月（季）的成本报表。分析的方法，通常有以下几个方面。

（1）通过实际成本与预算成本的对比，分析当月（季）的成本降低水平；通过累计实际成本与累计预算成本的对比，分析累计的成本降低水平，预测实现项目成本目标的前景。

（2）通过实际成本与目标成本的对比，分析目标成本的落实情况，以及目标管理中的问题和不足，进而采取措施，加强成本管理，保证成本目标的落实。

（3）通过对各成本项目的成本分析，可以了解成本总量的构成比例和成本管理的薄弱环节。例如，在成本分析中，发现人工费、机械使用费和间接费等项目大幅度超支，就应该对这些费用的收支配比关系认真研究，并采取对应的增收节支措施，防止今后再超支。如果是属于规定的"政策性"亏损，则应从控制支出着手，把超支额压缩到最低限度。

（4）通过主要技术经济指标的实际与目标对比，分析产量、工期、质量、"三材"节约率、机械利用率等对成本的影响。

（5）通过对技术组织措施执行效果的分析，寻求更加有效的节约途径。

(6) 分析其他有利条件和不利条件对成本的影响。

月(季)度成本分析表的格式见表 8-3。

表 8-3　月度成本盈亏异常情况分析

工程名称：_____　结构层数：_____　年　月　预算造价：_____万元

到本月末的形象进度										
累计完成产值/万元					累计点交预算成本/万元					
累计发生实际成本/万元					累计降低或亏损		金额/万元		%	
本月完成产值/万元					本月点交预算成本/万元					
本月发生实际成本/万元					月降低或亏损		金额/万元		%	

已完工程及费用名称	单位	数量	产值	资源消耗								机械租费	工料机金额合计
				实耗人工		实耗材料							
						金额小计	其中						
							水泥	钢材	木材	结构	设备		
				工日	金额/元	/元	数量	金额/元	数量	金额/元	数量	金额/元	数量	金额/元	金额	金额		

3) 年度成本分析

企业成本要求一年结算一次，不得将本年成本转入下一年度。而项目成本则以项目的寿命周期为结算期，要求从开工到竣工再到保修期结束连续计算，最后结算出成本总量及其盈亏。由于项目的施工周期一般较长，除进行月(季)度成本核算和分析外，还要进行年度成本的核算和分析。

年度成本分析的依据是年度成本报表。年度成本分析的内容，除了月(季)度成本分析的六个方面以外，重点是针对下一年度的施工进展情况规划切实可行的成本管理措施，以保证施工项目成本目标的实现。

4) 竣工成本的综合分析

凡是有几个单位工程而且是单独进行成本核算(即成本核算对象)的施工项目，其竣工成本分析应以各单位工程竣工成本分析资料为基础，再加上项目经理部的经营效益(如资金调度、对外分包等所产生的效益)进行综合分析。如果施工项目只有一个成本核算对象(单位工程)，就以该成本核算对象的竣工成本资料作为成本分析的依据。

第 8 章习题

单位工程竣工成本分析，应包括以下三方面内容：竣工成本分析、主要资源节超对比分析、主要技术节约措施及经济效果分析。

通过以上分析，可以全面了解单位工程的成本构成和降低成本的来源，对今后同类工程的成本管理很有参考价值。

第 9 章 工程项目职业健康安全与环境管理

9.1 概述

随着人类社会进步以及科学技术与经济的发展,生产力得到了极大提高,许多新技术、新材料、新能源涌现,使一些传统的产品和生产工艺逐渐消失,新的产业和生产工艺不断产生。与此同时却出现了许多不文明的现象,尤其是在市场竞争日益加剧的情况下,人们往往专注于追求低成本、高利润,而忽视了劳动者的劳动条件和环境的改善,甚至以牺牲劳动者的职业健康安全和破坏人类赖以生存的自然环境为代价,职业健康安全与环境的问题越来越突出。因此,职业健康(health)、安全(safety)与环境(environment)等的问题越来越受关注。为了保证劳动生产者在劳动过程中的健康安全和保护生态环境,防止和减少生产安全事故的发生,促进能源节约和避免资源浪费,使社会的经济发展与人类的生存环境相协调,必须加强职业健康安全与环境管理(简称 HSE 管理)。右侧二维码"案例题 8"为扩展阅读资料。

9.1.1 职业健康安全与环境管理的概念

案例题 8

1. 职业健康安全管理

职业健康安全是指一组影响特定人员健康和安全的条件和因素。受影响的人员包括在工作场所内组织的正式员工、临时工、合同方人员,也包括进入工作场所的参观访问人员和其他人员,如推销员、顾客等。工作场所不仅是组织内部的工作场所,也包括与组织的生产活动有关的临时、流动场所。

职业健康安全管理是指为达到工程项目安全生产与环境保护的目的而采取各种措施的系统化管理活动。工程建设项目职业健康安全管理目的是保护施工生产者的健康与安全,控制影响作业场所内员工、临时工作人员、合同方人员、访问者和其他有关部门人员健康和安全的条件和因素。职业健康安全具体包括作业安全和职业健康两个部分,防止和减少了生产安全事故,保护了产品生产者的健康与安全,保障了人民群众的生命和财产免受损失。

控制影响工作场所内员工、临时工作人员、合同方人员、访问者和其他有关部门人员健康和安全的条件和因素,考虑和避免因管理不当对员工健康和安全造成的危害,是职业健康安全管理的有效手段和措施。

2. 环境管理

环境是指"影响人类生存和发展的各种天然和经过人工改造的自然因素的总体,包括大气、水、海洋、土地、矿藏、森林、草原、野生生物、自然遗迹、人文遗迹、自然保护区、风景名胜区、城市和乡村等"。这是一种把各种自然因素(包括天然和经过人工改造的)界定为"主体"的对环境的定义。《环境管理体系要求及使用指南》(GB/T 24001—2016)认为环境是指"组织运行活动的外部存在,包括空气、水、土地、自然资源、植物、动物、人,以及它(他)们之间的相互关系"。这个定义是以组织运行活动为主体,其外部存在主要是指人类认识到的、直接或间接影响人类生存的各种自然因素及它(他)们之间的相互关系。

工程建设项目环境管理目的是使社会经济发展与人类的生存环境相协调,控制作业现场的各种环境因素对环境的污染和危害,充分体现节能减排的社会责任。保护和改善施工现场的环境。企业应当按照国家和地方的相关法律法规以及行业和企业自身的要求,采取措施控制施工现场的各种粉尘、废水、废气、固体废弃物以及噪声、振动对环境的污染和危害,并且要注意节约资源。

职业健康安全管理和环境管理都是项目管理体系的一部分,其管理的主体是项目,管理的对象是一个项目的活动、产品或服务中能与职业健康安全发生相互作用的不健康、不安全条件和因素及能与环境发生相互作用的要素。因此,在职业健康安全管理中,应建立项目健康安全的方针和目标,识别与项目运行活动有关的危险源及其风险,通过风险评价,对不可接受的风险采取措施进行管理和控制。在环境管理中,应建立环境管理的方针和目标,识别与项目运行活动有关的环境因素,通过环境影响评价,对能够产生重大环境影响的环境因素采取措施进行管理和控制。

9.1.2 职业健康安全与环境管理的特点

依据建设工程产品及其生产的特殊性,职业健康安全和环境管理具有以下特点。

1. 复杂性

建筑产品的固定性和生产的流动性及受外部环境影响因素多,决定了职业健康安全与环境管理的复杂性。

(1) 建筑产品生产过程中生产人员、工具与设备的流动性,主要表现为:①同一工地不同建筑之间流动;②同一建筑不同建筑部位上流动;③一个建筑工程项目完成后,又要向另一新项目动迁的流动。

(2) 建筑产品受不同外部环境影响的因素多,主要表现为:①露天作业多;②气候条件变化的影响;③工程地质和水文条件的变化;④地理条件和地域资源的影响。

生产人员、工具和设备的交叉和流动作业,加之很多不同外部环境的影响因素,使健康安全与环境管理很复杂,稍有考虑不周就会出现问题。

2. 多变性

产品的多样性和生产的单件性决定了职业健康安全与环境管理的多变性。建筑产品的多样性决定了生产的单件性。每一个建筑产品都要根据其特定要求进行施工,主要表现是:不能按同一图纸、同一施工工艺、同一生产设备进行批量重复生产;施工生产组织及机构变动频繁,生产经营的"一次性"特征特别突出;生产过程中试验性研究课题多,所碰到的新技术、新工艺、新设备、新材料给职业健康安全与环境管理带来不少难题。因此,对每个建设工程项目都要根据其实际情况,制订健康安全与环境管理计划,不可相互套用。

3. 协调性

生产过程的连续性和分工性决定职业健康安全与环境管理的协调性。建筑产品不能像其他许多工业产品一样可以分解为若干部分同时生产,而必须在同一固定场地按严格程序连续生产,上一道程序不完成,下一道程序不能进行(如基础—主体—屋顶),上一道工序生产的结果往往会被下一道工序所掩盖,而且每一道程序由不同的人员和单位来完成。因此,在职业健康安全与环境管理中要求各单位和各专业人员横向配合和协调,共同注意产品生产过程接口部分的健康安全和环境管理的协调性。

4. 持续性

产品生产的阶段性决定职业健康安全与环境管理的持续性。一个建设工程项目从立项到投产使用要经历五个阶段,即设计前的准备阶段(包括项目的可行性研究和立项)、设计阶段、施工阶段、使用前的准备阶段(包括竣工验收和试运行)、保修阶段。这五个阶段都要十分重视项目的安全和环境问题,持续不断地对项目各个阶段可能出现的安全和环境问题实施管理。否则,一旦在某个阶段出现安全问题和环境问题就会造成投资的巨大浪费,甚至造成工程项目建设的夭折。

5. 经济性

一方面项目生产周期长,消耗的人力、物力和财力大,必然使施工单位考虑降低工程成本的因素多,从而在一定程度上影响了职业健康安全与环境管理的费用支出,导致施工现场的健康问题和环境污染现象时有发生;另一方面建筑产品的时代性、社会性与多样性决定了管理者必须对职业健康安全与环境管理的经济性作出评估。

6. 环境性

工程项目的生产手工作业和湿作业多,机械化水平低,劳动条件差,工作强度大,从而对施工现场的职业健康安全影响较大,环境污染因素多。另外,产品的时代性、社会性与多样性决定了环境管理的多样性。

9.1.3 职业健康安全与环境管理的任务

1. 职业健康安全与环境管理的任务概述

职业健康安全与环境管理任务是组织(企业)为达到工程项目职业健康安全与环境管理的目标而进行的管理活动,包括制定、实施、实现、评审和保持职业健康安全方针与环境方针所需的组织机构、计划活动、职责、惯例、程序、过程和资源。需要进行以下管理任务:

① 建立组织机构;
② 安排计划活动;

③ 明确各项职责及其负责的机构或单位；
④ 说明应遵守的有关法律法规和习惯；
⑤ 规定进行活动或过程的途径；
⑥ 确定实现的过程(任何使用资源输入转化为输出的活动可视为一个过程)；
⑦ 提供人员、设备、资金和信息等资源,对于职业健康安全与环境密切相关的工作任务,可一同完成。

上述活动构成了实现职业健康安全方针和环境方针的管理任务。表 9-1 构成了实现职业健康安全和环境管理的 14 个方面任务。

表 9-1　职业健康安全与环境管理的任务

活动方针	组织机构	计划活动	职责	惯例(法律法规)	程序文件	过程	资源
职业健康安全方针							
环境方针							

2. 建设工程项目各个阶段的职业健康安全与环境管理的主要任务

(1) 建设工程项目决策阶段。建设单位应按照有关建设工程的法律法规和强制性标准的要求,办理各种有关安全与环境保护方面的审批手续。对需要进行环境影响评价或安全预评价的建设工程项目,建设单位应组织或委托有相应资质的单位进行建设工程项目环境影响评价和安全预评价。应有劳动安全、职业卫生、环境保护方面的论证内容,并将论证内容作为专篇编入可行性研究报告。

(2) 工程设计阶段。设计单位应按照法律法规和工程建设强制性标准的要求,进行环境保护设施和安全设施的设计,防止设计考虑不周导致生产安全事故的发生或对环境造成不良影响。在进行工程设计时,设计单位应当考虑施工安全和防护需要,对涉及施工安全的重点部分和环节在设计文件中注明,并对防范生产安全事故提出指导意见。对采用新结构、新材料、新工艺的建设工程和特殊结构的建设工程,设计单位应在设计中提出保障施工作业人员安全和预防生产安全事故的措施建议。在工程总概算中,应明确工程安全环保设施费用、安全施工和环境保护措施费等。设计单位和注册建筑师等执业人员应当对其设计负责。

(3) 工程施工阶段。建设单位在申请领取施工许可证时,应当提供建设工程有关安全施工措施的资料。对于依法批准开工报告的建设工程,建设单位应当自开工报告批准之日起 15 日内,将保证安全施工的措施报送建设工程所在地的县级以上人民政府建设行政主管部门或者其他有关部门备案。对于应当拆除的工程,建设单位应当在拆除工程施工 15 日前,将拆除施工单位资质等级证明,拟拆除建筑物、构筑物及可能涉及毗邻建筑的说明,拆除施工组织方案,堆放、清除废弃物的措施的资料报送建设工程所在地的县级以上的地方人民政府主管部门或者其他有关部门备案。

施工单位应当具备安全生产的资质条件,建设工程实行总承包的,由承包单位对施工现场的安全生产负总责并自行完成工程主体结构的施工。分包合同中应当明确各自的安全生产方面的权利、义务。总承包和分包单位对分包工程的安全生产承担连带责任。分包单位应当接受总承包单位的安全生产管理,分包单位不服从管理导致生产安全事故的,由分包单位承担主要责任。施工单位应依法建立安全生产责任制度,采取安全生产保障措施和实施安全教育培训。

(4) 项目验收试运行阶段。项目竣工后,建设单位应向审批建设工程项目环境影响报告书、环境影响报告或者环境影响登记表的环境保护行政主管部门申请,对环保设施进行竣工验收。环保行政主管部门应在收到申请环保设施竣工验收之日起 30 日内完成验收。项目验收合格后,才能投入生产和使用。对于需要试生产的建设工程项目,建设单位应当在项目投入试生产之日起 3 个月内向环保行政主管部门申请对其项目配套的环保设施进行竣工验收。

9.1.4 职业健康安全与环境管理体系的建立与运行

1. 职业健康安全与环境管理体系的建立

职业健康安全管理体系是企业总体管理体系的一部分。我国职业健康安全管理体系标准是推荐性标准,目前被企业普遍采用,被企业普遍采用,用以建立职业健康安全管理体系。标准为《职业健康安全管理体系要求及使用指南》(GB/T 45001—2020),该标准等同采用了 ISO 国际标准:ISO 45001:2018。我国的环境管理体系也是推荐性标准,包括《环境管理体系要求及使用指南》(GB/T 24001—2016)和《环境管理体系通用实施指南》(GB/T 24004—2017),是对国际标准化制定的 ISO14000 体系标准的等同采用。

建筑施工企业依照上述标准,坚持"安全第一、预防为主"的安全生产方针,建立本企业的职业健康安全管理体系与环境管理体系,完善安全生产组织管理体系、检查评价体系,制订安全措施计划,加强施工安全管理,实施综合治理。

职业健康安全管理体系与环境管理体系的建立遵循以下步骤。

(1) 领导决策。组织建立职业健康安全管理体系需要领导者的决策,特别是最高管理者的决策。只有在最高管理者认识到建立职业健康安全管理体系必要性的基础上,组织才有可能在其决策下开展这方面的工作。另外,职业健康安全管理体系的建立,需要资源的投入,这就需要最高管理者对改善组织的职业健康安全行为给出承诺,从而使得职业健康安全管理体系的实施与运行得到充足的资源。

(2) 成立工作组。当组织的最高管理者决定建立职业健康安全管理体系后,首先要从组织上给予落实和保证,通常需要成立一个工作组。工作组的主要任务是负责建立职业健康安全管理体系。工作组的成员来自组织内部各个部门,工作组的成员将成为组织今后职业健康安全管理体系运行的骨干力量,工作组组长最好是将来的管理者代表,或者是管理者代表之一。根据组织的规模、管理水平及人员素质,工作组的规模可大可小,可专职或兼职,可以是一个独立的机构,也可挂靠在其他部门。

(3) 人员培训。工作组在开展工作之前,应接受职业健康安全管理体系标准及相关知识的培训。同时,组织体系运行需要的内审员,也要进行相应的培训。

(4) 初始状态评审。掌握建筑工程危险源辨识方法。危险源是指可能导致人员伤害或疾病、物质财产损失、工作环境破坏的情况或这些情况组合的根源或状态的因素。危险因素与危害因素同属于危险源。根据危险源在安全事故发生发展过程中的机理,危险源一般可分为两大类,即第一类危险源和第二类危险源。通常系统中存在的、可能发生意外释放的能量或危险物质被称作第一类危险源;导致约束、限制能量措施失效或破坏的各种不安全因素被称为第二类危险源。

危险源辨识就是从组织活动中识别出可能造成人员伤害或疾病、物质财产损失、工作环境破坏的危险或危害因素,并判定其可能导致的事故类别和事故发生的直接原因的过程。危险源辨识的方法很多,常用的方法有现场调查法、工作任务分析法、安全检查表法、危险与可操作性研究法、事件树分析法和故障树分析法等。

(5) 制定安全保障措施,具体措施如下:

① 防尘措施。施工现场应采取有效的防尘、降尘措施,如洒水、覆盖等,防止施工扬尘对附近敏感点的影响。

施工前对必须接触防尘操作的施工人员进行技术交底及必要的防护知识培训,配备口罩、耳罩、防尘眼镜等防护用品;对接触粉尘的劳动者进行一次尘肺病普查;有活动性肺结核、严重慢性呼吸道疾病、显著影响肺功能的肺部疾患、严重的心血管系统疾病患者严禁从事接触粉尘工作。

② 防毒措施。对有毒原材料、半成品等采取严格控制保管措施,严格执行领取登记制度,杜绝有毒物质向外流放、扩散。

施工前对必须接触有毒操作施工及保管人员进行技术交底及必要的防护知识培训。为接触有毒操作的人员配备防止毒物挥发的防毒面罩、防护手套等防护用品以及紧急救助药品,并确保操作人员会正确使用。对接触有毒操作的施工人员或保管人员每月进行一次专项体检,最大限度地减小危害。一旦发现中毒现象,立刻隔离相关人员,并将其送往医院,并且展开原因调查,采取相应措施将危害减至最小。

③ 防噪声措施。施工前对必须接触超限值噪声操作施工人员进行技术交底及必要的防护知识培训;为接触超限值噪声操作施工人员配备耳塞、减振手套等防护用品;接触噪声操作人员采取轮换工作制度,3小时轮换作业。施工线路两侧对超标的噪声敏感建筑物区别不同情况,分别采取拆迁、改变建筑物使用功能、设置隔声屏障、安装通风隔声窗等控制环境噪声污染措施,确保达到相应噪声环境功能区要求。对噪声敏感建筑物集中区段及远期可能超标的敏感目标实施监测,并及时增补和完善防治噪声污染措施。选用低噪声施工机械设备,合理安排施工时间,防止噪声扰民。

④ 通风措施。职工宿舍保证良好的通风,除食堂以外任何房间严禁使用煤气设备,冬季取暖有条件时采用集中供暖,条件不能达到时控制使用燃煤取暖或煤气取暖时间。

⑤ 照明措施。施工区设置良好的照明设备,进行夜间施工时必须保证充足的照明条件;职工宿舍内有良好的照明设施,保障施工人员夜间生活照明;配备必要的发电装置,保证施工过程中紧急情况下的照明供应需要。

⑥ 防风、防寒、降温措施。生活及生产房屋均采用保暖性能好的砖瓦房屋,临时房屋要搭设牢固,四周用细钢筋固定在地锚上防风。临时房屋周围建立第二道防风防沙线,采用彩钢板围墙式隔离、封闭、围护,彩钢板均采用铁丝连接成墙,有效预防风沙。

在冬季给生活及生产房屋供暖,冬季施工要配备必需的防冻设施和劳动保护用品,如防寒帽、防寒服、防寒手套。

在夏季炎热天气,适当调整施工时间,避开高温,防止中暑情况发生;室外高温天气施工配备草帽等遮阳物品;为高温条件下施工人员保证足够的饮水供应,提供清凉的饮品。

⑦ 饮食卫生。食品采购、加工人员经食品卫生部门培训合格,持证上岗,掌握食品的优

劣标准，保证卫生。

加强食品卫生监督和管理，防止食物中毒和发生肠道传染病。饮食从业人员定期体检，传染病患者或病原携带者立即调离工作岗位。保持清洁、干燥、通风、凉爽、无蝇、无鼠，储存室安装防鼠板。

⑧ 施工生活区的卫生管理。生活区应定期消毒、杀灭病媒生物，保持整洁卫生，防止传播疾病；各驻地摆放封闭式垃圾桶，定期用垃圾运输车运至环保部门指定地点统一处理，严禁随地丢弃生活垃圾。

施工人员培养良好的个人卫生习惯，减少发病，保障健康。积极开展爱国卫生运动，在施工工地和生活区创造清洁优美的生产、生活环境。

⑨ 健康教育。在进驻工地前，对全体工作人员进行健康教育。开设职工健康教育课，使每个人都了解施工环境内的地理、气候特点，熟悉传染病、流行性疾病的特点及预防措施；积极宣传防寒保暖、防紫外线和开展各项活动时的卫生要求，使每个人掌握适应性锻炼的方法。在施工期间，通过适当的文体活动来缓解工作中紧张、疲劳、单调等对心理情绪的不良影响，做好心理卫生工作。

⑩ 传染病的预防。在项目经理部成立由项目经理任组长的"传染病防治领导小组"，在施工现场设立卫生所，配专职医生，专门负责施工人员的健康观察和一般疾病治疗，以及传染病的防治和施工队人员体温的收集、汇总、抽查，并积极与当地卫生防疫部门建立联系，共同构建防疫体系。

（6）应急准备与响应。施工现场管理人员应负责识别各种紧急情况，编制应急响应措施计划，准备相应的应急响应资源，发生安全事故时应及时进行应急响应。应急响应措施应有机地与施工安全措施相结合，以尽可能减少相应的事故影响和损失。特别应该注意防止在应急响应活动中可能发生的次生伤害。

（7）施工项目安全检查。施工项目安全检查的目的是消除安全隐患、防止事故、改善防护条件及提高员工安全意识，是安全管理工作的一项重要内容。安全检查可以分为日常性检查、专业性检查、季节性检查、节假日前后的检查和不定期检查。

2. 职业健康安全与环境管理体系的运行

（1）管理体系的运行。管理体系的运行是指按照已建立体系的要求实施，其实施的重点是围绕培训意识和能力，信息交流，文件管理，执行控制程序，监测，不符合、纠正和预防措施，记录等活动推进体系的运行工作。上述运行活动简述如下：

① 培训意识和能力。由主管培训的部门根据体系、体系文件（培训意识和能力程序文件）的要求，制订详细的培训计划，明确培训的职能部门、时间、内容、方法和考核要求。

② 信息交流。信息交流是确保各要素构成一个完整的、动态的、持续改进的体系的基础，应关注信息交流的内容和方式。

③ 文件管理。文件管理内容包括对现有有效文件进行整理编号，方便查询索引；对适用的规范、规程等行业标准应及时购买补充，对适用的表格要及时发放；对在内容上有抵触的文件和过期的文件要及时作废并妥善处理。

④ 执行控制程序。体系的运行离不开程序文件的指导，程序文件及其相关的作业文件在施工企业内部都具有法定效力，必须严格执行，才能保证体系正确运行。

⑤ 监测。为保证体系正确有效地运行，必须严格监测体系的运行情况。监测中应明确监测的对象和监测的方法。

⑥ 不符合、纠正和预防措施。体系在运行过程中，不符合的出现是不可避免的，包括事故也难免要发生，关键是相应的纠正与预防措施是否及时有效。

⑦ 记录。在体系运行过程中及时按文件要求进行记录，如实反映体系运行情况。

（2）职业健康安全与环境管理体系的维持，具体流程如下：

① 内部审核。内部审核是施工企业对其自身的管理体系进行的审核，是对体系是否正常进行以及是否达到了规定的目标所作的独立的检查和评价，是管理体系自我保证和自我监督的一种机制。内部审核要明确提出审核的方式方法和步骤，形成审核日程计划，并发至相关部门。

② 管理评定。管理评定是由施工企业的最高管理者对管理体系的系统评价，判断企业的管理体系面对内部情况的变化和外部环境是否充分适应有效，由此决定是否对管理体系进行调整，包括方针、目标、机构和程序等。

③ 合规性评价。为了履行对合规性评价的承诺，合规性评价分项目组级和公司级评价两个层次进行。

项目组级评价是指由项目经理组织有关人员对施工中应遵守的法律法规和其他要求的执行情况进行一次合规性评价。当某个阶段施工时间超过半年时，合规性评价不少于一次。项目工程结束时应针对整个项目工程进行系统的合规性评价。

公司级评价每年进行一次，制订计划后由管理者代表组织企业相关部门和项目组，对公司应遵守的法律法规和其他要求的执行情况进行合规性评价。

各级合规性评价后，对不能充分满足要求的相关活动或行为，通过管理方案或纠正措施等方式进行逐步改进。上述评价和改进的结果，应形成必要的记录和证据，作为管理评审的输入。

管理评审时，最高管理者应结合上述合规性评价的结果、企业的客观管理实际、相关法律法规和其他要求，系统评价体系运行过程中对适用法律法规和其他要求的执行情况，并由相关部门或最高管理者提出改进要求。

9.2 施工安全生产管理

9.2.1 施工安全生产管理的概念与内容

1. 施工安全生产管理的概念

施工安全生产管理是指在项目施工的全过程中，施工单位运用科学管理的理论、方法，通过法规、技术、组织等手段所进行的规范劳动者行为，控制劳动对象、劳动手段和施工环境条件，消除或减少不安全因素，使人、物、环境构成的施工生产体系达到最佳安全状态，实现项目安全目标等一系列活动的总称。

2. 施工安全生产管理的内容

施工安全生产管理的中心问题是保护生产活动中人的安全与健康，保证生产顺利进行。

按照侧重点不同,安全管理通常包括:对劳动者的管理、对劳动手段和劳动对象的管理以及对劳动条件(施工环境)的管理。

9.2.2 施工安全生产管理的基本原则

1) 管生产同时管安全

《中华人民共和国建筑法》规定:建筑施工企业必须依法加强对建筑安全生产的管理,执行安全生产责任制度,采取有效措施,防止伤亡和其他安全事故的发生。建筑企业的法定代表人对本企业的安全生产负责。项目经理对合同工程项目生产经营过程中的安全生产负全面领导责任。项目经理是项目安全生产第一责任人。

2) 坚持安全管理的目的性

安全管理的目的是对生产中的人、物、环境等因素的控制,有效控制人的不安全行为和物的不安全状态,消除或避免安全事故的发生,保护劳动者的安全和健康。没有明确目的的安全控制管理,是一种盲目行为。

3) 贯彻预防为主的方针

安全生产的方针"安全第一,预防为主"。安全第一体现了"以人为本"的指导思想。

"安全第一"是从保护生产力的角度和高度来看的,表明在生产范围内安全与生产的关系,肯定安全在施工生产活动中的位置和重要性。

在施工生产活动中进行安全管理,针对生产特点,对生产因素采取管理措施,有效地控制不安全因素,把可能发生的事故消灭在萌芽状态,以保证施工生产活动中人的安全与健康。贯彻"预防为主",要端正对施工生产中不安全因素的认识,端正消除不安全因素的态度,选准消除不安全因素的时机。在安排与布置生产内容时,针对施工生产中可能出现的危险因素,采取措施,明确责任,尽快、坚决地消除事故隐患。

4) 坚持"四全"动态管理

全员、全过程、全方位、全天候的动态管理。安全管理不是少数人和安全机构的事,而是一切与施工生产有关的人共同的事。施工组织者在安全管理中的作用固然重要,但全体参与管理也不能缺乏。安全管理涉及生产活动的各个方面,涉及从开工到施工交付使用的全部过程,涉及全部生产时间和一切变化着的生产因素。因此,生产活动中必须坚持全员、全过程、全方位、全天候的动态安全管理。

5) 安全管理重在控制

重点控制人的不安全行为、物的不安全状态和环境的不安全因素。人的不安全行为:违章作业、生理缺陷、错误行为;物的不安全状态:物体打击、车辆伤害、机械伤害、化学品、易爆易燃品有毒品、坍塌、触电等。环境的不安全因素:作业条件恶劣、生活环境差。

对施工人员的不安全行为和物的不安全状态的控制,必须看作动态的安全管理。事故的发生,是由于人的不安全行为运动轨迹与物的不安全状态活动轨迹交叉的结果。对生产因素状态的控制,应该当作安全管理的重点。

6) 在管理中发展提高

施工生产活动是不断发展与变化的,导致事故的因素也处在变化之中,因此要随生产的变化而改善安全管理工作,不断提高管理水平。在管理中总结经验教训、制定新的管理制度和方法,指导新的安全管理,使安全管理不断得到发展提高。

9.2.3 施工安全生产管理的基本要求

(1) 必须取得安全行政主管部门颁发的《安全施工许可证》后才可开工。
(2) 总承包单位和每一个分包单位都应持有《施工企业安全资格审查认可证》。
(3) 各类人员必须具备相应的执业资格才能上岗。
(4) 所有新员工必须经过三级安全教育,即进企业、进施工项目现场和进班组的安全教育。
(5) 特殊工种作业人员必须持有特种作业操作证,并严格按规定定期进行复查。
(6) 对查出的安全隐患要做到"五定",即定整改责任人、定整改措施、定整改完成时间、定整改完成人、定整改验收人。
(7) 必须把好安全生产"六关",即措施关、交底关、教育关、防护关、检查关、改进关。
(8) 施工现场安全设施齐全,并符合国家及地方有关规定。
(9) 施工机械(特别是现场安设的起重设备等)必须经安全检查合格后方可使用。

9.2.4 施工安全生产管理的程序

施工安全生产管理的程序如图 9-1 所示。

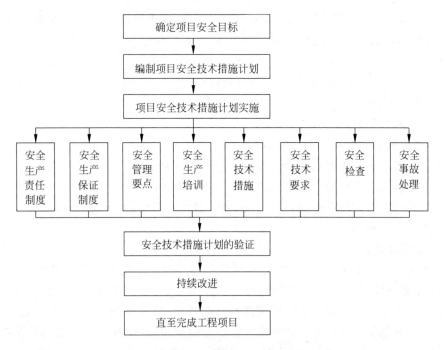

图 9-1 施工安全生产管理的程序

1. 确定项目的安全目标

按"目标管理"方法在以项目经理为首的项目管理系统内进行分解,从而确定每个岗位的安全目标,实现全员安全控制。

2. 编制项目安全技术措施计划

对生产过程中的不安全因素,用技术手段加以消除和控制,并用文件化的方式表示,这是落实"预防为主"方针的具体体现,是进行工程项目安全控制的指导性文件。

3. 项目安全技术措施计划实施

包括建立健全安全生产责任制度、设置安全生产设施、进行安全教育和培训、沟通和交流信息、通过安全控制使生产作业的安全状况处于受控状态。

4. 安全技术措施计划的验证

包括安全检查、纠正不符合情况,并做好检查记录工作。根据实际情况补充和修改安全技术措施。

5. 持续改进,直至完成建设工程项目的所有工作

9.2.5 施工项目安全技术措施计划及实施

1. 施工安全技术措施计划

在施工项目开工前,项目经理部应编制安全技术措施计划,经项目经理批准后实施。施工安全技术措施计划的作用:配置必要的资源,建立保证安全的组织和制度,明确安全责任,制定安全技术措施,确保安全目标实现。安全技术措施计划的内容:工程概况、控制目标、控制程序、组织结构、职责权限、规章制度、资源配置、安全措施、检查评价、奖惩制度等。

2. 施工安全技术措施计划的实施

1) 落实安全责任,实行责任管理

施工项目经理对所负责项目的安全生产承担全面领导责任。负责落实安全生产责任制度、安全生产规章制度和操作规程,确保安全生产费用的有效使用,并根据工程的特点组织制定安全施工措施,消除安全事故隐患,及时、如实报告生产中出现的安全事故。

施工单位对工程项目应建立以项目经理为首的安全生产管理机构,配备专职安全员。

建立和实施安全技术交底制度。公司下达施工任务时,必须向项目部进行安全技术交底;开工前,项目部必须向班组进行书面安全技术交底,班组根据员工工作的具体位置、环境对班组组员进行有针对性的安全技术交底。交底必须是书面的,而且履行签字手续。

2) 安全教育

《中华人民共和国建筑法》第四十六条规定:建筑施工企业应当建立健全安全生产教育培训制度,加强对职工安全生产的教育培训;未经安全生产教育培训的人员,不得上岗作业。

施工企业的安全教育分三级:公司、项目经理部、施工班组。三级教育的内容、时间和考核结果要有记录。

(1) 公司教育的内容是:国家和地方有关安全生产的方针、政策、法规、标准、规范、规程和企业的安全规章制度等。

(2) 项目经理部教育的内容是:工地安全制度、施工现场环境、工程施工特点及可能存在的不安全因素等。

（3）施工班组教育内容是：本工种的安全操作规程、事故案例剖析、劳动纪律和岗位讲评等。

3）安全检查

（1）安全检查的主要方法有看、听、嗅、问、查、测、验、析八法。

①"看"，主要查看管理记录、持证上岗、现场标识、交接验收资料、"三宝"（安全带、安全帽、安全网）使用情况、"四口"（楼梯口、电梯井口、预留洞口、通道口）、"临边"（尚未安装栏杆或栏板的阳台周边，无外脚手架防护的楼面与屋面周边，分层施工的楼梯与楼梯段边，井架、施工电梯或外脚手架等通向建筑物的通道的两侧边，框架结构建筑的楼层周边，斜道两侧边，卸料平台外侧边，雨篷与挑檐边，水箱与水塔周边等处）防护情况、设备防护装置等。

②"听"，听汇报、听介绍、听反映、听意见或批评、听机械设备的运转响声或承重物发出的微弱声等。

③"嗅"，对挥发物、腐蚀物、有毒气体进行辨别。

④"问"，对影响安全的问题，详细询问，寻根究底。

⑤"查"，查明问题、查对数据、查清原因，追查责任。

⑥"测"，测量、测试、检测。

⑦"验"，进行必要的试验或化验。

⑧"析"，分析安全事故的隐患、原因。

（2）安全检查的内容：查思想、查制度、查机械设备、查安全设施、查安全教育培训、查操作行为、查劳保用品使用、查伤亡事故的处理等，做到主动测量，实施风险控制。安全检查的主要内容如表9-2所示。检查后应编制安全检查报告，报告内容包括：已达标目标、未达标目标、存在问题、原因分析、纠正和预防措施。

表9-2　安全检查的主要内容

类型	内　　容
意识检查	检查企业的领导和员工对安全施工工作的认识
过程检查	检查工程的安全生产管理过程是否有效，包括：安全生产责任制、安全技术措施计划、安全组织机构、安全保证措施、安全技术交底、安全教育、持证上岗、安全设施、安全标识、操作规程、违规行为、安全记录等
隐患检查	检查施工现场是否符合安全生产、文明施工的要求
整改检查	检查对过去提出问题的整改情况
事故检查	检查对安全事故的处理是否达到查明事故原因、明确责任，并对责任者进行处理，明确和落实整改措施等要求。同时还应检查对伤亡事故是否及时报告、认真调查、严肃处理

（3）安全检查的主要形式：定期安全检查，经常性检查，季节性检查，节假日安全检查，开工、复工安全检查，专业性安全检查，设备设施安全验收检查。

①定期安全检查。建筑施工企业应建立分级安全检查制度，定期安全检查属全面性和考核性的检查，建筑工程施工现场至少每旬开展一次安全检查工作，施工现场的定期安全检查应由项目经理亲自组织。

②经常性安全检查。建筑工程施工应经常开展预防性的安全检查工作，以便及时发现并消除安全隐患，保证施工生产正常进行。施工现场经常性安全检查的方式主要有：现场

专(兼)职安全生产管理人员及安全值班人员每天例行开展的安全巡视、巡查；现场项目经理、责任工程师及相关专业技术管理人员在检查生产工作的同时进行的安全检查；作业班组在班前、班中、班后进行的安全检查。

③ 季节性安全检查。季节性安全检查主要是针对气候特点（如暑季、雨季、风季、冬季等）可能给安全生产造成的不利影响或带来的危害而组织的安全检查。

④ 节假日安全检查。在节假日，特别是重大或传统节假日（如劳动节、国庆节、元旦、春节等）前后和节日期间，为防止现场管理人员和作业人员思想麻痹、纪律松懈等进行的安全检查。节假日加班，更要认真检查各项安全防范措施的落实情况。

⑤ 开工、复工安全检查。针对工程项目开工、复工之前进行的安全检查，主要是检查现场是否具备保障安全生产的条件。

⑥ 专业性安全检查。有关专业人员对现场某项专业安全问题或在施工生产过程中存在的比较系统性的安全问题进行的单项检查。这类检查专业性强，主要应由专业工程技术人员、专业安全管理人员参加。

⑦ 设备设施安全验收检查。针对现场塔吊等起重设备、外用施工电梯、龙门架及井架物料提升机、电气设备、脚手架、现浇混凝土模板支撑系统等设备设施在安装、搭设过程中或完成后进行的安全验收、检查。

例 9.1 说明施工现场安全管理的有关规定。

答 施工现场安全管理的有关规定如下：

(1) 施工单位应当在施工现场入口处、施工起重机械、临时用电设施、脚手架、出入通道口、楼梯口、电梯井口、孔洞口、桥梁口、隧道口、基坑边沿、爆破物及有害危险气体和液体存放处等危险部位，设置明显的安全警示标志。安全警示标志必须符合国家标准。

(2) 现场的办公、生活区与作业区分开设置，并保持安全距离；办公、生活区的选址应当符合安全性要求。职工的膳食、饮水、休息场所等应当符合卫生标准。施工单位不得在尚未竣工的建筑物内设置员工集体宿舍。

(3) 施工单位应当在施工现场建立消防安全责任制度，确定消防安全责任人，制定用火、用电、使用易燃易爆材料等各项消防安全管理制度和操作规程，设置消防通道、消防水源，配备消防设施和足够的有效的灭火器材，指定专门人员定期维护保持设备良好，并在施工现场入口处设置明显标志，建立消防安全组织，坚持对员工进行防火安全教育。

(4) 施工现场安全用电规定如下：

① 施工现场内一般不得架设裸导线。原架空线路为裸线时，要根据施工情况采取措施。架空线路与建筑物水平距离一般不小于 10m；与地面垂直距离不小于 6m；与建筑物顶部垂直距离不小于 2.5m。

② 各种绝缘导线应架空敷设，没有条件架设的应采用护套缆线，缆线易损线段要加以保护。

③ 各种配电线路禁止敷设在树上。各种绝缘导线的绑扎，不得使用裸导线，配电线路的每一支路的始端要装设断路开关和有效的短路、过载保护。

④ 高层建筑的施工动力线路和照明线路，垂直敷设时应采用护套电缆。当每层设有配电箱时，线缆的固定间距每层不得少于两处；直接引至最高层时，每层不少于一处。

⑤ 所有电气设备的金属外壳以及电气设备连接的金属架，必须采取保护接地或保护接

零措施。接地线和接零线应使用多股铜线,禁止使用单股铝线。零线不得装设开关及熔断器,接地线或接零线中间不得有接头,与设备及端子连接必须牢固可靠,接触良好,压接点一般在明处,导线不应承受拉力。

⑥ 施工现场和生活区的下列设施应装设防雷保护设施:高度在 20m 以上的井字架、高大架子、正在施工的高大建筑工程;塔吊及高大机具;高烟囱;水塔等。

⑦ 凡移动式设备及手持电动工具,必须装设漏电保护装置。

⑧ 各种电动工具使用前均应进行严格检查,其电源线不应有破损、老化等现象。其自身附带的开关必须安装牢固,动作灵活可靠。禁止使用金属丝绑扎开关或有明显裸露的带电体。

⑨ 施工现场及临时设施的照明灯线路的架设,除护套缆线外,应分开设置或穿管敷设。

⑩ 凡未经检查合格的设备,不得安装和使用。使用中的电器设备应保持正常工作状态,绝对禁止带故障运行。

⑪ 非专业电气工作人员,严禁在施工现场架设线路、安装灯具、手持电动工具等作业。

⑫ 凡露天使用的电器设备,应有良好的防雨的性能或妥善的防雨措施。

(5) 施工现场安全纪律如下:

① 不戴安全帽不准进入施工现场;

② 不准带无关人员进入施工现场;

③ 不准赤脚或穿拖鞋、高跟鞋进入施工现场;

④ 作业前和作业中不准饮用含酒精的饮料;

⑤ 不准违章指挥和违章作业;

⑥ 特种作业人员无操作证不准独立从事特种作业;

⑦ 无安全防护措施不准进行危险作业;

⑧ 不准在易燃易爆场所吸烟;

⑨ 不准在施工现场嬉戏打闹;

⑩ 不准破坏和污染环境。

(6) 个人劳动保护和安全防护用品的使用规定如下:

① 进入施工工地必须戴安全帽;

② 高处作业人员必须系安全带;

③ 电焊工必须穿阻燃和防辐射工作服,焊接时必须戴电焊面罩;

④ 电工作业时必须穿绝缘鞋、戴绝缘手套;

⑤ 用砂轮机切(磨)金属时应戴护目镜;

⑥ 从事粉尘作业时应戴防尘口罩、护目镜和带披肩的防尘帽;

⑦ 从事有毒有害作业应戴护目镜、防毒口罩或防毒面具;

⑧ 在噪声环境中作业应戴耳塞;

⑨ 射线检测应穿铅防护服或使用铅防护板;

⑩ 不得在尘毒作业场所吸烟、饮水、吃食物;班后、饭前必须洗漱。

9.2.6 施工安全隐患的处理

施工安全隐患是指在建筑施工过程中,给生产施工人员的生命安全带来威胁的不利因素,一般包括人的不安全行为、物的不安全状态以及管理不当等。

在工程建设过程中,安全隐患是难以避免的,但要尽可能预防和消除安全隐患的发生。首先,需要项目参与各方加强安全意识,做好事前控制,建立健全各项安全生产管理制度,落实安全生产责任制,注重安全生产教育培训,保证安全生产条件所需资金的投入,将安全隐患消除在萌芽之中;其次,根据工程的特点确保各项安全施工措施的落实,加强对工程安全生产的检查监督,及时发现安全隐患;最后,对发现的安全隐患及时进行处理,查找原因,防止事故隐患的进一步扩大。

1) 施工安全隐患处理原则

(1) 冗余安全度处理原则。为确保安全,在处理安全隐患时应考虑设置多道防线,即使有一两道防线无效,还有冗余的防线可以控制事故隐患。例如,若道路上有一个坑,则既要设防护栏及警示牌,又要设照明及夜间警示红灯。

(2) 单项隐患综合处理原则。人、机、料、法、环境五个方面任一环节产生安全隐患,都要从五个方面安全匹配的角度考虑,调整匹配的方法,提高匹配的可靠性。一件单项隐患问题的整改需要综合(多角度)处理。人的隐患,既要治人也要治机具及生产环境等各环节。例如,某工地发生触电事故,一方面要进行人的安全用电操作教育,同时现场也要设置漏电开关,对配电箱、用电电路进行防护改造,也要严禁非专业电工乱接乱拉电线。

(3) 直接隐患与间接隐患并治原则。对人机环境系统进行安全治理,同时还需要采取安全管理措施。

(4) 预防与减灾并重处理原则。治理安全事故隐患时,须尽可能减少肇发事故的可能性,如果不能控制事故的发生,也要设法将事故等级降低。但是不论预防措施如何完善,都不能保证事故绝对不会发生,还必须对事故减灾做好充分准备,研究应急技术操作规范。

(5) 重点处理原则。按对隐患的分析评价结果实行危险点分级治理,也可以用安全检查表打分,对隐患危险程度分级。

(6) 动态治理原则。动态治理就是对生产过程进行动态随机安全化治理,生产过程中发现问题及时治理,既可以及时消除隐患,又可以避免小的隐患发展成大的隐患。

2) 施工安全隐患的处理方法

在建设工程中,安全隐患的发现可以来自各参与方,包括建设单位、设计单位、监理单位、施工单位自身、供货商、工程监管部门等。各方对于事故安全隐患处理的义务和责任,以及相关的处理程序在《建设工程安全生产管理条例》已有明确的界定。这里仅从施工单位角度谈其对事故安全隐患的处理方法。

(1) 当场指正,限期纠正,预防隐患发生。对于违章指挥和违章作业行为,检查人员应当场指出,并限期纠正,预防事故的发生。

(2) 做好记录,及时整改,消除安全隐患。对检查中发现的各类安全事故隐患,应做好记录,分析安全隐患产生的原因,制定消除隐患的纠正措施,并报相关方审查批准后进行整改,及时消除隐患。对重大安全事故隐患排除前或者排除过程中无法保证安全的,责令从危险区域内撤出作业人员或者暂时停止施工,待隐患消除再行施工。

(3) 分析统计,查找原因,制定预防措施。对于反复发生的安全隐患,应通过分析统计,属于多个部位存在的同类型隐患,即"通病";属于重复出现的隐患,即"顽症",查找产生"通病"和"顽症"的原因,修订和完善安全管理措施,制定预防措施,从源头上消除安全事故隐患的发生。

（4）跟踪验证。检查单位应对受检单位的纠正和预防措施的实施过程和实施效果进行跟踪验证，并保存验证记录。

9.3 安全生产管理制度

由于建设工程规模大、周期长、参与人数多、环境复杂多变，安全生产的难度很大。因此，建立各项制度，规范建设工程的生产行为，对于提高建设工程安全生产水平是非常重要的。现阶段正在执行的主要安全生产管理制度包括安全生产责任制度；安全生产许可证制度；政府安全生产监督检查制度；安全生产教育培训制度；安全措施计划制度；特种作业人员持证上岗制度；专项施工方案专家论证制度；危及施工安全工艺、设备、材料淘汰制度；施工起重机械使用登记制度；安全检查制度；生产安全事故报告和调查处理制度；"三同时"制度；安全预评价制度；意外伤害保险制度等。

9.3.1 安全生产责任制

安全生产责任制是最基本的安全管理制度，是所有安全生产管理制度的核心。安全生产责任制是按照安全生产管理方针和"管生产的同时必须管安全"的原则，将各级负责人员、各职能部门及其工作人员和各岗位生产工人在安全生产方面应做的事情及应负的责任加以明确规定的一种制度。具体来说，就是将安全生产责任分解到相关单位的主要负责人、项目负责人、班组长以及每个岗位的作业人员身上。

根据《建设工程安全生产管理条例》和《建筑施工安全检查标准》的相关规定，安全生产责任制的主要内容如下。

（1）安全生产责任制主要包括企业主要负责人的安全责任、负责人或其他副职的安全责任、项目负责人（项目经理）的安全责任、生产、技术、材料等各职能管理负责人及其工作人员的安全责任、技术负责人（工程师）的安全责任、专职安全生产管理人员的安全责任、施工员的安全责任、班组长的安全责任和岗位人员的安全责任等。

（2）项目应对各级、各部门安全生产责任制应规定检查和考核办法，并按规定期限进行考核，对考核结果及兑现情况应有记录。

（3）项目独立承包的工程在签订承包合同中必须有安全生产工作的具体指标和要求。工程由多单位施工时，总分包单位在签订分包合同的同时要签订安全生产合同（协议），签订合同前要检查分包单位的营业执照、企业资质证、安全资格证等。分包队伍的资质应与工程要求相符，在安全合同中应明确总分包单位各自的安全职责，原则上，实行总承包的由总承包单位负责，分包单位向总包单位负责，服从总包单位对施工现场的安全管理，分包单位在其分包范围内建立施工现场安全生产管理制度，并组织实施。

（4）项目的主要工种应有相应的安全技术操作规程，一般应包括砌筑、拌灰、混凝土、木作、钢筋、机械、电气焊、起重、信号指挥、塔式起重机司机、架子、水暖、油漆等工种，特殊作业应另行补充。应将安全技术操作规程列为日常安全活动和安全教育的主要内容，并应悬挂在操作岗位前。

（5）施工现场应按工程项目大小配备专职安全生产管理人员，要求如下：

① 建筑工程、装修工程按照建筑面积配备：1万 m^2 以下的工程不少于1人；1万~5万 m^2 的工程不少于2人；5万 m^2 及以上的工程不少于3人，且按专业配备专职安全生产管理人员。

② 土木工程线路管道、设备安装工程按照工程合同价配备：5000万元以下的工程不少于1人；5000万~1亿元的工程不少于2人；1亿元及以上的工程不少于3人，且按专业配备专职安全生产管理人员。

③ 同时规定了分包单位配备项目专职安全生产管理人员应当满足下列要求：专业分包单位应当配置至少1人，并根据所承担的分部分项工程的工程量和施工危险程度增加。

劳务分包单位施工人员在50人以下的，应当配备1名专职安全生产管理人员；50~200人的，应当配备2名专职安全生产管理人员；200人及以上的，应当配备3名及以上专职安全生产管理人员，并根据所承担的分部分项工程施工危险实际情况增加，不得少于工程施工人员总人数的5%。

总之，企业实行安全生产责任制必须做到在计划、布置、检查、总结、评比生产的时候，同时计划、布置、检查、总结、评比安全工作。其内容大体分为两个方面：纵向方面是各级人员的安全生产责任制，即从最高管理者、管理者代表到项目负责人（项目经理）、技术负责人（工程师）、专职安全生产管理人员、施工员、班组长和岗位人员等各级人员的安全生产责任制；横向方面是各个部门的安全生产责任制，即各职能部门（如安全环保、设备、技术、生产、财务等部门）的安全生产责任制。只有这样，才能建立健全安全生产责任制，做到群防群治。

9.3.2 安全生产许可证制度

《安全生产许可证条例》规定国家对建筑施工企业实施安全生产许可证制度。其目的是为了严格规范安全生产条件，进一步加强安全生产监督管理，防止和减少生产安全事故。

国务院建设主管部门负责中央管理的建筑施工企业安全生产许可证的颁发和管理；其他企业由省、自治区、直辖市人民政府建设主管部门进行颁发和管理，并接受国务院建设主管部门的指导和监督。

企业取得安全生产许可证，应当具备下列安全生产条件：

(1) 建立、健全安全生产责任制，制定完备的安全生产规章制度和操作规程。

(2) 安全投入符合安全生产要求。

(3) 设置安全生产管理机构，配备专职安全生产管理人员。

(4) 主要负责人和安全生产管理人员需经考核合格方能上岗。

(5) 特种作业人员经有关业务主管部门考核合格，取得特种作业操作资格证书。

(6) 从业人员经安全生产教育和培训考核合格方能上岗。

(7) 依法参加工伤保险，为从业人员缴纳保险费。

(8) 厂房、作业场所和安全设施、设备、工艺符合有关安全生产法律、法规、标准和规程的要求。

(9) 有职业危害防治措施，并为从业人员配备符合国家标准或者行业标准的劳动防护用品。

(10) 依法进行安全评价。

(11) 有重大危险源检测、评估、监控措施和应急预案。

(12) 有生产安全事故应急救援预案、应急救援组织或者应急救援人员，配备必要的应急救援器材、设备。

(13) 法律、法规规定的其他条件。

企业进行生产前,应当依照《安全生产许可证条例》的规定向安全生产许可证颁发管理机关申请领取安全生产许可证,并提供该条例第六条规定的相关文件、资料。安全生产许可证颁发管理机关应当自收到申请之日起 4～5 日内审查完毕,经审查符合该条例规定的安全生产条件的,颁发安全生产许可证;不符合该条例规定的安全生产条件的,不予颁发安全生产许可证,书面通知企业并说明理由。

安全生产许可证的有效期为 3 年。安全生产许可证有效期满需要延期的,企业应当于期满前 3 个月向原安全生产许可证颁发管理机关办理延期手续。

企业在安全生产许可证有效期内,严格遵守有关安全生产的法律法规,未发生死亡事故的,安全生产许可证有效期届满时,经原安全生产许可证颁发管理机关同意,不再审查,安全生产许可证有效期延期 3 年。

企业不得转让、冒用安全生产许可证或者使用伪造的安全生产许可证。

9.3.3 政府安全生产监督检查制度

政府安全监督检查制度是指国家法律、法规授权的行政部门,代表政府对企业的安全生产过程实施监督管理。《建设工程安全生产管理条例》第五章"监督管理"对建设工程安全监督管理的规定内容如下:

(1) 国务院负责安全生产监督管理的部门依照《中华人民共和国安全生产法》的规定,对全国建设工程安全生产工作实施综合监督管理。

(2) 县级以上地方人民政府负责安全生产监督管理的部门依照《中华人民共和国安全生产法》的规定,对本行政区域内建设工程安全生产工作实施综合监督管理。

(3) 国务院建设行政主管部门对全国的建设工程安全生产实施监督管理。国务院铁路、交通、水利等有关部门按照国务院规定的职责分工,负责有关专业建设工程安全生产的监督管理。

(4) 县级以上地方人民政府建设行政主管部门对本行政区域内的建设工程安全生产实施监督管理。县级以上地方人民政府交通、水利等有关部门在各自的职责范围内,负责本行政区域内的专业建设工程安全生产的监督管理。

(5) 县级以上人民政府负有建设工程安全生产监督管理职责的部门在各自的职责范围内履行安全监督检查职责时,有权纠正施工中违反安全生产要求的行为,责令立即排除检查中发现的安全事故隐患,对重大隐患可以责令暂时停止施工。建设行政主管部门或者其他有关部门可以将施工现场安全监督检查委托给建设工程安全监督机构具体实施。

9.3.4 安全生产教育培训制度

企业安全生产教育培训一般包括对管理人员、特种作业人员和企业员工的安全教育。

1. 管理人员的安全教育

1) 企业领导的安全教育主要内容

(1) 国家有关安全生产的方针、政策、法律、法规及有关规章制度。

(2) 安全生产管理职责、企业安全生产管理知识及安全文化。

(3) 有关事故案例及事故应急处理措施等。

2) 项目经理、技术负责人和技术干部的安全教育主要内容

(1) 安全生产方针、政策和法律、法规。

(2) 项目经理部安全生产责任。

(3) 典型事故案例剖析。

(4) 本系统安全及其相应的安全技术知识。

3) 行政管理干部的安全教育主要内容

(1) 安全生产方针、政策和法律、法规。

(2) 基本的安全技术知识。

(3) 本职的安全生产责任。

4) 企业安全管理人员的安全教育主要内容

(1) 国家有关安全生产的方针、政策、法律、法规和安全生产标准。

(2) 企业安全生产管理、安全技术、职业病知识、安全文件。

(3) 员工伤亡事故和职业病统计报告及调查处理程序。

(4) 有关事故案例及事故应急处理措施。

5) 班组长和安全员的安全教育主要内容

(1) 安全生产法律、法规、安全技术及技能、职业病和安全文化的知识。

(2) 本企业、本班组和工作岗位的危险因素、安全注意事项。

(3) 本岗位安全生产职责。

(4) 典型事故案例。

(5) 事故抢救与应急处理措施。

2. 特种作业人员的安全教育

1) 特种作业的定义

根据《特种作业人员安全技术培训考核管理规定》(原国家安全生产监督管理总局令第30号),特种作业,是指容易发生事故,对操作者本人、他人的安全健康及设备、设施的安全可能造成重大危害的作业。特种作业人员是指直接从事特种作业的从业人员。

2) 特种作业的范围

根据《特种作业人员安全技术培训考核管理规定》(原国家安全生产监督管理总局令第30号),特种作业的范围主要有(未详细列出):

(1) 电工作业,包括高压电工作业、低压电工作业、防爆电气作业。

(2) 焊接与热切割作业,包括熔化焊接与热切割作业、压力焊作业、钎焊作业。

(3) 高处作业,包括登高架设作业,高处安装、维护、拆除作业。

(4) 制冷与空调作业,包括制冷与空调设备运行操作作业、制冷与空调设备安装修理作业。

(5) 煤矿安全作业。

(6) 金属非金属矿山安全作业。

(7) 石油天然气安全作业。

(8) 冶金(有色)生产安全作业。
(9) 危险化学品安全作业。
(10) 烟花爆竹安全作业。
(11) 安全监管总局认定的其他作业。

特种作业人员应具备的条件是：
(1) 年满18周岁,且不超过国家法定退休年龄。
(2) 经社区或者县级以上医疗机构体检健康合格,并无妨碍从事相应特种作业的器质性心脏病、癫痫病、梅尼埃病、眩晕症、癔症、震颤麻痹症、精神病、痴呆症以及其他疾病和生理缺陷。
(3) 具有初中及以上文化程度。
(4) 具备必要的安全技术知识与技能。
(5) 相应特种作业规定的其他条件。

3) 特种作业人员安全教育要求

特种作业人员必须经专门的安全技术培训并考核合格,取得《中华人民共和国特种作业操作证》后,方可上岗。

特种作业人员应当接受与其所从事的特种作业相应的安全技术理论培训和实际操作培训。已经取得职业高中、技工学校及中专以上学历的毕业生从事与其所学专业相应的特种作业,持学历证明经考核发证机关同意,可以免予相关专业的培训。

跨省、自治区、直辖市从业的特种作业人员,可以在户籍所在地或者从业所在地参加培训。

3. 企业员工的安全教育

企业员工的安全教育主要有新员工上岗前的三级安全教育、改变工艺和变换岗位安全教育、经常性安全教育三种形式。

1) 新员工上岗前的三级安全教育

三级安全教育通常是指进厂、进车间、进班组三级,对建设工程来说,具体指企业(公司)、项目(或工区、工程处、施工队)、班组三级。

企业新员工上岗前必须进行三级安全教育,企业新员工须按规定通过三级安全教育和实际操作训练,并经考核合格后,方可上岗。

(1) 企业(公司)级安全教育由企业主管领导负责,企业职业健康安全管理部门会同有关部门组织实施,内容应包括安全生产法律、法规,通用安全技术、职业卫生和安全文化的基本知识,本企业安全生产规章制度及状况、劳动纪律和有关事故案例等内容。

(2) 项目(或工区、工程处、施工队)级安全教育由项目级负责人组织实施,专职或兼职安全员协助,内容包括工程项目的概况、安全生产状况和规章制度、主要危险因素及安全事项、预防工伤事故和职业病的主要措施、典型事故案例及事故应急处理措施等。

(3) 班组级安全教育由班组长组织实施,内容包括遵章守纪、岗位安全操作规程、岗位间工作衔接配合的安全生产事项、典故事故及发生事故后应采取的紧急措施、劳动防护用品(用具)的性能及正确使用方法等内容。

2) 改变工艺和变换岗位安全教育

(1) 企业(或工程项目)在实施新工艺、新技术或使用新设备、新材料时,必须对有关人员进行相应级别的安全教育,要按新的安全操作规程教育和培训参加操作的岗位员工和有关人员,使其了解新工艺、新设备、新产品的安全性能及安全技术,以适应新的岗位作业的安全要求。

（2）当组织内部员工发生从一个岗位调到另外一个岗位,或从某工种改变为另一工种,或因放长假离岗一年以上重新上岗的情况,企业必须进行相应的安全技术培训和教育,以使其掌握现岗位安全生产特点和要求。

3）经常性安全教育

无论何种教育都不可能是一劳永逸的,安全教育同样如此,必须坚持不懈、经常不断地进行,这就是经常性安全教育。在经常性安全教育中,安全思想、安全态度教育最重要。进行安全思想、安全态度教育,要通过采取多种多样形式的安全教育活动,激发员工搞好安全生产的热情,促使员工重视和真正实现安全生产。

经常性安全教育的形式有：每天的班前班后会上说明安全注意事项、安全活动日、安全生产会议、事故现场会、张贴安全生产招贴画和宣传标语及标志等。

9.3.5 安全措施计划制度

安全措施计划制度是指企业进行生产活动时,必须编制安全措施计划,它是企业有计划地改善劳动条件和安全卫生设施,防止工伤事故和职业病的重要措施之一,对企业加强劳动保护、改善劳动条件、保障职工的安全和健康、促进企业生产经营的发展都起着积极作用。

1. 安全措施计划的范围

安全措施计划的范围应包括改善劳动条件、防止事故发生、预防职业病和职业中毒等内容,具体包括：

1）安全技术措施

安全技术措施是预防企业员工在工作过程中发生工伤事故的各项措施,包括防护装置、保险装置、信号装置和防爆炸装置等。

2）职业卫生措施

职业卫生措施是预防职业病和改善职业卫生环境的必要措施,包括防尘、防毒、防噪声、通风、照明、取暖、降温等措施。

3）辅助用房间及设施

辅助用房间及设施是为了保证生产过程安全卫生所必需的房间及一切设施,包括更衣室、休息室、淋浴室、消毒室、妇女卫生室、厕所和冬期作业取暖室等。

4）安全宣传教育措施

安全宣传教育措施是为了宣传普及有关安全生产法律、法规、基本知识所需要的措施,其主要内容包括安全生产教材、图书、资料,安全生产展览,安全生产规章制度,安全操作方法训练设施,劳动保护和安全技术的研究与试验等。

2. 编制安全措施计划的依据

（1）国家发布的有关职业健康安全政策、法规和标准。

（2）在安全检查中发现的尚未解决的问题。

（3）造成伤亡事故和职业病的主要原因和所采取的措施。

(4)生产发展需要所应采取的安全技术措施。
(5)安全技术革新项目和员工提出的合理化建议。

3. 编制安全技术措施计划的一般步骤

(1)工作活动分类。
(2)危险源识别。
(3)风险确定。
(4)风险评价。
(5)制订安全技术措施计划。
(6)评价安全技术措施计划的充分性。

9.3.6 特种作业人员持证上岗制度

《建设工程安全生产管理条例》第二十五条规定：垂直运输机械作业人员、起重机械安装拆卸工、爆破作业人员、起重信号工、登高架设作业人员等特种作业人员，必须按照规定经过专门的安全作业培训，并取得特种作业操作资格证书后，方可上岗。

专门的安全作业培训，是指由有关主管部门组织的专门针对特种作业人员的培训，也就是特种作业人员在独立上岗作业前，必须进行与本工种相适应的、专门的安全技术理论学习和实际操作训练。经培训考核合格，取得特种作业操作资格证书后，才能上岗作业。特种作业操作资格证书在全国范围内有效，离开特种作业岗位一定时间后，应当按照规定重新进行实际操作考核，经确认合格后，方可上岗。对于未经培训考核，即从事特种作业的，《建设工程安全生产管理条例》第六十二条规定了行政处罚；造成重大安全事故，构成犯罪的，对直接责任人员，依照刑法的有关规定追究刑事责任。

9.3.7 专项施工方案专家论证制度

依据《建设工程安全生产管理条例》第二十六条的规定：施工单位应当在施工组织设计中编制安全技术措施和施工现场临时用电方案，对下列达到一定规模的危险性较大的分部分项工程编制专项施工方案，并附具安全验算结果，经施工单位技术负责人、总监理工程师签字后实施，由专职安全生产管理人员进行现场监督，包括基坑支护与降水工程；土方开挖工程；模板工程；起重吊装工程；脚手架工程；拆除、爆破工程；国务院建设行政主管部门或者其他有关部定的其他危险性较大的工程。

对上述所列工程中涉及深基坑、地下暗挖工程、高大模板工程的专项施工方案，施工单位还应当组织专家进行论证、审查。

9.3.8 危及施工安全工艺、设备、材料淘汰制度

严重危及施工安全的工艺、设备、材料是指不符合生产安全要求，极有可能导致生产安全事故发生，致使人民生命和财产遭受重大损失的工艺、设备和材料。

《建设工程安全生产管理条例》第四十五条规定："国家对严重危及施工安全的工艺、设备、材料实行淘汰制度。具体目录由我部会同国务院其他有关部门制定并公布。"本条明确

规定,国家对严重危及施工安全的工艺、设备和材料实行淘汰制度。一方面有利于保障安全生产;另一方面也体现了优胜劣汰的市场经济规律,有利于提高生产经营单位的工艺水平,促进设备更新。

根据本条的规定,对严重危及施工安全的工艺、设备和材料,实行淘汰制度,需要国务院建设行政主管部门会同国务院其他有关部门确定哪些是严重危及施工安全的工艺、设备和材料,并且以明示的方法予以公布。对于已经公布的严重危及施工安全的工艺、设备和材料,建设单位和施工单位都应当严格遵守和执行,不得继续使用此类工艺和设备,也不得转让他人使用。

9.3.9 施工起重机械使用登记制度

《建设工程安全生产管理条例》第三十五条规定:"施工单位应当自施工起重机械和整体提升脚手架、模板等自升式架设设施验收合格之日起三十日内,向建设行政主管部门或者其他有关部门登记。登记标志应当置于或者附着于该设备的显著位置。"

这是对施工起重机械的使用进行监督和管理的一项重要制度,能够有效防止不合格机械和设施投入使用;同时,还有利于监管部门及时掌握施工起重机械和整体提升脚手架、模板等自升式架设设施的使用情况,以利于监督管理。

进行登记应当提交施工起重机械有关资料,包括:

(1) 生产方面的资料,如设计文件、制造质量证明书、检验证书、使用说明书、安装证明等;

(2) 使用的有关情况资料,如施工单位对于这些机械和设施的管理制度和措施、使用情况、作业人员的情况等。

监管部门应当对登记的施工起重机械建立相关档案,及时更新,加强监管,减少生产安全事故的发生。施工单位应当将标志置于显著位置,便于使用者监督,保证施工起重机械的安全使用。

9.3.10 安全检查制度

1. 安全检查的目的

安全检查制度是清除隐患、防止事故、改善劳动条件的重要手段,是企业安全生产管理工作的一项重要内容。通过安全检查可以发现企业及生产过程中的危险因素,以便有计划地采取措施,保证安全生产。

2. 安全检查的方式

安全检查方式有企业组织的定期安全检查,各级管理人员的日常巡回检查,专业性检查,季节性检查,节假日前后的安全检查,班组自检、交接检查,不定期检查等。

3. 安全检查的内容

安全检查的主要内容包括:查思想、查管理、查隐患、查整改、查伤亡事故处理等。安全检查的重点是检查"三违"和安全责任制的落实。检查后应编写安全检查报告,报告应包括以下内容:已达标项目、未达标项目、存在问题、原因分析、纠正和预防措施。

4. 安全隐患的处理程序

对查出的安全隐患,不能立即整改的要制订整改计划,定人、定措施、定经费、定完成日期,在未消除安全隐患前,必须采取可靠的防范措施,如有危及人身安全的紧急险情,应立即停工。应按照"登记-整改-复查-销案"的程序处理安全隐患。

9.3.11 生产安全事故报告和调查处理制度

关于生产安全事故报告和调查处理制度,《中华人民共和国安全生产法》《中华人民共和国建筑法》《建设工程安全生产管理条例》《生产安全事故报告和调查处理条例》《特种设备安全监察条例》等法律法规都对此进行了相应的规定。

《中华人民共和国安全生产法》第七十条规定:"生产经营单位发生生产安全事故后,事故现场有关人员应当立即报告本单位负责人";"单位负责人接到事故报告后,应当迅速采取有效措施,组织抢救,防止事故扩大,减少人员伤亡和财产损失,并按照国家有关规定立即如实报告当地负有安全生产监督管理职责的部门,不得隐瞒不报、谎报或者拖延不报,不得故意破坏事故现场、毁灭有关证据。"

《中华人民共和国建筑法》第五十一条规定:"施工中发生事故时,建筑施工企业应当采取紧急措施减少人员伤亡和事故损失,并按照国家有关规定及时向有关部门报告。"

《建设工程安全生产管理条例》第五十条对建设工程生产安全事故报告制度的规定为:"施工单位发生生产安全事故,应当按照国家有关伤亡事故报告和调查处理的规定,及时、如实地向负责安全生产监督管理的部门、建设行政主管部门或者其他有关部门报告;特种设备发生事故的,还应当同时向特种设备安全监督管理部门报告。接到报告的部门应当按照国家有关规定,如实上报。"本条是关于发生伤亡事故时的报告义务的规定。一旦发生安全事故,及时报告有关部门是及时组织抢救的基础,也是认真进行调查分清责任的基础。因此,施工单位在发生安全事故时,不能隐瞒事故情况。

《特种设备安全监察条例》第六十二条:"特种设备发生事故,事故发生单位应当迅速采取有效措施,组织抢救,防止事故扩大,减少人员伤亡和财产损失,并按照国家有关规定,及时、如实地向负有安全生产监督管理职责的部门和特种设备安全监督管理部门等有关部门报告。不得隐瞒不报、谎报或者拖延不报。"条例规定在特种设备发生事故时,应当同时向特种设备安全监督管理部门报告。这是因为特种设备的事故救援和调查处理专业性、技术性更强,因此,由特种设备安全监督部门组织有关救援和调查处理更方便一些。

2007年6月1日起实施的《生产安全事故报告和调查处理条例》对生产安全事故报告和调查处理制度进行了更加明确的规定。

9.3.12 "三同时"制度

"三同时"制度是指凡是我国境内新建、改建、扩建的基本建设项目(工程)、技术改建项目(工程)和引进的建设项目,其安全生产设施必须符合国家规定的标准,必须与主体工程同时设计、同时施工、同时投入生产和使用。安全生产设施主要是指安全技术方面的设施、职业卫生方面的设施、生产辅助性设施。

《中华人民共和国劳动法》第五十三条规定"新建、改建、扩建工程的劳动安全卫生设施必须与主体工程同时设计、同时施工、同时投入生产和使用"。

《中华人民共和国安全生产法》第二十四条规定"生产经营单位新建、改建、扩建工程项目的安全设施,必须与主体工程同时设计、同时施工、同时投入生产和使用。安全设施投资应当纳入建设项目概算"。

新建、改建、扩建工程的初步设计要经过行业主管部门、安全生产管理部门、卫生部门和工会的审查,同意后方可进行施工;工程项目完成后,必须经过主管部门、安全生产管理行政部门、卫生部门和工会的竣工检验;建设工程项目投产后,不得将安全设施闲置不用,生产设施必须和安全设施同时使用。

9.3.13 安全预评价制度

安全预评价是在建设工程项目前期,应用安全评价的原理和方法对工程项目的危险性、危害性进行预测性评价。

开展安全预评价工作,是贯彻落实"安全第一,预防为主"方针的重要手段,是企业实施科学化、规范化安全管理的工作基础。科学、系统地开展安全评价工作,不仅直接起到了消除危险有害因素、减少事故发生的作用,有利于全面提高企业的安全管理水平,而且有利于系统地、有针对性地加强对不安全状况的治理、改造,最大限度地降低安全生产风险。

9.3.14 意外伤害保险制度

根据2010年12月20日修订后重新公布的《工伤保险条例》规定,工伤保险是属于法定的强制性保险。工伤保险费的征缴按照《社会保险费征缴暂行条例》关于基本养老保险费、基本医疗保险费、失业保险费的征缴规定执行。

而自2011年7月1日起实施的新《中华人民共和国建筑法》第四十八条规定:"建筑施工企业应当依法为职工参加工伤保险缴纳工伤保险费。鼓励企业为从事危险作业的职工办理意外伤害保险,支付保险费。"修正后的《中华人民共和国建筑法》与修订后的《社会保险法》和《工伤保险条例》等法律法规的规定保持一致,明确了建筑施工企业作为用人单位,为职工参加工伤保险并交纳工伤保险费是其应尽的法律义务,但为从事危险作业的职工投保意外伤害险并非强制性规定,是否投保意外伤害险由建筑施工企业自主决定。

9.4 建设工程职业健康安全事故应急预案和事故处理

9.4.1 生产安全事故应急预案

生产安全事故应急预案是指事先制定的关于生产安全事故发生时,进行紧急救援的组织、程序、措施、责任及协调等方面的方案和计划,是对特定的潜在事件和紧急情况发生时所采取措施的计划安排,是应急响应的行动指南。

编制应急预案的目的是避免紧急情况发生时出现混乱,确保按照合理的响应流程采取适当的救援措施,预防和减少可能随之引发的职业健康安全和环境影响。

1）生产安全事故应急预案体系的构成

生产安全事故应急预案应形成体系，针对各级各类可能发生的事故和所有危险源制定专项应急预案和现场应急处置方案，并明确事前、事中、事后的各个过程中相关部门和有关人员的职责。生产规模小、危险因素少的施工单位，综合应急预案和专项应急预案可以合并编写。

（1）综合应急预案。综合应急预案是从总体上阐述事故的应急方针、政策，应急组织结构及相关应急职责，应急行动、措施和保障等基本要求和程序，是应对各类事故的综合性文件。

（2）专项应急预案。专项应急预案是针对具体事故类别（如基坑开挖、脚手架拆除等事故）、危险源和应急保障而编制的计划或方案，是综合应急预案的组成部分，应按照综合应急预案的程序和要求组织制定，并作为综合应急预案的附件。专项应急预案应制定明确的救援程序和具体的应急救援措施。

（3）现场处置方案。现场处置方案是针对具体装置、场所或设施、岗位所制定的应急处置措施。现场处置方案应具体、简单、针对性强。现场处置方案应根据风险评估及危险性控制措施逐一编制，做到事故相关人员应知应会，熟练掌握，并通过应急演练，做到迅速反应、正确处置。

2）生产安全事故应急预案编制原则

（1）重点突出、针对性强。应急预案编制应结合本单位安全方面的实际情况，分析可能导致发生事故的原因，有针对性地制定预案。

（2）统一指挥、责任明确。预案实施的负责人以及施工单位各有关部门和人员如何分工、配合、协调，应在应急救援预案中加以明确。

（3）程序简明、步骤明确。应急预案程序要简明，步骤要明确，具有高度可操作性，保证发生事故时能及时启动、有序实施。

3）生产安全事故应急预案编制的主要内容

（1）制定应急预案的目的和适用范围。

（2）组织机构及其职责。明确应急预案救援组织机构、参加部门、负责人及其职责、作用和联系方式。

（3）危害辨识与风险评价。确定可能发生的事故类型、地点、影响范围及可能影响的人数。

（4）通告程序和报警系统。其包括确定报警系统及程序、报警方式、通信联络方式，向公众报警的标准、方式、信号等。

（5）应急设备与设施。明确可用于应急救援的设施和维护保养制度，明确有关部门可利用的应急设备和危险监测设备。

（6）求援程序。明确应急反应人员向外求援的方式，包括与消防机构、医院、急救中心的联系方式。

（7）保护措施程序。保护事故现场的方式方法，明确可授权发布疏散作业人员及施工现场周边居民指令的机构及负责人，明确疏散人员的接收中心或避难场所。

（8）事故后的恢复程序。明确决定终止应急、恢复正常秩序的负责人，宣布应急取消和恢复正常状态的程序。

(9) 培训与演练。其包括定期培训、演练计划及定期检查制度,对应急人员进行培训,并确保合格者上岗。

(10) 应急预案的维护。更新和修订应急预案的方法,根据演练、检测结果完善应急预案。

4) 生产安全事故应急预案的管理

建设工程生产安全事故应急预案的管理包括应急预案的评审、备案、实施和奖惩。

国家安全生产监督管理总局负责应急预案的综合协调管理工作。国务院其他负有安全生产监督管理职责的部门按照各自的职责负责本行业、本领域内应急预案的管理工作。

县级以上地方各级人民政府安全生产监督管理部门负责本行政区域内应急预案的综合协调管理工作。县级以上地方各级人民政府其他负有安全生产监督管理职责的部门按照各自的职责负责辖区内本行业、本领域应急预案的管理工作。

(1) 生产安全事故应急预案的评审。地方各级安全生产监督管理部门应当组织有关专家对本部门编制的应急预案进行审定。必要时,可以召开听证会,听取社会有关方面的意见。涉及相关部门职能或者需要有关部门配合的,应当征得有关部门同意。

参加应急预案评审的人员应当包括应急预案涉及的政府部门工作人员和有关安全生产及应急管理方面的专家。

评审人员与所评审预案的施工单位有利害关系的,应当回避。应急预案的评审或论证应当注重应急预案的实用性、基本要素的完整性、预防措施的针对性、组织体系的科学性、响应程序的操作性、应急保障措施的可行性、应急预案的衔接性等内容。

(2) 生产安全事故应急预案的备案。地方各级安全生产监督管理部门的应急预案,应当报同级人民政府和上一级安全生产监督管理部门备案,其他负有安全生产监督管理职责的部门的应急预案,应当抄送同级安全生产监督管理部门。上述规定以外的其他生产经营单位中涉及实行安全生产许可的,其综合应急预案和专项应急预案应按照隶属关系报所在地县级以上地方人民政府安全生产监督管理部门和有关主管部门备案;未实行安全生产许可的,其综合应急预案和专项应急预案的备案,由省、自治区、直辖市人民政府安全生产监督管理部门确定。

(3) 生产安全事故应急预案的实施。各级安全生产监督管理部门、生产经营单位应当采取多种形式开展应急预案的宣传教育,普及生产安全事故预防、避险、自救和互救知识,提高从业人员安全意识和应急处置技能。施工单位应当制订本单位的应急预案演练计划,根据本单位的事故预防重点,每年至少组织一次综合应急预案演练或者专项应急预案演练,每半年至少组织一次现场处置方案演练。有下列情形之一的,应急预案应当及时修订:①施工单位因兼并、重组、转制等导致隶属关系、经营方式、法定代表人发生变化的;②生产工艺和技术发生变化的;③周围环境发生变化,形成新的重大危险源的;④应急组织指挥体系或者职责已经调整的;⑤依据的法律、法规、规章和标准发生变化的;⑥应急预案演练评估报告要求修订的;⑦应急预案管理部门要求修订的。施工单位应当及时向有关部门或单位报告应急预案的修订情况,并按照有关应急预案报备程序重新备案。

(4) 生产安全事故应急预案有关奖惩。施工单位应急预案未按照本办法规定备案的,由县级以上安全生产监督管理部门给予警告,并处 3 万元以下罚款。

施工单位未制定应急预案或者未按照应急预案采取预防措施,导致事故救援不力或者造成严重后果的,由县级以上安全生产监督管理部门依照有关法律、法规和规章的规定,责令停产、停业整顿,并依法给予行政处罚。

9.4.2 建设工程职业健康安全事故的分类和处理

1. 职业健康安全事故的分类

职业健康安全事故分两大类型,即职业伤害事故与职业病。

1) 职业伤害事故

职业伤害事故是指因生产过程及工作原因或与其相关的其他原因造成的伤亡事故。

(1) 按照事故发生的原因分类。按照我国《企业职工伤亡事故分类标准》(GB 6441—1986)标准规定,职业伤害事故分为 20 类:物体打击、车辆伤害、机械伤害(不包括车辆)、起重伤害、触电、淹溺、灼烫、火灾、高处坠落、坍塌、冒顶片帮、透水、放炮、火药爆炸、瓦斯爆炸、锅炉爆炸、容器爆炸、其他爆炸、中毒和窒息、其他伤害。

(2) 按照安全事故受伤性质分类。受伤性质是指人体受伤的类型,实质上是从医学的角度给予创伤的具体名称,常见的有:电伤、挫伤、割伤、擦伤、刺伤、撕脱伤、扭伤、倒塌压埋伤、冲击伤等。

(3) 按事故伤害严重程度分类。

① 轻伤事故:造成职工肢体或某些器官功能性或器质性轻度损伤,表现为劳动能力轻度或暂时丧失的伤害,一般每个受伤人员休息 1 个工作日以上,105 个工作日以下。

② 重伤事故:一般指受伤人员肢体残缺或视觉、听觉等器官受到严重损伤,能引起人体长期存在功能障碍或劳动能力有重大损失的伤害,或者造成每个受伤人损失 105 工作日以上的失能伤害。

③ 死亡事故:其中,重大伤亡事故指一次事故中死亡 1~2 人的事故。特大伤亡事故指一次死亡 3 人以上(含 3 人)的事故。

④ 急性中毒事故:生产性毒物一次或短期内通过人的呼吸道、皮肤或消化道大量进入体内,使人体在短时间内发生病变,导致职工立即中断工作,并须进行急救或死亡的事故,急性中毒的特点是发病快,一般不超过一个工作日,有的毒物因毒性有一定的潜伏期,可在下班后数小时发病。

(4) 按事故造成的人员伤亡或者直接经济损失分类。依据《生产安全事故报告和调查处理条例》规定,根据生产安全事故(以下简称"事故")造成的人员伤亡或者直接经济损失,事故一般分为以下等级:

① 特别重大事故,是指造成 30 人以上死亡,或者 100 人以上重伤(包括急性工业中毒,下同),或者 1 亿元以上直接经济损失的事故;

② 重大事故,是指造成 10 人以上 30 人以下死亡,或者 50 人以上 100 人以下重伤,或者 5000 万元以上 1 亿元以下直接经济损失的事故;

③ 较大事故,是指造成 3 人以上 10 人以下死亡,或者 10 人以上 50 人以下重伤,或者 1000 万元以上 5000 万元以下直接经济损失的事故;

④ 一般事故,是指造成 3 人以下死亡,或者 10 人以下重伤,或者 1000 万元以下直接经济损失的事故。

本等级划分所称的"以上"包括本数,所称的"以下"不包括本数。

2) 职业病

经诊断因从事接触有毒有害物质或不良环境的工作而造成急慢性疾病,属职业病。卫生部会同劳动和社会保障部发布的《职业病目录》列出的法定职业病为 10 大类 132 种。该目录中所列的 10 大类职业病如下:

① 尘肺,如矽肺、石棉肺、滑石尘肺、水泥尘肺、陶瓷尘肺、电焊尘肺、其他尘肺等;

② 职业性放射性疾病,如外照射放射病、内照射放射病、放射性皮肤疾病、放射性肿瘤、放射性骨损伤等;

③ 职业性化学中毒,如铅、汞、锰、镉及其化合物、苯、一氧化碳、二硫化碳等中毒;

④ 物理因素所致职业病,如中暑、减压病、高原病、手臂振动病;

⑤ 生物因素所致职业病,如炭疽、森林脑炎、布氏杆菌病;

⑥ 职业性皮肤病,如接触性皮炎、光敏性皮炎、电光性皮炎、黑变病、痤疮、溃疡、化学灼伤、职业性角化过度、皲裂、职业性痒疹等;

⑦ 职业性眼病,如化学性眼部灼伤、电光性眼炎、职业性白内障;

⑧ 职业性耳鼻喉口腔疾病,如噪声聋、铬鼻病、牙酸蚀病;

⑨ 职业性肿瘤,如石棉所致肺癌、间皮瘤、苯所致白血病、砷所致肺癌、皮肤癌、氯乙烯所致肝血管肉瘤、铬酸盐制造业工人肺癌等;

⑩ 其他职业病,如金属烟热、职业性哮喘、职业性变态反应性肺泡炎、棉尘病、煤矿井下工人滑囊炎等。

2. 建设工程常见安全事故的原因

1) 人的不安全因素

人的不安全因素可分为个人的不安全因素和人的不安全行为两大类。

(1) 个人的不安全因素

① 心理上的不安全因素,是指人在心理上具有影响安全的性格、气质和情绪,如懒散、粗心等;

② 生理上的不安全因素,包括视觉、听觉等感觉器官,体能、年龄及疾病等不适合工作或作业岗位要求的影响因素;

③ 能力上的不安全因素,包括知识技能、应变能力、资格等不能适应工作和作业岗位要求的影响因素。

(2) 人的不安全行为

人的不安全行为在施工现场的类型有:操作失误,忽视安全、忽视警告;造成安全装置失效;使用不安全设备;手代替工具操作;物体存放不当;冒险进入危险场所;攀坐不安全位置;在起吊物下作业、停留;在机器运转时进行检查、维修、保养等工作;有分散注意力行为;没有正确使用个人防护用品、用具;不安全装束;对易燃易爆等危险物品处理错误。

2) 物的不安全状态

物的不安全状态主要包括:防护等装置缺乏或有缺陷;设备、设施、工具、附件有缺陷;个人防护用品缺少或有缺陷;施工生产场地环境不良,现场布置杂乱无序、视线不畅、沟渠纵横、交通阻塞、材料工具乱堆和乱放,机械无防护装置、电器无漏电保护粉尘飞扬、噪声刺耳等,使劳动者生理、心理难以承受,则必然诱发安全事故。

3) 管理上的不安全因素

管理上的不安全因素也称管理上的缺陷,主要包括对物的管理失误,包括技术、设计、结构上有缺陷、作业现场环境有缺陷、防护用品有缺陷等;对人的管理失误,包括教育、培训、指示和对作业人员的安排等方面的缺陷;管理工作的失误,包括对作业程序、操作规程、工艺过程的管理失误以及对采购、安全监控、事故防范措施的管理失误。

3. 建设工程职业健康安全事故的处理

1) 安全事故处理的原则

安全事故处理的原则主要是"四不放过"的原则,即事故原因未查清楚不放过;事故责任者未受到处理不放过;事故责任者和周围群众没有受到教育不放过;防范措施没有制定和落实不放过。

2) 建设工程安全处理的措施

(1) 按规定向有关部门报告事故情况

事故发生后,事故现场有关人员应当立即向本单位负责人报告;单位负责人接到报告后,应当于1小时内向事故发生地县级以上人民政府安全生产监督管理部门和负有安全生产监督管理职责的有关部门报告,并有组织、有指挥地抢救伤员、排除险情;应当防止人为或自然因素的破坏,便于事故原因的调查。

由于建设行政主管部门是建设安全生产的监督管理部门,对建设安全生产实行的是统一的监督管理,因此,各个行业的建设施工中出现了安全事故,都应当向建设行政主管部门报告。对于专业工程的施工中出现生产安全事故的,由于有关的专业主管部门也承担对建设安全生产的监督管理职能,因此,专业工程出现安全事故,还需要向有关行业主管部门报告。

① 情况紧急时,事故现场有关人员可以直接向事故发生地县级以上人民政府安全生产监督管理部门和负有安全生产监督管理职责的有关部门报告。

② 安全生产监督管理部门和负有安全生产监督管理职责的有关部门接到事故报告后,应当依照下列规定上报事故情况,并通知公安机关、劳动保障行政部门、工会和人民检察院。

a. 特别重大事故、重大事故逐级上报至国务院安全生产监督管理部门和负有安全生产监督管理职责的有关部门;

b. 较大事故逐级上报至省、自治区、直辖市人民政府安全生产监督管理部门和负有安全生产监督管理职责的有关部门;

c. 一般事故上报至设区的市级人民政府安全生产监督管理部门和负有安全生产监督管理职责的有关部门。

安全生产监督管理部门和负有安全生产监督管理职责的有关部门依照前款规定上报事故情况,应当同时报告本级人民政府。国务院安全生产监督管理部门和负有安全生产监督管理职责的有关部门以及省级人民政府接到发生特别重大事故、重大事故的报告后,应当立即报告国务院。必要时,安全生产监督管理部门和负有安全生产监督管理职责的有关部门可以越级上报事故情况。

安全生产监督管理部门和负有安全生产监督管理职责的有关部门逐级上报事故情况,

每级上报的时间不得超过 2 小时。事故报告后出现新情况的,应当及时补报。

(2)组织调查组,开展事故调查

① 特别重大事故由国务院或者国务院授权有关部门组织事故调查组进行调查。重大事故、较大事故、一般事故分别由事故发生地省级人民政府、设区的市级人民政府、县级人民政府负责调查。省级人民政府、设区的市级人民政府、县级人民政府可以直接组织事故调查组进行调查,也可以授权或者委托有关部门组织事故调查组进行调查。未造成人员伤亡的一般事故,县级人民政府也可以委托事故发生单位组织事故调查组进行调查。

② 事故调查组有权向有关单位和个人了解与事故有关的情况,并要求其提供相关文件、资料,有关单位和个人不得拒绝。事故发生单位的负责人和有关人员在事故调查期间不得擅离职守,并应当随时接受事故调查组的询问,如实提供有关情况。事故调查中发现涉嫌犯罪的,事故调查组应当及时将有关材料或者其复印件移交司法机关处理。

(3)现场勘查

事故发生后,调查组应迅速到现场进行及时、全面、准确和客观的勘查,包括现场笔录、现场拍照和现场绘图。

(4)分析事故原因

通过调查分析,查明事故经过,按受伤部位、受伤性质、起因物、致害物、伤害方法、不安全状态、不安全行为等,查清事故原因,包括人、物、生产管理和技术管理等方面的原因。通过直接和间接地分析,确定事故的直接责任者、间接责任者和主要责任者。

(5)制定预防措施

根据事故原因分析,制定防止类似事故再次发生的预防措施。根据事故后果和事故责任者应负的责任提出处理意见。

(6)提交事故调查报告

事故调查组应当自事故发生之日起 60 日内提交事故调查报告;特殊情况下,经负责事故调查的人民政府批准,提交事故调查报告的期限可以适当延长,但延长的期限最长不超过 60 日。事故调查报告应当包括下列内容:①事故发生单位概况;②事故发生经过和事故救援情况;③事故造成的人员伤亡和直接经济损失;④事故发生的原因和事故性质;⑤事故责任的认定以及对事故责任者的处理建议;⑥事故防范和整改措施;⑦事故的审理和结案。

重大事故、较大事故、一般事故,负责事故调查的人民政府应当自收到事故调查报告之日起 15 日内给出批复;特别重大事故,30 日内给出批复,特殊情况下,批复时间可以适当延长,但延长的时间最长不超过 30 日。

有关机关应当按照人民政府的批复,依照法律、行政法规规定的权限和程序,对事故发生单位和有关人员进行行政处罚,对负有事故责任的国家工作人员进行处分。事故发生单位应当按照负责事故调查的人民政府的批复,对本单位负有事故责任的人员进行处理。

负有事故责任的人员涉嫌犯罪的,依法追究刑事责任。事故处理的情况由负责事故调查的人民政府或者其授权的有关部门、机构向社会公布,依法应当保密的除外。事故调查处理的文件记录应长期完整地保存。

3)安全事故统计规定

安全事故统计规定国家安全生产监督管理总局制定的《生产安全事故统计报表制度》

(安监总统计[2016]116号)有如下规定：

（1）报表的统计范围是在中华人民共和国领域内发生的生产安全事故依据该制度进行统计。

（2）统计内容主要包括事故发生单位的基本情况、事故造成的死亡人数、受伤人数（含急性工业中毒人数）、单位经济类型、事故类别等。

（3）生产安全事故发生地县级以上（"以上"包含本级，下同）安全生产监督管理部门除对发生的每起生产安全事故在规定时限内向上级人民政府安全生产监督管理部门和负有安全生产监督管理职责的有关部门报告外，还应通过"安全生产综合统计信息直报系统"填报，并在生产安全事故发生7日内，及时补充完善相关信息，并纳入生产安全事故统计。

（4）县级以上安全生产监督管理部门，在每月7日前报送上月生产安全事故统计数据汇总，生产安全事故发生之日起30日内（火灾、道路运输事故自发生之日起7日内）伤亡人员发生变化的，应及时补报伤亡人员变化情况。个别事故信息因特殊原因无法及时掌握的，应在事故调查结束后予以完善。

（5）经查实的瞒报、漏报的生产安全事故，应在接到生产安全事故信息通报后24小时内，在"安全生产综合统计信息直报系统"中进行填报。

4）工伤认定

（1）职工有下列情形之一的，应当认定为工伤。在工作时间和工作场所内，因工作原因受到事故伤害的；工作时间前后在工作场所内，从事与工作有关的预备性或者收尾性工作受到事故伤害的；在工作时间和工作场所内，因履行工作职责受到暴力等意外伤害的；患职业病的；因工外出期间，由于工作原因受到伤害或者发生事故下落不明的；在上下班途中，受到机动车事故伤害的；法律、行政法规规定应当认定为工伤的其他情形。

（2）职工有下列情形之一的，视同工伤。在工作时间和工作岗位，突发疾病死亡或者在48小时之内经抢救无效死亡的；在抢险救灾等维护国家利益、公共利益活动中受到伤害的；职工原在军队服役，因战、因公负伤致残，已取得革命伤残军人证，到用人单位后旧伤复发的。

（3）职工有下列情形之一的，不得认定为工伤或者视同工伤。因犯罪或者违反治安管理条例伤亡的；醉酒导致伤亡的；自残或者自杀的。

5）职业病的处理

（1）职业病报告。地方各级卫生行政部门指定相应的职业病防治机构或卫生防疫机构负责职业病统计和报告工作。职业病报告实行以地方为主，逐级上报的办法。一切企、事业单位发生的职业病，都应按规定要求向当地卫生监督机构报告，由卫生监督机构统一汇总上报。

（2）职业病处理。职工被确诊患有职业病后，其所在单位应根据职业病诊断机构的意见，安排其医疗或疗养。在医治或疗养后被确认不宜继续从事原有害作业或工作的，应自确认之日起的两个月内将其调离原工作岗位，另行安排工作；对于因工作需要暂不能调离的生产、工作的技术骨干，调离期限最长不得超过半年。患有职业病的职工变动工作单位时，其职业病待遇应由原单位负责或两个单位协调处理，双方商妥后方可办理调转手续。并将其健康档案、职业病诊断证明及职业病处理情况等材料全部移交新单位。调出、调入单位都应将情况报告所在地的劳动卫生职业病防治机构备案。

职工到新单位后,新发生的职业病不论与现工作有无关系,其职业病待遇由新单位负责。劳动合同制工人,临时工终止或解除劳动合同后,在待业期间新发现的职业病,与上一个劳动合同期工作有关时,其职业病待遇由原终止或解除劳动合同的单位负责。如原单位已与其他单位合并,由合并后的单位负责;如原单位已撤销,应由原单位的上级主管机关负责。

9.5 现场文明施工与环境管理

9.5.1 文明施工和环境保护概述

1. 文明施工与环境保护的概念

(1) 文明施工是保持施工现场良好的作业环境、卫生环境和工作秩序。文明施工主要包括以下几个方面的工作:规范施工现场的场容,保持作业环境的整洁卫生;科学组织施工,使生产有序进行;减少施工对周围居民和环境的影响,保证职工的安全和身体健康。

(2) 环境保护是按照法律法规、各级主管部门和企业的要求,保护和改善作业现场的环境,控制现场的各种粉尘、废水、废气、固体废弃物、噪声、振动等对环境的污染和危害。环境保护也是文明施工的重要内容之一。

2. 文明施工的意义

1) 文明施工能促进企业综合管理水平的提高

保持良好的作业环境和秩序,对促进安全生产、加快施工进度、保证工程质量、降低工程成本、提高经济和社会效益有较大作用。文明施工涉及人、财、物各个方面,贯穿于施工全过程之中,体现了企业在工程项目施工现场的综合管理水平。

2) 文明施工是适应现代化施工的客观要求

现代化施工更需要采用先进的技术、工艺、材料、设备和科学的施工方案,需要严密组织、严格要求、标准化管理和较好的职工素质等。文明施工能适应现代化施工的要求,是实现优质、高效、低耗、安全、清洁、卫生的有效手段。

3) 文明施工代表企业的形象

良好的施工环境与施工秩序,可以得到社会的支持和信赖,提高企业的知名度和市场竞争力。

4) 文明施工有利于员工的身心健康,有利于培养和提高施工队伍的整体素质

文明施工可以提高职工队伍的文化、技术和思想素质,培养尊重科学、遵守纪律、团结协作的大生产意识,促进企业精神文明建设,从而还可以促进施工队伍整体素质的提高。

3. 现场环境保护的意义

保护和改善施工环境是保证人们身体健康和社会文明的需要;是保护和改善施工现场环境是消除对外部干扰,保证施工顺利进行的需要;是现代化大生产的客观要求;是节约能源、保护人类生存环境、保证社会和企业可持续发展的需要。

9.5.2 文明施工的基本要求

依据我国相关标准,文明施工的要求主要包括现场围挡、封闭管理、施工场地、材料堆放、现场住宿、现场防火、治安综合治理、施工现场标牌、生活设施、保健急救、社区服务 11 项内容。总体上概括为如下要求。

(1) 有整套的施工组织设计或施工方案,施工总平面布置紧凑,施工场地规划合理,符合环保、市容、卫生的要求。

(2) 有健全的施工组织管理机构和指挥系统,岗位分工明确;工序交叉合理,交接责任明确。

(3) 有严格的成品保护措施和制度,大小临时设施和各种材料构件、半成品按平面布置堆放整齐。

(4) 施工场地平整,道路畅通,排水设施得当,水电线路整齐,机具设备状况良好,使用合理,施工作业符合消防和安全要求。

(5) 搞好环境卫生管理,包括施工区、生活区环境卫生和食堂卫生管理。

(6) 文明施工应贯穿施工结束后的清场。

实现文明施工,不仅要抓好现场的场容管理,而且还要做好现场材料、机械、安全、技术、保卫、消防和生活卫生等方面的工作。

9.5.3 文明施工的组织与管理

1. 组织和制度管理

1) 建立文明施工的管理组织

应确立项目经理为现场文明施工的第一责任人,以各专业工程师、施工质量、安全、材料、保卫等现场项目经理部人员为成员的施工现场文明管理组织,共同负责本工程现场文明施工工作。

2) 健全文明施工的管理制度

包括建立各级文明施工岗位责任制,将文明施工工作考核列入经济责任制,建立定期的检查制度,实行自检、互检、交接检制度,建立奖惩制度,开展文明施工立功竞赛,加强文明施工教育培训等。

2. 落实现场文明施工的各项管理措施

针对现场文明施工的各项要求,落实相应的各项管理措施。

1) 施工平面布置

施工总平面图是现场管理、实现文明施工的依据。施工总平面图应对施工机械设备、材料和构配件的堆场、现场加工场地,以及现场临时运输道路、临时供水供电线路和其他临时设施进行合理布置,并随工程实施的不同阶段进行场地布置和调整。

2) 现场围挡、标牌

(1) 施工现场必须实行封闭管理,设置进出口大门,制定门卫制度,严格执行外来人员进场登记制度。沿工地四周连续设置围挡,市区主要路段和其他涉及市容景观路段的工地设置围挡的高度不低于 2.5m,其他工地的围挡高度不低于 1.8m,围挡材料要求坚固、稳定、统一、整洁、美观。

(2) 施工现场必须设有"五牌一图",即工程概况牌、管理人员名单及监督电话牌、消防保卫(防火责任)牌、安全生产牌、文明施工牌和施工现场总平面图。

(3) 施工现场应合理悬挂安全生产宣传和警示牌,标牌悬挂牢固可靠,特别是主要施工部位、作业点和危险区域以及主要通道口都必须有针对性地悬挂醒目的安全警示牌。

3) 施工场地

(1) 施工现场应积极推行硬地坪施工,作业区、生活区主干道地面必须用一定厚度的混凝土硬化,场内其他道路地面也应硬化处理。

(2) 施工现场道路畅通、平坦、整洁,无散落物。

(3) 施工现场设置排水系统,排水畅通,不积水。

(4) 严禁泥浆、污水、废水外流或未经允许排入河道,严禁堵塞下水道和排水河道。

(5) 施工现场适当地方设置吸烟处,作业区内禁止随意吸烟。

(6) 积极美化施工现场环境,根据季节变化,适当进行绿化布置。

4) 材料堆放、周转设备管理

(1) 建筑材料、构配件、料具必须按施工现场总平面布置图堆放,布置合理。

(2) 建筑材料、构配件及其他料具等必须安全、整齐堆放(存放),不得超高。堆料分门别类,悬挂标牌,标牌应统一制作,标明名称、品种、规格数量等。

(3) 建立材料收发管理制度,仓库、工具间材料堆放整齐,易燃易爆物品分类堆放,专人负责,确保安全。

(4) 施工现场建立清扫制度,落实到人,做到工完料尽场地清,车辆进出场应有防泥带出措施。建筑垃圾及时清运,临时存放现场的也应集中堆放整齐、悬挂标牌。不用的施工机具和设备应及时出场。

(5) 施工设施、大模板、砖夹等,集中堆放整齐,大模板成对放稳,角度正确。钢模及零配件、脚手扣件分类分规格,集中存放。竹木杂料,分类堆放、规则成方,不散不乱,不作它用。

5) 现场生活设施

(1) 施工现场作业区与办公、生活区必须明显划分,确因场地狭窄不能划分的,要有可靠的隔离栏防护措施。

(2) 宿舍内应确保主体结构安全,设施完好。宿舍周围环境应保持整洁、安全。

(3) 宿舍内应有保暖、消暑、防煤气中毒、防蚊虫叮咬等措施。严禁使用煤气灶、煤油炉、电饭煲、热得快、电炒锅、电炉等器具。

(4) 食堂应有良好的通风和洁卫措施,保持卫生整洁,炊事员持健康证上岗。

(5) 建立现场卫生责任制,设卫生保洁员。

(6) 施工现场应设固定的男、女简易淋浴室和厕所,并要保证结构稳定、牢固和防风雨。并实行专人管理、及时清扫,保持整洁,要有灭蚊蝇滋生措施。

6) 现场消防、防火管理

(1) 现场建立消防管理制度,建立消防领导小组,落实消防责任制和责任人员,做到思想重视、措施跟上、管理到位。

(2) 定期对有关人员进行消防教育,落实消防措施。

(3) 现场必须有消防平面布置图,临时设施按消防条例有关规定搭设,做到标准规范。

(4) 易燃易爆物品堆放间、油漆间、木工间、总配电室等消防防火重点部位要按规定设置灭火器和消防沙箱,并有专人负责,对违反消防条例的有关人员进行严肃处理。

(5) 施工现场用明火时,做到严格按动用明火规定执行,审批手续齐全。

7) 医疗急救的管理

展开卫生防病教育,准备必要的医疗设施,配备经过培训的急救人员,有急救措施、急救器材和保健医药箱。在现场办公室的显著位置张贴急救车和有关医院的电话号码等。

8) 社区服务的管理

建立施工不扰民的措施,现场不得焚烧有毒、有害物质等。

9) 治安管理

(1) 建立现场治安保卫领导小组,有专人管理。

(2) 新入场的人员做到及时登记,做到合法用工。

(3) 按照治安管理条例和施工现场的治安管理规定搞好各项管理工作。

(4) 建立门卫值班管理制度,严禁无证人员和其他闲杂人员进入施工现场,避免安全事故和失盗事件的发生。

3. 建立收集文明施工的资料及其保存的措施

上级关于文明施工的标准、规定、法律法规等资料;施工组织设计(方案)中对文明施工的管理规定,各阶段施工现场文明施工的措施;文明施工自检资料;文明施工教育、培训、考核计划的资料;文明施工活动各项记录资料。

4. 文明施工的宣传和教育

在坚持岗位练兵基础上,要采取派出去、请进来、短期培训、上技术课、登黑板报、广播、看录像、看电视等方法狠抓教育工作;要特别注意对临时工的岗前教育;专业管理人员应熟悉掌握文明施工的规定。

9.5.4 施工现场环境保护的措施

工程建设过程中的污染主要包括对施工场界内的污染和对周围环境的污染。对施工场界内的污染防治属于职业健康安全问题,而对周围环境的污染防治是环境保护的问题。

根据国务院 2016 年 9 月 27 日颁布的《国务院办公厅关于大力发展装配式建筑的指导意见》,装配式建筑是用预制部品部件在工地装配而成的建筑。发展装配式建筑是建造方式的大变革,是推进供给侧结构性改革和新型城镇化发展的重要举措。装配式建筑将大量施工工序移到场外,有效简化现场工作,这将极大地减少施工工序对施工现场环境的污染,对施工现场安全环境控制具有重大的意义。

建设工程环境保护具体措施主要包括大气污染的防治、水污染的防治噪声污染的防治、固体废弃物的处理以及文明施工措施等。

1. 大气污染的防治

1) 大气污染的分类

大气污染物的种类有数千种,已发现有危害作用的有 100 多种,其中大部分是有机物。

大气污染物通常以气体状态和粒子状态存在于空气中。

2）施工现场大气污染的防治措施

(1) 施工现场外围围挡不得低于1.8m,以避免或减少污染物向外扩散。

(2) 施工现场应对施工区域实行封闭或隔离,建筑主体、装饰装修施工时应从建筑物底层外围开始搭设防尘密目网并且封闭高度应高于施工作业面1.2m以上,同时采取有效防尘措施。

(3) 高层或多层建筑清理施工垃圾,使用封闭的专用垃圾道或采用容器吊运,严禁随意凌空抛撒造成扬尘。施工垃圾要及时清运。清运时,适量洒水减少扬尘。

(4) 拆除旧建筑物时,应采取封闭或隔离施工,封闭材料应选用防尘密目网,并配合洒水,减少扬土污染。

(5) 施工现场要在施工前做好施工道路的规划和设置,可利用设计中永久性的施工道路。如采用临时施工道路,基层要夯实,路面铺垫焦渣、细石,并随时洒水,减少道路扬尘。

(6) 散水泥和其他易飞扬的细颗粒散体材料应尽量安排库内存放,如露天存放应用严密遮盖,运输和卸运时防止遗洒、飞扬,以减少扬土。

(7) 生石灰的熟化和灰土施工要适当配合洒水,杜绝扬尘。

(8) 在规划市区、居民稠密区、风景游览区、疗养区及国家规定的文物保护区内施工,施工现场要制定洒水降尘制度,配备专用洒水设备及指定专人负责,在易产生扬尘的季节,施工场地采取洒水降尘。

(9) 在城区内施工,要使用商品混凝土,减少搅拌扬尘。

(10) 在城区外施工,搅拌站要搭设封闭的搅拌棚,搅拌机上设置喷淋装置方可进行施工。

(11) 施工运输车辆、挖掘土方设备驶出工地前必须作除泥除尘处理,严禁将泥土、尘土带出工地。

(12) 运输沙、石、水泥、土方、垃圾等易产生扬尘污染的车辆,必须封闭,严禁撒漏。

(13) 建筑、市政基础设施施工进行土方开挖时,堆土要相对集中,存土时间超过一个月的,必须采取覆盖、固化或绿化等措施。短时存放的要采取洒水降尘等措施,并设专人负责。

(14) 遇有四级以上风的天气,停止土方施工。

2. 水污染的防治

1) 水污染物主要来源

(1) 工业污染源:指各种工业废水向自然水体的排放。

(2) 生活污染源:主要有食物废渣、食油、粪便、合成洗涤剂、杀虫剂、病原微生物等。

(3) 农业污染源:主要有化肥、农药等。

2) 施工过程水污染的防治措施

(1) 禁止将有毒有害废弃物作土方回填,避免污染水源。

(2) 施工现场搅拌站废水,现制水磨石的污水,电石(碳化钙)的污水必须经沉淀池沉淀合格后再排放,最好将沉淀水用于工地洒水降尘或采取措施回收利用。

(3) 现场存放油料,必须对库房地面进行防渗处理,如采用防渗混凝土地面、铺油毡等措施。使用时,要采取防止油料跑、冒、滴、漏的措施,以免污染水体。

(4) 施工现场 100 人以上的临时食堂,污水排放时可设置简易有效的隔油池,定期清理,防止污染。

(5) 工地临时厕所、化粪池应采取防渗漏措施。中心城市施工现场的临时厕所可采用水冲式厕所,并有防蝇灭蛆措施,防止污染水体和环境。

(6) 化学用品、外加剂等要妥善保管,库内存放,防止污染环境。

(7) 对于现场气焊用的乙炔发生罐产生的污水严禁随地倾倒,要求专用容器集中存放,并倒入沉淀池处理,以免污染环境。

3. 噪声污染的防治

1) 噪声的分类

按噪声来源可分为交通噪声(如汽车、火车、飞机等)、工业噪声(如鼓风机、汽轮机、冲压设备等)、建筑施工的噪声(如打桩机、推土机、混凝土搅拌机等发出的声音)、社会生活噪声(如高音喇叭、收音机等)。噪声妨碍人们正常休息、学习和工作,为防止噪声扰民,应控制人为强噪声。

根据国家标准《建筑施工场界环境噪声排放标准》(GB 12523—2011)的要求,对建筑施工过程中场界环境噪声排放限值,如表 9-3 所示。夜间噪声最大声级超过限值的幅度不得高于 15dB(A)。

表 9-3　建筑施工场界噪声排放限值　　　　　　　　　　　　　　　　　dB

昼间	夜间
70	55

2) 施工现场噪声的控制措施

噪声控制技术可从声源、传播途径、接收者防护等方面来考虑。

(1) 声源控制

① 声源上降低噪声,这是防止噪声污染的最根本的措施。

② 尽量采用低噪声设备和加工工艺代替高噪声设备与加工工艺,如低噪声振捣器、风机、电动空压机、电锯等。

③ 在声源处安装消声器消声,即在通风机、鼓风机、压缩机、燃气机、内燃机及各类排气放空装置等进出风管的适当位置设置消声器。

(2) 传播途径的控制

① 吸声:利用吸声材料(大多由多孔材料制成)或由吸声结构形成的共振结构(金属或木质薄板钻孔制成的空腔体)吸收声能,降低噪声。

② 隔声:应用隔声结构,阻碍噪声向空间传播,将接收者与噪声声源分隔。隔声结构包括隔声室、隔声罩、隔声屏障、隔声墙等。

③ 消声:利用消声器阻止传播。允许气流通过的消声降噪是防治空气动力性噪声的主要装置。如对空气压缩机、内燃机产生的噪声等。

④ 减振降噪:对来自振动引起的噪声,通过降低机械振动减小噪声,如将阻尼材料涂在振动源上,或改变振动源与其他刚性结构的连接方式等。

(3) 接收者的防护

让处于噪声环境下的人员使用耳塞、耳罩等防护用品,减少相关人员在噪声环境中的暴露时间,以减轻噪声对人体的危害。

(4) 严格控制人为噪声

① 进入施工现场不得高声喊叫、无故甩打模板、乱吹哨,限制高音喇叭的使用,最大限度地减少噪声扰民。

② 凡在人口稠密区进行强噪声作业时,须严格控制作业时间,一般晚10点到次日早6点之间停止强噪声作业。确系特殊情况必须昼夜施工时,尽量采取降低噪声措施,并会同建设单位找当地居委会、村委会或当地居民协调,出安民告示,求得群众谅解。

4. 固体废物的处理

1) 建设工程施工工地上常见的固体废物

(1) 建筑渣土,包括砖瓦、碎石、渣土、混凝土碎块、废钢铁、碎玻璃、废屑、废弃装饰材料等。

(2) 废弃的散装大宗建筑材料,包括水泥、石灰等。

(3) 生活垃圾,包括炊厨废物、丢弃食品、废纸、生活用具、废电池、废日用品、玻璃、陶瓷碎片、废塑料制品、煤灰渣、废交通工具等。

(4) 设备、材料等的包装材料。

(5) 粪便。

2) 固体废物的处理和处置

固体废物处理的基本思想是:采取资源化、减量化和无害化的处理,对固体废物产生的全过程进行控制。固体废物的主要处理方法如下:

(1) 回收利用。回收利用是对固体废物进行资源化的重要手段之一。粉煤灰在建设工程领域的广泛应用就是对固体废弃物进行资源化利用的典型范例。又如,发达国家炼钢原料中有70%是利用回收的废钢铁,所以,钢材可以看成是可再生利用的建筑材料。

(2) 减量化处理。减量化是对已经产生的固体废物进行分选、破碎、压实浓缩、脱水等减少其最终处置量,减低处理成本,减少对环境的污染。在减量化处理的过程中,也包括和其他处理技术相关的工艺方法,如焚烧、热解、堆肥等。

(3) 焚烧。焚烧用于不适合再利用且不宜直接予以填埋处置的废物,除有符合规定的装置外,不得在施工现场熔化沥青和焚烧油毡、油漆,亦不得焚烧其他可产生有毒有害和恶臭气体的废弃物。垃圾焚烧处理应使用符合环境要求的处理装置,避免对大气的二次污染。

(4) 稳定和固化。稳定和固化处理是利用水泥、沥青等胶结材料,将松散的废物胶结包裹起来,减少有害物质从废物中向外迁移、扩散,使得废物对环境的污染减少。

(5) 填埋。填埋是固体废物经过无害化、减量化处理的废物残渣集中到填埋场进行处置。禁止将有毒有害废弃物现场填埋,填埋场应利用天然或人工屏障。尽量使需处置的废物与环境隔离,并注意废物的稳定性和长期安全性。

第9章习题

第10章 建设工程合同管理

10.1 建设工程合同概述

10.1.1 建设工程合同的概念及特征

1. 建设工程合同的概念

建设工程合同是指承包人进行工程建设、发包人支付价款的合同。建设工程合同包括工程勘察、设计、施工合同。建设工程实行监理的，发包人也应与监理人订立委托监理合同，它不属于建设工程合同。

建设工程合同是一种诺成合同，合同订立生效后双方应当严格履行。同时建设工程合同也是一种双务、有偿合同，当事人双方在合同中都有各自的权利和义务，在享有权利的同时必须履行义务。

建设工程合同的双方当事人分别称为承包人和发包人。承包人是指在建设工程合同中负责工程勘察、设计、施工任务的一方当事人，承包人最主要的义务是进行工程建设，即进行工程的勘察、设计、施工等工作。发包人是指在建设工程合同中委托承包人进行工程的勘察、设计、施工任务的建设单位（或业主、项目法人），发包人最主要的义务是向承包人支付相应的价款。

由于建设工程合同涉及的工程量通常较大，履行周期长，当事人的权利、义务关系复杂，因此，《中华人民共和国民法典》明确规定，建设工程合同应当采用书面形式。

2. 建设工程合同的特征

1) 合同主体的严格性

建设工程的主体一般只能是法人，发包人、承包人必须具备一定的资格，才能成为建设工程合同的合法当事人，否则，建设工程合同可能因主体不合格而导致无效。发包人对需要建设的工程,应经过计划管理部门审批,落实投资计划,并且应当具备相应的协调能力。承包人是有资格从事工程建设的企业,而且应当具备相应的勘察、设计、施工等资质。没有资质的,一律不得擅自从事工程勘察、设计业务;资质等级低的,不能越级承包工程。

2) 形式和程序的严格性

一般合同当事人就合同条款达成一致,合同即告成立,不必一律采用书面形式。建设工程合同由于履行期限长,工作环节多,涉及面广,应当采取书面形式,对双方权利、义务予以确定。此外由于工程建设对于国家经济发展、公民工作生活有重大影响,国家对建设工程的投资和程序有严格的管理程序,建设工程合同的订立和履行也必须遵守国家关于基本建设程序的规定。

3) 合同标的的特殊性

建设工程合同的标的是各类建筑产品,建设产品是不动产,与地基相连,不能移动,这就决定了每项工程的合同标的物都是特殊的,相互间不同,并且不可替代。另外,建筑产品的类别庞杂,其外观、结构、使用目的、使用人都各不相同,这就要求每一个建筑产品都需单独设计和施工,建筑产品单体性生产也决定了建设工程合同标的的特殊性。

4) 合同履行的长期性

建设工程由于结构复杂、体积大、建筑材料类型多、工作量大,使得合同履行期限都较长。而且,建设工程合同的订立和履行一般都需要较长的准备期,在合同的履行过程中,还可能因为不可抗力、工程变更、材料供应不及时等原因导致合同期限顺延。所有这些情况,决定了建设工程合同的履行期限具有长期性。

10.1.2 建设工程合同的作用

随着市场经济的发展和完善,尤其是我国加入WTO后,有关规范建筑市场的法律法规、计价原则和方法等也逐步同国际接轨。合同在工程建设中的地位和作用越来越明显。它不仅是合同双方在执行过程中必须遵守的原则,同时还具有以下作用。

1. 规范建筑市场、维护社会经济秩序、促进经济建设

我国的建筑市场经历了计划经济、商品经济、社会主义市场经济和逐步向市场经济发展的几个过程,实践证明了合同具有规范建筑市场、维护社会经济秩序、促进经济发展的作用。因为合同的雇主和承包商在签订合同和执行合同的过程中所遵循的原则是符合国家有关的法律法规,如《中华人民共和国民法典》《中华人民共和国招标投标法》等。这些法律法规制定的目的和作用就是规范建筑市场、维护社会经济秩序、促进国民经济协调发展,因此,合同的签订与执行是法律在工程建设中的应用。在签订和执行合同过程中,任何单位和个人违反了相应法律法规,均应承担相应的法律责任。

2. 在公开、公平、公正、等价有偿的原则下,体现优胜劣汰

合同是在公开、公平、公正、等价有偿原则的基础上签订的,按照《中华人民共和国招标投标法》第一章总则第三条规定的工程建设项目和符合国家发改委《必须招标的工程项目规定》的项目的具体内容和规模标准的项目,必须进行招标。工程招标过程本身就是一个优胜劣汰的过程。通过招标,在评标过程中,评标委员会根据各投标单位资质、财务经营情况、施工设备情况、主要工程技术人员和工程管理人员情况,以及近几年履行合同和工程业绩情况,结合投标文件中的投标报价、施工方法和工艺、施工布置和进度、质量标准和安全保证系统及措施等进行综合评价比选,最终从多家投标人中选择符合招标文件要求、投标报价合理、施工方案工艺流程质量和安全保证体系等先进科学且企业信誉与业绩好的投标人为中标人。通过合同谈判确定承包商。在合同履行过程中经过实践检验承包商各项工作指标执行和完成的情况,让市场进一步了解企业的信誉和业绩,达到优胜劣汰的作用。

3. 维护合同双方当事人的合法权益

合同具有以下特点:①双方主体之间的民事法律行为;②双方当事人的意思表示一致的民事法律行为;③以设立、变更、终止民事权利义务关系为目的民事法律行为;④双方当事人是建立在平等、自愿有偿的基础上产生的民事法律行为;⑤具有法律约束力的民事法律行为。

10.1.3 建设工程合同的主要内容

1. 合同的主体

发包人、承包人是建设工程合同的当事人,是合同的主体。

1) 发包人主体资格

发包人有时也称发包单位、建设单位、业主或项目法人。发包人的主体资格也就是进行工程发包并签订建设工程合同的主体资格。

根据《中华人民共和国招标投标法》(以下简称《招标投标法》)规定:"招标人应当有进行招标项目的相应资金或者资金来源已经落实,并应当在招标文件中如实载明。"这就要求发包人有支付工程价款的能力。

《招标投标法》规定:"招标人具有编制招标文件和组织评标能力的,可以自行进行办理招标事宜"。综上所述,发包人进行工程发包应当具备下列基本条件:

(1) 应当具有相应的民事权利能力和民事行为能力。

(2) 实行招标发包的,应当具有编制招标文件和组织评标的能力或者委托招标代理机构代理招标事宜。

(3) 进行招标项目的相应资金或者资金来源已经落实。

2) 承包人的主体资格

建设工程合同的承包人分为勘察人、设计人、施工人。对于建设工程承包人,我国实行严格的市场准入制度。《中华人民共和国建筑法》规定,承包建筑工程的单位应当持有依法取得的资质证书,并在其资质等级许可的业务范围内承揽工程。

2. 建设工程合同的基本条款

建设工程合同应当具备一般合同的条款,如发包人、承包人的名称和住所、标的、数量、质量、价款、履行方式、地点、期限、违约责任、解决争议的方法等。由于建设工程合同标的的特殊性,法律还对建设工程合同中某些内容给出了特别规定,成为建设工程合同中不可缺少的条款。

1) 勘察、设计合同的基本条款

为了规范勘察设计合同,《中华人民共和国民法典》规定：勘察、设计合同的内容包括提交有关基础资料和文件(包括概预算)的期限、质量要求、费用以及其他协作条件等条款。

(1) 提交有关基础资料和文件(包括概预算)的期限。这是对勘察人、设计人提交勘察、设计成果时间上的要求。当事人之间应当根据勘察、设计的内容和工作难度确定提交工作成果的期限。勘察人、设计人必须在此期限内完成并向发包人提交工作成果。超过这一期限的,应当承担违约责任。

(2) 勘察或者设计的质量要求。这是此类合同中最为重要的合同条款,也是勘察或者设计人所应承担的最重要的义务。勘察或者设计人应当对没有达到合同约定质量的勘察或者设计方案承担违约责任。

(3) 勘察或者设计费用。这是勘察或者设计合同中的发包人所应承担的最重要的义务。勘察设计费用的具体标准和计算办法应当按《工程勘察收费标准》《工程设计收费标准》中的规定执行。

(4) 其他协作条件。除上述条款外,当事人之间还可以在合同中约定其他协作条件。至于这些协作条件的具体内容,应当根据具体情况来认定。例如,发包人提供资料的期限,现场必要的工作和生活条件,设计的阶段、进度和设计文件份数等。

2) 建设施工合同的基本条款

《中华人民共和国民法典》规定,施工合同的内容包括工程范围、建设工期、中间交工工程的开工和竣工时间、工程质量、工程造价、技术资料交付时间、材料和设备供应责任、拨款和结算、竣工验收、质量保修范围和质量保证期、双方相互协作等条款。

(1) 工程范围。当事人应在合同中附上工程项目一览表及其工程量,主要包括建筑栋数、结构、层数、资金来源、投资总额以及工程的批准文号等。

(2) 建设工期,即全部建设工程的开工和竣工日期。

(3) 中间交工工程的开工和竣工时间。所谓中间交工工程,是指需要在全部工程完成期限之前完工的工程。对中间交工工程的开工和竣工日期,也应当在合同中给出明确约定。

(4) 工程质量。建设项目是百年大计,必须做到质量第一,工程质量是合同中最重要的条款。发包人、承包人必须遵守《建设工程质量管理条例》的有关规定,保证工程质量符合工程建设强制性标准。

(5) 工程造价。工程造价或工程价格,由成本(直接成本、间接成本)、利润(酬金)和税金构成。工程价格包括合同价款、追加合同价款和其他款项。实行招投标的工程应当通过工程所在地招标投标监督管理机构采用招投标的方式定价；对于不宜采用招投标的工程,可采用施工图预算加变更洽商的方式定价。

(6) 技术资料交付时间。发包人应当在合同约定的时间内按时向承包人提供与本工程项目有关的全部技术资料,否则造成的工期延误或者费用增加应由发包人负责。

(7) 材料和设备供应责任,即在工程建设过程中所需要的材料和设备由哪一方当事人负责提供,并应对材料和设备的验收程序加以约定。

(8) 拨款和结算,即发包人向承包人拨付工程价款和结算的方式和时间。

(9) 竣工验收。竣工验收是工程建设的最后一道程序,是全面考核设计、施工质量的关键环节,合同双方还将在该阶段进行结算。竣工验收应当根据《建设工程质量管理条例》第

16 条的有关规定执行。

（10）质量保修范围和质量保证期。合同当事人应当根据实际情况确定合理的质量保修范围和质量保证期，但不得低于《建设工程质量管理条例》规定的最低质量保修期限。

除了上述 10 项基本合同条款以外，当事人还可以约定其他协作条款，如施工准备工作的分工、工程变更时的处理办法等。

10.1.4　无效建设工程合同的界定

无效建设工程合同系指虽由发包方与承包方订立，因违反法律规定而没有法律约束力，国家不予承认和保护，甚至对违法当事人进行制裁的建设工程合同。实践中，导致建设工程合同无效的原因主要集中在以合法形式掩盖非法目的和违反法律、行政法规的强制性规定两方面。根据建设工程合同自身的特点和在实践中的应用，无效的建设工程合同主要有以下几种。

1. 未取得资质、超越资质等级或者借用他人资质签订的建筑工程施工合同

我国《中华人民共和国建筑法》规定："从事建筑活动的建筑施工企业、勘察单位、设计单位和工程监理单位，按照其拥有的注册资本、专业技术人员、技术装备和已完成的建筑工程业绩等资质条件，划分为不同的资质等级，经资质审查合格，取得相应等级的资质证书后，方可在其资质等级许可的范围内从事建筑活动。"该法条明确禁止没有资质或低于最低级别资质要求订立建设工程合同。另据最高院《关于审理建设工程合同纠纷案件适用法律问题的解释》（简称《解释》）第一条第 1、2 款"承包人未取得建筑施工企业资质或超越资质等级的，没有资质的实际施工人借用有资质的建筑施工企业名义的，应认定无效"。可见，建设工程合同的标的是建设工程项目，工程的质量直接关系到国计民生，因此国家对承包人的主体资格进行了严格的限制。只有具备相应法律资质的法人单位才有资格与建设单位签订施工合同，个人或者不具备相应资质的法人签订的建设工程合同均因主体不合格而无效。

2. 未依法进行招标投标所订立的建设工程合同

《招标投标法》规定"在中华人民共和国境内进行下列工程建设项目包括项目的勘察、设计、施工、监理以及工程建设有关的重要设备、材料等的采购，必须进行招标。"最高院《解释》第一条第 3 款规定"建设工程必须进行招标而未招标或中标无效的，认定合同无效"。此外，《工程建设施工招标投标管理办法》《建筑市场管理规定》均进行了相应规定。招标投标方式是订立建设工程合同的基本方式，招标投标活动应当公开、公平、公正地进行。违反以上规定所进行的招标投标是无效的，在实践中，具体表现为以下几种情形：①应当招标的工程而未招标的；②当事人泄露标底的；③投标人串通作弊，哄抬标价，致使定标困难或无法定标的；④招标人与个别投标人恶意串通，内定投标人等。这些导致建设工程合同无效的事由均可以定性为欺诈，恶意串通，以合法形式掩盖非法目的，违反法律、行政法规的强制性规定的行为，以此种形式签订的建设工程合同均属于无效合同。

3. 违反国家计划的建设工程合同

我国《中华人民共和国民法典》规定"国家重点建设工程合同，应当按照国家规定的程序和国家批准的投资计划、可行性研究报告等文件订立"。《工程建设项目报建管理办法》规定

"凡未报建的工程建设项目,不得办理招标投标手续和发放施工许可证,设计、施工单位不得承接该工程的设计和施工任务"。建设工程的投资、工程进度、工程质量和综合效益均关系到国家和广大人民的长远利益和切身利益,国家对其进行经济的、行政的计划干预十分必要。因此,凡是没有列入国家和地方政府基本建设计划的,或应依法报批而未批准的建设工程,由于工程项目的建设本身不合法,即合同标的物不合法,当事人签订的合同亦因没有法律依据而归于无效。

4. 违法分包、转包的建设工程合同

《中华人民共和国民法典》规定"发包人不得将应当由一个承包人完成的建设工程肢解成若干部分给几个承包人"。"承包人不得将其承包的全部建设工程转包给第三人,或将其承包的全部建设工程肢解后以分包的名义分别转包给第三人。禁止承包人将工程分包给不具备相应资质条件的单位。建设工程主体结构施工必须由承包人自行完成"。我国《建筑法》规定了禁止将建筑工程肢解发包,禁止违法分包、转包的建设工程。为了保证工程质量,国家对建设工程承包人资质有严格的规定,能够依法签订建设工程合同的承包方应当是施工技术过硬、商业信誉较高、履约能力较强的企业法人,任意分包和转包会增加建设工程合同的履约风险,因此,国家规定违反以上禁止分包、转包规定所订立的建设施工合同是无效合同。

5. 未取得规划许可证而签订的建设工程合同

《城市规划法》规定"建设单位或个人在取得用地规划许可证后,方可向县级以上地方人民政府土地管理部门申请用地",另规定"在城市规划区内,未取得建设用地规划许可证而取得建设用地批准文件、占用土地的,批准文件无效,占用的土地由县级以上人民政府责令退回。"据此可知,取得建设用地规划许可证是申请建设用地的法定条件,任何单位和个人未取得规划许可证而进行建设都属非法建设,此种情况下的建设工程合同也当然无效。

6. 未以书面形式订立的建设工程合同

书面形式是指合同书、信件和数据电文(包括电报、传真、电子数据交换和电子邮件)等可以有形地表现所载内容的形式。《中华人民共和国民法典》规定"建设工程合同应当采用书面形式"。《建筑法》规定"建设工程的发包单位与承包单位应当订立书面合同,明确双方的权利义务"。以上条款采用了"应当"或"必须"的表述,说明建设工程合同为法定要式合同,当事人不能以随意的方式改变合同形式。如不采用书面形式,建设工程合同不能生效;若在履行过程中产生纠纷,也无法得到法律的有效保护。

10.2 建设工程合同分类

建设工程项目在建设过程中涉及的相关合同比较多,比如建设工程总承包合同、建设工程分包合同、工程勘察设计合同等。工程项目合同按不同的分类方法,有不同的类型,下面介绍最常用的三种分类方法。

1. 按照建设合同任务的性质进行分类

工程项目的建设须经过勘察、设计、施工等若干个过程才能最终完成,这三个阶段的建设任务虽然有十分紧密的联系,但仍然有明显的区别,可以单独存在并订立合同。因而,《中

华人民共和国民法典》将工程项目合同分为勘察合同、设计合同和施工合同。

1）工程勘察合同

工程勘察合同是承包方进行工程勘察,发包方支付价款的合同。工程勘察单位称为承包方,建设单位或有关单位称为发包方(也称委托方)。勘察合同必须符合国家规定的基本建设程序,勘察合同由建设单位或有关单位提出委托,经与勘察部门协商,双方取得一致意见,即可签订,任何违反国家规定的建设程序勘察合同均是无效的。

2）工程设计合同

工程设计合同是承包方进行工程设计,委托方支付价款的合同。业主单位或有关单位为委托方,工程设计单位为承包方。

3）工程施工合同

工程施工合同即建筑安装工程承包合同,是建设单位与承包商为完成工程项目的建筑安装任务而签订的明确双方权利、义务关系的协议。土木工程项目施工合同的标底是将设计图纸变为满足功能、质量、进度、投资等发包人投资预期目的的建筑产品,是工程建设质量控制、进度控制和投资控制的主要合同与主要依据。

2. 按照承包的形式进行分类

1）总承包合同

总承包合同是指业主与总承包商之间就建设工程的勘察、设计、施工、设备采购中的一项或者多项签订的合同。总承包合同的当事人是业主和总承包商。工程项目中所涉及的权利和义务关系,只能在业主和总承包商之间发生。总承包商应对其承包的建设工程或者采购设备的质量负责。

2）分包合同

分包合同是指总承包商将工程项目的某部分工程或单项工程分包给某一分包商完成所签订的合同,分包合同的当事人是总承包商和分包商。工程项目所涉及的权利和义务关系,只能在总承包商与分包商之间发生。单位工程施工承包合同即属于此类。

3）专业承包合同

专业承包合同是指专业承包企业同建设单位或施工总承包单位就专业工程签订的施工合同。专业承包企业可以对所承接的工程全部自行施工,也可以将劳务作业分包给具有相应劳务分包资质的劳务分包企业。

3. 按照工程合同的计价方式进行分类

1）总价合同

根据总价合同规定的工程施工内容和有关条件,业主应付给承包商的款额是一个规定的金额,即明确的总价。总价合同也称作总价包干合同,即根据施工招标时的要求和条件,当施工内容和有关条件不发生变化时,业主付给承包商的价款总额就不发生变化。总价合同又分固定总价合同和变动总价合同。

（1）固定总价合同

固定总价合同的计算是以图纸及规定、规范为基础,承包方和发包方就施工项目协商一个固定的总价,由承包方一笔包死,不能变化。在这类合同中,承包商承担了全部的工作量和价格的风险。因此,承包商在报价时应对一切费用的价格变动因素以及不可预见因素都做充分的估计,并将其包含在合同价格之中。这种合同在国际上被广泛接受和采用。

对业主而言,在合同签订时就可以基本确定项目的总投资额,对投资控制有利;在双方都无法预测的风险条件下和可能有工程变更的情况下,承包商承担了较大的风险,而业主的风险较小。但是,工程变更和不可预见的困难也常常引起合同双方的纠纷或者诉讼,最终导致其他费用的增加。

当然,在固定总价合同中还可以约定,在发生重大工程变更、累计工程变更超过一定幅度或者其他特殊条件下可以对合同价格进行调整。因此,需要明确重大工程变更的含义、累计工程变更的幅度以及什么样的特殊条件下才能调整合同价格,以及如何调整合同价格等。

采用固定总价合同,双方结算比较简单,但是由于承包商承担了较大的风险,因此报价中不可避免地要增加一笔较高的不可预见风险费。承包商的风险主要有两个方面:一是价格风险,二是工作量风险。价格风险有报价计算错误、漏报项目、物价和人工费上涨等;工作量风险有工程量计算错误、工程范围不确定、工程变更或者由于设计深度不够所造成的误差等。

固定总价合同适用于以下情况:

① 工程量小,工期短,估计在施工过程中环境因素变化小,工程条件稳定并合理;

② 工程设计详细,图纸完整、清楚,工程任务和范围明确;

③ 工程结构和技术简单,风险小;

④ 投标期相对宽裕,承包商可以有充足的时间详细考察现场,复核工程量,分析招标文件,拟订施工计划。

(2) 变动总价合同

变动总价合同又称可调总价合同,合同价格是以图纸及规定、规范为基础,按照时价进行计算,得到包括全部工程任务和内容的暂定合同价格。它是一种相对固定的价格,在合同执行过程中,通货膨胀等使所使用的工、料成本增加时,可以按照合同约定对合同总价进行相应的调整。当然,设计变更、工程量变化和其他工程条件变化所引起的费用变化一般也可以进行调整。因此,通货膨胀等不可预见因素的风险由业主承担。对承包商而言,其风险相对较小;但对业主而言,不利于其进行投资控制。

在工程施工承包招标时,施工期限一年左右的项目一般实行固定总价合同,通常不考虑价格调整问题,以签订合同时的单价和总价为准,物价上涨的风险全部由承包商承担。但是对建设周期一年半以上的工程项目,则应考虑下列因素引起的价格变化问题:

① 劳务工资以及材料费用的上涨;

② 其他影响工程造价的因素,如运输费、燃料费、电力等价格的变化;

③ 外汇汇率的不稳定;

④ 国家或者省、市立法的改变引起的工程费用的上涨。

(3) 总价合同的特点和应用

显然,采用总价合同时,对承发包工程的内容及其各种条件都应基本清楚、明确,否则,承发包双方都有蒙受损失的风险。因此,一般是在施工图设计完成,施工任务和范围比较明确,业主的目标、要求和条件都清楚的情况下才采用总价合同。对业主来说,由于设计花费时间长,因而开工时间较晚,开工后的变更容易带来索赔,而且在设计过程中也难以吸收承包商的建议。

总价合同的特点是：①发包单位可以在报价竞争状态下确定项目的总造价，可以较早确定或者预测工程成本；②业主的风险较小，承包人将承担较多的风险；③评标时易于迅速确定最低报价的投标人；④在施工进度上能极大地调动承包人的积极性；⑤发包单位能更容易、更有把握地对项目进行控制；⑥必须完整而明确地规定承包人的工作；⑦必须将设计和施工方面的变化控制在最小限度内。

总价合同和单价合同有时在形式上很相似，例如，在有的总价合同的招标文件中也有工程量表，也要求承包商提出各分项工程的报价，与单价合同在形式上很相似，但两者在性质上是完全不同的。总价合同是总价优先，承包商报总价，双方商讨并确定合同总价，最终也按总价结算。

2）单价合同

当发包工程的内容和工程量一时尚不能明确、具体地予以规定时，则可以采用单价合同（unit price contract）形式，这是工程中广泛采用的一种合同类型。承包商以合同确定的工程项目的工程单价向业主承包，负责完成施工任务，然后按实际发生的工程量和合同中规定的工程单价结算工程价款。单价合同的特点是单价优先，如合同中业主给出的工程量清单表中的数字是参考数字，而最后工程款则按实际完成的工程量和承包商投标时所报的单价计算。虽然在投标报价、评标以及签订合同中，人们常常注重总价格，但在工程款结算中单价优先，对于投标书中明显的数字计算错误，业主有权力先修改再评标，当总价和单价的计算结果不一致时，以单价为准调整总价。单价合同又可细分为估计工程量单价合同和纯单价合同两类。

（1）估计工程量单价合同

承包商投标时按工程量表中的估计工程量为基础，填入相应的单价作为报价，累计计算合同价。此时的单价应为各种摊销费用后的综合单价，即成品价，不再包括其他费用。在合同履行过程中，以实际完成工程量乘以单价作为支付和结算的依据。

这种合同较为合理地分担了合同履行过程中的风险。因为承包商所用报价的清单工程量为初步设计估算的工程量，当实际完成工程量与估计工程量有较大差异时，采用单价合同可以避免业主过大的额外支出或承包商的亏损。估计工程量单价合同按照合同工期的长短，也可以分为固定单价合同和可调单价合同两类，调价方法与总价合同方法相同。

（2）纯单价合同

招标文件只向投标人给出各个分项工程内的工作项目一览表、工程范围及必要的说明，而不提供工程量。承包商只要给出各项目的单价即可，将来实施时按实际工程量计算。但对于工程费分摊在许多工程中的复杂工程，或者一些不易计算工程量的项目，采用纯单价合同就会引起一些麻烦和争执。

3）成本加酬金合同

成本加酬金合同也称为成本补偿合同，其基本特点是按工程实际发生的成本（人工费、材料费和施工机械费）加上固定的管理费和利润来确定工程总造价。这种合同主要用于开工前对工程内容尚不十分清楚的情况，如边设计边施工的紧急工程，或遭受地震战火等灾害破坏后急需修复的工程。采用这种合同，承包商不承担任何价格变化或工程量变化的风险，这些风险主要由业主承担，对业主的投资控制很不利。而承包商则往往缺乏控制成本的积极性，常常不仅不愿意控制成本，甚至还会期望提高成本以提高自己的经济效益，因此这种合同一旦被那些不道德或不称职的承包商滥用,便会损害工程的整体效益。所以,应该尽量避免采用这种合同。

(1) 成本加酬金合同的适用条件和特点

① 成本加酬金合同通常用于如下情况:

a. 工程特别复杂,工程技术、结构方案不能预先确定,或尽管可以确定工程技术和结构方案,但是不可能进行竞争性的招标活动,也无法以总价合同或单价合同的形式确定承包商,如研究开发性质的工程项目;

b. 时间特别紧迫,如抢险、救灾工程,来不及进行详细的计划和商谈。

② 对业主而言,这种合同形式也有以下优点:

a. 可以通过分段施工缩短工期,而不必等待所有施工图完成才开始招标和施工;

b. 可以减少承包商的对立情绪,承包商对工程变更和不可预见条件的反应会比较积极和快捷;

c. 可以利用承包商的施工技术专家,帮助改进或弥补设计中的不足;

d. 业主可以根据自身力量和需要,较深入地介入和控制工程施工和管理;

e. 也可以通过确定最大保证价格约束工程成本不超过某一限值,从而转移一部分风险。

对承包商来说,这种合同比固定总价的风险低,利润比较有保证,因而承包商比较有积极性。其缺点是合同的不确定性,由于设计未完成,无法确定合同的工程内容、工程量以及合同的终止时间,有时难以对工程计划进行合理安排。

(2) 成本加酬金合同形式在实践中的具体做法

① 实际成本加固定百分比酬金合同。这种合同除直接成本外,管理费和利润按成本的一定比例支付。

② 实际成本加固定酬金合同。这种合同方式的直接成本实报实销,但酬金是事先商定的一个固定数目。这虽不能鼓励承包人降低造价,但为尽快取得酬金,承包人将会努力缩短工期,这是它的可取之处。为了鼓励承包商更好地工作,也可在固定酬金之外,根据工程质量、工期和成本情况再加奖金。在这种情况下,奖金所占比例的上限可大于固定酬金,会起到很大的激励作用。

③ 实际成本加浮动酬金合同。这种类型的合同要求双方事先商定工程成本和酬金的预期水平。如果实际成本恰好等于预期水平,工程造价就是成本加固定酬金;如果实际成本低于预期水平,则增加酬金;如果实际成本高于预期水平,则减少酬金。采用这种方式通常规定,当实际成本超支而减少酬金时,以原定的固定酬金为减少的最高限度。也就是在最坏的情况下,承包商将得不到任何酬金,但也不承担赔偿超支的责任。这种方式对承包和发包双方都没有太多风险,又能促使承包商尽量降低成本和缩短工期。

④ 目标成本加奖励合同。在仅有初步设计和工程说明书,就迫切要求开工的情况下,可根据粗略估算的工程量和适当的单价表编制概算作为目标成本。随着详细设计逐步具体化,工程量和目标成本可加以调整,另外规定一个百分数作为酬金。最后结算时,如果实际成本高于目标成本并超过事先商定的界限(如5%),则减少酬金。如果实际成本低于目标成本(也有一个幅度界限),则增加酬金。这种合同方式可以促使承包商用心降低成本和缩短工期,而且目标成本是随设计工作进展而加以调整才确定下来的,故承包和发包双方都不

会承担太大的风险。

一个项目应该采取哪种合同形式不是固定不变的。有时候一个项目中各个不同的工程部分,或不同阶段就可能采取不同形式的合同。业主在编制项目分包合同规划时,必须根据实际情况,全面反复地权衡各种利弊,给出最佳决策,选定本项目的分项合同种类和形式。

10.3 建设工程施工合同及管理

10.3.1 建设工程施工合同的概念和特点

1. 建设工程施工合同的概念

建设工程施工合同即建筑安装工程承包合同,是发包人与承包人之间为完成商定的建设工程项目、明确双方权利和义务的协议。依据施工合同,承包人应完成一定的建筑、安装工程任务,发包人应提供必要的施工条件并支付工程价款。

施工合同是建设工程合同的一种,与其他建设工程合同一样,是一种双务合同,在订立时也应遵守自愿、公平、诚实信用等原则。

建设工程施工合同是建设工程合同的主要合同,是工程建设质量控制、进度控制、投资控制的主要依据。通过合同关系,可以确定建设市场主体之间的相互权利义务关系,这对规范建筑市场有重要作用。

施工合同的当事人是发包人和承包人,双方是平等的民事主体。承包、发包双方签订施工合同,必须具备相应资质条件和履行施工合同的能力。对合同范围内的工程实施建设时,发包人必须具备组织协调能力;承包人必须具备有关部门核定的资质等级并持有营业执照等证明文件。

发包人可以是具备法人资格的国家机关、事业单位、国有企业、集体企业、私营企业、经济联合体和社会团体,也可以是依法登记的个人合伙、个体经营户或个人,即一切以协议、法院判决或其他合法完备手续取得甲方的资格,承认全部合同条件,能够而且愿意履行合同规定义务(主要是支付工程价款能力)的合同当事人。与发包人合并的单位、兼并发包人的单位、购买发包人合同和接受发包人出让的单位和人员(即发包人的合法继承人),均可成为发包人,履行合同规定的义务,享有合同规定的权利。发包人既可以是建设单位,也可以是取得建设项目总承包资格的项目总承包单位。

承包人应是具备与工程相应资质和法人资格的、并被发包人接受的合同当事人及其合法继承人。承包人是施工单位。

在施工合同中,工程师受发包人委托或者委派对合同进行管理,在施工合同管理中具有重要的作用(虽然工程师不是施工合同当事人)。施工合同中的工程师是指监理单位委派的总监理工程师或发包人指定的履行合同的负责人,其具体身份和职责由双方在合同中约定。

2. 建设工程施工合同的特点

1)合同标的的特殊性

施工合同的标的是各类建筑产品,建筑产品是不动产,其基础部分与大地相连,不能移动。这就决定了每个施工合同的标的都是特殊的,相互间具有不可替代性。这还决定了施工生产的流动性。建筑物所在地就是施工生产场地,施工队伍、施工机械必须围绕建筑产品不断移动。另外,建筑产品的类别庞杂,其外观、结构、使用目的、使用人都各不相同,这就要求每一个建筑产品都需单独设计和施工(即使可重复利用的标准设计或重复使用图纸,也应采取必要的修改设计才能施工),即建筑产品是单体性生产,这也决定了施工合同标的的特殊性。

2) 合同履行期限的长期性

建筑物的施工由于结构复杂、体积大、建筑材料类型多、工作量大,所以工期都较长(与一般工业产品的生产相比),而合同履行期限肯定要长于施工工期,因为工程建设的施工应当在合同签订后才开始,且需加上合同签订后到正式开工前的一个较长的施工准备时间和工程全部竣工验收后,办理竣工结算及保修期的时间。在工程的施工过程中,还可能因为不可抗力、工程变更、材料供应不及时等原因而导致工期顺延。所有这些情况,决定了施工合同的履行期限具有长期性。

3) 合同内容的多样性和复杂性

虽然施工合同的当事人只有两方,但其涉及的主体却有许多种。与大多数合同相比较,施工合同的履行期限长、标的额大,涉及的法律关系则包括了劳动关系、保险关系、运输关系等,具有多样性和复杂性。这就要求施工合同的内容尽量详尽。施工合同除了应当具备合同的一般内容外,还应对安全施工,专利技术使用,发现地下障碍和文物,工程分包,不可抗力,工程设计变更,材料设备的供应、运输、验收等内容进行规定。在施工合同的履行过程中,除施工企业与发包人的合同关系外,还涉及与劳务人员的劳动关系、与保险公司的保险关系、与材料设备供应商的买卖关系、与运输企业的运输关系等。所有这些,都决定了施工合同的内容具有多样性和复杂性的特点。

4) 合同监督的严格性

由于施工合同的履行对国家的经济发展、公民的工作和生活都有重大的影响,因此,国家对施工合同的监督是十分严格的。

10.3.2 建设工程施工合同示范文本

我国建设主管部门通过制定《建设工程施工合同(示范文本)》来规范承包发包双方的合同行为。尽管示范文本从法律性质上并不具备强制性,但由于其通用条款较为公平合理地设定了合同双方的权利义务,因此得到了广泛的应用。

为了指导建设工程施工合同当事人的签约行为,维护合同当事人的合法权益,依据原《中华人民共和国合同法》《中华人民共和国建筑法》《中华人民共和国招标投标法》以及相关法律法规,住房和城乡建设部、国家工商行政管理总局对《建设工程施工合同(示范文本)》(GF-1999-0201)进行了修订,联合颁发了《建设工程施工合同(示范文本)》(GF-2013-0201)。2017年4月,住房和城乡建设部联合国家工商行政管理总局对《建设工程施工合同(示范文本)》(GF-2013-0201)进行了修订,发布了2017版《建设工程施工合同(示范文本)》(GF-2017-0201)(以下简称《示范文本》)。与2013版施工合同相比,2017版施工合同对缺陷责任期、质量保证金的扣留与退还以及竣工结算申请等给出了新的规定,使合同结构体系更加完善,同时规范了建筑市场秩序,维护了建设工程施工合同当事人的合法权益。

《示范文本》由合同协议书、通用合同条款和专用合同条款三部分组成。

1）合同协议书

《示范文本》合同协议书共计13条，主要包括：工程概况、合同工期、质量标准、签约合同价和合同价格形式、项目经理、合同文件构成、承诺以及合同生效条件等重要内容，集中约定了合同当事人基本的合同权利义务。

2）通用合同条款

通用合同条款是合同当事人根据《中华人民共和国建筑法》、原《中华人民共和国合同法》等法律法规的规定，就工程建设的实施及相关事项，对合同当事人的权利义务进行的原则性约定。

通用合同条款共计20条，具体条款分别为：一般约定、发包人、承包人、监理人、工程质量、安全文明施工与环境保护、工期和进度、材料与设备、试验与检验、变更、价格调整、合同价格、计量与支付、验收和工程试车、竣工结算、缺陷责任与保修、违约、不可抗力、保险、索赔和争议解决。前述条款安排既考虑了现行法律法规对工程建设的有关要求，也考虑了建设工程施工管理的特殊需要。

3）专用合同条款

专用合同条款是对通用合同条款原则性约定的细化、完善、补充、修改或另行约定的条款。合同当事人可以根据不同建设工程的特点及具体情况，通过双方的谈判、协商对相应的专用合同条款进行修改补充。在使用专用合同条款时，应注意以下事项：

（1）专用合同条款的编号应与相应的通用合同条款的编号一致。

（2）合同当事人可以通过对专用合同条款的修改，满足具体建设工程的特殊要求，避免直接修改通用合同条款。

（3）在专用合同条款中有横道线的地方，合同当事人可针对相应的通用合同条款进行细化、完善、补充、修改或另行约定；如无细化、完善、补充、修改或另行约定，则填写"无"或划"/"。

构成施工合同文件的组成部分，除了协议书、通用条款和专用条款以外，一般还应该包括：中标通知书、投标书及其附件、标准、规范及有关的技术文件、图纸、工程量清单、工程报价单或预算书等。

4）施工合同文件的解释顺序

作为施工合同文件组成部分的上述各个文件，其优先顺序是不同的，解释合同文件优先顺序的规定一般在合同通用条款内，可以根据项目的具体情况在专用条款内进行调整。原则上应把文件签署日期在后的和内容重要的排在前面，即更加优先。以下是《建设工程施工合同（示范文本）》（GF-2017-0201）通用条款规定的优先顺序：

（1）合同协议书。

（2）中标通知书。

（3）投标函及其附录。

（4）专用合同条款及其附件。

（5）通用合同条款。

（6）技术标准和要求。

（7）图纸。

（8）已标价工程量清单或预算书。

(9) 其他合同文件。

上述合同文件应能够互相解释、互相说明。当合同文件中出现不一致时,上面的顺序就是合同的优先解释顺序。在不违反法律和行政法规的前提下,当事人可以通过协商变更施工合同的内容。这些变更的协议或文件、效力高于其他合同文件;且签署在后的协议或文件效力高于签署在先的协议或文件。当合同文件出现含糊不清或者当事人有不同理解时,按照合同争议的解决方式处理。

10.3.3 建设工程施工合同双方的权利和义务

了解施工合同中承包发包双方的一般权利和义务,是建筑施工企业项目经理最基本的要求。在市场经济条件下,施工任务的最终确认是以施工合同为依据的,项目经理必须代表施工企业(承包人)完成应当由施工企业完成的工作;了解发包人的工作则是项目经理在施工中要求发包人合作的基础,也是维护己方权益的基础。

1. 发包人的责任和义务

发包人的责任与义务有许多,最主要的有以下几方面。

(1) 图纸的提供和交底

发包人应按照专用合同条款约定的期限、数量和内容向承包人免费提供图纸,并组织承包人、监理人和设计人进行图纸会审和设计交底。发包人最迟不得晚于"开工通知"载明的开工日期前14天向承包人提供图纸。

(2) 对化石、文物的保护

发包人、监理人和承包人应按有关政府行政管理部门要求对施工现场发掘的所有文物、古迹以及具有地质研究或考古价值的其他遗迹、化石、钱币或物品采取妥善的保护措施,由此增加的费用和(或)延误的工期由发包人承担。

(3) 出入现场的权利

除专用合同条款另有约定外,发包人应根据施工需要,负责取得出入施工现场所需的批准手续和全部权利,以及取得因施工所需修建道路、桥梁以及其他基础设施的权利,并承担相关手续费用和建设费用。承包人应协助发包人办理修建场内外道路、桥梁以及其他基础设施的手续。

(4) 场外交通

发包人应提供场外交通设施的技术参数和具体条件,承包人应遵守有关交通法规,严格按照道路和桥梁的限制荷载行驶,执行有关道路限速、限行、禁止超载的规定,并配合交通管理部门的监督和检查。场外交通设施无法满足工程施工需要的,由发包人负责完善并承担相关费用。

(5) 场内交通

发包人应提供场内交通设施的技术参数和具体条件,并应按照专用合同条款的约定向承包人免费提供满足工程施工所需的场内道路和交通设施。因承包人原因造成上述道路或交通设施损坏的,承包人负责修复并承担由此增加的费用。

(6) 许可或批准

发包人应遵守法律,并办理法律规定由其办理的许可、批准或备案,包括但不限于建设用地规划许可证、建设工程规划许可证、建设工程施工许可证、施工所需临时用水、临时用电、中断道路交通、临时占用土地等许可和批准。发包人应协助承包人办理法律规定的有关施工证件和批件。因发包人原因未能及时办理完毕前述许可、批准或备案，由发包人承担由此增加的费用和(或)延误的工期，并支付承包人合理的利润。

（7）提供施工现场

除专用合同条款另有约定外，发包人应最迟于开工日期7天前向承包人移交施工现场。

（8）提供施工条件

除专用合同条款另有约定外，发包人应负责提供施工所需要的条件，包括：①将施工用水、电力、通信线路等施工所必需的条件接至施工现场内；②保证向承包人提供正常施工所需要的进入施工现场的交通条件；③协调处理施工现场周围地下管线和邻近建筑物、构筑物、古树名木的保护工作，并承担相关费用；④按照专用合同条款约定应提供的其他设施和条件。

（9）提供基础资料

发包人应当在移交施工现场前向承包人提供施工现场及工程施工所必需的毗邻区域内供水、排水、供电、供气、供热、通信、广播电视等地下管线资料，气象和水文观测资料，地质勘察资料，相邻建筑物、构筑物和地下工程等有关基础资料，并对所提供资料的真实性、准确性和完整性负责。按照法律规定确需在开工后方能提供的基础资料，发包人应尽其努力及时地在相应工程施工前的合理期限内提供，合理期限应以不影响承包人的正常施工为限。

（10）资金来源证明及支付担保

除专用合同条款另有约定外，发包人应在收到承包人要求提供资金来源证明的书面通知后28天内，向承包人提供能够按照合同约定支付合同价款的相应资金来源证明。除专用合同条款另有约定外，发包人要求承包人提供履约担保的，发包人应当向承包人提供支付担保。支付担保可以采用银行保函或担保公司担保等形式，具体由合同当事人在专用合同条款中约定。

（11）支付合同价款

发包人应按合同约定向承包人及时支付合同价款。

（12）组织竣工验收

发包人应按合同约定及时组织竣工验收。

（13）现场统一管理协议

发包人应与承包人、由发包人直接发包的专业工程的承包人签订施工现场统一管理协议，明确各方的权利义务。施工现场统一管理协议作为专用合同条款的附件。

2．承包人的一般义务

承包人在履行合同过程中应遵守法律和工程建设标准规范，并履行以下义务：

（1）办理法律规定应由承包人办理的许可和批准，并将办理结果书面报送发包人留存。

（2）按法律规定和合同约定完成工程，并在保修期内承担保修义务。

（3）按法律规定和合同约定采取施工安全和环境保护措施，办理工伤保险，确保工程及人员、材料、设备和设施的安全。

（4）按合同约定的工作内容和施工进度要求，编制施工组织设计和施工措施计划，并对所有施工作业和施工方法的完备性和安全可靠性负责。

（5）在进行合同约定的各项工作时，不得侵害发包人与他人使用公用道路、水源、市政管网等公共设施的权利，避免对邻近的公共设施产生干扰。承包人占用或使用他人的施工场地，影响他人作业或生活的，应承担相应责任。

（6）按照合同中环境保护的约定负责施工场地及其周边环境与生态的保护工作。

（7）按照合同中安全文明施工的约定采取施工安全措施，确保工程及其人员、材料、设备和设施的安全，防止因工程施工造成的人身伤害和财产损失。

（8）将发包人按合同约定支付的各项价款专用于合同工程，且应及时支付其雇用人员工资，并及时向分包人支付合同价款。

（9）按照法律规定和合同约定编制竣工资料，完成竣工资料立卷及归档，并按专用合同条款约定的竣工资料的套数、内容、时间等要求移交发包人。

（10）应履行的其他义务。

10.3.4 建设工程施工合同的订立与解除

1. 施工合同订立的条件

（1）初步设计已经批准。

（2）工程项目已经列入年度建设计划。

（3）有能够满足施工需要的设计文件和有关技术资料。

（4）建设资金和主要建筑材料设备来源已经落实。

（5）招投标工程，中标通知书已经下达。

2. 订立施工合同应当遵守的原则

1）遵守国家法律、行政法规和国家计划原则

订立施工合同，必须遵守国家法律、行政法规，也应遵守国家的建设计划和其他计划（如贷款计划等）。建设工程施工对经济发展、社会生活有多方面的影响，国家有许多强制性的管理规定，施工合同当事人都必须遵守。

2）平等、自愿、公平的原则

签订施工合同当事人双方，都具有平等的法律地位，任何一方都不得强迫对方接受不平等的合同条件。当事人有权决定是否订立施工合同和施工合同的内容，合同内容应当是双方当事人真实意思的体现。合同的内容应当是公平的，不能损害一方的利益，对于显失公平的施工合同，当事人一方有权申请人民法院或者仲裁机构予以变更或者撤销。

3）诚实信用原则

诚实信用原则要求在订立施工合同时要诚实，不得有欺诈行为，合同当事人应当如实将自身和工程的情况介绍给对方。在履行合同时，施工合同当事人要守信用，严格履行合同。

3. 订立施工合同的程序

施工合同作为合同的一种，其订立也应经过要约和承诺两个阶段。其订立方式有两种：直接发包和招标发包。对于必须进行招标的建设项目工程建设的施工都应通过招标投标确定施工企业。

中标通知书发出后，中标的施工企业应当与建设单位及时签订合同。依据《招标投标

法》的规定,中标通知书发出 30 天内,中标单位应与建设单位依据招标文件、投标书等签订工程承包发包合同(施工合同)。签订合同的承包人必须是中标的施工企业,投标书中已确定的合同条款在签订时不得更改,合同价应与中标价相一致。如果中标施工企业拒绝与建设单位签订合同,则建设单位将不再返还其投标保证金(如果是由银行等金融机构出具投标保函的,则投标保函出具者应当承担相应的保证责任),建设行政主管部门或其授权机构还可给予一定的行政处罚。

施工合同订立后,当事人应当按照合同的约定履行。但是,在一定的条件下,合同没有履行或者没有完全履行,当事人也可以解除合同。

1) 可以解除合同的情形

(1) 合同的协商解除

施工合同当事人协商一致,可以解除。这是在合同成立以后、履行完毕以前,双方当事人通过协商而同意终止合同关系的解除。

(2) 发生不可抗力时合同的解除

不可抗力或者非合同当事人的原因造成工程停建或缓建,致使合同无法履行时,合同双方可以解除合同。

(3) 当事人违约时合同的解除

① 当事人不按合同约定支付工程款(进度款),双方又未达成延期付款协议,导致施工无法进行,承包人停止施工超过 56 天,发包人仍不支付工程款(进度款),承包人有权解除合同;

② 承包人将其承包的全部工程转包给他人,或者肢解以后以分包的名义分别转包给他人,发包人有权解除合同;

③ 合同当事人一方的其他违约致使合同无法履行,合同双方可以解除合同。

2) 当事人一方主张解除合同的程序

一方主张解除合同的,应向对方发出解除合同的书面通知,并在发出通知前 7 天告知对方。通知到达对方时合同解除。对解除合同有异议的,按照解决合同争议程序处理。

3) 合同解除后的善后处理

合同解除后,当事人双方约定的结算和清理条款仍然有效。承包人应当妥善做好已完工程和已购材料、设备的保护和移交工作,按照发包人要求,将自有机械设备和人员撤出施工场地。发包人应为承包人撤出提供必要条件,支付以上所发生的费用,并按合同约定支付已完工程价款。已经订货的材料、设备由订货方负责退货或解除订货合同,不能退还的货款和退货、解除订货合同发生的费用,由发包人承担。但未及时退货造成的损失由责任方承担。除此之外,有过错的一方应当赔偿因合同解除给对方造成的损失。

10.3.5 建设工程施工合同争议解决

1. 和解

合同当事人可以就争议自行和解,自行和解达成的协议经双方签字并盖章后作为合同补充文件,双方均应遵照执行。

2. 调解

合同当事人可以就争议请求建设行政主管部门、行业协会或其他第三方进行调解,调解达成协议的,经双方签字并盖章后作为合同补充文件,双方均应遵照执行。

3. 争议评审

合同当事人在专用合同条款中约定采取争议评审方式解决争议以及评审规则,并按下列约定执行。

1) 争议评审小组的确定

合同当事人可以共同选择一名或三名争议评审员,组成争议评审小组。除专用合同条款另有约定外,合同当事人应当自合同签订后 28 天内,或者争议发生后 14 天内,选定争议评审员。

选择一名争议评审员的,由合同当事人共同确定;选择三名争议评审员的,各自选定一名,第三名成员为首席争议评审员,由合同当事人共同确定或由合同当事人委托已选定的争议评审员共同确定,或由专用合同条款约定的评审机构指定第三名首席争议评审员。

除专用合同条款另有约定外,评审员报酬由发包人和承包人各承担一半。

2) 争议评审小组的决定

合同当事人可在任何时间将与合同有关的任何争议共同提请争议评审小组进行评审。争议评审小组应秉持客观、公正原则,充分听取合同当事人的意见,依据相关法律、规范、标准、案例经验及商业惯例等,自收到争议评审申请报告后 14 天内作出书面决定,并说明理由。合同当事人可以在专用合同条款中对本项事项另行约定。

3) 争议评审小组决定的效力

争议评审小组作出的书面决定经合同当事人签字确认后,对双方具有约束力,双方应遵照执行。

任何一方当事人不接受争议评审小组决定或不履行争议评审小组决定的,双方可选择采用其他争议解决方式。

4. 仲裁或诉讼

因合同及合同有关事项产生的争议,合同当事人可在专用合同条款中约定以下一种方式解决争议:

(1) 向约定的仲裁委员会申请仲裁。
(2) 向有管辖权的人民法院起诉。

5. 争议解决条款效力

合同有关争议解决的条款独立存在,合同的变更、解除、终止、无效或者被撤销均不影响其效力。

10.4 工程变更与工程索赔

10.4.1 合同变更管理

1. 变更的范围

由于工程项目建设的周期长、涉及的关系复杂、受自然条件和客观因素的影响大,导致项目的实际施工情况与招标投标时的情况相比往往会有一些变化出现工程变更。工程变更包括工程量变更、工程项目变更(如发包人提出增加或者删减原项目内容)、进度计划的变更、施工条件的变更等。如果按照变更的起因划分,变更的种类有很多,如发包人的变更指令(包括发包人对工程有了新的要求、发包人修改项目计划、发包人削减预算、发包人对项目进度有了新的要求等)。由于设计错误,必须对设计图纸作修改;工程环境变化;由于产生了新的技术和知识,有必要改变原设计、实施方案或实施计划;法律法规或者政府对工程项目有了新的要求等。

除专用合同条款另有约定外,合同履行过程中发生以下情形的,应按照本条约定进行变更:

(1) 增加或减少合同中任何工作,或追加额外的工作。
(2) 取消合同中任何工作,但转由他人实施的工作除外。
(3) 改变合同中任何工作的质量标准或其他特性。
(4) 改变工程的基线、标高、位置和尺寸。
(5) 改变工程的时间安排或实施顺序。

2. 变更权

发包人和监理人均可以提出变更。变更指示均通过监理人发出,监理人发出变更指示前应征得发包人同意。承包人收到经发包人签认的变更指示后,方可实施变更。未经许可,承包人不得擅自对工程的任何部分进行变更。

涉及设计变更的,应由设计人提供变更后的图纸和说明。如变更超过原设计标准或批准的建设规模时,发包人应及时办理规划、设计变更等审批手续。

3. 变更程序

1) 发包人提出变更

发包人提出变更的,应通过监理人向承包人发出变更指示,变更指示应说明计划变更的工程范围和变更的内容。

2) 监理人提出变更建议

监理人提出变更建议的,需要向发包人以书面形式提出变更计划,说明计划变更工程范围、变更的内容和理由,以及实施该变更对合同价格和工期的影响。发包人同意变更的,由监理人向承包人发出变更指示。发包人不同意变更的,监理人无权擅自发出变更指示。

3) 变更执行

承包人收到监理人下达的变更指示后,认为不能执行,应立即提出不能执行该变更指示的理由。承包人认为可以执行变更的,应当书面说明实施该变更指示对合同价格和工期的影响,且合同当事人应当按照(变更估价)约定确定变更估价。

4. 变更估价

1) 变更估价原则

除专用合同条款另有约定外,变更估价按照本款约定处理:

(1) 已标价工程量清单或预算书有相同项目的,按照相同项目单价认定。
(2) 已标价工程量清单或预算书中无相同项目,但有类似项目的,参照类似项目的单价认定。

(3) 变更导致实际完成的变更工程量与已标价工程量清单或预算书中列明的该项目工程量的变化幅度超过15%的,或已标价工程量清单或预算书中无相同项目及类似项目单价的,按照合理的成本与利润构成的原则,由合同当事人商定或确定变更工作的单价。

例 10.1 某工程项目的施工招标文件中表明该工程采用综合单价计价方式,合同约定,实际完成工程量超过估计工程量15%以上时允许调整单价。原来合同工中有 A、B 两项土方工程,工程量均为 16 万 m^3,土方工程的合同单价为 16 元/m^3。实际单价工程量与估计工程量相等。施工过程中,总监理工程师以设计变更通知发布新增土方 C 的指示。该工作的性质和施工难度与 A、B 工作相同,工程量为 36 万 m^3。总监理工程师与承包单位依据合同约定协商后,确定的上方变更价单价为 12 元/m^3,试确定承包人提出的上述变更费用和土方工程的总费用。

解 承包人的变更费用计算如下:
(1) 工程量清单中计划土方=(16+16)万 m^3=32 万 m^3
(2) 新增土方工程量=36 万 m^3
(3) 按照合同约定,应按原单价计算的新增工程量=(36×15%)万 m^3=5.4 万 m^3
(4) 新增土方工程款=5.4 万 m^3×16 元/m^3+(36-5.4)万 m^3×12 元/m^3=453.6 万元
(5) 土方工程的总费用=32 万 m^3×16 元/m^3+453.6 万元=965.6 万元

2) 变更估价程序

承包人应在收到变更指示后 14 天内,向监理人提交变更估价申请。监理人应在收到承包人提交的变更估价申请后 7 天内审查完毕并报送发包人,若监理人对变更估价申请有异议,则通知承包人修改后重新提交。发包人应在承包人提交变更估价申请后 14 天内审批完毕。发包人逾期未完成审批或未提出异议的,视为认可承包人提交的变更估价申请。

因变更引起的价格调整应计入最近一期的进度款中支付。

5. 承包人的合理化建议

承包人提出合理化建议的,应向监理人提交合理化建议说明,说明建议的内容和理由,以及实施该建议对合同价格和工期的影响。

除专用合同条款另有约定外,监理人应在收到承包人提交的合理化建议后 7 天内审查完毕并报送发包人,若发现其中存在技术上的缺陷,则应通知承包人修改。发包人应在收到监理人报送的合理化建议后 7 天内审批完毕。合理化建议经发包人批准的,监理人应及时发出变更指示,由此引起的合同价格调整按照(变更估价)约定执行。发包人不同意变更的,监理人应书面通知承包人。

合理化建议降低了合同价格或者提高了工程经济效益的,发包人可对承包人给予奖励,奖励的方法和金额在专用合同条款中约定。

10.4.2 合同索赔概述

1. 工程索赔的概念

工程索赔是指当事人在合同实施过程中,根据法律、合同规定及惯例,对并非由于自己的过错,而是由合同对方承担责任的情况造成的,且实际发生了损失,向对方提出给予补偿要求。索赔是一种正当的权利要求,它是合同当事人之间一项正常的而且普遍存在的合同管理业务,是一种以法律和合同为依据的合情合理的行为。在国际工程承包市场上,工程索赔是承包人和发包人保护自身正当权益、弥补工程损失的重要而有效的手段。在工程建设的各个阶段,都有可能发生索赔,但在施工阶段索赔发生较多。

对施工合同的双方来说,索赔是维护双方合法利益的权利。它与合同条件中双方的合同责任一样,构成严密的合同制约关系。承包商可以向业主提出索赔;业主也可以向承包商提出索赔。但在工程建设过程中,业主对承包商原因造成的损失可通过追究违约责任解决。此外,业主可以通过冲账、扣拨工程款、没收履约保函、扣保留金等方式来实现自己的赔偿要求,不存在"索"。因此,在工程索赔实践中,一般把承包方向发包方提出的赔偿或补偿要求称为索赔;而把发包方向承包方提出的赔偿或补偿要求,以及发包方对承包方所提出的索赔要求进行反驳称为反索赔。有时候也认为,索赔是双向的,业主和承包商都可以向对方提出索赔要求,任何一方也都可以对对方提出的索赔要求进行反驳和反击,这种反击和反驳就是反索赔。

2. 索赔的作用

1)有利于促进双方加强管理,严格履行合同,维护市场正常秩序

合同一经签订,合同双方即产生权利和义务关系。这种权益受法律保护,这种义务受法律制约。索赔是合同法律效力的具体体现,并且由合同的性质决定。如果没有索赔和关于索赔的法律规定,则合同形同虚设,对双方都难以形成约束,合同的实施得不到保证,不会有正常的社会经济秩序。索赔能对违约者起警诫作用,使其考虑到违约的后果,以尽力避免违约事件发生。所以,索赔有助于工程承发包双方更紧密的合作、有助于合同目标的实现。

2)使工程造价更合理

正常开展索赔,可以把原来打入工程报价中的一些不可预见费用,改为实际发生的损失支付,有助于降低工程报价,使工程造价更为合理。

3)有助于维护合同当事人的正当权益

索赔是一种保护自己、维护自己正当利益、避免损失、增加利润的手段。如果承包商不能进行有效的索赔,损失得不到合理的、及时的补偿,会影响生产经营活动的正常进行。

3. 索赔的分类

工程施工过程中发生索赔所涉及的内容是广泛的,为了探讨各种索赔问题的规律及特点,通常有如下分类。

1)按索赔事件所处合同状态分类

(1)正常施工索赔,是指在正常履行合同中发生的各种违约、变更、不可预见因素、加速施工、政策变化等引起的索赔。

(2)工程停、缓建索赔,是指已经履行合同的工程因不可抗力、政府法令、资金或其他原因必须中途停止施工所引起的索赔。

(3)解除合同索赔,是指因合同中的一方严重违约,致使合同无法正常履行的情况下,合同的另一方行使解除合同的权力所产生的索赔。

2)按索赔依据的范围分类

(1)合同内索赔,是指索赔所涉及的内容可以在履行的合同中找到条款依据,并可根据合同条款或协议预先规定的责任和义务划分责任,业主或承包商可以据此提出索赔要求。

按违约规定和索赔费用、工期的计算办法计算索赔值。一般情况下,合同内索赔的处理解决相对顺利些。

(2) 合同外索赔,与合同内索赔依据恰恰相反,即索赔所涉及的内容难以在合同条款及有关协议中找到依据,但可能来自民法、经济法或政府有关部门颁布的有关法规所赋予的权力。如在民事侵权行为、民事伤害行为中找到依据所提出的索赔,就属合同外索赔。

(3) 道义索赔,是指承包商无论在合同内或合同外都找不到进行索赔的依据。没有提出索赔的条件和理由。但其在合同履行中诚恳可信,为工程的质量、进度及配合上尽了最大的努力时,通情达理的业主看到承包商为完成某项困难的施工,承受了额外的费用损失,甚至承受重大亏损,出于善良意愿给承包商以经济补偿。因在合同条款中没有此项索赔的规定,所以也称"额外支付"。

3) 按合同有关当事人的关系进行索赔分类

(1) 承包商向业主的索赔,是指承包商在履行合同中因非自方责任事件产生的工期延误及额外支出后向业主提出的赔偿要求。这是施工索赔中最常发生的情况。

(2) 总承包向其分包或分包之间的索赔,是指总承包单位与分包单位或分包单位之间为共同完成工程施工所签订的合同、协议在实施中的相互干扰事件影响利益平衡,其相互之间发生的赔偿要求。

(3) 业主向承包商的索赔,是指业主向不能有效地管理控制施工全局,造成不能按期、按质、按量地完成合同内容的承包商提出损失赔偿要求。

(4) 承包商同供货商之间的索赔。

(5) 承包商向保险公司、运输公司索赔等。

4) 按索赔的目的分类

(1) 工期延长索赔,是指承包商对施工中发生的非己方直接或间接责任事件造成计划工期延误后向业主提出的赔偿要求。

(2) 费用索赔,是指承包商对施工中发生的非己方直接或间接责任事件造成的合同价外费用支出向业主方提出的赔偿要求。

5) 按索赔的处理方式分类

(1) 单项索赔,是指某一事件发生对承包商造成工期延长或额外费用支出时,承包商即可对这一事件的实际损失在合同规定的索赔有效期内提出的索赔。这是常用的一种索赔方式。

(2) 综合索赔,又称总索赔、一揽子索赔,是指承包商将施工过程中发生的多起索赔事件综合在一起,提出一个总索赔。

施工过程中的某些索赔事件,由于各方未能达成一致意见得到解决的或承包商对业主答复不满意的单项索赔集中起来,综合提出一份索赔报告,双方进行谈判协商。综合索赔中涉及的事件一般都是单项索赔中遗留下来的、意见分歧较大的难题,责任的划分、费用的计算等都各持己见,不能立即解决,在履行合同过程中对索赔事件保留索赔权,而在工程项目基本完工时提出,或在竣工报表和最终报表中提出。

6) 按引起索赔的原因分类

(1) 业主或业主代表违约索赔。

(2) 工程量增加索赔。

(3) 不可预见因素索赔。

(4) 不可抗力损失索赔。

(5) 加速施工索赔。

(6) 工程停建、缓建索赔。

(7) 解除合同索赔。

(8) 第三方因素索赔。

(9) 国家政策、法规变更索赔。

《建设工程施工合同》(示范文本 GF-2017-0201)关于不可抗力的规定如下：

不可抗力是指合同当事人在签订合同时不可预见，在合同履行过程中不可避免且不能克服的自然灾害和社会性突发事件，如地震、海啸、瘟疫、骚乱、戒严、暴动、战争和专用合同条款中约定的其他情形。

不可抗力发生后，发包人和承包人应收集证明不可抗力发生及不可抗力造成损失的证据，并及时认真统计所造成的损失。合同当事人对是否属于不可抗力或其损失的意见不一致的，由监理人按(商定或确定)的约定处理。发生争议时，按(争议解决)的约定处理。

合同一方当事人遇到不可抗力事件，使其履行合同义务受到阻碍时，应立即通知合同另一方当事人和监理人，书面说明不可抗力和受阻碍的详细情况，并提供必要的证明。

不可抗力持续发生的，合同一方当事人应及时向合同另一方当事人和监理人提交中间报告，说明不可抗力和履行合同受阻的情况，并于不可抗力事件结束后 28 天内提交最终报告及有关资料。

不可抗力导致的人员伤亡、财产损失、费用增加和(或)工期延误等后果，由合同当事人按以下几个原则承担。

(1) 永久工程、已运至施工现场的材料和工程设备的损坏，以及因工程损坏造成的第三方人员伤亡和财产损失由发包人承担。

(2) 承包人施工设备的损坏由承包人承担。

(3) 发包人和承包人承担各自人员伤亡和财产的损失。

(4) 因不可抗力影响承包人履行合同约定的义务，已经引起或将引起工期延误的，应当顺延工期，由此导致承包人停工的费用损失由发包人和承包人合理分担，停工期间必须支付的工人工资由发包人承担。

(5) 因不可抗力引起或将引起工期延误，发包人要求赶工的，由此增加的赶工费用由发包人承担。

(6) 承包人在停工期间按照发包人要求照管、清理和修复工程的费用由发包人承担。

不可抗力发生后，合同当事人均应采取措施尽量避免和减少损失的扩大，任何一方当事人没有采取有效措施导致损失扩大的，应对扩大的损失承担责任。

因合同一方迟延履行合同义务，在迟延履行期间遭遇不可抗力的，不免除其违约责任。

例 10.2 某工程在施工过程中，因不可抗力造成损失。承包人及时向项目监理机构提出了索赔申请，并附有相关证明材料，要求补偿的经济损失如下：

(1) 在建工程损失 26 万元。

(2) 承包人受伤人员医药费、补偿金 5 万元。

(3) 施工机具损坏损失 10 万元。

(4) 施工机具闲置、施工人员窝工损失 5.6 万元。

(5)工程清理、修复费用3万元。

问题:逐项分析事件中的经济损失是否补偿给承包人,分别说明理由。项目监理机构应批准的补偿金额为多少?

答 (1)在建工程损失26万元的经济损失应补偿给承包人。理由:不可抗力造成工程本身的损失,由发包人承担。

(2)承包人受伤人员医药费、补偿费5万元的经济损失不应补偿给承包人。理由:不可抗力造成承、发包双方的人员伤亡,分别各自承担。

(3)施工机具损坏损失10万元的经济损失不应补偿给承包人。理由:不可抗力造成施工机械设备损坏,由承包人承担。

(4)施工机具闲置、施工人员窝工损失5.6万元的经济损失不应补偿给承包人。理由:不可抗力造成承包人机械设备的停工损失,由承包人承担。

(5)工程清理、修复费用3万元的经济损失应补偿给承包人。理由:不可抗力造成的工程所需清理修复费用,由发包人承担。

因此,项目监理机构应批准的补偿金额为(26+3)万元=29万元。

7) 按索赔管理策略上的主动性分类

(1)索赔。主动寻找索赔机会,分析合同缺陷,抓住对方的失误,研究索赔的方法,总结索赔的经验,提高索赔的成功率。把索赔管理作为工程及合同管理的组成部分。

(2)反索赔。在索赔管理策略上表现为防止被索赔,不给对方留有进行索赔的漏洞,使对方找不到索赔机会,在工程管理中体现为签署严密的合同条款,避免自方违约。当对方向己方提出索赔时,对索赔的证据进行质疑,对索赔理由进行反驳,以达到减少索赔额度甚至否定对方索赔要求之目的。

在实际工作中,索赔与反索赔是同时存在,且相互为条件的,应当培养工作人员加强索赔与反索赔的意识。

10.4.3 工程中常见的索赔问题及索赔成立的前提条件

1. 施工现场条件变化索赔

在工程施工中,施工现场条件变化对工期和造价的影响很大。不利的自然条件及人为障碍,经常导致设计变更、工期延长和工程成本大幅增加。

不利的自然条件是指施工中遇到的实际自然条件比招标文件中所描述的更为困难和恶劣,这些不利的自然条件或人为障碍增加了施工的难度,导致承包方必须花费更多的时间和费用,在这种情况下,承包方可提出索赔要求。

1) 招标文件中对现场条件的描述失误

在招标文件中对施工现场存在的不利条件虽已经提出,但描述严重失实,或位置差异极大,或其严重程度差异极大,从而使承包商原定的实施方案变得不再适合甚至根本没有意义,承包方可提出索赔。

2) 有经验的承包商难以合理预见的现场条件

在招标文件中根本没有提到,而且按该向工程的一般工程实践完全是出乎意料的不利的现场条件。这种意外的不利条件,是有经验的承包商难以预见的情况。例如,在挖方工程中,承包方发现地下古代建筑遗迹或文物,遇到高腐蚀性水或毒气等,处理方案导致承包商工程费用增加,工期延长,承包方即可提出索赔。

2. 业主违约索赔

(1) 业主未按工程承包合同规定的时间和要求向承包商提供施工场地、创造施工条件,如未按约定完成土地征用、房屋拆迁、清除地上地下障碍,未保证施工用水、用电、材料运输、机械进场、通信联络需要,未能办理施工所需各种证件、批件及有关申报批准手续及提供地下管网线路资料等。

(2) 业主未按工程承包合同规定的条件提供应的材料、设备,如业主所供应的材料、设备到货场、站与合同约定不符,单价、种类、规格、数量、质量等级与合同不符,到货日期与合同约定不符等。

(3) 监理工程师未按规定时间提供施工图纸、指示或批复。

(4) 业主未按规定向承包商支付工程款。

(5) 监理工程师的工作不适当或失误,如提供数据不正确、下达错误指令等。

(6) 业主指定的分包商违约,如其出现工程质量不合格、工程进度延误等。

上述情况的出现,会导致承包商的工程成本增加和(或)工期的增加,所以承包商可以提出索赔。

3. 变更指令与合同缺陷索赔

1) 变更指令索赔

在施工过程中,监理工程师发现设计、质量标准或施工顺序等问题时,往往指令增加新工作、改换建筑材料、暂停施工或加速施工等。这些变更指令会导致承包商的施工费用和工期的增加,承包商就此提出索赔要求。

2) 合同缺陷索赔

合同缺陷是指所签订的工程承包合同进入实施阶段才发现的、合同本身存在的(合同签订时没有预料的)现时不能再修改或补充的问题。大量的工程合同管理经验证明,合同在实施过程中,常有如下情况出现:

(1) 合同条款中有错误、用语含糊、不够准确等,难以分清甲乙双方的责任和权益。

(2) 合同条款中存在遗漏,对实际可能发生的情况未进行预料和规定,缺少某些必不可少的条款。

(3) 合同条款之间存在矛盾,即在不同的条款或条文中,对同一问题的规定或要求不一致。

这时,按惯例要由监理工程师做出解释。但是,若此指示使承包商的施工成本和工期增加时,则属于业主方面的责任,承包商有权提出索赔要求。

4. 国家政策、法规变更索赔

国家或地方的任何法律法规、法令、政令或其他法律、规章发生了变更,导致承包商成本增加,承包商可以提出索赔。

5. 物价上涨索赔

物价上涨的因素,带来人工费、材料费,甚至机械费的增加,导致工程成本大幅上升,也会引起承包商提出索赔要求。

6. 因施工临时中断和施工效率降低引起的索赔

业主和监理工程师原因造成的临时停工或施工中断,特别是根据业主和监理工程师不合理指令造成了施工效率的大幅降低,从而导致费用支出增加,承包商可提出索赔。

7. 业主不正当地终止工程而引起的索赔

由于业主不正当地终止工程,承包商有权要求补偿损失,其数额是承包商在被终止工程上的人工、材料、机械设备的全部支出,以及各项管理费用、保险费、贷款利息、保函费用的支出(减去已结算的工程款),并有权要求赔偿其盈利损失。

8. 业主风险和特殊风险引起的索赔

业主承担的风险导致承包商的费用损失增大时,承包商可据此提出索赔。根据国际惯例,以下属于业主应承担的风险:战争、敌对行动、入侵、外敌行动;叛乱、暴动、军事政变或篡权夺位、内战;核燃料或核燃料燃烧后的核废物、核辐射、放射线、核泄漏;音速或超音速飞行器所产生的压力波;暴乱、骚乱或混乱;业主提前使用或占用工程的未完工交付的任何一部分致使破坏;工程设计所产生的事故或破坏,并且这设计不是由承包商设计或负责的;自然力所产生的作用,而对于此种自然力,即使是有经验的承包商也无法预见、无法抗拒、无法避免自身及工程免遭损失等。

许多合同规定,承包商不仅对由以上风险而造成工程、业主或第三方的财产的破坏和损失及人身伤亡不承担责任,而且业主应保护和保障承包商不受上述特殊风险后果的损害,并免于承担由此而引起的与之有关的一切索赔、诉讼及其费用。相反,承包商还应当可以得到由此损害引起的任何永久性工程及其材料的付款及合理的利润,以及一切修复费用、重建费用及上述特殊风险而导致的费用增加。如果由于特殊风险而导致合同终止,承包商除可以获得应付的一切工程款和损失费用外,还可以获得施工机械设备的撤离费用和人员遣返费用等。

9. 索赔成立的前提条件

索赔的成立应该同时具备以下三个前提条件:

(1) 与合同对照,事件已造成了承包人工程项目成本的额外支出,或直接工期损失。

(2) 造成费用增加或工期损失的原因,按合同约定不属于承包人的行为责任或风险责任。

(3) 承包人按合同规定的程序和时间提交索赔意向通知和索赔报告。

10.4.4 工程索赔的依据和证据

1. 工程索赔的依据

工程索赔的依据主要有以下几个方面:

(1) 合同文件。

(2) 法律、法规。

(3) 工程建设惯例。

(4)进度计划。

(5)变更指令等。

2. 工程索赔的证据

索赔证据是当事人用来支持其索赔成立或和索赔有关的证明文件和资料。索赔证据作为索赔文件的组成部分,在很大程度上关系到索赔的成功与否。证据不全、不足或没有证据,索赔是很难获得成功的。

在工程项目实施过程中,会产生大量的工程信息和资料,这些信息和资料是开展索赔的重要证据。因此,在施工过程中应该自始至终做好资料积累工作,建立完善的资料记录和科学管理制度,认真系统地积累和管理合同、质量、进度以及财务收支等方面的资料。索赔证据应该具有:真实性、及时性、全面性、关联性和有效性。常见的工程索赔证据有下列多种类型:

(1)各种合同文件。包括施工合同协议书及其附件、中标通知、中标通知书、标准和技术规范、图纸、工程量清单、工程报价单或预算书、有关技术资料、施工过程中的补充协议等中的补充协议等。

(2)工程各种往来函件、通知、答复等。

(3)各种会谈纪要。

(4)经过发包人或者监理人批准的承包人的施工进度计划、施工方案、施工组织设计和现场实施情况记录。

(5)工程各项会议纪要。

(6)气象报告和资料,如有关温度、风力、雨雪的资料。

(7)施工现场记录,包括有关设计交底、设计变更、施工变更指令,工程材料和机械设备的采购、验收与使用等方面的凭证及材料供应清单、合格证书,工程现场水、电、道路等开通、封闭的记录,停水、停电等各种干扰事件的时间和影响记录等。

(8)工程有关照片和录像等。

(9)施工日记、备忘录等。

(10)发包人或监理人签认的签证。

(11)发包人或监理人发布的各种书面指令和确认书,以及承包人的要求、请求、通知书等。

(12)工程中的各种检查验收报告和各种技术鉴定报告。

(13)工地的交接记录(应注明交接日期,场地平整情况,水、电、路情况等),图纸和各种资料交接记录。

(14)建筑材料和设备的采购、订货、运输、进场、使用方面的记录、凭证和报表等。

(15)市场行情资料,包括市场价格、官方的物价指数、工资指数、中央银行的外汇比率等公布材料。

(16)投标前发包人提供的参考资料和现场资料。

(17)工程结算资料、财务报告、财务凭证等。

(18)各种会计核算资料。

(19)国家法律、法令、政策文件。

3. 工程索赔的程序

工程施工中承包人向发包人索赔、发包人向承包人索赔以及分包人向承包人索赔的情况都有可能发生,以下说明承包人向发包人索赔的一般程序和方法,根据合同约定,承包人认为有权得到追加付款和(或)延长工期的,应按以下程序向发包人提出索赔:

(1) 承包人应在知道或应当知道索赔事件发生后 28 天内,向监理人用书面形式递交索赔意向通知书,并说明发生索赔事件的事由,向对方表明索赔愿望、要求或者声明保留索赔权利,这是索赔工作程序的第一步。索赔意向通知要简明扼要地说明索赔事由发生的时间、地点、简单事实情况描述和发展动态、索赔依据和理由、索赔事件的不利影响等。承包人未在前述 28 天内发出索赔意向通知书的,将丧失要求追加付款和(或)延长工期的权利。

(2) 承包人应在发出索赔意向通知书后 28 天内,向监理人正式递交索赔报告;索赔报告应详细说明索赔理由以及要求追加的付款金额和(或)延长的工期,并附必要的记录和证明材料。索赔报告的主要内容包括以下几个方面:

① 总述部分,概要论述索赔事项发生的日期和过程;承包人为该索赔事项付出的努力和附加开支;承包人的具体索赔要求。

② 论证部分,论证部分是索赔报告的关键部分,其目的是说明自己有索赔权,是索赔能否成立的关键。

③ 索赔款项(和/或工期)计算部分,索赔报告论证部分的任务是解决索赔权能否成立,则款项计算是为解决能得到多少款项。前者定性,后者定量。

④ 证据部分,要注意引用的每个证据的效力或可信程度,对重要的证据资料最好附以文字说明,或附以确认件。

(3) 索赔事件具有持续影响的,承包人应按合理时间间隔继续递交延续索赔通知,说明持续影响的实际情况和记录,列出累计的追加付款金额和(或)工期延长天数。

(4) 在索赔事件影响结束后 28 天内,承包人应向监理人递交最终索赔报告,说明最终要求索赔的追加付款金额和(或)延长的工期,并附必要的记录和证明材料。

(5) 监理人应在收到索赔报告后 14 天内完成审查并报送发包人。监理人对索赔报告存在异议的,有权要求承包人提交全部原始记录副本。

(6) 发包人应在监理人收到索赔报告或有关索赔的进一步证明材料后的 28 天内,由监理人向承包人出具经发包人签认的索赔处理结果。发包人逾期答复的,则视为认可承包人的索赔要求。

(7) 承包人接受索赔处理结果的,索赔款项在当期进度款中进行支付;承包人不接受索赔处理结果的,按照争议解决约定处理。

10.4.5 工期索赔值的计算

工程索赔报告最主要的两部分是:合同论证部分和索赔计算部分,合同论证部分的任务是解决索赔权是否成立的问题,而索赔计算部分则确定应得到多少索赔款额或工期补偿,前者是定性的,后者是定量的。索赔的计算是索赔管理的一个重要组成部分。

1. 工期延误的分类

工期延误,又称为工程延误或进度延误,是指工程实施过程中任何一项或多项工作的实际完成日期迟于计划规定的完成日期,从而可能导致整个合同工期的延长。工期延误一般对合同双方都会造成损失。工期延误的后果是形式上的时间损失,实质上会造成经济损失。

工期延误一般分为以下四类:

1) 按照工期延误的原因划分

(1) 因业主和监理人原因引起的延误

① 业主未能及时交付合格的施工现场。

② 业主未能及时交付施工图纸。

③ 业主或监理人未能及时审批图纸、施工方案、施工计划等。

④ 业主未能及时支付预付款或工程款。

⑤ 业主未能及时提供合同规定的材料或设备。

⑥ 业主自行发包的工程未能及时完工或其他承包商违约导致的工程延误。

⑦ 业主或监理人拖延关键线路上工序的验收时间导致下道工序施工延误。

⑧ 业主或监理人发布暂停施工指令导致延误。

⑨ 业主或监理人设计变更导致工程延误或工程量增加。

⑩ 业主或监理人提供的数据错误导致的延误。

(2) 因承包商原因引起的延误

由于承包商原因引起的延误一般是由于其管理不善所引起的,比如计划不周密、组织不力、指挥不当等:

① 施工组织不当,出现窝工或停工待料等现象。

② 质量不符合合同要求而造成返工。

③ 资源配置不足。

④ 开工延误。

⑤ 劳动生产率低。

⑥ 分包商或供货商延误等。

(3) 不可控制因素引起的延误

例如人力不可抗拒的自然灾害导致的延误,特殊风险如战争或叛乱等造成的延误,不可控制的施工条件或外界障碍引起的延误等。

2) 按照索赔要求和结果划分

按照承包商可能得到的要求和索赔结果划分,工程延误可分为可索赔延误和不可索赔延误。

(1) 可索赔延误

可索赔延误是指非承包商原因引起的工程延误,包括业主或监理人的原因和双方不可控制因素引起的索赔。根据补偿的内容不同,可以进一步划分为四种情况:①只可索赔工期的延误;②只可索赔费用的延误;③可索赔工期和费用的延误;④可索赔工期、费用和利润的延误。

《建设工程施工合同》(示范文本 GF-2017-0201)合同履行过程中,因下列情况导致工期延误和(或)费用增加的,由发包人承担由此延误的工期和(或)增加的费用,且发包人应支付承包人合理的利润。

a. 发包人未能按合同约定提供图纸或所提供图纸不符合合同约定的。

b. 发包人未能按合同约定提供施工现场、施工条件、基础资料、许可、批准等开工条件的。
c. 发包人提供的测量基准点、基准线和水准点及其书面资料存在错误或疏漏的。
d. 发包人未能在计划开工日期之日起7天内同意下达开工通知的。
e. 发包人未能按合同约定日期支付工程预付款、进度款或竣工结算款的。
f. 监理人未按合同约定发出指示、批准等文件的。
g. 专用合同条款中约定的其他情形。

(2) 不可索赔延误

不可索赔延误是指因承包商原因引起的延误,承包商不应向业主提出索赔,而且应采取措施赶工,否则应向业主支付误期损害赔偿。

3) 按延误工作在工程网络计划的线路划分

按照延误工作所在的工程网络计划的线路性质,工程延误划分为关键线路延误和非关键线路延误。

由于关键线路上任何工作(或工序)的延误都会造成总工期的推迟,因此,非承包商原因造成关键线路延误都是可索赔延误。而非关键线路上的工作一般都存在机动时间,其延误是否会影响到总工期的推迟取决于其总时差的大小和延误时间的长短。如果延误时间小于该工作的总时差,业主一般不会给予工期顺延,但可能给予费用补偿;如果延误时间大于该工作的总时差,非关键线路的工作就会转化为关键工作,从而成为可索赔延误。

4) 按照延误事件之间的关联性划分

(1) 单一延误

单一延误是指在某一延误事件从发生到终止的时间间隔内,没有其他延误事件的发生。

(2) 共同延误

当两个或两个以上的延误事件从发生到终止的时间完全相同时,这些事件引起的延误称为共同延误。共同延误的补偿分析比单一延误要复杂一些。当业主引起的延误或双方不可控制因素引起的延误与承包商引起的延误共同发生时,即可索赔延误与不可索赔延误同时发生时,可索赔延误就将变成不可索赔延误,这是工程索赔的惯例。

(3) 交叉延误

当两个或两个以上的延误事件从发生到终止只有部分时间重合时,称为交叉延误。由于工程项目是一个较为复杂的系统工程,影响因素众多,常常会出现多种原因引起的延误交织在一起的情况,这种交叉延误的补偿分析更加复杂。比较交叉延误和共同延误,不难看出,共同延误是交叉延误的一种特例。

2. 工期索赔的分析和计算方法

1) 工期索赔的分析

工期索赔的分析包括延误原因分析、延误责任的界定、网络计划(CPM)分析、工期索赔的计算等。

运用网络计划(CPM)方法分析延误事件是否发生在关键线路上,以决定延误是否可以索赔。在工期索赔中,一般只考虑对关键线路上的延误或者非关键线路因延误而变为关键线路时才给予顺延工期。

2) 工期索赔的计算方法

(1) 直接法

如果某干扰事件直接发生在关键线路上,造成总工期的延误,可以直接将该干扰事件实际干扰时间(延误时间)作为工期索赔值。

(2) 比例分析法

如果某干扰事件仅仅影响某单项工程、单位工程或分部分项工程的工期,可以采用比例分析法分析其对工程的影响。

采用比例分析法时,可以按工程量的比例进行分析,例如,某工程基础施工中出现了意外情况,导致工程量由原来的 $2500m^3$ 增加到 $3600m^3$,若原定工期是 50 天,则承包商可提出的工期索赔值是:

$$工期索赔值 = 原工期 \times 新增工程量 / 原工程量$$
$$= [50 \times (3600 - 2500)/2500] 天 = 22 天$$

本例中,如果合同规定工程量增减 10% 为承包商应承担的风险,则工期索赔值应该是:

$$工期索赔值 = (50 \times (3600 - 2500 \times 110\%)/2500) 天 = 17 天$$

工期索赔值也可以按照造价的比例进行分析,例如:某工程合同价为 1000 万元,总工期为 12 个月,施工过程中业主增加额外工程 100 万元,则承包商提出的工期索赔值为:

$$工期索赔值 = 原合同工期 \times 附加或新增工程造价 / 原合同总价$$
$$= (12 \times 100/1000) 月 = 1.2 月$$

(3) 网络分析法

在实际工程中,影响工期的干扰事件可能会很多,每个干扰事件的影响程度可能都不一样,有的直接在关键线路上,有的不在关键线路上,多个干扰事件的共同影响结果究竟是多少可能引起合同双方很大的争议,采用网络分析方法是比较科学合理的方法,其思路是:假设工程按照双方认可的工程网络计划确定的施工顺序和时间施工,当某个或某几个干扰事件发生后,使网络中的某些工作受到影响,使其持续时间延长或开始时间推迟,从而影响总工期,则将这些工作受干扰后的新的持续时间和开始时间等代入网络中,重新进行网络分析和计算,得到的新工期与原工期之间的差值就是干扰事件对总工期的影响,也就是承包商可以提出的工期索赔值。

网络分析方法通过分析干扰事件发生前和发生后网络计划的计算工期之差来计算工期索赔值,可以用于各种干扰事件和多种干扰事件共同作用所引起的工期索赔。

3. 费用索赔值的计算

1) 索赔费用的组成

索赔费用的主要组成部分同工程款的计价组成内容相似。从原则上说,承包人有索赔权利的工程成本增加,都是可以索赔的费用。但是,对于不同原因引起的索赔,承包人可索赔的具体费用内容是不完全一样的。哪些内容可索赔,要按照各项费用的特点、条件进行分析论证。

(1) 人工费

人工费包括施工人员的基本工资,工资性质的津贴、加班费、奖金以及法定的安全福利等费用。对于索赔费用中的人工费部分而言,人工费是指完成合同之外的额外工作所花费的人工费用；由于非承包人责任的工效降低所增加的人工费用；超过法定工作时间加班劳动；法定人工费增长以及非承包人责任工程延期导致的人员窝工费和工资上涨费等。

(2) 材料费

材料费的索赔包括：由于索赔事项材料实际用量超过计划用量而增加的材料费；由于客观原因材料价格大幅上涨；由于非承包人责任工程延期导致的材料价格上涨和超期储存费用。材料费中应包括运输费、仓储费以及合理的损耗费用。如果由于承包人管理不善，造成材料损坏失效，则不能列入索赔计价。承包人应该建立健全物资管理制度，记录建筑材料的进货日期和价格，建立领料耗用制度，以便索赔时能准确地分离出索赔事项所引起的材料额外耗用量。为了证明材料单价的上涨，承包人应提供可靠的订货单、采购单，或官方公布的材料价格调整指数。

(3) 施工机械使用费

施工机械使用费的索赔包括：由于完成额外工作增加的机械使用费；由于非承包人责任工效降低增加的机械使用费；由于业主或监理工程师原因导致机械停工的窝工费。窝工费的计算，如系租赁设备，一般按实际租金和调进调出费的分摊计算；如系承包人自有设备，一般按台班折旧费计算，而不能按台班费计算，因台班费中包括了设备使用费。

(4) 分包费用

分包费用索赔指的是分包人的索赔费，一般也包括人工、材料、机械使用费的索赔。分包人的索赔应如数列入总承包人的索赔款总额以内。

(5) 现场管理费

索赔款中的现场管理费是指承包人完成额外工程、索赔事项工作以及工期延长期间的现场管理费，包括管理人员工资、办公、通信、交通费等。

(6) 利息

在索赔款额的计算中，经常包括利息。利息的索赔通常发生于下列情况：拖期付款的利息；错误扣款的利息。

(7) 总部(企业)管理费

索赔款中的总部管理费主要指的是工程延期期间所增加的管理费，包括总部职工工资、办公用品、财务管理、通信设施以及总部领导人员赴工地检查指导工作等开支。目前没有计算这项索赔款的统一方法。

(8) 利润

一般来说，由于工程范围的变更、文件有缺陷或技术性错误、业主未能提供现场等引起的索赔，承包人可以列入利润。但对于工程暂停的索赔，由于利润通常是包括在每项实施工程内容的价格之内的，而延长工期并未影响削减某些项目的实施，也未导致利润减少。所以，一般监理工程师很难同意在工程暂停的费用索赔中加进利润损失。索赔利润的款额计算通常是与原报价单中的利润百分率保持一致。

4. 索赔款的计价方法

根据合同条件的规定有权利要求索赔时，采用正确的计价方法论证应获得的索赔款数额，对顺利地解决索赔要求有着决定性的意义。实践证明，如果采用不合理的计价方法，没有事实根据地扩大索赔款额，漫天要价，往往使本来可以顺利解决的索赔要求搁浅，甚至失败。因此,客观地分析索赔款的组成部分,并采取合理的计价方法,是取得索赔成功的重要环节。

在工程索赔中,索赔款额的计价方法甚多。每个工程项目的索赔款计价方法,也往往因索赔事项的不同而相异。

(1) 实际费用法

实际费用法亦称为实际成本法,是工程索赔计价时最常用的计价方法,它实质上就是额外费用法(或称额外成本法)。

实际费用法计算的原则是,以承包商为某项索赔工作所支付的实际开支为根据,向业主要求经济补偿。每一项工程索赔的费用,仅限于由于索赔事项引起的、超过原计划的费用,即额外费用,也就是在该项工程施工中所发生的额外人工费、材料费和机具设备费,以及相应的管理费。这些费用即是施工索赔所要求补偿的经济部分。

用实际费用法计价时,在直接费(人工费、材料费、机具设备费等)的额外费用部分的基础上,再加上应得的间接费和利润,即是承包商应得的索赔金额。因此,实际费用法(即额外费用法)客观地反映了承包商的额外开支或损失,为经济索赔提供了精确而合理的证据。

由于实际费用法所依据的是实际发生的成本记录或单据,所以,在施工过程中系统而准确地积累记录资料是非常重要的。这些记录资料不仅是施工索赔所必不可少的,亦是工程项目施工总结的基础依据。

(2) 总费用法

总费用法即总成本法,就是当发生多次索赔事项以后,重新计算出该工程项目的实际总费用,再从这个实际总费用中减去投标报价时的估算总费用,即为要求补偿的索赔总款额:

$$索赔款额 = 实际总费用 - 投标报价估算费用$$

采用总成本法时,一般要符合以下条件:

① 由于该项索赔在施工时的特殊性质,难以或不可能精准地计算出承包商损失的款额,即额外费用;

② 承包商对工程项目的报价(即投标时的估算总费用)是比较合理的;

③ 已开支的实际总费用经过逐项审核,认为是比较合理的;

④ 承包商对已发生的费用增加没有责任;

⑤ 承包商有较丰富的工程施工管理经验和能力。

在施工索赔工作中,不少人对采用总费用法持批评态度。因为实际发生的总费用中,可能包括了由于承包商的原因(如施工组织不善、施工效率太低、浪费材料等)而增加了的费用,也可能是投标报价估算费用时却因想竞争中标而过低。因此,这种方法只有在实际费用难以计算时才使用。

(3) 修正的总费用法

修正的总费用法是对总费用法的改进,即在总费用计算的原则上,对总费用法进行相应的修改和调整,去掉一些比较不确切的可能因素,使其更合理。进行的修改和调整内容,主要如下:

① 将计算索赔款的时段仅局限于受到外界影响的时间(如雨季),而不是整个施工期;

② 只计算受影响时段内的某项工作所受影响的损失，而不是计算该时段内所有施工工作所受的损失；

③ 在受影响时段内受影响的某项工程施工中，使用的人工、设备、材料等资源均有可靠的记录资料，如工程师的施工日志、现场施工记录等；

④ 与该项工作无关的费用，不列入总费用中；

⑤ 对投标报价时的估算费用重新进行核算。按受影响时段内该项工作的实际单价进行计算，乘以实际完成的该项工作的工程量，得出调整后的报价费用。

经过上述各项调整修正后的总费用，已相当准确地反映出实际增加的费用，作为给承包商补偿的款额。

据此，按修正后的总费用法支付索赔款的公式是：

索赔款额 = 某项工作调整后的实际总费用 − 该项工作的报价费用

同未经修正的总费用法相比较，修正的总费用法有了实质性的改进，准确程度接近于"实际费用法"，容易被业主及工程师所接受。因为修正的总费用法仅考虑实际上已受到索赔事项影响的那一部分工作的实际费用，再从这一实际费用中减去投标报价书中的相应部分的估算费用。如果投标报价的费用是准确而合理的，则采用此修正的总费用法计算出来的索赔款额，很可能同采用实际费用法计算出来的索赔款额十分贴近。

(4) 分项法

分项法是按每个索赔事件所引起损失的费用项目分别分析计算索赔值的一种方法。在实际中，绝大多数工程的索赔都采用分项法计算。

分项法计算通常分三步：

① 分析每个或每类索赔事件所影响的费用项目，不得有遗漏。这些费用项目通常应与合同报价中的费用项目一致；

② 计算每个费用项目受索赔事件影响后的数值，通过与合同价中的费用值进行比较即可得到该项费用的索赔值；

③ 将各费用项目的索赔值汇总，得到总费用索赔值。

分项法中索赔费用主要包括该项工程施工过程中所发生的额外人工费、材料费、机具设备费、相应的管理费以及应得的间接费和利润等。由于分项法所依据的是实际发生的成本记录或单据，所以施工过程中对第一手资料的收集整理就显得非常重要。

例 10.3 某高速公路沥青路面施工阶段，因 B 合同段运输路面材料的道路被当地村民挖断，为了工期不延误，材料只能从 A 合同快完工的一段路上运进 B 合同段材料。为此，业主召集两合同段开会，要求 A 合同段调整施工安排，于 2020 年 7 月 30 日前完成该路段施工。最终 B 合同段工期延误，A 合同段在该段路交工后缺陷期未满已发生破坏。

问题：

(1) 业主做法是否妥当，为什么？

(2) B 合同段工期延误由谁负责，B 合同段是否可以获得延期或索赔？为什么？

(3) A 合同段该段路被损坏应由谁负责，由谁维修？

答 (1) 业主以下做法不符合合同规定：①调整施工安排改变了工程已规定的施工顺序和时间安排，属"工程变更"，只有通过监理工程师才能给出变更工程的指示；②工程完工后应通过完工（或竣工）验收，才能交付使用，而 A 合同段该段路完成施工后未经授权提前使用。

(2) B 合同段工期延误不是该承包商原因造成的,可以获得延期,并且业主提供的运输通道受到破坏,改变的通道又未及时提供,延误是因为业主应负责的情况所造成的。所以 B 合同可以要求索赔。

(3) A 合同段该段路未经验收,提前使用,表示业主已接受并批准工程。业主应按合同规定承担此类风险"所造成的损失或损害"。承包商也应履行缺陷责任期义务、负责维修该段损坏路段,但维修费用由业主承担。

例 10.4 某工程项目采用预制钢筋混凝土管桩基础,业主委托某监理单位承担施工招标及施工阶段的监理任务,因该工程涉及土建施工、沉桩施工和管桩预制,业主对工程发包提出两种方案:一种是采用平行发包模式,即土建、沉桩、管桩制作分别发包;另一种是采用总分包模式,即由土建施工单位总承包,沉桩施工及管桩制作列入总承包范围再分包。

问题:(1) 施工招标阶段,监理单位的主要工作内容有哪几项(归纳为四项回答)?

(2) 如果采用施工总分包模式,监理工程师应从哪些方面对分包单位进行管理?主要手段是什么?

(3) 对管桩生产企业的资质考核在上述两种发包模式下,各应在何时进行?考核的主要内容是什么?

(4) 在平行发包模式下,管桩运抵施工现场,沉桩施工单位可否视其为"甲供构件"?为什么?如何组织检查验收?

(5) 如果现场检查出管桩不合格或管桩生产企业延期供货,对正常施工进度造成影响,请分析在上述两种发包模式下,可能会出现哪些主体之间的索赔?

答 (1) ①协助业主编制施工招标文件;②协助业主编制标底;③发布招标通知;④对投标人的资格预审;⑤组织标前会议;⑥现场勘查;⑦组织开标、评标、定标;⑧协助业主签约。

(2) 管理的主要内容是:①审查分包人资格;②要求分包人参加相关施工会议;③检查分包人的施工设备;④检查分包人的工程施工材料、作业质量。

主要手段:对分包人违反合同、规范的行为,可指令总承包人停止分包人施工;对质量不合格的工程,拒签与之有关的支付;建议总承包人撤换分包单位。

(3) 平行发包时,在招标阶段组织考核。总分包时,在分包合同签订前考核。考核的主要内容:①人员要素;②资质等级;③技术装备;④业绩;⑤信誉;⑥有无生产许可证;⑦质保体系;⑧生产能力。

(4) 可视为"甲供构件",因为沉桩单位与管桩生产企业无合同关系。应由监理工程师组织,沉桩单位参加,共同检查管桩质量、数量是否符合合同要求。

(5) 可能出现的索赔事件。

平行发包时:①沉桩单位向业主索赔(或沉桩单位与业主之间的索赔);②土建施工单位向业主索赔(或土建施工单位与业主之间的索赔);③业主向管桩生产企业索赔(或业主与管桩生产企业之间的索赔)。

总分包时:①业主向土建施工(或总包)单位索赔(或业主与土建施工(或总包)单位之间的索赔);②土建施工(或总包)单位向管桩生产企业索赔(或土建施工(或总包)单位与管

桩生产企业之间的索赔);③沉桩单位向土建单位(或总包)索赔(或沉桩单位与土建单位(或总包)之间的索赔)。

例 10.5 某监理单位承担了某工业项目的施工监理工作。经过招标,建设单位选择了甲、乙施工单位分别承担 A、B 标段工程的施工,并按照《建设工程施工合同(示范文本)》分别和甲、乙施工单位签订了施工合同。建设单位与乙施工单位在合同中约定,B 标段所需的部分设备由建设单位负责采购。乙施工单位按照正常的程序将 B 标段的安装工程分包给丙施工单位。在施工过程中,发生了如下事件。

事件 1:建设单位在采购 B 标段的锅炉设备时,设备生产厂商提出由自己的施工队伍进行安装更能保证质量,建设单位便与设备生产厂商签订了供货和安装合同并通知了监理单位和乙施工单位。

事件 2:总监理工程师根据现场反馈信息及质量记录分析,对 A 标段某部位隐蔽工程的质量有怀疑,随即指令甲施工单位暂停施工,并要求剥离检验。甲施工单位称:该部隐蔽工程已经由专业监理工程师验收,若剥离检验,监理单位须赔偿由此造成的损失并相应延长工期。

事件 3:专业监理工程师对 B 标段进场的配电设备进行检验时,发现由建设单位采购的某设备不合格,建设单位对该设备进行了更换,从而导致丙施工单位停工。因此,丙施工单位致函监理单位,要求补偿其被迫停工所遭受的损失并延长工期。

问题:

(1) 在事件 1 中,建设单位将设备交由厂商安装的做法是否正确?为什么?

(2) 在事件 1 中,若乙施工单位同意由该设备生产厂商的施工队伍安装该设备,监理单位应该如何处理?

(3) 在事件 2 中,总监理工程师的做法是否正确?为什么?试分析剥离检验的可能结果及总监理工程师相应的处理方法。

(4) 在事件 3 中,丙施工单位的索赔要求是否应该向监理单位提出?为什么?对该索赔事件应如何处理?

答 (1) 不正确,因为违反了合同约定。

(2) 监理单位应该对厂商的资质进行审查。若符合要求,可以由该厂安装:如乙单位接受该厂商作为其分包单位,监理单位应协助建设单位变更与厂商的合同;如乙单位接受厂商直接从建设单位承包,监理单位应该协助建设单位变更与乙单位的合同。如不符合要求,监理单位应该拒绝由该厂商施工。

(3) 总监理工程师的做法是正确的。无论总监理工程师是否参加了验收,当总监理工程师对某部分工程质量有怀疑时,均可要求承包人对已经隐蔽的工程进行重新检验。

重新检验质量合格,发包人承担由此发生的全部追加合同价款,赔偿施工单位的损失,并相应顺延工期;检验不合格,施工单位承担发生的全部费用,工期不予顺延。

(4) ①不应该,因为建设单位和丙施工单位没有合同关系。②处理:a. 丙向乙提出索赔,乙向监理单位提出索赔意向书;b. 监理单位收集与索赔有关的资料;c. 监理单位受理乙单位提交的索赔意向书;d. 总监理工程师对索赔申请进行审查,初步确定费用额度和延期时间,与乙施工单位和建设单位协商;e. 总监理工程师对索赔费用和工程延期给出决定。

例 10.6 某施工单位(乙方)与某建设单位(甲方)签订了建造无线电发射试验基地施工合同。合同工期为 38 天。由于该项目急于投入使用,在合同中规定,工期每提前(或拖后)1 天奖励(或罚款)5000 元。乙方按时提交了施工方案和施工网络进度计划,如图 10-1 所示,并得到甲方代表的批准。

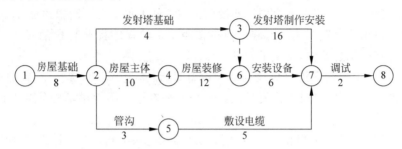

图 10-1 发射塔试验基地工程施工网络进度计划(单位:天)

实际施工工程过程中发生了如下几项事件。

事件 1:在房屋基坑开挖后,发现局部有软弱下卧层,按甲方代表指示乙方配合地址复查,配合用工为 10 个工日。地质复查后,根据经甲方代表批准的地基处理方案,增加直接费 4 万元,因地质复查和处理使房屋基础作业时间延长 3 天,工人窝工 15 个工日。

事件 2:在发射塔基础施工时,因发射塔设计尺寸不够,甲方代表要求拆除已施工的基础,重新定位施工。由此造成增加用工 30 工日,材料费 1.2 万元,机械台班费 3000 元,发射塔基础作业时间拖延 2 天。

事件 3:在房屋主体施工中,因施工机械故障,造成工人窝工 8 个工日,该项工作作业时间延长 2 天。

事件 4:在房屋装修施工基本结束时,甲方代表对某项电器暗管的敷设位置是否准确有疑义,要求乙方进行剥离检查。检查结果为某部位的偏差超出了规范允许范围,乙方根据甲方代表的要求进行返工处理,合格后甲方代表予以签字验收。该项返工及覆盖用工 20 个工日,材料费为 1000 元。因该项电器暗管的重新检验和返工处理使安装设备的开始作业时间推迟了 1 天。

事件 5:在敷设电缆时,因乙方购买的电缆线材质量差,甲方代表令乙方重新购买合格线材。致使完成该项工作多用人工 8 个工日,作业时间延长 4 天,材料损失费 8000 元。

事件 6:鉴于该工程工期较紧,经甲方代表同意,乙方在安装设备作业过程中采取了加快施工的技术组织措施,使该项工作作业时间缩短 2 天,该项技术组织措施费为 6000 元。

其余各项工作实际作业时间和费用均与原计划相符。

问题:

(1)在上述事件中,乙方可以就哪些事件向甲方提出工期补偿和费用补偿要求?为什么?

(2)该工程的实际施工天数为多少天?可得到的工期补偿为多少天?工期奖罚款为多少?

(3)假设工程所在地人工费标准为 30 天/工日,应由甲方给予补偿的窝工人工费,补偿标准为 18 元/工日,该工程综合取费率为 30%。则在该工程结算时,乙方应该得到的索赔款为多少?

答 (1) 事件1可以提出工期补偿和费用补偿要求,因为地质条件变化属于甲方应承担的责任,且该项工作位于关键线路上。

事件2可以提出费用补偿要求;不能提出工期补偿要求,因为发射塔设计位置变化是甲方的责任,因此增加的费用应由甲方承担,但该项工作的拖延时间(2天)没有超出其总时差(8天)。

事件3不能提出工期补偿和费用补偿要求,因为施工机械故障属于乙方应承担的责任。

事件4不能提出工期和费用补偿要求,因为乙方应该对自己完成的产品质量负责。甲方代表有权要求乙方对已覆盖的分项工程剥离检查,检查后发现质量不合格,其费用由乙方承担,工期也不予补偿。

事件5不能提出工期和费用补偿要求,因为乙方应该对自己购买的材料质量和完成的产品质量负责。

事件6不能提出补偿要求,因为通过采取施工技术组织措施使工期提前,可按合同规定给予工期奖罚的办法处理,因赶工而发生的施工技术措施费应由乙方承担。

(2) ① 通过对图10-1的分析,该工程施工网络进度计划的关键线路为①—②—④—⑥—⑦—⑧,计划工期为38天,与合同工期相同。将图10-1中所有各项工作的持续时间均以实际持续时间代替。计算结果表明:关键路线不变(仍为①—②—④—⑥—⑦—⑧),实际工期为42天。

② 将图10-1中所有由甲方负责的各项工作持续时间延长天数加到原设计相应工作的持续时间上,计算结果表明:关键路线不变(仍为①—②—④—⑥—⑦—⑧),工期为41天。41天-38天=3天,所以该工程可补偿工期天数为3天。

③ 工期罚款为:{[42-(38+3)]×5000}元=5000元

(3) 乙方应该得到的索赔款有:

① 由事件1引起的索赔款:[(10×30+400000)×(1+30%)+15×18]元=52660元

② 由事件2引起的索赔款:[(30×30+12000+3000)×(1+30%)]元=20670元

③ 乙方应该得到的索赔款为:52660元+20670元=73333元

例10.7 某工程项目,建设单位与施工单位按照《建设工程施工合同(示范文本)》签订了施工合同。经总监理工程师批准的施工总进度计划如图10-2所示(时间:月),各工作均按最早开始时间安排且匀速施工。

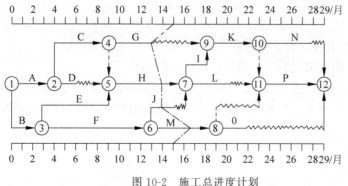

图10-2 施工总进度计划

事件1：为加强施工进度控制,总监理工程师指派总监理工程师代表：①制订进度目标控制的防范性对策；②调配进度控制监理人员。

事件2：工作D开始后,由于建设单位未能及时提供施工图纸,使该工作暂停施工1个月。停工造成施工单位人员窝工损失8万元,施工机械台班闲置费15万元。为此,施工单位提出工程延期和费用补偿申请。

事件3：工程进行到第11个月遇强台风,造成工作G和H实际进度拖后,同时造成人员窝工损失60万元,施工机械闲置损失100万元,施工机械损坏损失110万元。由于台风影响,到第15个月月末,实际进度前锋线如图10-2所示。为此,施工单位提出工程延期2个月,费用补偿270万元的索赔。

问题：

(1) 指出图10-2中施工总进度计划的关键路线及工作F、M的总时差和自由时差。

(2) 指出事件1中总监理工程师做法的不妥之处,说明理由。

(3) 针对事件2,项目监理机构应批准的工程延期和费用补偿分别为多少？说明理由。

(4) 根据图10-2所示前锋线,工作J和M的实际进度超前或拖后的时间分别是多少？对总工期是否有影响？

(5) 事件3中,项目监理机构应批准的工程延期和费用补偿分别为多少？说明理由。

答：

(1) 关键路线有2条：B—E—H—I—K—P,A—C—H—I—K—P。

工作F的总时差为1个月,自由时差为0。

工作M的总时差为4个月,自由时差为0。

(2) 不妥之处：总监理工程师指派总监理工程师代表调配进度控制监理人员。

理由：总监理工程师不得将根据工程进展及监理工作情况调配监理人员的工作委托给总监理工程师代表。

(3) 项目监理机构应批准的工程延期为0。

理由：工作D的总时差为2个月,工作暂停施工1个月,不影响总工期。

费用补偿为(8+15)万元=23万元。

理由：建设单位原因导致人员窝工、机械闲置应给予费用索赔。

(4) 工作J的实际进度拖后1个月。由于工作J的总时差为1个月,故对总工期无影响。工作M的实际进度超前2个月。工作M为非关键工作,故对总工期无影响。

(5) 项目监理机构应批准的工程延期为1个月。

理由：第15个月月末,实际进度前锋线所示,关键工作H推迟1个月,将影响总工期1个月,其他工作延误时间均小于其总时差,不产生影响。

项目监理机构应批准的费用补偿为0。

理由：强台风属于不可抗力,不可抗力期间的人员窝工、施工机械闲置、施工机械损坏均属于承包单位应该承担的责任,无需给予费用索赔。

第11章 建设工程项目信息管理

11.1 概述

11.1.1 信息的内涵及特征

1. 信息的概念

信息指的是用口头、书面或电子方式传输(传达、传递)的知识、新闻等可靠或不可靠的情报。在管理科学领域中,信息通常被认为是一种已被加工或处理成特定形式的数据。声音、文字、数字和图像都是信息表达的方式。

和人们一般意义上理解的消息不同,信息具有以下特性:

(1) 可量度。信息可采用某种度量单位进行度量,并进行信息编码,如现代计算机使用的二进制。

(2) 可识别。信息可采用直观识别、比较识别和间接识别等多种方式来把握。

(3) 可转换。信息可以从一种形态转换为另一种形态,如自然信息可转换为语言、文字和图像等形态,也可转换为电磁波信号和计算机代码。

(4) 可存储。信息可以存储。大脑就是一个天然信息存储器。人类发明的文字、摄影、录音、录像以及计算机存储器等信息都可以进行存储。

(5) 可处理。人脑就是最佳的信息处理器。人脑的思维功能可以进行决策、设计、研究、写作、改进、发明、创造等多种信息处理活动。计算机也具有信息处理功能。

(6) 可传递。信息的传递是与物质和能量的传递同时进行的。语言、表情、动作、报刊、书籍、广播、电视、电话等是人类常用的信息传递方式。

(7) 可再生。信息经过处理后,可以以其他形式再生。如自然信息经过人工处理后,可用语言或图形等方式再生成信息。输入计算机的各种数据文字等信息,可用显示、打印、绘图等方式再生成信息。

(8) 可压缩。信息可以进行压缩,可以用不同信息量来描述同一事物。人们常常用尽可能少的信息量描述一件事物的主要特征。

(9) 可利用。信息具有一定的实效性和可利用性。

(10) 可共享。信息具有扩散性,因此可共享。

2. 信息与数据

数据是用来记录客观事物的性质、形态、数量和特征的抽象符号。文字、数字和图形可以看作数据,声音、信号和语言也可以认为是数据。

信息是根据要求,将数据进行加工处理转换的结果。同一组数据可以按管理层次和职能的不同,将其加工成不同形式的信息;不同数据如采用不同的处理方式,也可得到相同的信息。数据转化为信息的方式如图 11-1 所示。

图 11-1　数据转化为信息方式示意

11.1.2　项目信息的分类

项目信息从不同的角度有不同的分类方法。

(1) 根据信息的表现形式可分为声音、图像、文字、数字。

(2) 根据信息的属性可分为技术类信息、管理类信息、组织类信息、合同类信息。

(3) 根据信息的用途可分为投资控制信息、进度控制信息、质量控制信息、合同管理信息、组织协调信息。

(4) 根据信息来源可分为业主方信息、项目管理方信息、监理方信息、设计方信息、施工方信息、供货方信息等。

(5) 根据信息产生阶段可分为设计准备阶段的信息、方案设计信息、初步设计信息、扩大初步设计(或技术设计)信息、施工招标信息、施工信息、竣工验收信息和保修信息等。

11.1.3　项目信息处理的方法

在当今时代,信息处理已逐步向电子化和数字化的方向发展,但建筑业和基本建设领域的信息化已明显落后于许多其他行业,建设工程项目信息处理基本上还沿用传统的方法和模式。应采取措施,使信息处理由传统的方式向基于网络的信息处理平台方向发展,以充分发挥信息资源的价值,以及信息对项目目标控制的作用。

基于网络的信息处理平台由一系列硬件和软件构成:

(1) 数据处理设备(包括计算机、打印机、扫描仪、绘图仪等)。

(2) 数据通信网络(包括形成网络的有关硬件设备和相应的软件)。

(3) 软件系统(包括操作系统和服务于信息处理的应用软件)等。

数据通信网络主要有如下三种类型:

(1) 局域网(LAN——由与各网点连接的网线构成网络,各网点对应于装备有实际网络接口的用户工作站)。

(2）城域网（MAN——在大城市范围内两个或多个网络的互联）。

(3）广域网（WAN——在数据通信中，用来连接分散在广阔地域内的大量终端和计算机的一种多态网络）。

互联网是目前最大的全球性网络，它连接了覆盖100多个国家的各种网络，如商业性的网络（.com或.co）、大学网络（.ac或.edu）、研究网络（.org或.net）和军事网络（.mil）等，并通过网络连接数以千万台的计算机，以实现连接互联网的计算机之间的数据通信。互联网由若干个学会、委员会和集团负责维护和运行管理。

建设工程项目的业主方和项目参与各方往往分散在不同的地点，因此其信息处理应考虑充分利用远程数据通信的方式，如：

（1）通过电子邮件收集信息和发布信息。

（2）通过基于互联网的项目专用网站（project specific web site，PSWS）实现业主方内部、业主方和项目参与各方以及项目参与各方之间的信息交流、协同工作和文件档案管理。

（3）召开网络会议。

（4）基于互联网的远程教育与培训等。

基于互联网的项目信息门户（PIP）属于是电子商务（E-business）两大分支中的电子协同工作（E-collaboration）。项目信息门户在国际学术界有明确的内涵，即在对项目实施全过程中项目参与各方产生的信息和知识进行集中式管理的基础上，为项目的参与各方在互联网平台上提供一个获取个性化项目信息的单一入口，从而为项目的参与各方提供一个高效的信息交流（project-communication）和协同工作（collaboration）的环境。它的核心功能是在互动式的文件档案管理的基础上，通过互联网促进项目参与各方之间的信息交流和项目参与各方的协同工作，从而达到为项目建设增值的目的。

基于互联网的项目专用网站是为某一个项目的信息处理专门建立的网站。但是基于互联网的项目信息门户也可以服务于多个项目，即成为为众多项目服务的公用信息平台。

基于互联网的项目信息门户如美国的Buzzsaw.com（于1999年开始运行）和德国的PKM.com（于1997年开始运行），都有大量用户在其上进行项目信息处理。由此可见，建设工程项目的信息处理方式已有了根本性的变化。

11.2 建设工程项目信息管理

11.2.1 建设工程项目信息管理的内涵

信息管理是指对信息的收集、加工、整理、存储、传递与应用等一系列工作的总称。信息管理的目的就是通过有组织的信息流通，使决策者能及时、准确地获得相应的信息。

建设工程项目信息管理是对各个系统、各项工作和各种数据的管理，使建设工程项目信息能方便和有效地获取、存储、存档、处理和交流。

建设工程项目信息管理的目的旨在对信息传输的有效组织管理和控制，为建设工程项目建设提供增值服务。

11.2.2 建设工程项目信息管理的原则

建设工程项目信息管理的基本原则是：对项目管理过程中产生的所有信息进行合理分类、编码，促进各部门及各专业迅速准确地传递沟通信息，全面有效地管理信息，并真实、客观地记录和反映项目建设的历史过程。

建设工程项目信息管理的工作原则如下：

1) 标准化原则

标准化原则要求在项目的实施过程中对有关信息的分类进行统一，对信息流程进行规范，产生的控制报表则力求做到格式化和标准化，建立健全的信息管理制度，从组织上保证信息生产过程的效率。

2) 有效性原则

项目管理者所提供的信息应针对不同层次管理者的要求进行适当加工，针对不同管理层提供不同要求和浓缩程度的信息。这一原则是为了保证信息产品对于决策支持的有效性。

3) 定量化原则

建设工程信息不应是项目实施过程中产生的数据的简单记录，应经过信息处理人员的比较与分析。采用定量工具对有关数据进行分析和比较是十分必要的。

4) 时效性原则

考虑工程项目决策过程的时效性，建设工程的成果也应具有相应的时效性。

5) 高效处理原则

利用高性能的信息处理工具尽量缩短信息在处理过程中的延迟，项目管理者的精力应放在对处理结果分析应采取的控制措施的制定上。

6) 可预见原则

建设工程产生的信息作为项目实施的历史数据，可以用于预测未来的情况，项目管理者应采用先进的方法和工具为决策者制定未来目标和行动规划提供必要的信息。

11.2.3 建设工程项目信息管理的任务

建设工程项目一般具有周期较长、参与单位多、单件性和专业性强等特征，一个项目在决策和实施的过程中，项目信息往往会数量巨大、变化多而且错综复杂，项目信息资源的组织与管理任务十分重大。

1. 信息管理手册

业主方和项目参与各方都有各自的信息管理任务，为充分利用和发挥信息资源的价值、提高信息管理的效率，以及实现有序的和科学的信息管理，各方都应编制各自的信息管理手册，以规范信息管理工作。信息管理手册描述和定义信息管理做什么、谁做、什么时候做和其工作成果是什么等，它的主要内容包括：

(1) 信息管理的任务（信息管理任务目录）。

(2) 信息管理的任务分工表和管理职能分工表。

(3) 信息的分类。

（4）信息的编码体系和编码。
（5）信息输入输出模型。
（6）各项信息管理工作的工作流程图。
（7）信息流程图。
（8）信息处理的工作平台及其使用规定。
（9）各种报表和报告的格式，以及报告周期。
（10）项目进展的月度报告、季度报告、年度报告和工程总报告的内容及其编制。
（11）工程档案管理制度。
（12）信息管理的保密制度等制度。

2．信息管理部门的工作任务

信息管理班子中各个工作部门的管理工作都与信息处理有关，而信息管理部门的主要工作任务是：
（1）负责编制信息管理手册，在项目实施过程中进行信息管理手册的必要修改和补充，并检查和督促其执行。
（2）负责协调和组织项目管理班子中各个工作部门的信息处理工作。
（3）负责信息处理工作平台的建立和运行维护。
（4）与其他工作部门协同组织收集信息、处理信息和形成各种反映项目进展和项目目标控制的报表和报告。
（5）负责工程档案管理等。

3．信息管理工作流程

各项信息管理任务的工作流程包括以下内容：
（1）信息管理手册编制和修订的工作流程。
（2）为形成各类报表和报告，收集信息、录入信息、审核信息、加工信息、信息传输和发布的工作流程。
（3）工程档案管理的工作流程等。

4．应重视基于互联网的信息处理平台

由于建设工程项目大量数据处理的需要，应重视利用信息技术的手段进行信息管理。其核心的手段是基于网络的信息处理平台。

在国际上，许多建设工程项目都专门设立信息管理部门（或称为信息中心），以确保信息管理工作的顺利进行；也有一些大型建设工程项目专门委托咨询公司从事项目信息动态跟踪和分析，以信息流指导物质流，从宏观上对项目的实施进行控制。

11.2.4　建设工程项目信息管理的主要内容

建设工程项目信息管理主要是信息的收集、整理、处理、储存、传递和应用的过程，其内容包括建立信息的代码系统、明确信息流程、制定信息收集制度及进行信息处理四大块。建设工程项目信息管理主要是信息的收集、整理、处理、储存、传递和应用的过程。

（1）建立项目信息编码体系。

(2) 建立项目信息管理制度。
(3) 进行项目信息的收集、分类、存档和整理。
(4) 提供项目管理报表（包括投资控制、进度控制、质量控制、合同管理报表）。
(5) 建立会议制度，整理各类会议记录。
(6) 督促设计单位、施工单位、供货单位及时整理工程的技术经济档案和资料。

11.2.5　建设工程项目信息管理的过程

建设工程项目信息管理的过程主要包括信息的收集、加工整理、存储、检索和传递。

1. 建设工程项目信息的收集

建设工程项目信息的收集，就是收集项目决策和实施过程中的原始数据，这是很重要的基础工作，信息管理工作的质量好坏，很大程度上取决于原始资料的全面性和可靠性。其中，建立一套完善的信息采集制度是十分有必要的。

1) 建设工程项目建设前期的信息收集

建设工程项目在正式开工之前，需要进行大量的工作，会产生大量的文件，文件中包含着丰富的内容。

(1) 设计任务书及有关资料的收集。
(2) 设计文件及有关资料的收集。
(3) 招标投标合同文件及其有关资料的收集。

2) 建设工程项目施工期的信息收集

建设工程项目在整个工程施工阶段，每天都发生各种各样的情况，相应地包含着各种信息，需要及时收集和处理。因此，项目的施工阶段，可以说是大量的信息发生、传递和处理的阶段。

(1) 建设单位提供的信息。
(2) 承建商提供的信息。
(3) 工程监理的记录。
(4) 工地会议信息。

3) 工程竣工阶段的信息收集

工程竣工并按要求进行竣工验收时，需要大量的资料信息。这些信息一部分是在整个施工过程中长期积累形成的；另一部分是在竣工验收期间，根据积累的资料整理分析而形成的。完整的竣工资料应由承建单位编制，经工程监理单位和有关方面审查后，通过建设单位移交项目管理运行单位以及相关的政府主管部门。

2. 建设工程项目信息的加工整理和存储

建设工程项目的信息管理除应注意各种原始资料的收集外，更重要的是对收集来的资料进行加工整理，并对工程决策和实施过程中出现的各种问题进行处理。按照工程信息加工整理程度的深浅可分为如下几个类别：第一类为对资料和数据进行简单整理和滤波；第二类是对信息进行分析、概括综合后产生辅助建设项目管理决策的信息；第三类是通过应用数学模型统计推断，产生决策的信息。

在工程项目建设过程中，依据当时收集到的信息所作的决策或决定有如下几个方面。

(1) 依据进度控制信息,对施工进度状况的意见和指示。
(2) 依据质量控制信息,对工程质量控制情况提出意见和指示。
(3) 依据投资控制信息,对工程结算和决算情况提出意见和指示。
(4) 依据合同管理信息,对索赔的处理意见。

3. 建设工程项目信息的检索和传递

无论是存入档案库还是存入计算机存储器的信息、资料,为了查找的方便,在入库前都要拟定一套科学的查找方法和手段,做好编目分类工作。健全的检索系统可以使报表、文件、资料、人事和技术档案保存完好、查找方便;否则会使资料杂乱无章,无法利用。

信息的传递是指借助于一定的载体(如纸张、软盘、磁带等)在建设工程项目信息管理工作的各部门、各单位之间进行传递。通过传递,形成各种信息流。畅通的信息流,将利用报表、图表、文字、记录、各种收发文、会议、审批及计算机等传递手段,不断地将建设项目信息输送到项目建设各方手中,成为他们工作的依据。

信息管理是为了更好地使用信息,为决策服务。处理好信息,按照需要和要求编印成各类报表和文件,供项目管理工作使用。信息检索和传递的效率和质量随着计算机的普及而提高。存储于计算机数据库中的数据已成为信息资源,可为各个部门共享。因此,利用计算机做好信息的加工储存工作,是进行信息检索和传递、信息使用的前提。

11.3 建设工程项目文件档案资料管理

11.3.1 文件档案资料概念与特征

1. 建设工程文件概念

建设工程文件指在工程建设过程中形成的各种形式的信息记录,包括工程准备阶段文件、监理文件、施工文件、竣工图和竣工验收文件,也可简称为工程文件。

2. 建设工程档案的概念

建设工程档案指在工程建设活动中直接形成的具有归档保存价值的文字、图表、声像等各种形式的历史记录,可简称工程档案。

3. 建设工程文件档案资料

建设工程文件和档案组成建设工程文件档案资料。

4. 建设工程文件档案资料载体

(1) 纸质载体:以纸张为基础的载体形式。
(2) 微品载体:以胶片为基础,利用缩微技术对工程资料进行保存的载体形式。
(3) 光盘载体:以光盘为基础,利用计算机技术对工程资料进行存储的形式。
(4) 磁性载体:以磁性记录材料(磁带、磁盘等)为基础,对工程资料的电子文件、声音、图像进行存储的方式。

建设工程文件档案资料是指建设工程在立项、设计、施工、监理和竣工活动中形成的具有归档保存价值的基建文件、监理文件、施工文件和竣工图的统称。

5．建设工程文件档案资料的特征

1）分散性和复杂性

分散性和复杂性指建设工程周期长，生产工艺复杂，建筑材料种类多，建筑技术发展迅速，影响建设工程因素多种多样，工程建设阶段性强并且相互穿插。这个特征决定了建设工程文件档案资料是多层次、多环节、相互关联的复杂系统。

2）继承性和时效性

建设工程文件档案被积累和继承，新的工程在施工过程中可以吸取以前的经验，避免重犯错误。同时，建设工程文件档案资料具有很强的时效性，文件档案资料的价值会随着时间的推移而衰减，有时文件档案资料一经生成，就必须传达到有关部门，否则会造成严重后果。

3）全面性和真实性

建设工程文件档案资料只有全面反映项目的各类信息，形成一个完整的系统，才更具有实用价值。必须真实反映工程情况，包括发生的事故和存在的隐患。真实性是对所有文件档案资料的共同要求，在建设领域的要求更为迫切。

4）随机性

部分建设工程文件档案资料的产生具有规律性，但还有相当一部分文件档案资料的产生是由具体工程事件引发的，因此，建设工程文件档案资料具有随机性。

5）多专业性和综合性

建设工程文件档案资料依附于不同的专业对象而存在，又依赖不同的载体而流动。

11.3.2　建设工程档案资料管理职责

建设工程档案资料的管理涉及建设单位、工程监理单位、施工单位以及地方城建档案部门。以下内容根据我国目前政府主管部门有关文件规定对工程建设参与有关各方管理职责进行介绍。

1．通用职责

（1）工程参建各方应该把工程资料的形成和积累纳入工程管理的各个环节中和相关人员的职责范围。

（2）建设工程档案资料应该实行分级管理，由建设、勘察、设计、监理、施工等单位的主管（技术）负责人组织各自单位的资料管理的过程工作。在工程建设过程中工程资料的收集、整理和审核工作应由熟悉业务的专业技术人员负责。

（3）工程资料应该随着工程进度同步收集、整理和立卷，并按照有关规定进行移交。

（4）工程各参建单位应该确保各自资料的真实、准确、有效、完整、齐全，字迹清楚，无未了事项。所有表格应按相关规定统一格式。

（5）工程各参建方所提供的文件和资料必须符合国家或地方的法律法规、《建筑工程施工质量验收》《建筑工程文件归档整理规范》及工程合同等相关要求与规定。

（6）对工程文件、资料进行涂改、伪造、随意抽撤或损毁、丢失的，应按规定给予处罚。情节严重的，还应依法追究法律责任。

2. 建设单位职责

（1）负责本单位工程资料管理工作，并设专门人员进行收集、整理、立卷和归档工作。

（2）在与参建各方签订合同时，应该对工程档案资料的编制责任、套数、费用、质量和移交期限等内容提出明确要求。

（3）向勘察、设计、监理等参建各方提出所需的工程资料，并保证所提供的资料真实、准确、齐全。

（4）本单位自行采购的建筑材料、构配件和设备等，应该保证符合设计文件和合同的要求，并保证相关质量证明文件的完整、齐全、真实有效。

（5）监督和检查参建各方工程资料形成、积累和立卷工作。也可委托监理单位或其他单位监督和检查参建各方工程资料形成、积累和立卷工作。

（6）对需本单位签字的工程资料应及时签署意见。

（7）及时收集和汇总勘察、设计、监理和施工等参建各方立卷归档的工程资料。

（8）组织竣工图的绘制、组卷工作。可自行完成，也可委托设计单位、施工单位来完成。

（9）工程开工前，与城建档案馆签订《建筑工程竣工档案责任书》，工程竣工验收前，提请城建档案馆对列入城建档案馆接收范围的工程档案进行预验收。未取得《建筑工程竣工档案预验收意见》的，不得组织工程竣工验收。

（10）在工程竣工验收后3个月内，将1套符合规范、标准规定的工程档案原件移交给城建档案馆办理好移交手续。

3. 勘察、设计单位的职责

（1）按照合同和规范的要求及时提供完整的勘察、设计文件。

（2）对需要勘察、设计单位签字的工程资料应签署意见。

（3）在工程竣工验收时，应据实签署本单位对工程质量检查验收意见。

4. 工程监理单位职责

（1）应设熟悉业务的专业技术人员来负责监理的收集、整理、归档等方面的管理工作。

（2）依据合同约定，在工程的勘察、设计阶段，对勘察、设计文件的形成、积累、立卷、归档工作进行监督和检查；在施工阶段，对施工资料的形成、积累、立卷、归档进行监督和检查，使施工资料符合有关规定，并确保其完整、齐全、准确、真实、可靠。

（3）负责对施工报送的施工资料进行审查、签字。

（4）对列入城建档案馆接收范围内的监理工程，应在工程竣工验收后，及时移交给建设单位。

5. 工程施工单位职责

（1）负责施工资料的管理工作，实行技术负责人负责制，逐级建立健全施工资料管理岗位责任制。

（2）总包单位负责汇总各分包单位编制的施工资料，分包单位负责其分包范围内施工资料的收集、整理、汇总，并对其提供资料的真实性、完整性及有效性负责。

（3）在工程竣工验收前，负责施工资料整理、汇总和立卷。

（4）按照合同的要求和有关规定，负责编制施工资料，自行保存1套。其他几份及时移交建设单位。

6. 地方城建档案部门职责

（1）负责对建设工程档案的接收、收集、保管和利用等日常性的管理工作。

（2）负责对建设工程档案的编制、整理、汇档工作,进行监督、检查、指导。

（3）组织精通业务的专业技术人员,对国家和省、市重点工程项目建设过程中工程档案编制、整理归档等工作,进行业务指导。

（4）在工程开工前,与建设单位签订《建筑工程竣工档案责任书》；在工程竣工验收前,对工程档案进行预验收,并出具《建筑工程竣工档案预验意见》。

（5）在工程竣工后的 3 个月内,对工程档案进行正式验收。合格后,接收入馆,并发放《工程项目竣工档案合格证》。

11.3.3 建设工程项目档案资料编制质量要求与组卷方法

各行政管理区域以及各行业都有各自对建设项目档案资料编制质量要求与组卷方法的要求,但就全国来讲还没有统一的标准体系。以下介绍我国对地方城建档案部门的一般性要求。

1. 组卷的质量要求

（1）归档的工程文件原则上均应为原件。

（2）工程文件的内容及其深度必须符合国家有关工程勘察、设计、施工、监理方面的技术规范、标准和规程。

（3）工程文件应采用耐久性强的书写材料,如碳素墨水、蓝黑墨水,不得使用易褪色、易涂改的书写材料,如红色墨水、纯蓝墨水、圆珠笔、复写纸等。

（4）工程文件应字迹清楚,图样清晰,图表整洁,签字盖章手续完备。

（5）工程文件中文字材料幅面尺寸规格宜为 A4 幅面,图纸宜采用国家标准图幅。

（6）工程文件的纸张应采用能够长期保存的韧力大、耐久性强的纸张。图纸一般采用蓝晒图,竣工图应是新蓝图,计算机出图必须清晰,不得使用计算机所出图纸的复印件。

（7）所有竣工图均应加盖竣工图章。

（8）利用施工图改绘竣工图,必须标明变更修改依据；凡施工图结构、工艺、平面布置等有重大改变,或变更部分超过图面 1/3 的,应当重新绘制竣工图。

（9）不同幅面的工程图纸应按《技术制图复制图的折叠方法》(GB/T 10609.3—2009)统一折叠成 A4 幅面,图标栏露在外面。

（10）工程档案资料的缩微制品,必须按国家缩微标准进行制作,主要技术指标(解像力、密度、海波残留量等)要符合国家标准,保证质量,以适应长期安全保管。

（11）工程档案资料的照片(含底片)及声像档案,要求图像清晰,声音清楚,文字说明或内容准确。

（12）工程文件应采用打印的形式并使用档案规定用笔,手工签字,在不能够使用原件时,应在复印件或抄件上加盖并注明原件保存处。

2. 组卷的基本原则

（1）立卷应遵循工程文件的自然形成规律,保持卷内文件的有机联系,便于档案的保管和利用。

(2) 一个建设工程由多个单位工程组成时,工程文件应按单位工程组卷。

3. 立卷采用的方法

工程文件可按建设程序划分为工程准备阶段文件、监理文件、施工文件、竣工图、竣工验收文件5部分。

(1) 工程准备阶段文件可按单位工程、分部工程、专业、形成单位等组卷。
(2) 监理文件可按单位工程、分部工程、专业、形成单位等组卷。
(3) 施工文件可按单位工程、分部工程、专业、形成单位等组卷。
(4) 竣工图可按单位工程、专业等组卷。
(5) 竣工验收文件可按单位工程、专业等组卷。

4. 卷内文件的排列

(1) 文字材料按事项、专业顺序排列。同一事项的请示与批复、同一文件的印本与定稿、主件与附件不能分开,并按批复在前、请示在后,印本在前、定稿在后,主件在前、附件在后的顺序。
(2) 图纸按专业排列,同专业图纸按图号顺序排列。
(3) 既有文字材料又有图纸的案卷,文字材料排前,图纸排后。

11.3.4 建设工程项目档案资料验收与移交

1. 档案资料的验收

建设工程项目档案资料的验收是工程竣工验收的重要内容。在工程竣工验收时建设单位必须先提供一套工程竣工档案报请有关部门进行审查、验收。

建设工程项目档案资料由建设单位进行验收,属于向地方城建档案部门报送建设工程项目档案资料的建设项目,还应会同地方城建档案部门共同验收。

国家、省(市)重点建设项目或一些特大型、大型建设项目的预验收和验收会,应由地方城建档案部门参加验收。

为确保建设工程项目档案资料的质量,各编制单位、监理单位、建设单位、地方城建档案部门、档案行政管理部门等要严格进行检查、验收。编制单位、制图人、审核人、技术负责人必须进行签字或盖章。对不符合技术要求的,一律退回编制单位进行改正、补齐,问题严重者可令其重做。不符合要求者,不能交工验收。

凡报送的建设工程项目档案资料,如验收不合格将其退回建设单位,由建设单位责成责任者重新进行编制,待达到要求后重新报送。检查验收人员应对接收的档案负责。

地方城建档案部门负责建设工程项目档案资料的最后验收,并对编制报送建设工程项目档案资料进行业务指导、督促和检查。

2. 档案资料的移交

施工单位、监理单位等有关单位应在工程竣工验收前将工程档案资料按合同或协议规定的时间、套数移交给建设单位,办理移交手续。

竣工验收通过后3个月内,建设单位将汇总的全部工程档案资料移交地方城建档案部门。如遇特殊情况,需要推迟报送日期,必须在规定报送时间内向地方城建档案部门申请延期报送并申明原因,经同意后办理延期报送手续。

11.3.5 建设工程项目档案资料分类

建设工程项目档案资料归档过程的组卷工作应按照当地城建档案主管部门的有关要求进行。本部分内容反映了一般性城建档案主管单位对工程中建设过程档案资料的总体管理情况。

1) 基建文件
(1) 决策立项文件。
(2) 建设用地、征地、拆迁文件。
(3) 勘察、测绘、设计文件。
(4) 工程招投标及承包合同文件。
(5) 工程开工文件。
(6) 商务文件。
(7) 工程竣工备案文件。
(8) 其他文件。

2) 工程监理资料
(1) 监理合同类文件。
(2) 工程的监理管理资料。
(3) 监理工作记录。
(4) 监理验收资料。

3) 施工资料
(1) 施工管理资料。
(2) 施工技术资料。
(3) 施工物质资料。
(4) 施工测量记录。
(5) 工程施工记录。
(6) 施工试验记录。
(7) 施工验收资料。
(8) 竣工图。
(9) 工程资料、档案封面和目录。

11.4 工程项目管理信息系统

11.4.1 工程项目管理信息系统的概念

工程项目管理信息系统(project management information system,PMIS)是基于计算机系统,主要用于项目的目标控制。管理信息系统(management information system,MIS)是基于计算机管理的信息系统,但主要用于企业的人、财、物、产、供、销的管理。项目管理信息系统与管理信息系统服务的对象和功能是不同的。

项目管理信息系统主要是用计算机手段,进行项目管理有关数据的收集、记录、存储、过滤和把数据处理的结果提供给项目管理班子的成员。它是项目进展的跟踪和控制系统,也是信息流的跟踪系统。

运用项目管理信息系统是为了及时、准确、完整地收集、存储、处理项目的投资、进度、质量的规划和控制信息,迅速决策采取措施,尽可能好地实现项目目标。

20 世纪 70 年代末期和 80 年代初期国际上已有项目管理信息系统的商品软件,项目管理信息系统现已被广泛地用于业主方和施工方的项目管理。应用项目管理信息系统的主要意义是:

(1) 实现项目管理数据的集中存储。
(2) 有利于项目管理数据的检索和查询。
(3) 提高项目管理数据处理的效率。
(4) 确保项目管理数据处理的准确性。
(5) 可方便地形成各种项目管理需要的报表。

项目管理信息系统可以在局域网上或基于互联网的信息平台上运行。

11.4.2 工程项目管理信息系统的结构

一个完整的工程项目管理信息系统主要由进度控制子系统、投资控制子系统、质量控制子系统以及合同管理子系统组成。项目管理信息系统的结构如图 11-2 所示。

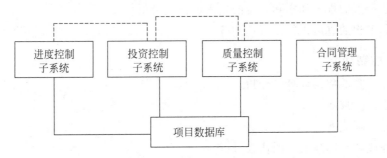

图 11-2 工程项目管理信息系统结构

进度控制子系统包括编制双代号网络计划(CPM)和单代号搭接网络计划,编制多平面群体网络计划(MSM),工程实际进度的统计分析,工程进度变化趋势预测,计划进度的定期调整,工程进度各类数据的查询,提供多种(不同管理平面)工程进度报表,绘制网络图,绘制横道图。

投资控制子系统包括投资分配分析,编制项目概算和预算,投资分配与项目概算的对比分析,项目概算与预算的对比分析,合同价与投资分配、概算、预算的对比分析,实际投资与投资分配、概算、预算的对比分析,项目投资变化趋势预测,项目结算与预算、合同价的对比分析,项目投资的各类数据查询,提供多种(不同管理平面)项目投资报表。

质量控制子系统包括项目建设的质量要求和质量标准的制定,分项工程、分部工程和单位工程的验收记录和统计分析,工程材料验收记录,机电设备检验记录(包括机电设备的设计质量、监造质量、开箱检验质量、资料质量、安装调试质量、试运行质量、验收及索赔情况),工程设计质量的鉴定记录,安全事故的处理记录,提供多种工程质量报表。应用建设工程项目管理信息系统的主要意义是：实现工程项目管理数据的集中存储；有利于工程项目管理数据的检索和查询；提高工程项目管理数据处理的效率；确保工程项目管理数据处理的准确性；可方便地形成各种工程项目管理需要的报表。

合同管理子系统包括提供和选择标准的合同文本，合同文件、资料的管理，合同执行情况的跟踪和处理过程的管理，涉外合同的外汇折算，经济法规库（国内外经济法规）的查询，提供多种合同管理报表。

11.4.3 工程项目管理信息系统的功能

工程项目信息系统是针对工程项目的计算机应用软件系统，通过及时提供工程项目的有关信息，支持项目管理人员确定项目规划，以便在项目实施过程中达到控制项目目标的目的。

工程项目管理信息系统的功能包括：投资控制（业主方），成本控制，进度控制，合同管理。有些工程项目管理信息系统还包括质量控制和一些办公自动化的功能。

1. 投资控制功能

（1）项目的估算、概算、预算、标底、合同价、投资使用计划和实际投资的数据计算和分析。

（2）进行项目的估算、概算、预算、标底合同价、投资使用计划和实际投资的动态比较（如概算和预算的比较、概算和标底的比较、概算和合同价的比较、预算和合同价的比较等），并形成各种比较报表。

（3）计划资金的投入和实际资金的投入的比较分析。

（4）根据工程的进展进行投资预测等。

2. 成本控制功能

（1）投标估算的数据计算和分析。

（2）计划施工成本。

（3）计算实际成本。

（4）计划成本与实际成本的比较分析。

（5）根据工程的进展进行施工成本预测等。

3. 进度控制功能

（1）计算工程网络计划的时间参数，并确定关键工作和关键路线。

（2）绘制网络图和计划横道图。

（3）编制资源需求量计划。

（4）进度计划执行情况的比较分析。

（5）根据工程的进展进行工程进度预测。

4. 合同管理功能

（1）合同基本数据查询。

（2）合同执行情况的查询和统计分析。

（3）标准合同文本查询和合同辅助起草等。

11.5 BIM 技术及其在工程项目管理中的应用

11.5.1 概述

1. BIM 的基本概念

BIM(building information modeling)中文译为"建筑信息模型"。国际标准组织设施信息委员会(Facilities Information Council)如下定义：BIM 是利用开放的行业标准，对设施的物理与功能特性及其相关的项目生命周期信息进行数字化形式的表现，从而为项目决策提供支持，有利于更好地实现项目的价值。在其补充说明中强调，BIM 将所有的相关方面集成在一个连贯有序的数据组织中，相关的应用软件在被许可的情况下可以获取、修改或增加数据。

BIM 技术通过数字化手段，在计算机中建立出一个虚拟建筑，该虚拟建筑会提供一个单一、完整、包含逻辑关系的建筑信息库。其中，"信息"的内涵不仅仅是几何形状描述的视觉信息，还包含大量的非几何信息，如材料的耐火等级和传热系数、构件的造价和采购信息等。其本质是一个按照建筑直观物理形态构建的数据库，记录了各阶段的所有数据信息。BIM 技术应用的精髓在于这些数据能贯穿项目的整个寿命期，对项目的建造及后期的运营管理持续发挥作用。

BIM 是以建筑工程项目的各项相关信息数据为基础而建立的建筑模型。通过数字信息仿真、模拟建筑物所具有的真实信息。BIM 是以从设计、施工到运营协调、项目信息为基础而构建的集成流程，它具有可视化、协调性、模拟性、优化性和可出图性 5 大特点。通过使用 BIM，可以在整个流程中将统一的信息创新、设计和绘制出项目，还可以通过真实性模拟和建筑可视化来更好地沟通，以便让项目各方了解工期、现场实时情况、成本和环境影响等项目基本信息。

在 BIM 建筑信息模型中，整个过程是可视化的，因此可以用于呈现和生成报告。通过构建可视化，更重要的是可以在项目设计、施工和运行过程中进行沟通、讨论和决策。

BIM 技术提供了一个统一的数字模型表达式。在设计过程中，通过 BIM 模型建立的规范标准，可以充分利用包含在 BIM 模型中的信息，在不同专业和设计阶段之间实现信息的有效传输。图 11-3 为 BIM 的进化过程示意。

Autodesk Revit 是 Autodesk 公司一套系列软件的名称。Revit 系列软件是专为 BIM 构建的，可帮助建筑设计师设计、建造和维护质量更好、能效更高的建筑。Autodesk Revit 作为一种应用程序结合了 Autodesk Revit Architecture、Autodesk Revit MEP 和 Autodesk Revit Structure 软件的功能。

2. BIM 的特点

1) 可视化

可视化即"所见所得"的形式，对于建筑行业来说，可视化的作用是非常大的。BIM 提供了可视化的思路，将以往线条式的构件形成一种三维的立体实物图形，展示在人们的面

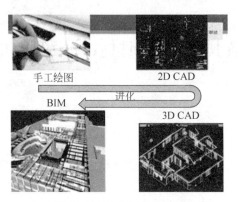

图 11-3 BIM 的进化过程

前；而且，BIM 提到的可视化是一种能够同构件之间形成互动和反馈的可视化。可视化的结果不仅可以用效果图展示生成报表，更重要的是，项目设计、建造、运营过程中的沟通、讨论、决策都在可视化的状态下进行，如图 11-4 所示。

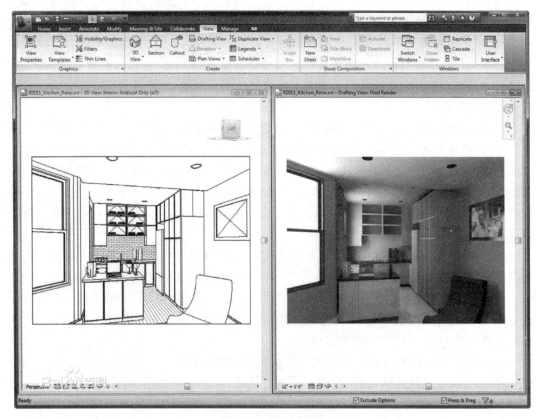

图 11-4 设计可视化

2）协调性

在设计阶段，建筑、结构、设备各有专业图纸，由于设计人员沟通不到位，建筑与结构、建筑与设备、设备与结构都可能会出现碰撞，而 BIM 就具有更好的设计协调性，方便大家协同设计，及早进行冲突碰撞检查。当然，BIM 的协调作用也并不是只能解决各专业间的碰撞问题,它还可以解决如电梯井布置与其他设计布置及净空要求的协调、防火分区与其他设计布置的协调、地下排水布置与其他设计布置的协调等。

3) 模拟性

模拟性并不是只能模拟设计出的建筑物模型,还可以进行多方位的模拟。在设计阶段,BIM 可以进行节能模拟、紧急疏散模拟、日照模拟、热能传导模拟等;在招投标和施工阶段可以进行 4D 模拟(三维模型+项目的发展时间),即根据施工的组织设计模拟实际施工(图 11-5),从而确定合理的施工方案来指导施工。同时,还可以进行 5D 模拟(基于 4D 模型+造价控制),从而实现成本控制;后期运营阶段可以模拟日常紧急情况的处理方式,如地震人员逃生模拟及消防人员疏散模拟等。

图 11-5 模拟施工流程

4) 优化性

项目全过程实际上是一个不断优化的过程。项目优化一般受信息、复杂程度及时间等因素的制约。没有准确的信息,就给不出合理的优化结果。BIM 模型提供了建筑物实际存在的信息,包括几何信息、物理信息、规则信息,还提供了建筑物变化以后的实际存在信息;因而可以进行更好的优化。复杂程度较高时,参与人员本身的能力无法掌握所有的信息,必须借助一定的科学技术和设备的帮助。现代建筑物的复杂程度大多超过参与人员本身的能力极限,BIM 及与其配套的各种优化工具提供了对复杂项目进行优化的可能。

5) 可出图性

BIM 模型不仅能绘制常规的建筑设计及构件加工图纸,还能通过对建筑物进行可视化展示、协调、模拟、优化,并出具各专业图纸及深化图纸,使工程表达更加详细。BIM 模型还可以帮助输出如下图纸或报告:①综合管线图;②综合结构留洞图(预埋套管图);③碰撞检查侦错报告和建设改进方案。

11.5.2 BIM 在工程项目管理目标控制中的应用

1. BIM 在工程造价控制中的应用

BIM 在工程造价管理信息化方面具有不可比拟的优势,对于提升工程造价信息化水平、改进工程造价管理流程、提高工程造价管理效率,都具有积极意义。

1) 提高工程量计算的准确性

BIM 的自动化算量方法比传统的计算方法更加准确。工程量计算是编制工程预算的基础,但计算过程非常繁琐和枯燥,容易因人为原因造成计算错误,影响后续计算的准确性。此外,各地定额计算规则不同,也是阻碍手工计算准确性的重要因素。每计算一个构件都要考虑哪些相关部分要扣减,需要极大的耐心和细心。

BIM 的自动化算量功能可使工程量计算工作摆脱人为因素的影响,得到更加客观的数据。无论是规则或者不规则构件,均可利用所建立的三维模型进行实体扣减计算。

2) 合理安排资源计划

工程建设周期长、涉及人员多、管理复杂,没有充分合理的计划,容易导致工期延误,甚至发生工程质量和安全事故。

利用 BIM 模型提供的基础数据可以合理安排资金计划、人工计划、材料计划和机械计划。在 BIM 模型所获得的工程量上赋予时间信息,可以知道任意时间段的工作量,进而可以知道任意时间段的工程造价,据此来制订资金使用计划。此外,还可以根据任意时间段的工程量,分析出所需要的人、材、机数量,合理安排工作。

3) 控制工程设计变更

对于工程设计变更,传统的方法是靠手工先在图纸上确认位置,然后计算工程设计变更引起的量的增减,还要调整与之相关联的构件。这样不仅过程缓慢,耗费时间长,而且难以保证可靠性。加之工程设计变更的内容没有位置信息和历史数据,查询也非常麻烦。利用 BIM 模型,可以将工程设计变更内容关联到模型中,只需将模型稍加调整,就会自动反映出相关的工程量变化。甚至可以将工程设计变更引起的造价直接反馈给设计人员,使其能清楚地了解工程设计方案的变化对工程造价的影响。

4) 对工程项目多算对比进行有效支持

利用 BIM 模型数据库的特性,可以赋予模型内的构件各种参数信息,如时间信息、材质信息、施工班组信息、位置信息、工序信息等。利用这些信息,可以将模型中的构件进行任意的组合和汇总,从而可以快速地进行统计,对未施工项目进行多算对比提供有效支撑。

5) 历史数据积累和共享

以往工程的造价指标、含量指标等数据,对今后类似工程的投资估算和审核具有非常重要的价值,工程造价咨询单位视这些数据为企业核心竞争力。利用 BIM 模型可以对相关指标进行详细、准确的分析和抽取,并且形成电子资料,方便存储和共享。

2. BIM 在进度控制中的应用

BIM 技术的引入可以突破二维的限制,给项目进度管理带来不同的体验,主要体现在以下几个方面。

1) 加快设计进度

从表面上来看,BIM 设计减慢了设计进度。产生这样的结论的原因,一是现阶段设计用的 BIM 软件确实生产率不够高,二是当前设计院交付成果质量较低。但实际情况表明,使用 BIM 设计虽然增加了时间,但交付成果质量却有明显提升,在施工以前解决了更多问题,推送给施工阶段的问题大大减少,这对总体进度而言是非常有利的。

2）碰撞检测，减少变更和返工进度损失

BIM 强大的碰撞检查功能十分有利于减少进度浪费。大量的专业冲突拖延了工程进度，大量的废弃工程在返工的同时，也造成了巨大的材料、人工浪费。当前的产业机制造成了设计和施工的分家，设计院为了效益，尽量降低设计工作的深度，交付成果很多是方案阶段成果，而不是最终施工图，里面充满了很多深入下去才能发现的问题，需要施工单位的深化设计。由于施工单位技术水平有限及其理解问题，特别是当前"三边"工程较多的情况下，专业冲突十分普遍，返工现象常见。在中国当前的产业机制下，利用 BIM 系统实时跟进设计，第一时间发现并解决问题，带来的进度效益是十分惊人的。

3）加快招标投标组织工作

设计基本完成，组织一次高质量的招标投标工作，编制高质量的工程量清单要耗时数月。一个质量低下的工程量清单将导致业主方巨额的损失，利用不平衡报价很容易造成更高的结算价。利用基于 BIM 技术的算量软件系统大大加快了计算速度，提高了计算准确性，加快了招标阶段的准备工作，同时提升了招标工程量清单的质量。

4）加快支付审核

当前很多工程中，由于过程付款争议挫伤承包商的积极性，进而影响到工程进度的情况并不少见。业主方缓慢的支付审核往往引起与承包商合作关系的恶化，甚至影响到承包商的积极性。业主方利用 BIM 技术的数据能力，快速校核反馈承包商的付款申请单，则可以大大加快期中付款反馈机制，提升双方战略合作成效。

5）加快生产计划、采购计划编制速度

工程中经常因生产计划、采购计划编制缓慢而影响了进度。急需的材料、设备不能按时进场，造成窝工，影响工期。BIM 可以随时随地获取准确数据，使制订生产计划、采购计划更快速，大大缩小了工程用时，加快了施工进度，同时提高了计划的准确性。

6）加快竣工交付资料准备

基于 BIM 的工程实施过程中，所有资料可随时挂接到工程 BIM 数字模型中，竣工资料在竣工时即已形成。竣工 BIM 模型在运维阶段还将为业主方发挥巨大的作用。

7）提升项目决策效率

在传统的工程实施中，由于大量决策依据、数据不能及时完整地提交出来，决策被迫延迟，或决策失误造成工期损失的现象非常多见。实际情况中，只要工程信息数据充分，决策并不困难，难的往往是决策依据不足、数据不充分，有时导致领导难以决策，或导致多方谈判长时间僵持，延误工程进展。BIM 形成工程项目的多维度结构化数据库，几乎可以实时整理分析数据，完全消除了这方面的难题。

3. BIM 在质量控制中的应用

在质量管理中，BIM 技术的引入不仅提供了一种"可视化"的管理模式，也能够充分发掘传统技术的潜在能量，使其更充分、更有效地为工程项目质量管理工作服务。传统的二维管控质量方法是将各专业平面图叠加，结合局部剖面图，设计审核校对人员凭经验发现错误，这种方法难以全面把控质量。而三维参数化的质量控制是利用三维模型，通过计算机自动实时检测管线碰撞，精确性高。

基于 BIM 的工程项目质量管理包括产品质量管理及技术质量管理。在进行产品质量管理时,由于BIM模型储存了大量的建筑构件和设备信息,通过软件平台,可快速查找所需的材料及构配件信息,如规格、材质、尺寸要求等,并可根据BIM设计模型监控施工质量,对现场施工作业产品进行追踪、记录、分析,掌握现场施工的不确定因素,避免不良后果出现。在进行技术质量管理时,通过BIM的软件平台动态模拟施工技术流程,再由施工人员按照仿真施工流程施工,确保施工技术信息的传递不会出现偏差,避免实际做法和计划做法出现偏差,减少不可预见情况的发生。下面仅对BIM在工程项目质量管理中的关键应用进行具体介绍。

1) 建模前期协同设计

在建模前期,需要建筑专业和结构专业的设计人员大致确定吊顶高度及结构梁高度;对于净高要求严格的区域,提前告知机电专业;各专业针对空间狭小、管线复杂的区域,协调编制二维局部剖面图。建模前期协同设计目的是在建模前期就解决部分潜在的管线碰撞问题,预知潜在质量问题。

2) 碰撞检测

目前,BIM技术在三维碰撞检查中的应用已经比较成熟,依靠其特有的直观性及精确性,于设计建模阶段就可一目了然地发现各种冲突与碰撞。在水、暖、电建模阶段,利用BIM随时自动检测及解决管线设计初级碰撞,其效果相当于将校审部分工作提前进行,这样可大大提高成图质量。碰撞检测的实现主要依托于虚拟碰撞软件,其实质为BIM可视化技术。施工设计人员在建造之前对项目进行碰撞检测,不但能够彻底消除碰撞、优化工程设计,减少在建筑施工阶段可能存在的错误损失和返工的可能性,而且能够优化净空和管线排布方案。最后,施工人员可以利用碰撞优化后的三维方案,进行施工交底、施工模拟,提高了施工质量,同时也提高了与业主沟通的主动权。

碰撞检测可以分为专业间碰撞检测与综合管线的碰撞检测。专业间碰撞检测主要包括土建专业之间(如检查标高、剪力墙、柱等位置是否一致,梁与门是否冲突)、土建专业与机电专业之间(如检查设备管道与梁柱是否发生冲突)、机电各专业间(如检查管线末端与室内吊顶是否冲突)的软、硬碰撞点检测。综合管线的碰撞检测主要包括管道专业、暖通专业、电气专业系统内部检查以及管道、暖通、电气、结构专业之间的碰撞检查等。另外,解决管线空间布局问题,如机房过道狭小等问题也是常见碰撞内容之一。

针对由设计方解决的问题,可以通过多次召集各专业主要骨干参加三维可视化协调会议的办法,把复杂的问题简单化,同时将责任明确到个人,从而顺利地完成管线综合设计和优化设计,得到业主的认可。针对其他问题,则可以通过三维模型截图、漫游文件等协助业主解决。另外,管线优化设计应遵循以下原则:

(1) 在非管线穿梁、碰柱、穿吊顶等必要情况下,尽量不要改动。

(2) 只需调整管线安装方向即可避免的碰撞属于软碰撞,可以不修改,以减少设计人员的工作量。

(3) 需满足业主要求,对没有碰撞但不满足净高要求的空间,也需要进行优化设计。

(4) 管线优化设计时,应预留安装、检修空间。

管线避让原则为:有压管让无压管、小管线让大管线、施工简单管让施工复杂管、冷水管道避让热水管道、附件少的管道避让附件多的管道、临时管道避让永久管道。

3) 施工工序管理

工序质量控制就是对工序活动条件即工序活动投入的质量和工序活动效果的质量及分

项工程质量的控制。在利用 BIM 技术进行工序质量控制时能够着重于以下几方面的工作：

(1) 利用 BIM 技术能够更好地确定工序质量控制工作计划。

(2) 利用 BIM 技术主动控制工序活动条件的质量。

(3) 能够及时检验工序活动效果的质量。

(4) 利用 BIM 技术设置工序质量控制点(工序管理点)，实行重点控制。

11.5.3　BIM 在工程项目管理中的其他应用

1. BIM 与绿色施工管理

BIM 是信息技术在建筑中的应用，赋予建筑"绿色生命"。应当以绿色为目的、以 BIM 技术为手段，用绿色的观念和方式进行建筑的规划和设计，在施工和运行阶段采用 BIM 技术促进绿色指标的落实，促进整个行业的进一步资源优化整合。

在建筑设计阶段，利用 BIM 可进行能耗分析，选择低环境影响的建筑材料等，还可以进行环境生态模拟，包括日照模拟、日照热的情境模拟及分析、二氧化碳排放计算、自然通风和混合系统情况仿真、通风设备及控制系统效益评估、采光情境模拟、环境流体力学情境模拟等，达到保护环境及资源充分、可持续利用的目的，给人们创造一种舒适的生活环境。

工程项目的全寿命周期应当包括前期的规划、设计，建筑原材料的获取，建筑材料的制造、运输和安装，建筑系统的建造、运行、维护以及最后的拆除等全过程。所以要在建筑的全寿命周期内实行绿色理念，不仅要在规划设计阶段应用 BIM 技术，还要在节地、节水、节材、节能及施工管理、运营维护管理五个方面深入应用 BIM，不断推动整体行业向绿色方向行进。

1) 节地与室外环境

节地不仅是施工用地的合理利用，建筑设计前期的场地分析、运营管理中的空间管理也同样包含在内。BIM 在施工节地中的主要应用内容有场地分析、土方量计算、施工用地管理等。

(1) 场地分析。场地分析是研究影响建筑物定位的主要因素，是确定建筑物的空间方位和外观、建立建筑物与周围景观联系的过程。BIM 结合地理信息系统对现场及拟建的建筑物空间数据进行建模分析，结合场地使用条件和特点，给出最理想的现场规划和交通流线组织关系。利用计算机可分析出不同坡度的分布及场地坡向、建设地域发生自然灾害的可能性，区分适宜建设与不适宜建设区域，对前期场地设计起到至关重要的作用。

(2) 土方量计算。利用场地合并模型，在三维中直观查看场地挖填方情况，对比原始地形图与规划地形图得出各区块原始平均高程、设计高程及平均开挖高程，然后计算出各区块挖及填方量。

(3) 施工用地管理。建筑施工是一个高度动态的过程。随着建筑工程规模不断扩大，复杂程度不断提高，施工项目管理也变得极为复杂。施工用地、材料加工区和堆场也随着工程进度的变换而调整着。BIM 施工模拟技术可以在项目建造过程中合理制订施工计划、精确掌握施工进度、优化使用施工资源以及科学地进行场地布置。

2) 节水与水资源利用

在建筑的施工过程中，用水量极大，混凝土的浇筑、搅拌、养护等都需要大量用水。一些施工单位由于在施工过程中没有计划，肆意用水，往往造成水资源的大量浪费，在施工中节约用水是势在必行的。

BIM 在节水方面的应用体现在协助土方量的计算、模拟土地沉降、场地排水设计,以及分析建筑的消防作业面,设置最经济合理的消防器材,设计规划每层排水地漏位置、雨水等非传统水源的收集和循环利用。

利用 BIM 技术可以对施工用水过程进行模拟。比如在基坑降水阶段肥槽未回填时,采用地下水作为混凝土养护用水;使用地下水作为喷洒现场降尘和混凝土罐车冲洗用水;也可以模拟施工现场情况,编制详细的施工现场临时用水方案,使施工现场供水管网根据用水量设计布置,采用合理的管径和简捷的管路,有效地减少管网和用水器具的漏损。

3)节材与材料资源利用

基于 BIM 技术,重点从钢材、混凝土、木材、模板、围护材料、装饰装修材料及生活办公用品材料七个主要方面进行施工节材与材料资源利用控制;通过 BIM 可以做到安排材料采购的合理化,建筑垃圾减量化,可循环材料的多次利用化,钢筋配料、钢构件下料以及安装工程的预留、预埋,管线路径的优化等措施;同时根据设计的要求,结合施工模拟,达到节约材料的目的。BIM 在施工节材中的主要应用内容有管线综合设计、复杂工程预加工和预拼装、物料跟踪等。

(1)管线综合设计。目前大体量的建筑如摩天大楼等的机电管网错综复杂,在大量的设计面前很容易出现管网交错、碰撞及施工不合理等问题。以往人工检查图样比较单一,不能同时检测平面和剖面的位置,而 BIM 软件中的管网检测功能为工程师解决了这个问题。检测功能可生成管网三维模型,并基于建筑模型,系统可自动检查出碰撞部位并标注,使得大量的检查工作变得简单。空间净高分析是与管线综合相关的一部分检测工作,基于 BIM 信息模型对建筑内不同功能区域的设计高度进行分析,查找不符合设计规划的缺失,将情况反馈给施工人员,以此提高工作效率,避免错、漏、碰、缺的出现,减少原材料的浪费。

(2)复杂工程预加工和预拼装。复杂的建筑形体如曲面幕墙及复杂钢结构的安装是难点,尤其是复杂曲面幕墙,组成幕墙的每一块玻璃面板形状都有差异,给幕墙的安装带来一定困难。BIM 技术最拿手的是复杂形体设计及建造应用,可针对复杂形体进行数据整合和验证,实现多维曲面的设计。工程师可利用计算机对复杂的建筑形体进行拆分,拆分后利用三维信息模型进行解析,在计算机中进行预拼装,分成网格块编号,进行模块设计,然后送至工厂按模块加工,再送到现场拼装即可。同时数学模型也可提供大量建筑信息,包括曲面面积统计、经济形体设计及成本估算等。

(3)物料跟踪。随着建筑行业标准化、工厂化、数字化水平的提升,以及建筑使用设备复杂性的提高,越来越多的建筑及设备构件通过工厂加工并运送到施工现场进行高效的组装。根据 BIM 中得出的进度计划,可提前计算出合理的物料进场数目。BIM 结合施工计划和工程量造价,可以实现 5D(三维模型+时间+成本)应用,做到零库存施工。

4)节能与能源利用

以 BIM 推进绿色施工、节约能源、降低资源消耗和浪费、减少污染是建筑发展的方向和目的。节能在绿色环保方面具体有两种体现:①形成资源的循环使用,包括水能循环、风能流动、自然光能的照射,科学地根据不同功能、朝向和位置选择最适合的构造形式;②实现建筑自身的减排。构建时,以信息化手段减少工程建设周期运营时,不仅能够满足使用需求,还能保证最低的资源消耗。

在方案论证阶段,项目投资方可以使用 BIM 来评估设计方案的布局、视野、照明、安全、人体工程学、声学、纹理、色彩及规范的遵守情况。BIM 甚至可以做到对建筑局部的细节推敲,迅速分析设计和施工中可能需要应对的问题。BIM 包含建筑几何形体的很多专业信息,其中也包括许多用于执行生态设计分析的信息,能够很好地将建筑设计和生态设计紧密联系在一起,设计内容将不单单是体量、材质、颜色等,而且也是动态的、有机的。

建筑系统分析是对照业主使用需求及设计规定来衡量建筑物性能的过程,包括机械系统如何操作和建筑物能耗分析、内外部气流模拟、照明分析、人流分析等涉及建筑物性能的评估。BIM 结合专业的建筑物系统分析软件,避免了重复建立模型和采集系统参数。通过 BIM 可以验证建筑物是否按照特定的设计规定和可持续标准建造,通过这些分析模拟,最终确定、修改系统参数,甚至系统改造计划,以提高整个建筑的性能。

5)减排措施

利用 BIM 技术可以对施工场地废弃物的排放、放置进行模拟,达到减排的目的。具体方法如下:

(1) 用 BIM 模型编制专项方案,对工地的废水、废弃、废渣排放进行识别、评价和控制,安排专人、专项经费,制定专项措施,减少工地现场的"三废"排放。

(2) 根据 BIM 模型对施工区域的施工废水设置沉淀池,进行沉淀处理后重复使用或合规排放,对泥浆及其他不能简单处理的废水集中交由专业单位处理。在生活区设置隔油池、化粪池,对生活区的废水进行收集和清理。

(3) 禁止在施工现场焚烧垃圾,使用密目式安全网、定期浇水等措施减少施工现场的扬尘。

(4) 利用 BIM 模型合理安排噪声源的放置位置及使用时间,采用有效的噪声防护措施,减少噪声排放,并满足施工场界环境噪声排放标准的限制要求。

(5) 生活区垃圾按照有机、无机分类收集,与垃圾站签合同,按时收集垃圾。

2. BIM 下的协同工作

在大型项目中,为模型提供信息的参与人员会很多,每个参与人员可能分布在不同专业团队甚至不同城市或国家,信息沟通及交流非常不便。项目实施过程中,除了让每个项目参与者明晰各自的计划和任务外,还应让其了解整个项目模型建立的状况、协同人员的动态、提出问题(询问)及表达建议的途径。BIM 则能够实现这些功能,使项目各参与方协同工作,如图 11-6 所示。

1)协同工作平台

为有效协同各单位各项施工工作的开展,顺利实施 BIM 计划,施工总承包单位应组织协调工程其他施工相关单位。总包单位基于协同平台在项目实施过程中统一进行信息管理,一旦某个部位发生变化,与之相关联的工程量、施工工艺、施工进度、工艺搭接及采购单等相关信息都自动发生变化,且在协同平台上采用短信、微信、邮件、平台通知等方式统一告知各相关参与方,他们只需重新调取模型相关信息,轻松完成数据交互的工作。另外,施工总承包单位应组织召开工程 BIM 协调会议,由 BIM 专职负责人与项目总工程师每周定期召开 BIM 例会,会议将由甲方、监理、总包、分包、供应商等各相关单位参加。

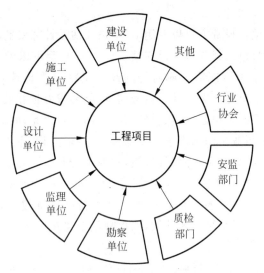

图 11-6　BIM 下的协同平台基本构成

会议将生成相应的会议纪要,并根据需要延伸出相应的图样会审、变更洽商或是深化图样等施工资料,结合施工需求进行技术重难点的 BIM 辅助解决,包括相关方案的论证、施工进度的 4D 模拟等,让各参与单位在会议上通过模型对项目有一个更为直观、准确的认识,并在图样会审、深化模型交底、方案论证的过程中,快速解决工程技术重难点。

2) 协同设计

随着建筑工程复杂性的不断增加,学科的交叉与合作成为建筑设计的发展趋势,这就需要协同设计。而在二维 CAD 时代,协同设计缺少统一的技术平台。虽然目前也有部分集成化软件能在不同专业间实现部分数据的交流和传递(如 PKPM 系列软件),但设计过程中可能出现的各专业间协调问题仍然无法解决。

基于 BIM 技术的协同设计,可以采用三维集成设计模型,使建筑、结构、给水排水、暖通空调、电气等各专业在同一个模型基础上进行工作。建筑设计专业可以直接生成三维实体模型,结构设计专业则可以提取其中的信息进行结构分析与计算,设备专业可以据此进行暖通负荷分析等。不同专业的设计人员能够通过中间模型处理器对模型进行建立和修改,并加以注释,从而使设计信息得到及时更新和传递,更好地解决不同专业间的相互协作问题,从而大大提高建筑设计的质量和效率,实现真正意义上的协同设计。BIM 软件可视技术还可以动态地观察三维模型,生成室内外透视图,模拟现实创建三维漫游动画,使工程师可以身临其境地体验建筑空间,自然减少了各专业设计工程师之间的协调错误,简化了人为的图样综合审核。

在此基础上,BIM 协同设计实施计划项目规划书也能够加快协同工作效率,包括项目评估(选择更优化的方案)、文件档案管理(如文件、轴网、坐标中心约定)、制图及图样管理、数据统一管理、设计进度、人员分工及权限管理、三维设计流程控制、项目建模、碰撞检测、分析碰撞检测报告、专业探讨反馈、优化设计等内容。

3) 进度和工程资料变更的动态管理

面对工程专业复杂、体量大、专业图样数量庞大的工程,利用 BIM 将所有的工程相关信息集中到以模型为基础的协同平台上,依据图样如实进行精细化建模,并赋予工程管理所需的各类信息,确保出现变更后,模型能够及时更新。

为保证本工程施工过程中 BIM 的有效性,对各参与单位在不同施工阶段的职责进行划分,让每个参与者明白自己在不同阶段应该承担的职责和完成的任务,与各参与单位进行有效配合,共同完成 BIM 的实施。

4)总包各专业工作面动态管理

对于水电、装修、钢结构、幕墙等多个分包单位的工程,在基于 BIM 的分包管理方面,既要考虑到图样深化的精准度,又要考虑到各个专业之间的工序搭接。基于 BIM 能够将各专业的深化结果直接反映到 BIM 模型当中,直观明确地反映出深化结果,并能展示出各工序间的搭接节点,从而整体考虑施工过程中的各种问题。

全专业模型建立完成后,总包单位组织各专业汇总各自模型中发现的图样问题,形成图样问题报告,统一由设计院进行解答,完善施工模型。组织本工程模型整合,对应专业单位检查碰撞。

第 11 章习题

第12章 工程项目风险管理

12.1 概述

"风险无处不在,风险无时不有""风险会带来灾难,风险与利润并存",这说明了风险的客观性和风险与生产及发展的相关性。

现代工程项目规模越来越大,技术越来越复杂,风险同样也在增大。因此,工程项目风险管理日益被项目管理人员所重视。工程项目风险管理包括:识别风险,分析风险事件出现的可能性及其危害程度,提出对风险的防范措施和处理对策等。风险管理已成为许多大中型工程建设项目管理中的重要内容之一。

12.1.1 风险概述

1. 风险的定义

风险(risk)在项目管理中是一个重要的概念,在几十年风险管理研究的历史中,人们总是希望给其一个完备的定义,但到目前还没有得到完全统一的定义。

美国风险管理专家 C. W. ARTHER、J. R. M. HEOMS 将风险定义为:给定情况下的可能结果的差异性。

国内一些风险管理学者认为:风险是给定条件下,特定时间内发生的不良后果的可能性。

在一般的保险理论中,将风险定义为:风险是对被保险人的权益产生不利影响的意外事故发生的可能性。

风险是一种可能性,但可能性转化为现实,则成为风险事件;而风险事件向着有利的方向发展,就称为机会,否则就是威胁或损失。由此可见,风险的定义可以概括为以下两方面:①风险是活动或事件发生的潜在可能性;②风险是一种消极的不良后果。

综上所述,风险的定义可表述为:在给定的情况下和特定的时间内,预期结果与实际结果之间的差异,即风险的大小及风险程度的高低取决于结果的差异。

2. 风险的构成要素

1）风险因素

风险因素(risk factors)指引起或增加风险事故发生的机会或扩大损失程度的原因和条件,是可能产生风险事故的各种问题和潜在原因,包括触发条件和转化条件。根据影响损失产生的可能性和程度,风险因素可分为有形风险因素和无形风险因素。有形风险因素是指导致损失发生的物质因素,也称实质风险因素,比如,恶劣的气候或雷电给工程施工带来的损失等。无形风险因素(文化、习俗和生活态度等一类非物质形态的因素)又包括道德风险因素和心理风险因素。道德风险因素是指能引起或增加损失机会和程度的、个人道德品质问题方面的原因,如欺诈、偷工减料等行为;心理风险因素是指人主观上的疏忽或过失而导致风险事件发生的因素,如投保后疏于对损失的防范,以及心存侥幸导致损失发生等。

2）风险事件

风险事件一般是指导致损失的偶发事件(随机事件),如房屋倒塌、车祸、食物中毒、地震、火山爆发等。风险事件的偶然性是由客观存在的不确定性所决定的,事件发生可能与否是不确定性的外在表现形式。

3）风险损失

风险损失是指非故意的、非计划的和非预期的经济价值的减少,可分为直接损失和间接损失两种,其中间接损失又包括额外费用损失、收入损失和责任损失等。

风险因素、风险事件和风险损失三者之间的关系可通过风险的作用链条表示,如图 12-1 所示,即风险因素的产生或增强,导致风险事件的发生,风险事件的发生又是引起风险损失的直接原因,风险损失便产生了预期效果与实际效果之间的差异,即风险。因此,认识风险因素及风险事件作用关系的内在规律是研究风险管理的基础,对于风险防范与控制有着十分重要的作用。

图 12-1 风险因素、风险事件和风险损失的关系

3. 风险的属性

1）风险的不确定性

风险事件的发生及其后果都具有不确定性。表现在:风险事件是否发生,何时发生,发生之后会造成什么样的后果等均是不确定的。

2）风险的相对性

风险总是相对于事件的主体而言的。同样的不确定事件对不同的主体有不同的影响。人们对于风险事件都有一定的承受能力,但是这种能力因活动、人、时间而异。

3）风险的可变性

在一定条件下任何事物总是会发展变化的。风险事件也不例外,当引起风险的因素发生变化时,必然会导致风险的变化。风险的可变性表现在:①风险性质的变化;②风险后果的变化;③出现了新的风险或风险因素已经消除。

4. 风险的分类

从不同角度,根据不同标准,可将风险分成不同的类型。

1) 按风险后果划分

(1) 纯粹风险(pure risk)

这类风险只会造成损失,而不会带来机会或收益。纯粹风险带来的是绝对损失,如自然灾害一旦发生,将会造成重大损失,甚至人员伤亡,但不会带来额外的收益。

(2) 投机风险(speculative risk)

这类风险可能带来机会,获得利益;但又可能隐含威胁,造成损失。

2) 按风险来源划分

(1) 自然风险(natural risk)

由于自然力的作用造成财产毁损或人员伤亡的风险属于自然风险。如水利工程施工过程中,因发生超标准洪水或地震,造成的工程破坏、材料及器材损失。

(2) 人为风险(personal risk)

由于人的活动而带来的风险是人为风险。人为风险又可以分为行为风险、经济风险、技术风险、政治风险和组织风险等。

3) 按事件主体的承受能力划分

(1) 可接受风险(acceptable risk)

可接受风险一般指法人或自然人在分析自身承受能力、财产状况的基础上,确认能够接受最大损失的限度。风险低于这一限度的风险称为可接受风险。

(2) 不可接受风险(unacceptable risk)

在法人或自然人在分析自身承受能力、财务状况基础上,确认已超过或大大超过所能承担的最大损失额,这种风险就称为不可接受风险。

4) 按风险的对象划分

(1) 财产风险(property risk)

财产风险指财产所遭受的损害、破坏或贬值的风险。如设备、正在建设中的工程等,因自然灾害而遭到的损失。

(2) 人身风险(life risk)

人身风险指由于疾病、伤残、死亡所引起的风险。

(3) 责任风险(liability risk)

责任风险指由于法人或自然人的行为违背了法律、合同或道义上的规定,给他人造成财产损失或人身伤害。

5) 按风险对工程项目目标的影响划分

(1) 工期风险

工期风险即造成工程的局部(工程的活动、分项工程)或整个工程的工期延长,不能按计划正常移交后续工程施工或按时交付使用。

(2) 费用风险

费用包括:财务风险、成本超支、投资追加、报价风险、投资回收期延长或无法回收。

(3) 质量风险

质量包括：材料、工艺、工程不能通过验收、工程试生产不合格、工程质量经过评价未达到要求。

5. 风险的基本性质

(1) 客观性

它的存在是不以人的意志为转移；它是无时不在、无所不在的。

(2) 不确定性

风险的发生是不确定的。

(3) 不利性

一旦发生，使主体产生挫折、失败、损失。

(4) 可变性

在一定条件下风险可以转化，主要表现为：性质的变化；量的变化；在一定时间和空间范围内可以被消除；新的风险产生。

(5) 相对性

不同的风险主体对风险的承受能力不同。

(6) 风险同利益的对称性

风险是利益的代价，利益是风险的报酬。

12.1.2 工程项目风险种类

工程项目风险(project risk)是指工程项目在可行性研究设计、施工等各个阶段可能遭到的风险。这些风险所涉及的当事人主要是工程项目的业主/项目法人、工程承包商和工程设计人、咨询人、监理人。

1. 业主/项目法人的风险

工程项目业主/项目法人通常遇到的风险可归纳为：项目组织实施风险、经济风险和自然风险。前两种属人为风险。

1) 项目组织实施风险

这类风险起因有以下几方面：

① 政府或主管部门对工程项目干预太多；
② 建设体制或改革法规不合理；
③ 合同条件的缺陷；
④ 承包商缺乏合作诚意；
⑤ 材料、工程设备供应商履约不力或违约；
⑥ 监理工程师失职；
⑦ 设计缺陷等。

2) 经济风险

经济风险主要产生于下列原因：

① 宏观经济形势不利，如整个国家的经济发展不景气；
② 投资环境差，工程投资环境包括硬环境如交通、通信等条件和软环境，地方政府对工

程的开发建设的态度等;

③ 市场物价不正常上涨,如建筑材料价格极不稳定;

④ 通货膨胀(currency inflation)幅度过大;

⑤ 投资回报期(investment recovery period)长,属长线工程,预期投资回报难以实现;

⑥ 基础设施落后,如施工电力供应困难、对外交通条件差等;

⑦ 资金筹措困难等。

3)自然风险

自然风险通常由下列原因所引起:

① 恶劣的自然条件,如洪水、泥石流等均直接威胁工程项目;

② 恶劣的气候条件,如严寒无法施工,台风、暴雨都会给施工带来困难或损失;

③ 恶劣的现场条件,如施工用水用电供应的不稳定性,对工程不利的地质条件等;

④ 不利的地理位置,如工程地点十分偏僻,交通十分不便利等。

2. 承包商的风险

承包商是业主的合作者,但在各自的利益上又是对应的双方,即双方既有共同利益,双方各自又有风险。承包商的行为对业主构成风险,业主的举动也会对承包商的利益构成威胁。承包商的风险大致可成下列几方面:

1)决策错误的风险

承包商在实施过程中需要进行一系列的决策,这些决策无不潜伏着各具特征的风险,包括:

① 信息取舍失误或信息失真的风险。因信息的失真,其决策失误的可能性很大。

② 中介与代理的风险。中介人(intermediary)通常不让交易双方直接见面,选择不当的代理人或代理协议不当给承包商造成较大损失的例子并不罕见。

③ 投标的风险。投标是取得工程承包权的重要途径,但当承包商不能中标时,其投标过程发生的费用是无法得到补偿的。

④ 报价失误的风险。报价过高,面临着不能中标的风险;报价过低,则又面临着利润低,甚至亏本的风险。

2)缔约和履约的风险

其潜伏的风险主要表现在以下几方面:

① 合同条件不平等或存在对承包商不利的缺陷。如不平等条款(unequal term)、合同中定义不准确、条款遗漏或合同条款对工程条件的描述和实际情况差距很大等。

② 施工管理技术不熟悉。如承包商不掌握施工网络计划新技术,对工程进度心中无数,不能保证整个工程的进度。

③ 合同管理不善。合同管理是承包商赢得利润的关键手段,承包商要利用合同条款保护自己,扩大收益。若做到这一点,则势必存在较大的风险。

④ 资源组织和管理不当。这里的资源包括劳动力、建筑材料和施工机械等,对承包商而言合理组织资源供应,是保证施工顺利进行的条件。若资源组织和管理不当,就存在着遭受重大损失的可能。

⑤ 成本和财务管理失控。承包商施工成本失控的原因是多方面的,包括报价过低或费用估算失误、工程规模过大和内容过于复杂、技术难度大、当地基础设施落后、劳务素质差和

劳务费过高、材料短缺或供货延误等。财务管理风险更大,一旦失控,常会给公司造成巨大经济损失。

3) 责任风险

工程承包是一种法律行为,合同当事人负有不可推卸的法律责任。责任风险的起因可以有下列几种:

① 违约,即不执行承包合同或不完全履行合同。

② 故意或无意侵权,如对工程质量事故可能是粗心大意引起,也可能是偷工减料引发。

③ 欺骗和其他错误。

3. 工程设计人、咨询人/监理人的风险

同业主、承包商一样,工程设计人、咨询人/监理人在工程项目实施和管理中也面临着各种风险,归纳起来,源于下列三方面。

1) 来自业主/项目法人方的风险

工程设计人、咨询人/监理人受业主委托,为业主提供技术服务,当然其要按技术服务合同承担相应的责任,因此承担的风险是不会少的。来自业主方面的风险主要出于下列原因:①业主希望少花钱多办事,不遵循客观规律,对工程提出过分的要求,如对工程标准提得太高,对施工速度定得太快等。②可行性研究缺乏严肃性。业主上项目的意向确定后,对咨询公司做可行性研究附加种种倾向性要求。③投资先天不足,工程设计人、咨询人/监理人难做无米之炊。④盲目干预。有些业主虽和监理签有监理合同,明确监理在承包合同管理中的责任、权利和义务,但在实施过程中,业主随意做出决定,对监理工程师干预过多,甚至剥夺监理工程师正常履行职责的权利。

2) 来自承包商的风险

主要表现在:①承包商不诚实。这常见的案例是承包商的报价很低,一旦中标后,在施工过程中工程变更、施工索赔接连不断,若监理工程师不答应,则以停工要挟。②承包商缺乏职业道德。如质量管理方面,常见的现象是承包商还没有自检,就要求监理工程师同意进行检查或验收,当其履行合同不力或质量不合标准时,要求监理工程师网开一面,手下留情。③承包商素质差。承包商的素质差,履约不力,甚至没有履约的诚意或弄虚作假,对工程质量极不负责,都有可能使监理工程师蒙受责任风险。

3) 职业责任风险

工程设计人、咨询人/监理人的职业责任风险一般由下列因素构成:①设计不充分或不完善。这显然是设计工程师的失职。②设计错误和疏忽。这潜在着重大工程质量问题。③投资估算和设计概算不准。这会引起业主的投资失控,咨询/设计对此当然有不可推卸的责任。④自身的能力和水平不适应。工程设计人、咨询人/监理人的能力和水平不行,很难完成其相应的任务,与此相伴的风险当然是不可避免的。

12.1.3 工程项目风险管理

1. 工程项目风险管理概念

工程项目风险管理是指项目主体通过风险识别、风险评价等分析工程项目的风险,并以此为基础,使用多种方法和手段对项目活动涉及的风险制定应对措施并实行有效的控制,尽量扩大风险事件的有利结果,妥善地处理风险事件造成的不利后果的全过程的总称。风险管理一般包括四个过程:风险识别、风险评估、风险应对和风险监控,其基本程序如图 12-2 所示。

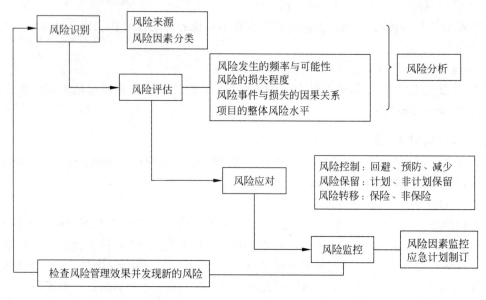

图 12-2　工程项目风险管理的基本程序

2. 工程项目风险管理的重点

工程项目风险管理贯穿在工程项目的整个寿命周期,而且是一个连续不断的过程,但也有其重点。

(1) 从时间上看,下列时间工程项目风险要特别引起关注。

① 工程项目进展过程中出现未曾预料的新情况时;

② 工程项目有一些特别的目标必须实现时,如道路工程一定要在某月月底通车;

③ 工程项目进展出现转折点,或提出变更时。

(2) 项目无论大与小、简单与复杂都均可对其进行风险分析和风险管理,但是下面一些类型的项目或活动特别应该进行风险分析和风险管理。

① 创新或使用新技术的工程项目;

② 投资数额大的工程项目;

③ 实行边设计、边施工、边科研的工程项目;

④ 打断目前生产经营,对目前收入影响特别大的工程项目;

⑤ 涉及敏感问题(环境、搬迁)的工程项目;

⑥ 受到法律、法规、安全等方面严格要求的工程项目;

⑦ 具有重要政治、经济和社会意义,财务影响很大的工程项目;

⑧ 签署不平常协议(法律、保险或合同)的工程项目。

(3) 对于工程建设项目,在下述阶段进行风险分析和风险管理可以获得特别好的效果。

① 可行性研究阶段。这一阶段,项目变动的灵活性最大。这时若有减少项目风险的变更,代价小,而且有助于选择项目的最优方案。

② 审批阶段。此时项目业主可以通过风险分析了解项目可能会遇到的风险,并检查是

否采取了所有可能的步骤来减少和管理这些风险。在定量风险分析之后,项目业主还能够知道有多大的可能性实现项目的各种目标,如费用、时间和功能。

③ 招标投标阶段。承包商可以通过风险分析明确承包中的所有风险,有助于确定应付风险的预备费数额,或者核查自己受到风险威胁的程度。

④ 招标后。项目业主通过风险分析可以查明承包商是否已经认识到项目可能会遇到的风险,是否能够按照合同要求如期完成项目。

⑤ 项目实施期间。定期进行风险分析、切实地进行风险管理可增加项目按照预算和进度计划完成的可能性。

3. 工程项目风险管理的特点

(1) 工程项目风险管理尽管有一些通用的方法,如概率分析方法、模拟方法、专家咨询法等。但要研究具体项目的风险,就必须与该项目的特点相联系,例如:

① 该项目复杂性、系统性、规模、新颖性、工艺的成熟程度等。

② 项目的类型及项目所在领域。不同领域的项目有不同的风险,有不同的风险的规律性、行业性特点。例如,计算机开发项目与建筑工程项目就有截然不同的风险。

③ 项目所处的地域,如国度、环境条件。

(2) 风险管理需要大量地占有信息、了解情况,要对项目系统及系统的环境有十分深入的了解,并进行预测,所以不熟悉情况是不可能进行有效的风险管理的。

(3) 虽然人们通过全面风险管理,在很大程度上已经将过去凭直觉、凭经验的管理上升到理性的全过程的管理,但风险管理在很大程度上仍依赖于管理者的经验及管理者过去工程的经历、对环境的了解程度和对项目本身的熟悉程度。在整个风险管理过程中,人的因素影响很大,如人的认识程度、人的精神、创造力。有的人无事忧天倾,有的人天塌下来也不怕。所以风险管理中要注重对专家经验和教训的调查分析,这不仅包括他们对风险范围、规律的认识,而且包括他们对风险的处理方法、工作程序和思维方式,并在此基础上将分析成果系统化、信息化、知识化,用于对新项目的决策支持。

(4) 风险管理在项目管理中属于一种高层次的综合性管理工作。它涉及企业管理和项目管理的各个阶段和各个方面,涉及项目管理的各个子系统。所以它必须与合同管理、成本管理、工期管理、质量管理连成一体。

(5) 风险管理的目的并不是消灭风险,在工程项目中大多数风险是不可能由项目管理者消灭或排除的,而是有准备地、理性地实施项目,尽可能地减少风险的损失和利用风险因素有利的一面。

4. 风险管理和工程项目管理的关系

风险管理是工程项目管理的一部分,目的是保证项目总目标的实现。风险管理与项目管理的关系如下:

(1) 从项目的成本、时间和质量目标来看,风险管理与项目管理目标一致。只有通过风险管理降低项目的风险成本,项目的总成本才能降下来。项目风险管理把风险导致的各种不利后果降到最低程度,这正符合各项目有关方在时间和质量方面的要求。

(2) 从项目范围管理来看。风险管理是项目范围管理主要内容之一,是审查项目和项目变更所必需的。一个项目之所以必要、被批准并付诸实施,无非是市场和社会对项目的产品和服务的需求。风险管理通过风险分析，对这种需求进行预测，指出市场和社会需求的可能变动范围，并计算出需求变动时项目的盈亏大小。这就为项目的财务可行性研究提供了重要依据。项目在进行过程中，各种各样的变更是不可避免的。变更之后，会带来某些新的不确定性。风险管理正是通过风险分析来识别、估计和评价这些不确定性，向项目范围管理提出任务。

（3）从项目管理的计划职能来看，风险管理为项目计划的制订提供了依据。项目计划考虑的是未来，而未来充满着不确定因素。项目风险管理的职能之一恰恰是减少项目整个过程中的不确定性。这一工作显然对提高项目计划的准确性和可行性有极大的帮助。

（4）从项目的成本管理职能来看，项目风险管理通过风险分析，指出有哪些可能的意外费用，并估计出意外费用的多少。对于不能避免但能够接受的损失也计算出数量，列为一项成本。这就为在项目预算中列入必要的应急费用提供了重要依据，从而增强了项目成本预算的准确性和现实性，能够避免因项目超支而造成项目各有关方的不安，有利于坚定人们对项目的信心。因此，风险管理是项目成本管理的一部分，没有风险管理的项目成本管理是不完整的。

（5）从项目的实施过程来看，许多风险都在项目实施过程中由潜在变成现实。无论是机会还是威胁，都在实施中见分晓。风险管理就是在认真的风险分析基础上，拟定各种具体的风险应对措施，以备风险事件发生时采用。项目风险管理的另一内容是对风险实行有效的控制。

5．工程项目风险管理的作用

（1）通过风险分析，可加深对项目的认识和理解，澄清各方案的利弊，了解风险对项目的影响，以便减少或分散风险。

（2）通过检查和考虑所有到手的信息、数据和资料，可明确项目的各有关前提和假设。

（3）通过风险分析不但可提高项目各种计划的可信度，还有利于改善项目执行组织内部和外部之间的沟通。

（4）编制应急计划时更有针对性。

（5）能够将处理风险后果的各种方式更灵活地组合起来，在项目管理中减少被动，增加主动。

（6）有利于抓住机会，利用机会。

（7）为以后的规划和设计工作提供反馈信息，以便在规划和设计阶段采取措施防止和避免风险损失。

（8）风险虽难以完全避免，但通过有效的风险分析，能够明确项目到底可能承受多大损失或损害。

（9）为项目施工、运营选择合同形式和制订应急计划提供依据。

（10）深入的研究和情况了解可以使决策更有把握，更符合项目的方针和目标，从总体上使项目减少风险，保证项目目标的实现。

（11）可推动项目实施的组织和管理班子积累有关风险的资料和数据，以便改进将来的项目管理。

12.2 工程项目风险识别

风险识别是工程项目风险管理过程的第一步,即项目风险的确定。风险识别的内容是根据工程项目特点,通过多种途径收集与项目风险有关的信息,尽可能全面地辨识影响项目目标实现的风险事件存在的可能性,确定风险因素,并进行系统归类和尽可能地全面识别。

12.2.1 风险识别过程

风险识别的过程包括对所有可能的风险事件来源和结果进行客观的调查分析,最后形成项目风险清单,具体可将其分为 5 个环节,如图 12-3 所示。

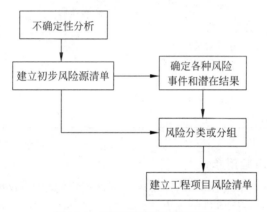

图 12-3　工程项目风险识别过程

1. 不确定性分析

影响工程项目的因素很多,其中许多是不确定的。风险管理首先是要对这些不确定因素进行分析,识别其中有哪些不确定因素会使工程项目发生风险,分析潜在损失的类型或危险的类型。

2. 建立初步风险源清单

在不确定性分析的基础上,将不确定因素及可能引发的损失类型或危险性类型列入清单,作为进一步分析的基础。对每一种风险来源均要有文字说明。说明中一般要包括以下几方面:
① 风险事件的可能后果;
② 风险发生时间的估计;
③ 风险事件预期发生次数的估计。

3. 确定各种风险事件和潜在结果

根据风险源清单中的各风险源推测可能发生的风险事件以及相应风险事件可能出现的损失。

4. 风险分类或分组

根据工程项目的特点,按风险的性质和可能的结果及彼此间可能发生的关系对风险进行分类。在工程项目的实施阶段,其风险可作如表12-1分类。

对风险进行分类的目的在于:一方面加深对风险的认识和理解;另一方面进一步识别风险的性质,从而有助于制定风险管理的目标和措施。

表 12-1 施工实施阶段风险分类

业 主 风 险	承包商风险	业主和承包商共担风险	未定风险
(1) 征地	(1) 工人和施工设备的生产率	(1) 财务收支	(1) 不可抗力
(2) 现场条件	(2) 施工质量	(2) 变更令谈判	(2) 第三方延误
(3) 及时提供完整的设计文件	(3) 人力、材料和施工设备的及时供应	(3) 保障对方不承担责任	
(4) 现场出入道路	(4) 施工安全	(4) 合同延误	
(5) 建设许可证和其他有关条例	(5) 材料质量		
(6) 政府法律规章的变化	(6) 技术和管理水平		
(7) 建设资金及时到位	(7) 材料涨价		
(8) 工程变更	(8) 实际工程量		
	(9) 劳资纠纷		

5. 建立工程项目风险清单

按工程项目风险的大小或轻重缓急,将风险事件列成清单,不仅展示出工程项目面临总体风险的情况,而且能把全体项目管理人员统一起来,使各人不仅考虑到自己管理范围内所面临的风险,而且也了解到其他管理人员所面临的风险以及风险之间的联系和可能的连锁反应。工程项目风险清单的编制一般应在风险分类或分组的基础上进行,并对风险事件的来源、发生时间、发生的后果和预期发生的次数进行说明。

12.2.2 风险识别方法

原则上,风险识别可以从原因查结果,也可以从结果反过来找原因。从原因查结果,就是先找出本项目会有哪些事件发生,发生后会引起什么样的结果,如项目进行过程中,关税会不会变化、关税税率提高和降低两种情况各会引起什么样的后果。从结果找原因,则是从某一结果出发,查找引发这一结果的原因,如建筑材料涨价引起项目超支,哪些因素引起建筑材料涨价;项目进度拖延了,造成进度拖延的因素有哪些。

在具体识别风险时,还可以利用核对表、常识经验和判断、流程图等工具或方法。

1. 核对表

人们考虑问题有联想习惯,在过去经验的启示下,思想常常变得很活跃,浮想联翩。风险识别实际是关于未来风险事件的设想,是一种预测。如果把人们经历过的风险事件及其来源罗列出来,写成一张核对表,项目管理人员看后有助于开阔思路,容易想到本项目会有哪些潜在风险。核对表可以包含多种内容,如以前项目成功或失败的原因、项目其他方面规划的结果(范围、成本、质量、进度、采购与合同、人力资源与沟通等计划成果)、项目产品或服务的说明书、项目班子成员的技能、项目可用的资源等。还可以到保险公司索取资料,认真研究其中的保险例外,这些东西能够提醒还有哪些风险尚未考虑到。

(1) 工程项目管理成功与失败原因的核对表

工程项目管理成功与失败原因的核对表,如表12-2所示。

表12-2 工程项目管理成功与失败原因核对表

工程项目管理成功原因	工程项目管理失败原因
(1) 项目目标清楚,对风险采取了现实可行的措施	(1) 项目业主不积极、缺少推动力
(2) 从项目一开始就让项目各阶段的有关方面参与决策	(2) 沟通不够,决策者远离项目现场,项目各有关方责任不明确,合同上未写明
(3) 项目各有关方的责任和应当承担的风险划分明确	(3) 规划工作做得不细,或缺少灵活性
(4) 在项目设备订货和施工之前,对所有可能的设计方案都进行了细致的分析和比较	(4) 把工作交给了能力不行的人,又缺少检查、指导
(5) 在项目规划阶段,组织和签约中可能出现的问题都事先预计到了	(5) 仓促进行各种变更,更换负责人,改变责任、项目范围或项目计划
(6) 项目经理有献身精神,拥有所有应该有的权限	(6) 决策时不征求各方面意见
(7) 项目班子全体成员工作勤奋,对可能遇到的大风险都集体讨论过	(7) 未能对经验教训进行分析
(8) 对外部环境的变化都采取了及时的应对行动	(8) 其他错误
(9) 进行了班子建设、表彰、奖励及时、有度	
(10) 对项目班子成员进行了培训	

(2) 工程项目融资风险核对表

近年来,项目融资作为建设基础产业和基础设施项目筹集资金的方式越来越受到人们的重视。项目融资是风险很大的一种项目活动,因而项目融资的风险管理也变得越来越重要。国际上一些有项目融资经历的专家和金融机构从以往这类业务活动中总结出了丰富的经验和教训。这些经验和教训对于识别今后项目融资以及其他活动中的风险具有重要的作用,其价值是难以估量的。项目融资风险核对表如表12-3所示。

表12-3 项目融资风险核对表

项目失败原因(潜在的风险)	项目成功的必要条件
(1) 工程延误,因而利息增加,收益推迟	(1) 项目融资只涉及信贷风险,不涉及资本金
(2) 成本、费用超支	(2) 切实地进行了可行性研究,编制了财务计划
(3) 技术失败	(3) 项目要用的产品材料的成本要有保障
(4) 承包商财务失败	(4) 价格合理的能源供应要有保障
(5) 政府过多干涉	(5) 项目产品或服务要有市场
(6) 未向保险公司投保人身伤害险	(6) 能够以合理的运输成本将项目产品运往市场
(7) 原材料涨价或供应短缺、供应不及时	(7) 要有便捷、通畅的通信手段
(8) 项目技术陈旧	(8) 能够以预想的价格买到建筑材料
(9) 项目产品服务在市场上没有竞争力	(9) 承包商具有经验、诚实可靠
(10) 项目管理不善	(10) 项目管理人员富有经验、诚实可靠

续表

项目失败原因(潜在的风险)	项目成功的必要条件
(11) 对于担保物,如油、气储量和价值的估计过于乐观 (12) 项目所在国政府无财务清偿能力	(11) 不需要未经实际考验过的新技术 (12) 合营各方签有令各方都满意的协议书 (13) 稳定、友善的政治环境、已办妥有关的执照和许可证 (14) 不会有被政府没收的风险 (15) 国家风险令人满意 (16) 主权风险令人满意 (17) 对于货币、外汇风险事先已有考虑 (18) 主要的项目发起者已投入足够的资本金 (19) 项目本身的价值足以充当担保物 (20) 对资源和资产已进行了满意的评估 (21) 已向保险公司缴纳了足够的保险费,取得了保险单 (22) 对不可抗力已采取了措施 (23) 成本超支的问题已经考虑过

2. 常识经验和判断

以往工程项目积累起来的资料、数据、经验和教训,项目班子成员的常识、经验和判断在风险识别时非常有用,对于那些采用新技术、无先例可循的项目更是如此。另外,把项目有关各方找来,就风险识别进行面对面的讨论,也有可能触及一般规划活动中未曾发现或不能发现的风险。

3. 流程图

将一工程项目的活动按步骤或阶段顺序以若干模块形式组成一个流程图子列,每个模块中都标出各种潜在的风险或利弊因素,结合项目的具体情况,对可能风险进行识别。如图 12-4 某施工项目混凝土施工质量风险识别流程图。

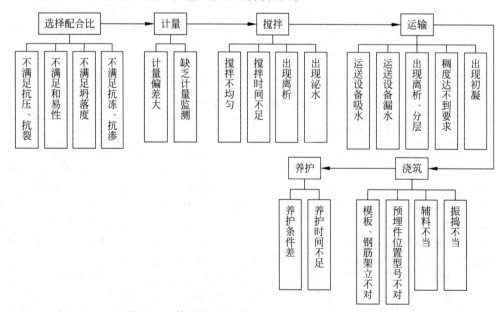

图 12-4 某施工项目混凝土施工质量风险识别流程

12.3 工程项目风险评估

12.3.1 风险评估的主要内容

风险评估是对风险识别的定性结果进行量化,用风险发生的概率和发生后的损失程度(潜在损失值)来评价风险潜在影响的过程。通过风险评估,可以定量地确定项目风险的概率大小、分布以及项目风险对项目目标影响的潜在严重程度(潜在损失值)。

1. 风险发生的可能性分析

风险是指确定性的损失程度(损失量)。要正确估计风险的大小,首要必须确定风险事件发生的概率或概率分布。而风险事件的概率分布一般由历史资料确定客观概率,有助于风险的正确估计。

由于项目的独特性,不同项目的风险来源可能有很大差异,或者由于缺乏历史数据,风险发生的概率还经常采用主观概率,即根据风险管理人员的经验预测风险因素及风险事件发生的概率或概率分布。实际工作中还可以根据理论上的某些概率分布来补充或修正,从而建立风险的概率分布图或概率分布表。

2. 风险事件的损失程度分析

风险事件发生的损失程度,即项目风险可能带来的影响和损失大小,可以从以下三个方面来衡量。

(1) 风险性质和损失大小

风险性质是指风险造成的损失性质,如政治性的、经济性或者技术性的,或者投资风险、进度风险、质量风险或者安全风险等。损失的大小是指风险一旦发生将会对项目目标实现造成的影响,包括如下四个方面。

① 费用超支:反映在项目费用各组成部分的超支上,如价格上涨导致材料费超出计划值等。

② 进度延期:反映在各阶段工作的延误或总体进度的延误上,如恶劣天气导致施工中断等。

③ 质量事故:工程质量不符合规定的质量标准或设计标准,造成经济损失或工期延误。

④ 安全事故:安全事故是指工程建设活动中,由于操作者的失误、操作对象的缺陷以及环境因素等相互作用所导致的人身伤亡、财产损失和第三者责任等。

(2) 风险发生的时间

风险发生的时间是指风险可能在项目的哪个阶段、哪个环节上发生。很多风险具有明显的阶段性,有的风险是直接与具体的工程活动相联系的。这样有利于根据风险发生的时间和性质采取不同的应对措施,如事前控制、事中控制和事后控制等措施。

(3) 风险影响范围

风险影响范围是指项目风险可能影响到项目的哪些方面和工作。如果某个风险发生概率和后果严重程度都不大,但它一旦发生会影响到项目各个方面的许多工作,可能引起整个工程的中断或报废。因此,需要对它进行严格的控制,防止因这种风险发生而产生连锁反应,影响整个工作和其他活动。

3. 风险函数与风险等级

1) 风险函数

风险的大小(即风险量)不仅和风险事件发生的概率有关,而且还与风险损失的多少有关。评价风险的大小常用等风险量图表示。

在图12-5中,工程项目风险量 R 为风险发生概率 p 和潜在的损失量 q 的函数。风险量即可表示为

$$R = f(p,q) = p \cdot q \tag{12-1}$$

由风险量函数可看出:

(1) 风险量 R 主要取决于潜在损失的多少和风险发生的概率,即工程项目风险概率与损失量的乘积就是损失期望值。

(2) 当两种风险潜在损失量相当,则其发生概率较大的风险量更大。

(3) 每条曲线上的风险量是相等的,称为等风险量曲线,等风险量曲线距离原点越远,期望损失量越大,一般认为风险就越大,即 $R_2 > R_1 > R_0$。

式(12-1)反映的是风险量的基本原理,具有一定的通用性。但在实际工程实践中,通常是以离散的形式来表示风险发生的概率及其损失量,即如式(12-2)所示。

$$R = \sum_{i=1}^{n} p_i q_i \tag{12-2}$$

式中,$i = 1, 2, 3, \cdots, n$,表示风险事件的数量。

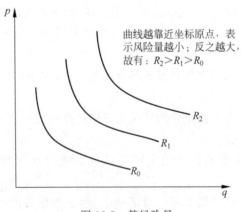

图 12-5 等风险量

2) 风险等级

可以用风险坐标图表示风险大小区域,分别以风险发生的概率和风险发生的损失两个风险特征值为坐标轴,来划分风险大小区域,如图12-6所示。

风险量反映不确定的损失程度和损失发生的概率。若某个可能发生的事件其可能的损失程度和发生的概率都很大,则其风险量就很大,如图12-6所示的风险区 A。若某事件经过风险评估,它处于风险区 A,则应采取措施,降低其概率,即使它移位至风险区 B;或采取

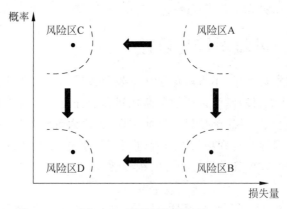

图 12-6 事件风险量区域

措施降低其损失量,即使它移位至风险区 C。风险区 B 和 C 的事件则应采取措施,使其移位至风险区 D。

可以用风险发生概率等级和风险损失等级之间的关系矩阵确定风险等级,如表 12-4 所示。

表 12-4 风险等级矩阵

风险等级		损失等级			
		1	2	3	4
概率等级	1	Ⅰ级	Ⅰ级	Ⅱ级	Ⅱ级
	2	Ⅰ级	Ⅱ级	Ⅱ级	Ⅲ级
	3	Ⅱ级	Ⅱ级	Ⅲ级	Ⅲ级
	4	Ⅱ级	Ⅲ级	Ⅲ级	Ⅳ级

《建设工程项目管理规范》(GB/T 50326—2017)将工程建设风险事件按照不同风险程度分为四个等级。

(1) Ⅰ级风险。风险等级最高,风险后果是灾难性的,并造成恶劣社会影响和政治影响。

(2) Ⅱ级风险。风险等级较高,风险后果严重,可能在较大范围内造成破坏或人员伤亡。

(3) Ⅲ级风险。风险等级一般,风险后果一般,对工程建设可能造成破坏的范围较小。

(4) Ⅳ级风险。风险等级较低,风险后果在一定条件下可以忽略,对工程本身以及人员等不会造成较大损失。

12.3.2 风险评估的方法

常见的风险评估方法有以下几种:专家打分法(checklist)、层次分析法(analytial hierarchy process,AHP)、模糊数学法(fuzzy set)、统计和概率法(statistics)、敏感性分析法(sensitive analysis)、蒙特卡罗法(Monte Carlo,MC)、CIM 模型、影响图法(influence diagram)。

12.4 工程项目风险对策与监控

在工程项目的实施过程中,不可避免地存在各种各样的自然和社会风险。对这些风险首先要在业主/项目法人、设计、咨询或承包商之间合理分配。任何工程建设项目都存在不确定因素,因此会产生风险并影响项目的目标实现,无论由谁承担风险,最终都会影响投资者的投资效益。这些风险只有在项目参与者(投资者、业主、项目管理者、各承包商、供应商等)之间进行合理分配,才能充分发挥各方的积极性,降低工程成本,提高投资效益,达到共赢的结果。

其次是各方风险对策的问题。工程项目风险对策包括所有为避免或减少风险发生的可能性以及潜在损失而采取的各种措施。一般风险的应对策略和措施有:减轻、转移、回避、自留和后备措施等。

12.4.1 风险对策

1. 减轻风险

减轻风险的目标是降低风险发生的可能性或减少后果的不利影响。具体目标是什么,则在很大程度上要看风险是已知的、可预测的,还是不可预测的。

对已知的风险,项目管理者可在很大程度上加以控制。例如,若已发现工程进度出现了滞后的风险,则可以通过压缩关键线路上活动的时间、改变活动的逻辑关系等措施来减轻工程项目的风险。

可预测或不可预测的风险是项目管理人员难以控制的风险,直接动用项目资源一般难以收到好的效果,必须进行深入细致的调查研究,减少其不确定性和潜在损失。

2. 转移风险

风险转移是将风险可能造成的损失全部或部分转移给他人,其目的不是降低风险发生的概率和不利后果的大小,而是借用合同等手段,在风险一旦发生时将损失的一部分或全部转移到有相互经济利益关系的另一方。风险转移主要有两种方式,保险风险转移和非保险风险转移,非保险风险转移常见的方式有:分包与担保等。风险转移适用于风险量大或中等的风险事件。

1) 保险风险转移

保险是最重要、最常用的风险转移方式,是指通过购买保险的办法将风险转移给保险公司或保险机构,向保险公司交纳一定数额的保险费,当风险事件发生后,就能获得保险公司的补偿,从而将风险转移给保险公司。在国际工程中,不但项目业主自己为工程建设项目施工中的风险向保险公司投保,而且还要求承包商也向保险公司投保。工程保险是风险转移的主要形式。与其他的风险处理手段相比,工程保险更优越,在工程建设过程中得到了广泛的应用。

2) 非保险风险转移

非保险风险转移是指通过保险以外的其他手段将风险转移。非保险风险转移方式主要有:担保合同、租赁合同、委托合同、分包合同、无责任约定、合资经营、实行股份制。

通过转移方式处置风险,风险本身并没有减少,只是风险承担者发生了变化。因此转移风险原则是让最有能力的承受者分担。否则,就有可能给项目带来意外的损失。保险和担保是风险转移的最有效、也是最常用的方法。转移风险的目的不是降低风险发生的概率和不利后果的大小,而是借用合同条款等手段,在风险一旦发生时将损失的一部分转移给另一方。

非保险转移工程项目风险常见的方式有:分包与担保。

(1) 分包。分包即承包人将其所包工程的一部分向其他承包商发包。分包有时能起到较好的转移风险的作用。例如,某一承包人,在某堤防加固工程投标中一举中标,而该标包括的内容有:护坡、堤身加高宽和堤防渗灌浆。而对于该承包人而言,在防渗灌浆施工方面并不擅长,所以对工程施工的质量和成本控制有较大的风险。若该承包人将防渗灌浆施工分包给有经验的施工队伍,对其也可能不存在任何风险。

(2) 担保。所谓担保,指为他人的债务、违约或失误负间接责任的一种承诺。在工程项目管理上常是指银行、保险公司或其他非银行金融机构为项目风险负间接责任的一种承诺。

实施转移风险策略应注意两个方面的问题:①必须让承担风险者得到相应的回报,才能调动各方的积极性,保证工程高效益、高质量地完成。比如,承担工期风险,拖延交工支付违约金,提前完工就应当有一定的奖励。②对于具体的风险,谁最具有管理能力就转移给谁,这样才能将风险损失减少到较低的水平,并有利于各方的利益。

3. 回避风险

回避风险是指当工程项目风险潜在威胁发生可能性太大,不利后果也太严重,又无其他策略可用时,主动放弃项目或改变项目目标与行动方案,从而规避风险的一种策略。如承包商通过风险评价后发现投某一标,中标的可能性较小,且即使中标,也存在亏损的风险。此时,其就应该放弃投该标,以回避亏本的经济风险。

风险回避就是在考虑到某项目的风险及其所致损失都很大时,主动放弃或终止该项目以避免与该项目相联系的风险及其所致损失的一种处置风险的方式。这是一种最彻底的风险处置技术。风险回避是一种消极的风险处置方法,因为在回避风险的同时也放弃了实施项目可能带来的收益。

4. 自留风险

有些时候项目管理者可以把风险事件的不利后果自愿接受下来,即为自留风险。自愿接受风险,又有主动和被动之分。在风险管理计划阶段已对一些风险有了准备,所以当风险事件发生时,马上执行应急计划,这是主动接受。可以从现金净收入中支出。

1) 风险保留的条件

对损失小、概率小的风险留给自己承担。这种方法通常在下列情况下采用:
① 处理风险的成本大于承担风险所付出的代价;
② 预计某一风险发生可能造成的最大损失项目是可以安全承担;
③ 当风险降低、风险控制、风险转移等风险控制方法均不可行时;
④ 没有识别出风险,错过了采取积极的处置措施时机。

2) 风险保留的类型

(1) 主动保留

主动保留是指在对项目风险进行预测、识别、评估和分析的基础上,明确风险的性质及其后果,风险管理者认为主动承担某些风险比其他处置方式更好,于是筹措资金将这些风险保留。可以从非基金储备中支付。

(2) 被动保留

被动保留指未能准确识别和评估风险及损失后果的情况下,被迫采取自身承担后果的风险处置方式,是一种被动的、无意识的处置方式,往往造成严重的后果,使项目组遭受重大损失。被动保留是管理者应该力求避免的。

5. 后备措施

有些风险要求事先制定后备措施。一旦实际进展情况与计划不同,就动用后备措施。后备措施常包括预算应急费和技术后备措施。

① 预算应急费是一笔事先准备好的资金,用于补偿差错、疏漏及其他不确定性对工程项目费用估计精确性的影响。

② 技术后备措施是专门为应付工程项目的技术风险而预先准备好的时间或一笔资金。准备好的时间主要是为应付技术风险造成的进度拖延;准备好的一笔资金主要是为对付技术风险提供的费用支持。

例 12.1 某工业项目,建设单位委托了一家监理单位协助组织工程招标并负责施工监理工作。总监理工程师在主持编制监理规划时,安排了一位专业监理工程师负责项目风险分析和相应监理规划内容的编写工作。经过风险识别、评价,按风险量的大小将该项目中的风险归纳为大、中、小三类。根据该建设项目的具体情况,监理工程师对建设单位的风险事件提出了正确的风险对策,相应制定了风险控制措施(表 12-5)。

表 12-5 风险对策及控制措施

序号	风 险 事 件	风险对策	控 制 措 施
1	通货膨胀	风险转移	建设单位与承包单位签订固定总价合同
2	承包单位技术、管理水平低	风险回避	出现问题向承包单位索赔
3	承包单位违约	风险转移	要求承包单位提供第三方担保或提供履约保函
4	建设单位购买的昂贵设备运输过程中的意外事故	风险转移	从现金净收入中支出
5	第三方责任	风险自留	建立非基金储备

通过招标,建设单位与土建承包单位和设备安装单位签订合同。

设备安装时,监理工程师发现土建承包单位施工的某一设备基础预埋的地脚螺栓位置与设备基座相应的尺寸不符,设备安装单位无法将设备安装到位,造成设备安装单位工期延误和费用损失。经查,土建承包单位是按设计单位提供的设备基础图施工的,而建设单位采购的是该设备的改型产品,基座尺寸与原设计图纸不符。对此,建设单位决定进行设计变更,按进场设备的实际尺寸重新预埋地脚螺栓,仍由原土建承包单位负责实施。

土建承包单位和设备安装单位均依据合同条款的约定,提出索赔要求。

问题:

(1) 针对监理工程师提出的风险转移、风险回避和风险自留三种风险对策,指出各自的适用对象(指风险量大小)。分析监理工程师在表 12-5 中提出的各项风险控制措施是否正确？说明理由。

(2) 针对建设单位提出的设计变更,说明实施设计变更过程的工作程序。

答

(1) 风险转移适用于风险量大或中等的风险事件。风险回避适用于风险量大的风险事件。风险自留适用于风险量小的风险事件。

序号1正确。固定总价合同对建设单位没有风险。

序号2不正确。应选择技术管理水平高的承包单位。

序号3正确。第三方担保或承包单位提供履约保函可转移风险。

序号4不正确。从现金净收入中支出属风险自留(或应购买保险)。

序号5正确。出现风险损失,从非基金储备中支付,有应对措施。

(2) 实施设计变更过程的工作程序:

① 建设单位向设计单位提出设计变更要求;

② 设计单位负责完成设计变更图纸,签发设计变更文件;

③ 总监理工程师审核设计变更图纸,对设计变更的费用和工期进行评估,协助建设单位和承包单位进行协商,并达成一致;

④ 各方签认设计变更单,承包单位实施设计变更;

⑤ 监督承包单位实施设计变更。

12.4.2 风险监控

风险监控有时候也称为风险控制,在项目进展过程中应收集和分析与风险相关的各种信息,预测可能发生的风险,对其进行监控并提出预警。

风险控制就是为了最大限度地降低风险事故发生的概率和减小损失程度而采取的风险处置技术。风险控制不仅能有效地减少项目由于风险事故所造成的损失,而且能使全社会的物质财富少受损失,是最积极、最有效的一种处置方式。

1. 预防计划

(1) 根据风险因素的特性,采取一定措施使其发生的概率降至接近于零,从而预防风险因素的产生。

(2) 减少已存在的风险因素。

(3) 防止已存在的风险因素释放能量。

(4) 改善风险因素的空间分布从而限制其释放能量的速度。

(5) 在时间和空间上把风险因素与可能遭受损害的人、财、物隔离。

(6) 借助人为设置的物质障碍将风险因素与人、财、物隔离。

(7) 改变风险因素的基本性质。

(8) 加强风险部门的防护能力。

(9) 做好救护受损人、物的准备。

(10) 制定严格的操作规程减少错误的作业造成不必要的损失。

2. 灾难应对计划

(1) 人员安全撤离。

(2) 救援与处理伤亡人员。
(3) 控制事态发展,减少对资产和环境的破坏。
(4) 尽快恢复正常状态。

3. 灾后恢复(建设)计划

(1) 调整施工组织计划或施工进度计划。
(2) 调整采购计划。
(3) 统计损失,进行保险索赔。
(4) 调整筹资计划。

4. 风险预防手段

1) 有形的风险预防手段

在有形手段中,常以工程措施为主。例如,在修山区高速公路时,为防止公路两侧高边坡的滑坡,可以采用锚固技术固定可能松动滑移的山体。有形的风险预防手段有多种多样的形式,如:

(1) 防止风险因素出现,即在工程活动开始之前就采取一定的措施,减少风险因素。
(2) 减少已存在的风险因素。如在施工现场,当用电的施工机械增多时,因电而引起的安全事故势必会增加,此时,可采取措施,加强电气设备管理和做好设备外壳接地等,减少因电而引起的安全事故。
(3) 将风险因素同人、财、物在时间和空间上隔离。风险事件发生时,造成财产毁损和人员伤亡是因为人、财、物同一时间处于破坏力作用范围之内。因此,可以把人、财、物与风险源在空间上实行隔离,在时间上错开,可达到减少损失和伤亡的目的。

2) 无形的预防手段

无形的预防手段分为教育法和程序法。

(1) 教育法。工程项目实践表明,工程项目风险因素有一大类是由于工程项目管理者和其他人员的行为不当而引发的。因此,要减轻与不当行为有关的风险,就必须对有关人员进行风险和风险管理的教育,主要内容包括:资金、合同、质量、安全等方面的法律、法规、规程规范、工程标准、安全技能等方面的教育。

(2) 程序法。程序法即是指用规范化、制度化的方式从事工程项目活动,减少不必要的损失。工程项目活动许多是有规律的,若规律被打破,有时也会给工程项目带来损失,如工程建设的基本建设程序要求是先设计后施工,若设计还没有完成就仓促上马施工,势必会出现设计变更增多、设计缺陷泛滥等问题。

12.5 工程保险与工程担保

在工业发达国家和地区;风险转移是工程风险管理对策中采用最多的措施,工程保险和工程担保是风险转移的两种常用方法。

12.5.1 工程保险概述

1. 保险概述

保险是指投保人根据合同约定向保险人支付保险费,保险人对合同约定的可能发生的事故所造成的损失承担赔偿保险金责任,或者当被保险人死亡、伤残、疾病或者达到合同约定的年龄、期限时承担给付保险金责任的商业保险行为。

1)保险标的

保险标的是保险保障的目标和实体,指保险合同双方当事人权利和义务所指向的对象可以是财产或与财产有关的利益或责任,也可以是人的生命或身体。根据保险标的的不同,保险可以分为财产保险(包括财产损失保险、责任保险、信用保险等)和人身保险(包括人保险、健康保险、意外伤害保险等)两大类,而工程保险既涉及财产保险,也涉及人身保险。

2)保险金额

保险金额是保险利益的货币价值表现,简称保额,是保险人承担赔偿或给付保险金责任的最高限额。当保险金额接近于或等于财产的实际价值时,就称为足额保险或等额保险。当保险财产的保险金额小于其实际价值时称为不足额保险。当保险金额高于保险财产的实际价值,则称为超额保险。对超额部分,保险公司不负补偿责任,即不允许被保险人通过投保获得额外利益。

3)保险费

保险费简称保费,是投保人为转嫁风险支付给保险人的与保险责任相应的价金。投保人缴纳保费是保险合同生效和保险人承担保险责任的前提条件之一。保险费的多少由保险金额的大小和保险费率的高低两个因素决定。

4)保险责任

保险责任是保险人根据合同的规定应予以承担的责任。由于保险公司对各类保险都编制了标准化的格式条款,因此保险责任可以划分为基本责任和特约责任。基本责任是指标准化的保险合同中规定,保险人承担赔偿或给付的直接和间接责任;特约责任是指标准化保险合同规定属于除外责任的范围,而需另外经双方协商同意后在保险合同内特别注明承保负担的一种责任。

保险受益人投保后,并非将不可合理预见的风险全部转移给了保险人,保险合同内都有除外责任条款。除外责任属于免赔责任,指保险人不承担责任的范围。各类保险合同由于标的的差异,除外责任不尽相同,但比较一致的有以下几项:

① 投保人故意行为所造成的损失;
② 因被保险人不忠实履行约定义务所造成的损失;
③ 战争或军事行为所造成的损失;
④ 保险责任范围以外,其他原因所造成的损失。

2. 工程保险

工程保险是指业主和承包商为了工程项目的顺利实施,向保险人(公司)支付保险费,保险人根据合同约定对在工程建设中可能产生的财产和人身伤害承担赔偿保险金责任。工程保险一般分为强制性保险和自愿保险两类。

工程保险是对以工程建设过程中所涉及的财产、人身和建设各方当事人之间权利义务关系为对象的保险的总称；是对建筑工程项目、安装工程项目及工程中的施工机具、设备所面临的各种风险提供的经济保障；是业主和承包商为了工程项目的顺利实施，以建设工程项目，包括建设工程本身、工程设备和施工机具以及与之有关联的人作为保险对象，向保险人支付保险费，由保险人根据合同约定对建设过程中遭受自然灾害或意外事故所造成的财产和人身伤害承担赔偿保险金责任的一种保险形式。投保人将威胁自己的工程风险通过按约缴纳保险费的办法转移给保险人(保险公司)。如果事故发生，投保人可以通过保险公司取得损失补偿，以保证自身免受或少收损失。其好处是付出一定的小量保险费，换得遭受大量损失时得到补偿的保障，从而增强抵御风险的能力。

需要注意的是，业主和承包商投保后仍须预防灾害和事故，尽量避免和减少风险危害。工程保险并不能解决所有的风险问题，只是转移了部分重大风险可能带来的损害，业主和承包商仍然要采取各种有力措施防止事故和灾害发生，以及阻止事故的扩大。

3. 工程保险种类

按照国际惯例以及国内合同范本的要求，施工合同的通用条款对于易发生重大风险事件的投保范围有明确规定，投保范围包括工程一切险、第三者责任险、人身意外伤害险、承包人设备保险、执业责任险、CIP 保险等。

1）工程一切险

按照我国保险制度，工程一切险包括建筑工程一切险、安装工程一切险两类。在施工过程中，如果发生保险责任事件使工程本体受到损害，已支付进度款部分的工程属于项目法人的财产，尚未获得支付但已完成部分的工程属于承包人的财产，因此要求投保人办理保险时应以双方名义共同投保。为了保证保险的有效性和连贯性，国内工程通常由项目法人办理保险，国际工程一般要求承包人办理保险。

如果承包商不愿投保工程一切险，也可以就承包商的材料、机具设备、临时工程、已完工程等分别进行保险，但应征得业主的同意。一般来说，集中投保工程一切险，可能比分别投保的费用要少。承包商将一部分永久工程、临时工程、劳务等分包给其他分包商时，可以要求分包商投保其分担责任的那一部分保险，而自己按扣除该分包价格的余额进行保险。

2）第三者责任险

第三者责任险是指施工的原因导致项目法人和承包人以外的第三人受到财产损失或人身伤害的赔偿。第三者责任险的被保险人也应是项目法人和承包人。该险种一般附加在工程一切险中。

在发生这种涉及第三方损失的责任时，保险公司将对承包商由此遭到的赔款和发生诉讼等费用进行赔偿。但是应当注意，属于承包商或业主在工地的财产损失，或其公司和其他承包商在现场从事与工作有关的职工的伤亡不属于第三者责任险的赔偿范围，而属于工程一切险和人身意外伤害险的范围。

3）人身意外伤害险

为了将参与项目建设人员因施工原因受到人身意外伤害的损失转移给保险公司，应对从事危险作业的工人和职员办理意外伤害保险。此项保险义务分别由发包人、承包人负责对本方参与现场施工的人员投保。

4）承包人设备保险

保险的范围包括承包人运抵施工现场的施工机具和准备用于永久工程的材料及设备。我国的工程一切险包括此项保险内容。

5）执业责任险

执业责任险以设计人、咨询人（监理人）的设计、咨询错误或员工工作疏漏给业主或承包商造成的损失为保险标的。

6）CIP 保险

CIP 是英文 controlled insurance programs 的缩写，意思是"一揽子保险"。CIP 保险的运行机制是，由业主或承包商统一购买"一揽子保险"，保障范围覆盖业主、承包商及所有分包商，内容包括劳工赔偿、雇主责任险、一般责任险、建筑工程一切险、安装工程一切险。

CIP 保险的优点是：

① 以最优的价格提供最佳的保障范围；

② 能实施有效的风险管理；

③ 降低赔付率，进而降低保险费率；

④ 避免诉讼，便于索赔。

在工业发达国家和地区，强制性的工程保险主要有以下几种：建筑工程一切险（附加第三者责任险）、安装工程一切险（附加第三者责任险）、社会保险（如人身意外险、雇主责任险和其他国家法令规定的强制保险）、机动车辆险、10 年责任险和 5 年责任险、专业责任险等。其中，建筑工程一切险和安装工程一切险对工程项目在实施期间的所有风险提供全面的保险，即对施工期间工程本身、工程设备和施工机具以及其他物质所遭受的损失予以赔偿，也对因施工而给第三者造成的人身伤亡和物质损失承担赔偿责任。过去，一切险的投保人多数为承包商；现在，国际上普遍推行由业主投保工程一切险。在工业发达国家和地区，建筑师、结构工程师等设计、咨询专业人均要购买专业责任险，对由于他们的设计失误或工作疏忽给业主或承包商造成的损失，将由保险公司赔偿。国际上工程涉及的自愿保险有以下几种：国际货物运输险、境内货物运输险、财产险、责任险、政治风险保险、汇率保险等。

国际上工程保险的通行做法和特点是：保险经纪人在保险业务中充当重要角色，健全的法律体系为工程保险发展提供了保障，投保人与保险商通力合作是控制意外损失的有效途径，保险公司返赔率高且利润率低。

例 12.2 某高速公路工程的合同工程量清单"说明"中列明了工程一切险的保险费率为 0.5%；第三方责任险的投保金额为 10 万元，保险费率为 1.0%。A 施工单位投标书中的工程量清单相应章节填报的保险费总额为 37560 元。A 施工单位中标后，按规定办理了投保。在施工过程中发生了几件事故，其经济损失情况如下：

（1）路基施工时，导致离路基边缘约 10m 的一幢旧式砖混结构民房墙体三处开裂，少量砖瓦下落，经地方协调部门协调，由 A 施工单位赔偿 0.4 万元。

（2）在一座中桥基础施工时，因遭遇特大洪水袭击，这导致在河边施工的 2 台钻机、1 台发电机、1 台汽车、3t 水泥、25m^3 砂、25m^3 碎石受淹，2m^3 木材被冲走。事后经监理工程师现场调查落实，情况属实，将承包人的损失及时上报了业主。

事后 3 个多月，A 施工单位将上述 2 项事故损失用索赔申请形式向业主提出，如表 12-6 所示。并将地方协调部门和监理工程师签章的证明材料一并附上。业主收到此索赔申请报告后,认为与合同规定程序不符,不予受理。

表 12-6 经济损失

项 目	数量	单价/元	损失金额/元
钻机修理费	2 台	2500	5000
发电机修理费	1 台	2000	2000
汽车修理费	1 台	3000	3000
水泥	3t	320	960
砂	25m^3	40	1000
碎石	25m^3	60	1500
木材	2m^3	800	1600
职工抢险受伤医疗费	2 人	1000	2000

问题:
(1) 业主不予受理的理由是什么?
(2) 监理工程师处理不当之处有哪些?
(3) 这两件事故可通过什么正确途径解决?
(4) 这两件事故可索赔多少金额?
(5) 根据投标人的工程量清单报价,A 施工单位的中标价应是多少(不包括"不可预见费")?

答
(1) 业主不予受理的理由是:承包人送达"索赔申请报告"的程序和时限不符"合同"的规定。

(2) 监理处理不当之处是:事故发生后应要求承包人向承保单位及时报告,由承保单位派人到现场调查,而不是单由地方协调部门和监理工程师独立调查处理。

(3) 这两件事故的正确处理途径是:由承包人向承保人(即受理工程一切险和第三方责任险的保险公司)提出索赔;具体程序应按"保险单规定的条件和期限及时向承保人报告,并抄送业主和监理工程师;然后按保险公司的规定程序处理"。

(4) 可挽回的经济损失为:
① 房屋赔偿 4000 元(按第三方责任险);
② 钻机和发电机修理费 7000 元(工程一切险);
③ 水泥、石、木材损失费 37560 元(工程一切险)。
以上费用应由保险公司调查核实。

其他:碎石因冲洗后可用,可由保险公司赔偿冲洗人工费;汽车为可移动设备,抢险人员为承包人职工,这 2 项均不符合保险赔偿内容。

(5) A 施工单位的中标价为(不包括"不可预见费")
$$[(37560 - 100000/10) \div 0.5/100] 元 = 7312000 元$$

12.5.2 工程担保概述

1. 担保的概念

担保是为了保证债务的履行,确保债权的实现,在债务人的信用或特定的财产之上设定的特殊的民事法律关系。其法律关系的特殊性表现在：一般的民事法律关系的内容（即权利和义务）基本处于一种确定的状态，而担保的内容处于一种不确定的状态，即当债务人不按主合同之约定履行债务导致债权无法实现时，担保的权利和义务才能确定并成为现实。

2. 担保的方式

我国担保法规定的担保方式有五种：保证、抵押、质押、留置和定金。

（1）保证担保，又称第三方担保，是指保证人和债权人约定，当债务人不能履行债务时，保证人按照约定履行债务或承担责任的行为。

（2）抵押是指债务人或者第三人不转移对所拥有财产的占有，将该财产作为债权的担保。债务人不履行债务时，债权人有权依法从将该财产折价或者拍卖、变卖该财产的价款中优先受偿。

（3）质押是指债务人或者第三人将其质押物移交债权人占有，将该物作为债权的担保。债务人不履行债务时，债权人有权依法从将该物折价或者拍卖、变卖的价款中优先受偿。

（4）留置是指债权人按照合同约定占有债务人的动产，债务人不履行债务时，债权人有权依法留置该财产，以该财产折价或者以拍卖、变卖该财产的价款优先受偿。

（5）当事人可以约定一方向另一方给付定金作为债权的担保，债务人履行债务后，定金应当抵作价款或者收回。给付定金的一方不履行约定债务的，无权要求返还定金；收受定金的一方不履行约定债务的，应当双倍返还定金。

3. 工程担保

工程担保中大量采用的是第三方担保，即保证担保。工程保证担保在发达国家已有一百多年的历史，已经成为一种国际惯例。

工程担保制度以经济责任链条建立起保证人与建设市场主体之间的责任关系。工程承包人在工程建设中的任何不规范行为都可能危害担保人的利益，担保人为维护自身的经济利益，在提供工程担保时，必然对申请人的资信、实力、履约记录等进行全面的审核，根据被保证人的资信情况实行差别费率，并在建设过程中对被担保人的履约行为进行监督。通过这种制约机制和经济杠杆，可以迫使当事人提高素质，规范行为，保证工程质量、工期和施工安全。另外，承包商拖延工期、拖欠工人工资和分包商工程款和货款、保修期内不履行保修义务，设计人延迟交付图纸及业主拖欠工程款等问题的解决也必须借助工程担保。实践证明，工程保证担保制度对规范建筑市场、防范建筑风险特别是违约风险、降低建筑业的社会成本、保障工程建设的顺利进行等都有十分重要和不可替代的作用。

建设工程中经常采用的担保种类有：投标担保、履约担保、预付款担保、支付担保等。

1）投标担保

（1）投标担保的含义

投标担保，是指投标人向招标人提供的担保，保证投标人一旦中标即按中标通知书、投标文件和招标文件等有关规定与业主签订承包合同。

（2）投标担保的形式

投标担保可以采用银行保函、担保公司担保书、同业担保书和投标保证金担保方式，多数采用银行投标保函和投标保证金担保方式，具体方式由招标人在招标文件中规定。未能按照招标文件要求提供投标担保的投标，可被视为不响应招标而被拒绝。

(3) 担保额度和有效期

根据《工程建设项目施工招标投标办法》规定,施工投标保证金的数额一般不得超过投标总价的2%,但最高不得超过80万元人民币。投标保证金有效期应当超出投标有效期30天。投标人不按招标文件要求提交投标保证金的,该投标文件将被拒绝,作为废标处理。

根据《中华人民共和国招标投标法实施条例》(中华人民共和国国务院令第613号)投标保证金不得超过招标项目估算价的2%,投标保证金有效期应当与投标有效期一致。

根据《工程建设项目勘察设计招标投标办法》规定,招标文件要求投标人提交投标保证金的,保证金数额一般不超过勘察设计费投标报价的2%,最多不超过10万元人民币。

国际上常见的投标担保的保证金数额为2%～5%。

(4) 投标担保的作用

投标担保的主要目的是保护招标人不因中标人不签约而蒙受经济损失。投标担保要确保投标人在投标有效期内不要撤回投标书,以及投标人在中标后保证与业主签订合同并提供业主所要求的履约担保、预付款担保等。

投标担保的另一个作用是,在一定程度上可以起筛选投标人的作用。

2) 履约担保

(1) 履约担保的含义

所谓履约担保,是指招标人在招标文件中规定的要求中标人提交的保证履行合同义务和责任的担保。这是工程担保中最重要也是担保金额最大的工程担保。

履约担保的有效期始于工程开工之日,终止日期则可以约定为工程竣工交付之日或者保修期满之日。由于合同履行期限应该包括保修期,履约担保的时间范围也应该覆盖保修期,如果确定履约担保的终止日期为工程竣工交付之日,则需要另外提供工程保修担保。

(2) 履约担保的形式

履约担保可以采用银行保函、履约担保书和履约保证金的形式,也可以采用同业担保的方式,即由实力强、信誉好的承包商为其提供履约担保,但应当遵守国家有关企业之间提供担保的有关规定,不允许两家企业互相担保或多家企业交叉互保。在保修期内,工程保修担保可以采用预留保留金的方式。

银行履约保函是由商业银行开具的担保证明,通常为合同金额的10%左右。银行保函分为有条件的银行保函和无条件的银行保函。有条件的保函是指下述情形:在承包人没有实施合同或者未履行合同义务时,由发包人或工程师出具证明,说明情况,并由担保人对已执行合同部分和未执行部分加以鉴定,确认后才能收兑银行保函,由发包人得到保函中的款项。建筑行业通常倾向于采用有条件的保函。无条件的保函是指下述情形:在承包人没有实施合同或者未履行合同义务时,发包人只要看到承包人违约,不需要出具任何证明和理由就可对银行保函进行收兑。由担保公司或者保险公司开具履约担保书,当承包人在执行合同过程中违约时,开出担保书的担保公司或者保险公司用该项担保金去完成施工任务或者向发包人支付完成该项目所实际花费的金额,但该金额必须在保证金的担保金额之内。

保留金是指在发包人(工程师)根据合同的约定,每次支付工程进度款时扣除一定数目的款项,作为承包人完成其修补缺陷义务的保证。保留金一般为每次工程进度款的10%,但总额一般应限制在合同总价款的5%(通常最高不得超过10%)。一般在工程移交时,业主(工程师)将保留金的一半支付给承包人;质量保修期满(或"缺陷责任期满")时,将剩下的一半支付给承包人。

(3) 履约担保的作用

履约担保将在很大程度上促使承包商履行合同约定,完成工程建设任务,从而有利于保护业主的合法权益。一旦承包人违约,担保人要代为履约或者赔偿经济损失。

履约保证金额的大小取决于招标项目的类型与规模,但必须保证承包人违约时,发包人不受损失。在投标须知中,发包人要规定使用哪一种形式的履约担保。中标人应当按照招标文件中的规定提交履约担保。

根据《中华人民共和国招标投标法实施条例》(中华人民共和国国务院令第613号)第五十八条,招标文件要求中标人提交履约保证金的,中标人应当按照招标文件的要求提交。履约保证金不得超过中标合同金额的10%。

3) 预付款担保

(1) 预付款担保的含义

建设工程合同签订以后,发包人往往会支付给承包人一定比例的预付款,一般为合同金额的10%。如果发包人有要求,承包人应该向发包人提供预付款担保。预付款担保是指承包人与发包人签订合同后领取预付款之前,为保证正确、合理使用发包人支付的预付款而提供的担保。

(2) 预付款担保的形式

① 预付款担保的主要形式是银行保函。预付款担保的担保金额通常与发包人的预付款是等值的。预付款一般逐月从工程付款中扣除,预付款担保的担保金额也相应逐月减少。承包人在施工期间,应当定期从发包人处取得同意此保函减值的文件,并送交银行确认。承包人还清全部预付款后,发包人应退还预付款担保,承包人将其退回银行注销,解除担保责任。

② 预付款担保也可由担保公司提供保证担保,或采取抵押等担保形式。预付款担保的主要作用在于保证承包人能够按合同规定进行施工,偿还发包人已支付的全部预付金额。如果承包人中途毁约,中止工程,使发包人不能在规定期限内从应付工程款中扣除全部预付款,则发包人作为保函的受益人有权凭预付款担保向银行索赔该保函的担保金额作为补偿。

4) 支付担保

(1) 支付担保的含义

支付担保是中标人要求招标人提供的保证履行合同中约定的工程款支付义务的担保。

在国际上还有一种特殊的担保——付款担保,即在有分包人的情况下,业主要求承包人提供的保证向分包人付款的担保,即承包商向业主保证,将把业主支付的用于实施分包工程的工程款及时、足额地支付给分包人。在美国等许多国家的公共投资领域,付款担保是一种法定担保。付款担保在私人项目中也有所应用。

(2) 支付担保的形式

支付担保通常采用如下的几种形式:

① 银行保函;

② 履约保证金;

③ 担保公司担保。

发包人的支付担保实行分段滚动担保。支付担保的额度为工程合同总额的20%~

25%。本段清算后进入下段。已完成担保额度,发包人未能按时支付,承包人可依据担保合同暂停施工,并要求担保人承担支付责任和相应的经济损失。

(3) 支付担保的作用

工程款支付担保的作用在于,通过对业主资信状况进行严格审查并落实各项担保措施,确保工程费用及时支付到位;一旦业主违约,付款担保人将代为履约。

发包人要求承包人提供保证向分包人付款的付款担保,可以保证工程款真正支付给实施工程的单位或个人,如果承包人不能及时、足额地将分包工程款支付给分包人,业主可以向担保人索赔,并可以直接向分包人付款。

上述对工程款支付担保的规定,对解决我国建筑市场工程款拖欠现象具有特殊重要的意义。

许多国家政府都在法规中规定要求进行工程担保,在标准合同中也含有关于工程担保的条款。在工业发达国家和地区,常见的工程担保种类如下。

① 投标担保,指投标人在投标报价之前或同时,向业主提交投标保证金(俗称抵押金)或投标保函,保证一旦中标,则履行受标签约承包工程。一般投标保证金额为标价的0.5%~5%。

② 履约担保,是为保障承包商履行承包合同所作的一种承诺。一旦承包商没能履行合同义务,担保人给予赔付,或者接收工程实施义务,而另觅经业主同意的其他承包商负责继续履行承包合同义务。这是工程担保中最重要的,也是担保金额最大的一种工程担保。

③ 预付款担保,要求承包商提供的,为保证工程预付款用于该工程项目,不准承包商挪作他用及卷款潜逃。

④ 维修担保,是为保障维修期内出现质量缺陷时,承包商负责维修而提供的担保,维修担保可以单列,也可以包含在履约担保内,有些工程采取扣留合同价款的5%作为维修保证金。

第12章习题

以上四种担保是在工业发达国家和地区常见的工程担保种类,除此之外还有以下几种:反担保、付款担保、业主无能为力担保、分包担保、临时进口物资税收担保、完工担保、差额担保、施工执照担保等。

参 考 文 献

[1] 丁士昭.工程项目管理[M].北京:中国建筑工业出版社,2006.
[2] 建筑施工手册(第四版)编写组.建筑施工手册[M].4版.北京:中国建筑工业出版社,2008.
[3] 丛培经.工程项目管理[M].北京:中国建筑工业出版社,2012.
[4] 成虎.工程项目管理[M].北京:高等教育出版社,2013.
[5] 陆慧民,苏振民,王延树.工程项目管理学[M].南京:东南大学出版社,2002.
[6] 李启明.建设工程合同管理[M].北京:中国建筑工业出版社,2004.
[7] 穆静波.土木工程施工组织[M].上海:同济大学出版社,2009.
[8] 中国建设监理协会.建设工程质量控制[M].北京:中国建筑工业出版社,2010.
[9] 中国建设监理协会.建设工程投资控制[M].北京:知识产权出版社,2010.
[10] 徐霞,杨会东.建设工程监理概论[M].北京:冶金工业出版社,2014.
[11] 顾慰慈.工程项目职业健康安全与环境管理[M].北京:中国建材工业出版社,2007.
[12] 李慧民.土木工程项目管理[M].北京:科学出版社,2009.
[13] 全国二级建造师执业资格考试用书编写委员会.建设工程施工管理[M].北京:中国建筑工业出版社,2014.
[14] 王卓甫.工程项目风险及其应对[M].北京:中国水利水电出版社,2005.
[15] 全国一级建造师执业资格考试用书编写委员会.工程项目管理[M].北京:中国建筑工业出版社,2014.
[16] 任旭.工程风险管理[M].北京:北京交通大学出版社,2010.
[17] 中国建筑学会建筑统筹管理分会.工程网络计划技术规程教程[M].北京:中国建筑工业出版社,2000.
[18] 徐悦.建筑施工组织[M].北京:机械工业出版社,2005.
[19] 王卓甫,简迎辉.工程项目管理模式及创新[M].北京:中国水利水电出版社,2006.
[20] 邱苑华.项目管理学[M].北京:科学出版社,2001.
[21] 徐伟,吴加云,邹建文.土木工程项目管理[M].上海:同济大学出版社,2010.
[22] 刘喆,刘志君.建设工程信息管理[M].北京:化学工业出版社,2005.
[23] 中华人民共和国住房和城乡建设部.建筑工程施工质量验收统一标准:GB 50300—2013[S].北京:中国建筑工业出版社,2013.
[24] 中华人民共和国住房和城乡建设部.建设工程文件归档规范:GB/T 50328—2014[S].北京:中国建筑工业出版社,2014.
[25] 全国一级建造师职业资格考试用书编写委员会.建设工程项目管理[M].北京:中国建筑工业出版社,2019.
[26] 何元斌,韩利红.工程项目管理[M].成都:西南交通大学出版社,2016.